W0244638

Entspanntes Gärtnern für

Senioren

Entspanntes Gärtnern für
Senioren

Wie man sich
im Alter sein grünes
Paradies erhält

Viele Schritt-für-Schritt-Anleitungen zu
Planung, Geräten, Pflanzung und Pflege sowie
über 900 inspirierende Fotos und Skizzen

Patty Cassidy

Mit Fotos von Mark Winwood

Titel der englischen Originalausgabe
Gardening For Seniors

Deutsche Ausgabe
Übersetzung: Feryal Kanbay, Sabine Tessloff
Producing: AFR text edition, Hamburg

Reader's Digest
Redaktion: Anne Diener-Steinherr
Grafik: Peter Waitschies
Bildredaktion: Sabine Schlumberger
Redaktionsdirektor: Michael Kallinger
Redaktionsleitung Buch:
Almuth Stiefvater
Art Director: Susanne Hauser

Produktion
arvato distribution: Thomas Kurz

Druckvorstufe
BORN London Limited

Druck und Binden
Neografia, Martin

© 2011 der englischen Originalausgabe
Anness Publishing Limited, UK
© 2020, 2012 Reader's Digest
Deutschland, Schweiz, Österreich
Verlag Das Beste GmbH,
Stuttgart, Appenzell, Wien

ISBN 978-3-89915-811-3

Printed in Slovakia

Umschlagabbildung:
iStock/AlexRaths

Das Werk einschließlich aller seiner Teile ist urheberrechtlich geschützt. Jede Verwendung außerhalb der engen Grenzen des Urheberrechtsgesetzes ist ohne Zustimmung des Verlags unzulässig und strafbar. Das gilt insbesondere für Vervielfältigungen, Übersetzungen, Mikroverfilmungen und die Verarbeitung in elektronischen Systemen.

Die in diesem Buch enthaltenen medizinischen Informationen sind kein Ersatz für eine ärztliche Diagnose und Behandlung. Der Verlag empfiehlt allen Patienten mit Krankheits- bzw. Schmerzsymptomen, sich an einen Arzt zu wenden. Das vorliegende Buch ist sorgfältig erarbeitet worden. Dennoch erfolgen alle Angaben ohne Gewähr. Weder Autoren noch Verlag übernehmen eine Haftung für eventuelle Nachteile oder Schäden, die aus den im Buch enthaltenen praktischen Hinweisen resultieren.

Die Informationen und Ratschläge in diesem Werk wurden von den Autoren und vom Verlag sorgfältig erwogen und geprüft, dennoch kann eine Garantie nicht übernommen werden. Eine Haftung der Autoren bzw. des Verlags und seiner Beauftragten für Personen-, Sach- und Vermögensschäden ist ausgeschlossen.

Besuchen Sie uns im Internet
www.readersdigest.de
www.readersdigest.ch
www.readersdigest.at

INHALT

LIEBE LESERIN, LIEBER LESER

Vermutlich haben viele von Ihnen einen Garten, der Ihnen Freude schenkt in all den Stunden, die Sie mit seiner Pflege verbringen. Doch nun, da wir alle älter werden und die Kräfte nachlassen, stellt sich die Frage, ob wir uns die schöne Tätigkeit des Gärtnerns erhalten können. Wir verraten es gleich: Es ist möglich! Wie, das wird Ihnen dieses Buch anhand bestimmter Methoden, Tipps und Tricks zeigen. Und selbst wer noch nie gegärtnert hat und jetzt als Senior damit anfangen möchte, wird hilfreiche Anleitungen finden und entdecken, wie sinnstiftend die Beschäftigung mit der Natur ist.

OBEN Es hält jung und macht glücklich, die Pflanzen des Gartens gedeihen zu sehen und zu erleben, wie alles grünt und blüht – dank unserer Pflege!

Wie der Titel dieses Buches besagt, wendet es sich an ältere Gärtnerinnen und Gärtner. Wir verwenden den Begriff „Senioren", weil er respektvoll klingt, andererseits aber nicht beschönigt, dass wir nicht mehr so jung sind, wie wir es einmal waren.

WER IST EIN SENIOR?

Der lateinische Begriff „Senior" heißt einfach „der Ältere". Man könnte sagen, ein Senior sei ein Mensch im Ruhestand. Diese Definition umfasst allerdings unterschiedliche Altersgruppen, denn heute gehen viele Menschen in den Ruhestand, die noch keine 65 Jahre alt sind – das bisherige Renteneintrittsalter. Andererseits kommt die „Rente mit 67" auf uns zu – eine Konsequenz aus der Tatsache, dass wir ein höheres Lebensalter erreichen als frühere Generationen. Und das in der Regel bei besserer Gesundheit, auch wenn die Kräfte nachlassen und manche von uns mit Behinderungen zurechtkommen müssen.

All diese unterschiedlichen älteren Menschen möchten wir mit diesem Buch ansprechen. Da Sie es nun in der Hand halten, werden Sie sich höchstwahrscheinlich ebenfalls zu dieser Gruppe zählen. Sie sind so klug zu wissen, dass wir Kompromisse machen müssen, wenn wir, während wir älter werden, unsere Liebhabereien weiterverfolgen wollen. Wie wir dabei entspannt bleiben können – das zeigt Ihnen dieses Buch.

BLEIBEN SIE GELASSEN

In den folgenden Kapiteln werden Sie etwas lesen über das Thema Anpassung an die verminderte

Leistungsfähigkeit, das Ihnen im Lauf des Älterwerdens sicher schon vertraut geworden ist. Hier geht es jetzt um den Lebensbereich Garten: um die Gartenarbeit, ja um den Erhalt des Gartens selbst. Senioren haben mehr Zeit, aber weniger Kraft, um im Garten zu arbeiten. Eine Lösung für dieses Problem zu finden gehört zu den Herausforderungen, denen wir uns stellen müssen – in aller Gelassenheit. Das oft gehörte „Ich schaffe das nicht mehr" darf nicht das Ende des Gärtnerns bedeuten. Die Möglichkeiten sind vielfältig, man muss sie nur erkennen: Man holt sich Hilfe, man gestaltet seinen Garten um oder setzt neue Arbeitstechniken und Geräte ein. Oder man verkleinert sich, d. h. man zieht um und bewirtschaftet nur noch ein Mini-Gärtchen, eine Terrasse oder einen Balkon.

Der Umzug aus einem Familienhaus in eine kleinere Eigentums- oder Mietwohnung, eine Wohngemeinschaft oder Wohnanlage kann eine ganze neue Welt des Gärtnerns eröffnen. Wir werden Ihnen darlegen, wie die Verwendung von Blumentöpfen und Pflanzenkübeln,

LINKS Mit dem Auspflanzen von Setzlingen beginnt das Gartenjahr, und jede weitere Phase bringt neue Freuden mit sich.

RECHTS Hochbeete und breite Wege sind zwei Möglichkeiten, Gärten an die Bedürfnisse älterer Menschen anzupassen.

RECHTS Die Lust an der Sache ist wichtiger als ein jugendliches Alter, wenn es um die Pflege eines Gartens geht.

das Anlegen eines vertikalen Gartens und die Auswahl besonders pflegeleichter Pflanzen das Gärtnern zum Abenteuer und spannenden Lernprozess machen können. Sehen Sie es positiv: Sich zu beschränken kann sehr befriedigend sein, weil man sich nicht mehr überfordert fühlt.

Dennoch: Veränderungen – neue Orte, Tagesabläufe und Menschen – können belastend sein, das soll nicht verschwiegen werden. Wenn Sie sich klar machen, welche Methoden Ihnen in der Vergangenheit geholfen haben, mit Ereignissen fertig zu werden, die Sie aus dem gewohnten Gleis brachten, können diese auch jetzt nützlich sein, wenn Sie einen neuen Anfang wagen. Für

viele von uns war es bisher die Beschäftigung im Garten, die Ängste abgebaut und Druck von uns genommen hat. Die körperlichen, emotionalen, intellektuellen und sozialen Vorteile, die die Gartenarbeit bringt, sprechen alle dafür, dass wir uns mit Dingen beschäftigen, die unsere Lebensqualität steigern und damit der Stressbewältigung dienen.

TIPPS FÜR ANGEHÖRIGE

Dieses Buch bietet auch denjenigen Informationen und Rat, die körperlich oder geistig eingeschränkten Senioren die Möglichkeit verschaffen möchten, die Gartenwelt zu genießen. Das können Angehörige sein, Pflegepersonal oder Gartenarchitekten, deren Aufgabe es ist, Gärten für Seniorenwohnanlagen oder Pflegeeinrichtungen zu planen. Wer seinen Eltern beim Umzug in eine solche

Einrichtung hilft, erhält in diesem Buch Tipps, worauf zu achten ist, vor allem, was den einfachen Zugang zum Außenbereich sowie die Gelegenheit zu leichter Beschäftigung im Garten angeht.

WIE DIESES BUCH BENUTZT WERDEN KANN

Es gibt keinen einzigen oder richtigen Weg für die Benutzung dieses Buches. Wenn Sie es Kapitel für Kapitel lesen möchten, sollten Sie das tun, auch wenn wir hoffen, dass jedes Kapitel für sich allein verständlich ist. Und obwohl das Inhaltsverzeichnis ohne Erläuterungen zu verstehen ist, können einige Worte über den Aufbau des Buches vielleicht hilfreich sein.

Im Eröffnungskapitel „Ihr Gartenreich" lesen Sie etwas über die Wohnsituationen, in denen ältere Gartenliebhaber leben können, von einem Haus mit Garten oder einer Eigentums- oder Mietwohnung mit Terrasse oder Balkon bis hin zu einer Wohnanlage oder Wohngemeinschaft. So werden Sie in die

LINKS Gemeinsam im Garten zu arbeiten ist schöner als allein – und bringt zugleich den Vorteil der Arbeitsteilung mit sich.

RECHTS Gärten machen Freude und können angenehme Erinnerungen wachrufen.

GANZ RECHTS Seien Sie kreativ und füllen Sie beispielsweise alte Kessel mit Ihren Lieblingsblumen und duftenden Kräutern.

Lage versetzt, die Umgebung, die Ihrer eigenen Situation entspricht, wiederzuerkennen – selbst wenn es manche Unterschiede geben mag.

Das nächste Kapitel, „Planen Sie einen Garten, der zu Ihnen passt", ist als Hilfestellung gedacht, wenn Sie beginnen möchten, Ihre Pläne im Hinblick auf den zukünftigen Garten umzusetzen. Es enthält praktische Hinweise, wie z. B. den, dass zuerst der Pflegebedarf des Gartens und Ihr persönlicher Gesundheitszustand eingeschätzt werden müssen, aber auch ästhetische Erwägungen, wie z. B. die emotionale Wirkung von Pflanzen.

Vorrang hat immer Ihr eigenes Wohlbefinden, und deshalb gibt das nächste Kapitel, „Achten Sie auf Ihre Gesundheit", Tipps, wie Sie

OBEN Hochbeete, und seien sie noch so einfach, schaffen interessante Anbauflächen für Blumen und Gemüse.

sich körperlich für die Gartenarbeit fit halten und auf Ruhepausen achten können. Es werden einige einfache Aufwärm- und Dehnübungen beschrieben und Ratschläge zu geeigneter Kleidung gegeben.

Ganz entscheidend ist es, die vielen neuen und ergonomisch verbesserten, seniorengerechten Gartengeräte zu kennen, aber auch die Hilfsmittel, mit denen Sie Ihre bewährten Lieblingsgeräte an Ihre sich ändernden Bedürfnisse und Möglichkeiten anpassen können. Das Kapitel „Erleichtern Sie sich die Gartenarbeit" bietet dazu eine Fülle von Informationen, gibt aber auch für diejenigen, die erst als Senioren mit dem Gärtnern beginnen möchten, einen Überblick über die Standardgeräte, die jeder braucht, ob Jung oder Alt.

WELCHEN GARTEN WÜNSCHEN SIE SICH?
Das Kapitel „Gartentypen" enthält Tipps für verschiedene Arten von Gärten – solche mit Blumen, Gemüse, Kräutern, Obst, vertikalen Beeten, Hochbeeten und Terrassen

sowie Zimmergärten. Von der Anlage eines Kräutergärtchens bis zur Haltung von Topfpflanzen auf der Fensterbank werden Projekte zur Realisierung vorgeschlagen. Die Arbeitsschritte sind illustriert, und alle Pflanzen werden benannt.

Schließlich sind im „Pflanzenführer" Gewächse nach ihrem Lichtbedarf eingeteilt. Der Schwerpunkt liegt auf Pflanzen, die wenig Pflege erfordern und zu fast allen Jahreszeiten interessant sind. Nutzen Sie dieses Kapitel entweder als Nachschlageteil, um sich über die im Buch erwähnten Pflanzen zu informieren, oder blättern Sie es durch, um Ideen zu entwickeln.

Lassen Sie sich von diesem Buch anleiten und inspirieren – und von nichts und niemandem unter Druck setzen. Denn auch wenn das Älterwerden manchen Verzicht erfordert, so hat es doch einen Vorteil: die Freiheit, nichts mehr zu müssen. Sagen Sie niemals: „Ich kann das nicht mehr", sondern: „Ich muss das nicht mehr". Ist das nicht die richtige Haltung für ein entspanntes Altern – und Gärtnern?

IHR GARTENREICH

Das Wort „Garten" beschwört Erinnerungen herauf: an Blumen, die wir als Kinder zu Kränzen geflochten haben, an Großmutters Rosenbeete oder den herrlichen Kirschbaum des Nachbarn. Diese Beispiele zeigen schon, dass jeder Garten anders ist, und um ihn nach den eigenen Vorstellungen zu gestalten, ist es nützlich, über einen soliden Grundstock an allgemeinem Gartenwissen zu verfügen.

Wenn wir älter werden, stellt sich das Gärtnern oft anders dar als in jüngeren Jahren. Es kann der körperlichen Ertüchtigung dienen, Nähe zur Natur schaffen oder dafür sorgen, dass man auch im Ruhestand eine Aufgabe hat. Wichtig wird nun, Rücksicht auf sich selbst zu nehmen. Der Alterungsprozess kann uns Beschränkungen auferlegen, und damit wir uns nicht überfordern, müssen wir unseren Garten diesen Gegebenheiten anpassen.

Senioren können sich in unterschiedlichen Lebenslagen befinden. Manche bewohnen ein Haus oder Reihenhaus mit kleinem Garten, andere eine Wohnung mit Terrasse oder Balkon und wieder andere leben in einer Wohngemeinschaft mit Garten oder in einem Seniorenheim. Doch eines ist allen gemeinsam: Das Gärtnern – und sei es nur das Versorgen einer Topfpflanze – bringt ihnen ein großes Plus an Lebensqualität.

GEGENÜBER Jeder Garten kann den persönlichen Bedürfnissen angepasst werden. Dieses Hochbeet hat eine Umrandung als Sitzgelegenheit.

OBEN Jedes Familienmitglied, auch Ihr Hund, kann den Garten und die frische Luft nach Herzenslust genießen.

OBEN Die Bewunderung der Schönheit der Natur ist eine Sache, derer man in keinem Alter überdrüssig wird.

OBEN Das Erlebnis eines Gartens ist eines der wertvollsten Geschenke, das wir unseren Enkeln machen können.

GÄRTEN FÜR SELBSTSTÄNDIG WIRTSCHAFTENDE SENIOREN

*Heute sind Senioren im Allgemeinen gesünder und robuster als
ältere Menschen vor 50 Jahren. Dank regelmäßigen Sports, gesunder Ernährung und sozialer Aktivität leben viele noch im eigenen
Haus und pflegen regelmäßig ihren Garten. Hier finden Sie einige
Vorschläge und nützliche Tipps, wie man sich so manche anstrengende Tätigkeit im Garten erleichtern kann.*

OBEN Ein Wasseranschluss sollte in Reichweite der Beete sein, damit Sie wässern
können, ohne Gießkannen zu schleppen.

HILFE ANNEHMEN

Als Erstes überlegen Sie, wer Ihnen
bei der Gartenarbeit helfen könnte
und welche Aufgaben Sie ganz delegieren sollten. Wenn Sie es sich
leisten können, engagieren Sie einen Mähservice, der den Rasen
pflegt. Zu bestimmten Zeiten des
Jahres gibt es andere Routinearbeiten, die Sie in Auftrag geben können. Ein Beispiel: Steht ein Baumschnitt an, sollten Sie sich zu der
Einsicht durchringen, dass solche
Arbeiten zu gefährlich sind, vor allem, wenn dabei eine hohe Leiter
zum Einsatz kommt. Stürze und
Knochenbrüche stellen für Menschen höheren Alters ein großes
Risiko dar. Ein Gartenservice bzw.
eine Gartenbaufirma ist dafür die
richtige Adresse. Zu anderen, weniger routinemäßigen Arbeiten, die
man nicht mehr selbst in Angriff
nehmen sollte, gehören das Baumfällen, das Aufstellen eines Geräteschuppens, die Konstruktion eines
Hochbeets oder das Verlegen von
Bodenplatten.

Wenn professionelle Gartenhilfe
Ihre finanziellen Möglichkeiten
übersteigt, so gibt es doch in den
meisten Fällen Freunde, Verwandte
oder Nachbarn, die sich bereit zeigen zu helfen. Bedanken Sie sich
mit einer Gartenparty, bei der jeder
etwas zum Essen mitbringt; ein solches Ereignis festigt zudem den Zusammenhalt in der Nachbarschaft.

BIS INS HOHE ALTER

Die Erkenntnis, dass das Älterwerden Anpassung bedeutet, kommt
für Sie sicher nicht überraschend.
Jätet man weiterhin Unkraut auf
den Knien, werden der Rücken und
die Knie belastet. Schleppt man den
schweren Gartenschlauch immer
noch bis die entferntesten Ecken

LINKS Machen Sie im Garten nur das selbst,
was Ihnen Freude bereitet, z. B. Dahlien
schneiden für einen Sommerstrauß.

des Gartens, so leidet der Körper auch hierunter. Wenn wir jetzt aber darauf achten, was wir uns bei Routinearbeiten zumuten, können wir mit Wahrscheinlichkeit bis in die 70er-, 80er- und sogar 90er-Jahre weiter gärtnern.

EIN HOCHBEET

Beete in Hochbeete umzuwandeln ist eine Möglichkeit, Knie und Rücken zu entlasten. Das Unkrautjäten und das Entfernen von Verblühtem gehen dann mühelos und ohne tiefes Bücken von der Hand. Für ein einfaches Hochbeet brauchen Sie die Erde lediglich zu einer rechteckigen Form von 20 cm Höhe zusammenzurechen.

Ein dauerhafteres Hochbeet aus Holzbrettern, das unterschiedlichen Höhen aufweist und gut zugänglich steht, kann die Gelenke und die Muskeln noch besser entlasten und die Arbeit erleichtern. Mit etwas Hilfe lässt sich auch ein etwas aufwendigeres Modell konstruieren, das eine Umrandung hat, die einer umlaufenden Bank

ähnelt. So können Sie im Sitzen Unkraut jäten oder sich ausruhen und an den Früchten Ihrer Arbeit erfreuen (siehe auch S. 174–181).

DIE BEWÄSSERUNG

Ein leicht zugänglicher Außenwasserhahn oder, falls möglich, eine Bewässerungsanlage mit Zeitschaltuhr, um die Beete zu gießen, macht das Leben leichter. Ein Schlauchwagen ist eine gute Investition und bietet außerdem Sicherheit, weil die Gefahr, über einen herumliegenden Schlauch zu stolpern, geringer wird; zudem lässt sich der Schlauch besser verstauen.

WEGE UND BELEUCHTUNG

Den Gartenwegen und dem Hof ist besondere Aufmerksamkeit zu schenken, damit sie stets tadellos und sicher sind. Die in diesem Bereich anfallenden Arbeiten sind vor allem: Ausbesserung, Befreiung von rutschigem Moos, Beschneiden von überwucherndem Pflanzenbewuchs, Befestigung von Wegrändern und Installation von Lam-

OBEN Das Herumwerkeln im Gewächshaus oder im Schuppen ist die bequemste Art, die Aussaat von Blumen und Gemüse im Frühjahr vorzubereiten.

pen für eine bessere Sicht in Dämmerung und Dunkelheit.

Welche dieser Maßnahmen Sie selbst übernehmen können, wissen Sie selbst am besten. Doch im Zweifelsfall gilt: Fachleute beauftragen – und nicht vergessen, Kostenvoranschläge einzuholen.

UNTEN Ein Hochbeet mit einer Sitzfläche erleichtert die Gartenarbeit; der gepflasterte Boden hat keine Stolperstellen.

UNTEN Mit einem Schlauchwagen lässt sich der Schlauch problemlos auch in die hintersten Gartenecken fahren.

UNTEN Wichtig ist ein ebener, stabiler Wegbelag. Hier wurden die Platten bogenförmig in Wegrichtung verlegt.

EINE WOHNUNG MIT GÄRTCHEN

Viele Senioren entscheiden sich dafür, ihr Haus zu verkaufen oder zu vermieten und in eine kleinere Wohnung zu ziehen. Man möchte oder kann nicht mehr so viel arbeiten, um alles instand zu halten. Das gilt auch für den Garten – doch in den meisten Fällen hält die Liebe zum eigenen Stückchen Natur unvermindert an. Dann gilt es, neue Wege einzuschlagen und die vielfältigen Möglichkeiten des Gärtnerns auf kleinem Raum zu entdecken.

OBEN Begrenzter Platz ist ein guter Anlass, um kreativ zu werden. Dieser reizvolle Balkonkasten bietet ein schönes Beispiel.

TERRASSE UND BALKON

Sollten Sie nach einer Wohnung Ausschau halten, achten Sie auf den Sonneneinfall, denn die Nutzung von Terrasse und Balkon, vor allem die Auswahl der Pflanzen, wird davon abhängen, ob der Außenbereich sonnig oder schattig ist. In der Regel schließen Terrasse oder Balkon an den Wohnraum an, sodass Sie Ihre Pflanzen häufig im Blick haben und sich an ihnen erfreuen können. Außerdem können Sie mit wenigen Schritten Ihr „erweitertes Wohnzimmer" betreten und ihre Pflanzen pflegen. Manche Wohnungen haben auch ein Blumenfenster mit einer eingelassenen Wanne für das Substrat, in das Sie Ihre Gewächse direkt hineinpflanzen können.

Terrassen und Balkons bieten in der Regel Platz für ein Spalier, und Hängekörbe sorgen für Dynamik. Vielleicht ist auch Platz für einen kleinen Baum im Kübel? Ein langsamwüchsiger immergrüner Baum wie die Hinoki-Scheinzypresse sieht nicht nur gut aus, sondern sorgt auch für Sichtschutz. Ein Balkon mag begrenzte Möglichkeiten bieten, aber wenn Sie passend geformte Kästen sowie Hängekörbe einsetzen, können Sie einen üppigen Garten voller kaskadenartiger Einjähriger und Stauden kreieren.

DIE RICHTIGEN GEFÄSSE

In einem Terrassen- oder Balkongarten sind natürlich die Gefäße wichtig. Im Allgemeinen sollten Sie das größte Gefäß kaufen, für das Sie Platz haben und das Sie handhaben können, da seltener gegossen werden muss und es eine größere Pflanzenvielfalt ermöglicht.

LINKS Eine lauschige ebenerdige Terrasse, die an einen Park grenzt, lässt Sie den großen Garten vergessen, den Sie vielleicht aufgegeben haben. Achten Sie bei der Wohnungssuche auf solche Besonderheiten.

OBEN Auf einer Terrasse können Sie Ihre Morgenzeitung lesen, Ihren Kaffee trinken oder die Vögel beobachten.

Falls Ihre Töpfe im Winter draußen bleiben müssen, wählen Sie frostfestes Material – zu dem die preiswerten Blumentöpfe aus Ton nicht gehören: Sie platzen leicht. Bunte, künstlerisch gestaltete Keramikgefäße sind dekorativ, aber schwer, teuer und ebenfalls nicht frostfest. Kunststoffgefäße halten Frost gut aus, sind aber nicht jedermanns Geschmack. Eine gute Alternative ist die neue Generation von Gefäßen und Kübeln aus Glasfaser und Kunstharz. Es gibt sie z. B. terrakotta- und granitfarben. Sie halten selbst extreme Temperaturen aus, sind leicht und kostengünstig.

Große Gefäße voller Erde und Pflanzen sind immer schwer. Versuchen Sie nicht, sie hochzuheben und zu tragen, sondern stellen Sie sie vor dem Befüllen auf Pflanzenroller. Näheres über Transporthilfen finden Sie auf S. 120–123.

SCHÖN ZU JEDER JAHRESZEIT

Wer einen Terrassengarten plant, sollte darauf achten, Gewächse zu pflanzen, die zu verschiedenen Jahreszeiten einen interessanten Anblick bieten. Eine sorgfältige Auswahl von Blumenzwiebeln, Einjährigen und Stauden wird Sie rund um das Jahr mit Blütenpracht erfreuen. Sie können noch einen oder zwei Sträucher mit bunten Beeren oder duftenden Winterblüten dazugesellen. Die meisten dieser Gewächse brauchen kaum mehr Pflege als Düngen und gelegentliches Wässern, denn viele Zwiebeln, Stauden und Sträucher kommen beinahe allein zurecht, und das Jahr für Jahr.

Wenn Sie winterlich bestückte Töpfe so platzieren, dass sie vom Wohnraum aus gut zu sehen sind, können Sie sich an ihnen auch erfreuen, wenn es zu kalt ist, um sich im Freien aufzuhalten.

GEHEN SIE IN DIE HÖHE

Balkonbesitzer müssen sich etwas einfallen lassen, um jeden verfügbaren Platz auszunutzen. Eine gute Idee ist das Ausnutzen der Höhe mithilfe eines Spaliers, das man in einem Pflanztrog platziert. Wenn Sie das Spalier im hinteren Teil des Trogs aufstellen, können Sie den vorderen Bereich mit vielen Pflanzen bestücken, sodass eine Mini-Gartenszene entsteht. Kletterpflanzen wie Clematis, Geißblatt oder Fünfblättrige Akebie eignen sich gut für Spaliere, und wenn Sie Arten pflanzen, die zu unterschiedlichen Zeiten blühen, werden Sie monatelang Freude daran haben.

Ein Balkongarten lässt sich auch als Gemüsegarten gestalten. Ziehen Sie am Spalier Erbsen, Bohnen und Gurken. Bestimmte Sorten von Tomaten, Kürbissen und Melonen lassen sich gleichfalls auf kleinen und vertikalen Flächen leicht kultivieren. Mit etwas Schnur befestigen Sie die Pflanzen am Spalier.

Hängekörbe eignen sich ebenfalls hervorragend für den Balkon, aber auch für die Terrasse. Es gibt Modelle mit Flaschenzug, um den Korb herunter- und hinaufzuziehen. Bei der Bepflanzung achte man auf die Mischung von Farben und Formen. Rankende und hängende Gewächse werden an den Rand gepflanzt. Wer keinen Flaschenzugkorb hat, sollte sich einen Gießstab mit angewinkeltem Brausekopf anschaffen.

BUNTE BALKONKÄSTEN

Balkonkästen können Sie nicht nur am Balkon- und Terrassengeländer anbringen, sondern auch auf Fensterbänke stellen. Die in Holz, Terrakotta und Kunststoff erhältlichen Kästen sind ideal: Man braucht sich weder zu bücken noch zu strecken, um sie zu bewirtschaften. An einem sonnigen Platz lassen sich auch Gewürzkräuter darin ziehen.

Denken Sie immer daran, dass einige der schönsten Gärten der Welt erstaunlich klein sind. Und auch Ihr begrenztes Gartenreich ist immer noch groß genug, um als Wohnraum im Freien zu dienen, der zu jeder Jahreszeit sehenswert und einladend wirkt.

UNTEN Dieser Terrassen-Sitzplatz wird von der Hausfassade beschattet, die üppig mit wildem Wein bewachsen ist.

IN GEMEINSCHAFT LEBEN UND GÄRTNERN

Eine gute Nachricht: Die Menschen erreichen ein immer höheres Alter. Und nicht nur das – sie bleiben im Alter länger gesund und aktiv. Aber die Bedürfnisse wandeln sich, und viele von uns brauchen in dem einen oder anderen Bereich Hilfe, sodass sich vielfältige Wohnformen für Senioren entwickelt haben. Und manche von diesen bieten die Möglichkeit gemeinschaftlichen Gärtnerns.

OBEN In manchen Wohnanlagen gibt es die Möglichkeit, weiterzugärtnern, sogar bis ins hohe Alter. Halten Sie beizeiten Ausschau nach einer passenden Bleibe.

WOHNANLAGEN FÜR SENIOREN

Zunehmend werden Wohnungskomplexe für Senioren errichtet, die selbstständig und körperlich aktiv sind, sowie für diejenigen, die ein wenig Hilfe und Unterstützung benötigen. Nicht alle Wohnanlagen haben einen Gartenbereich, und wenn, dann bieten sie den Mietern – bzw. bei Eigentumswohnungen den Wohnungsbesitzern – nur selten die Möglichkeit, sich im Grünen zu betätigen. Am ehesten ist das in den Erdgeschosswohnungen der Fall, die „mit Gartenterrasse" angeboten werden. Man muss schon etwas suchen, bis man eine solche Seniorenwohnanlage findet – und das wird am Stadtrand sein oder außerhalb. Am besten, man wendet sich an einen Makler, der auf das Gebiet „Seniorenwohnen" spezialisiert ist.

BETREUTES WOHNEN – UND GÄRTNERN

Viele alte Menschen, die nicht mehr in allen Belangen des Alltags für sich selbst sorgen möchten oder können, ziehen in eine betreute Wohngemeinschaft. Ziel dieses in unterschiedlichen Varianten existierenden Modells ist es, den Einzelnen zu helfen, so lange wie möglich selbstständig zu bleiben. Die Bewohner haben zwar ihre

UNTEN So schön kann es sein: In diesem zu einem Wohnheim gehörenden Garten gibt es ein geschütztes Plätzchen, von dem aus man die Früchte seiner Arbeit genießen kann.

UNTEN Gemeinschaftliche Gartenarbeit kann neue Freundschaften fördern.

Wohnungen, können aber zahlreiche Serviceleistungen in Anspruch nehmen, etwa Mahlzeiten, Wäschepflege, Putz- und Tablettendienst sowie Transport – kurz alles, was das tägliche Leben einfacher und sicherer gestaltet.

Es finden sich auch Einrichtungen, in denen jeweils mehrere Senioren in familienähnlichen Gruppen zusammenwohnen, sich aber alle in einem Gemeinschaftsraum treffen. In beiden Formen des betreuten Wohnens werden die Bewohner ermutigt, sich an Gruppenaktivitäten zu beteiligen – zu denen in einigen besonders fortschrittlichen Heimen auch das gemeinschaftliche Gärtnern gehört.

Da in der Vergangenheit für so manchen Bewohner der Garten eine wichtige Rolle gespielt hat, kann der Verlust der schönen Aufgabe einen alten Menschen desorientieren und zu der inneren Leere beitragen, von der einige ohnehin bedroht sind. Deshalb lassen kluge Leiter betreuter Wohngemeinschaften hübsche Gärten anlegen und stellen den Bewohnern kleine Flächen zur Verfügung, auf denen sie Gewächse anpflanzen und Zier- und Nutzpflanzen aus Samen vorziehen können.

HOCHBEETE UND BREITE WEGE
Meist gibt es Hochbeete, einfache und leicht zugängliche Bewässerungsmöglichkeiten sowie ein Angebot an geeigneten Gartengeräten. Breite, gut beleuchtete Wege, auf denen man bequem spazieren kann, werden auch die nicht gärtnernden Bewohner dazu animieren, sich im Freien aufzuhalten.

RECHTS Immer mehr Einrichtungen für Senioren bieten Gartenflächen wie diese, auf denen eine betreute Gartengruppe Blumen und Gemüse kultivieren kann.

Selbst jenen, die einen Gehwagen brauchen, und Rollstuhlfahrern bieten die Wege ausreichend Platz. Dadurch bleiben auch sie mit der Natur und dem Wechsel der Jahreszeiten verbunden.

VIELFÄLTIGE HILFEN
Allmählich setzt sich die Erkenntnis durch, dass die Möglichkeit zu gärtnern sich nicht nur für ehemalige Gartenbesitzer anbietet, sondern für alle alten Menschen. Manche Einrichtungen beschäftigen deshalb einen Fachmann – meist einen besonders geschulten Gärtner – , der Senioren bei der Gartenarbeit anleitet und ihnen Wissen über Gartenbau und Vermehrung vermittelt. Interessierten Bewohnern wird er möglicherweise einen wöchentlichen Garten-Workshop anbieten, oder er wird eine Gesprächsrunde für die erfahreneren Gartenfreunde organisieren. Beliebt sind auch stressfreie

Wettbewerbe wie: Wer zieht den größten Kürbis? Wer die hübscheste Rose? Wer die meisten Tomaten? Bustouren zu schönen Gärten, großen Gartencentern oder interessanten Botanischen Gärten ergänzen das Programm.

Kann ein Bewohner bestimmte körperliche Arbeiten aufgrund seines Alters oder einer Behinderung nicht mehr ausführen, wird der Gärtner Hilfsmittel bereitstellen oder bestimmte Tricks verraten, sodass der Betroffene noch so lange wie irgend möglich im Gemeinschaftsgarten aktiv sein kann.

Zahlreiche solcher Hilfsmittel werden Sie auch in diesem Buch finden, vor allem Geräte zur Erleichterung der Gartenarbeit. Sie werden sehen, dass man trotz körperlicher Einschränkungen noch vieles bewirken kann – vielleicht etwas langsamer als früher, aber einer der Vorteile des Alters ist ja, dass man Zeit hat.

DER GARTEN – EIN SEGEN FÜR PFLEGEBEDÜRFTIGE SENIOREN

Kann einer Ihrer Freunde oder Verwandten wegen nachlassender Geisteskräfte und zunehmender Verwirrung nicht mehr für sich selbst sorgen? Wenn Sie nicht die Möglichkeit haben, ihm so zu helfen, wie er es braucht, so kommt nur die qualifizierte Betreuung im Pflegeheim infrage, möglicherweise in einem Heim für Demenzkranke. In einer solchen Einrichtung kann der Gartenbereich dazu beitragen, den Bewohnern noch ein Stück Lebensqualität zu bieten.

OBEN Gut angelegte Hochbeete bieten den Heimbewohnern einen leichten Zugang sowie sichere, breite Wege.

BESCHÜTZENDES UMFELD

Pflegeheime gibt es in unterschiedlichen Größen, vom kleinen privaten Heim, das nur wenige Pflegebedürftige aufnimmt, bis hin zum großen, krankenhausähnlichen Komplex. Manche dieser Einrichtungen sind spezialisiert, wobei für Demenz- bzw. Alzheimerkranke (Alzheimer ist eine bestimmte Form der Demenz) eher die großen Pflegeheime infrage kommen, weil sie über die personellen Möglichkeiten verfügen, für ihre Schützlinge optimal zu sorgen.

Eine professionelle Pflegeeinrichtung bietet für einen alten Menschen ein sicheres Umfeld mit therapeutischen Möglichkeiten. Manche Bewohner befinden sich nach einer akuten Erkrankung oder einer Operation zur Rehabilitation im Heim, andere für eine langfristige Pflege. Solche Pflegeeinrichtungen bieten eine Reihe von Aktivitäten an, die den sozialen, physischen und emotionalen Bedürfnissen und den verbliebenen Fähigkeiten der Bewohner entsprechen. Oft gehört ein Innenhof oder ein Garten zu dem Gebäudekomplex, wo die Bewohner an der frischen Luft sitzen und die Sonne genießen können. Wenn Sie für einen Ihrer Lieben ein Heim suchen, erkundigen Sie sich nach Gartenanlagen und den Möglichkeiten für die Bewohner, im Freien ein wenig aktiv zu werden, denn eine natürliche Umgebung ist von großem Nutzen für das geistigseelische Befinden.

DER GARTENTHERAPEUT

Manche Heime haben nicht nur einen Garten, sondern gartentherapeutische Programme. Diese helfen den Menschen, dem Leben verbunden zu bleiben und Kontakt zu den Anderen und zur Natur aufrechtzuerhalten. Häufig ist sogar ein Gartentherapeut zur Stelle, der gärtnerisch und psychologisch/psychiatrisch geschult ist.

In der Regel wird der Therapeut eine Gartengruppe bilden, um seine Schützlinge zu gemeinschaftlichem Tun anzuregen, soweit sie dazu noch in der Lage sind. Die Aktivitäten richten sich nach den Bedürfnissen der Bewohner. Bei denjenigen, die ihr Gedächtnis teilweise verloren haben, ist es wichtig, dass der Gartentherapeut etwas über die Vergangenheit der Betroffenen weiß. Denn Untersuchungen haben gezeigt, dass sich Demenzkranke zwar oft nicht erinnern können,

LINKS Ob man aktiv ist oder nicht mehr gut zu Fuß – einige stille Augenblicke im Garten beruhigen und sind erholsam.

OBEN Ein Garten mit seiner Vielfalt an Blumen und Blattpflanzen regt alle fünf Sinne an und ermöglicht es dem Menschen, die Natur zu erleben.

OBEN Der Duft von Gartenblumen ist für jeden eine Freude – mit welcher körperlichen oder geistigen Einschränkung er auch leben muss.

eine halbe Stunde der Sonne aussetzen sollte, um Vitamin D zu bilden und die Knochen zu stärken, kann allein der Blick in den Blumengarten ein beruhigendes Erlebnis sein. Das Zwitschern der Vögel und das Flattern der Schmetterlinge erfreuen die Seele.

EINE AUFGABE FÜR FAMILIE UND FREUNDE

Zwar verfügen viele Heime über einen schönen Garten zum Sitzen und Genießen, doch es ist nicht einfach, ein Pflegeheim zu finden, das seinen Bewohnern Beschäftigungsmöglichkeiten in einem Garten bieten kann. Aber je besser man den Nutzen von Gartentherapie versteht, umso mehr Einrichtungen dieser Art wird es geben.

UNTEN Wer bettlägerig ist und nur noch in den Garten kommt, wenn sein Bett hinausgeschoben wird, kann auch durch sein Fenster den Zauber der Natur genießen.

was vor wenigen Augenblicken passiert ist, ihr Langzeitgedächtnis aber noch ungewöhnlich gut ist. So werden sie sich vielleicht auch an ihren Garten erinnern und darüber sprechen. Bei Alzheimerpatienten kann der Geruchssinn im Lauf der Zeit nachlassen. Deshalb wird der Gartentherapeut versuchen, ihnen Duft und Farben von Blüten, Blättern und Früchten nahezubringen. Selbst wenn ein Patient bettlägerig geworden ist, hilft das Berühren von Blättern und Blüten, den Geist anzuregen und die Seele zu trösten, denn es verschafft angenehme, positive Gefühle.

Wenn auch viele Heimbewohner nicht aktiv gärtnern können, so ist ein Teil doch in der Lage, eine Gießkanne zu halten und Blumen zu bewässern. Unter Anleitung des Gartentherapeuten kann der Betreffende sogar einige einfache Arbeiten verrichten, beispielsweise das Unkrautjäten.

Ein guter Therapiegarten sollte dem Verlauf der Jahreszeiten entsprechend angelegt sein. Blühende Tulpen im Frühling, Sonnenblumen im Sommer, buntes Laub im Herbst und herrliche Immergrüne im Winter können den Heimbewohnern helfen, die Lebenszyklen der Natur wahrzunehmen. Wenn es für die Patienten zu kalt ist, um hinauszugehen, können einfache Dinge wie Meisenknödel vor dem Fenster, die Eichhörnchen und Körner fressende Vögel anlocken, den Patienten das Leben der kleinen Gartenbewohner nahebringen. Doch das Beglückendste ist sicher ein Vogelhäuschen, in dem die Vögel dem Beobachter den ganzen Tag über ihr munteres Treiben bieten.

IM GARTEN SITZEN

Auch für die Bewohner, die nicht mehr in der Lage sind, an Aktivitäten teilzunehmen und die nur noch auf einem Stuhl oder im Rollstuhl sitzen können, ist der Aufenthalt im Garten wichtig. Abgesehen davon, dass jeder Mensch Gesicht und Unterarme täglich

PLANEN SIE EINEN GARTEN, DER ZU IHNEN PASST

Die erfreulichsten Entscheidungen, die wir in unserem Garten fällen, betreffen zweifellos die Frage, welche Sommerblumen wir pflanzen, welches Gemüse wir anbauen oder welches neue Gehölz wir kaufen wollen. Praktische Überlegungen kommen hinzu, wenn Sie beispielsweise ein bereits bestehendes Beet umgestalten oder den Garten ganz neu anlegen möchten.

Damit Ihr Garten gelingt, sollten Sie über grundlegende Gegebenheiten Bescheid wissen. Lernen Sie in diesem Kapitel, wie man den Lichteinfall sowie die Bodenart und -struktur beurteilt und wie man den pH-Wert ermittelt. Sie erfahren außerdem, welche Pflanzen besonders pflegeleicht sind und welche alle Sinne ansprechen – was für Senioren besonders bedeutsam ist. Während der Lektüre dieses Kapitels sollten Sie sich Gedanken darüber machen, wie viel Gartenarbeit Ihre körperliche Verfassung zulässt und wie viel Zeit Sie investieren können oder möchten. Denken Sie praktisch und seien Sie ehrlich zu sich selbst. Wenn wir im Rahmen unserer Möglichkeiten bleiben, brauchen wir das Gärtnern keineswegs aufzugeben.

GEGENÜBER Wenn Sie vorgezogene Pflänzchen im Topf kaufen, anstatt sie auszusäen, ersparen Sie sich eine Menge Arbeit.

OBEN Ein Mini-Salatgarten mit Kopf- und Blattsalaten kann ganz einfach in einer Styroporbox gezogen werden.

OBEN Schnittblumen in allen Farben und Formen sind ein Geschenk des Gartens, das Sie sich ins Haus holen können.

OBEN Bestücken Sie im Herbst ein Gefäß mit Tulpenzwiebeln, und erfreuen Sie sich im Frühling an herrlichen Blüten.

ERSTE ÜBERLEGUNGEN

Zu überlegen, was man wo pflanzt, kann so ähnlich sein wie das Arrangieren von Möbeln im Wohnzimmer. Passt die Couch dorthin? Steht der Esstisch hier richtig? Oft ergeben sich auch während der Gestaltung neue Gesichtspunkte – erst recht im Garten. Denn da Pflanzen dynamische, lebende Organismen sind, kann es zu Überraschungen kommen. Dennoch gibt es grundsätzlich gültige Regeln, die man bei der Planung berücksichtigen sollte.

OBEN Falls Sie es für sinnvoll halten, ersetzen Sie hochwüchsige Blumen, die eine Stütze brauchen, durch pflegeleichtere.

FEHLER VERMEIDEN

Jeder Gartenfreund kennt Erfolg und Misserfolg. Sogar einem erfahrenen Gärtner kann eine Pflanze trotz sorgfältiger Pflege eingehen. Doch man sollte die Gefahr, Pflanzen zu verlieren und dadurch Enttäuschungen zu erleben, so gering wie möglich halten. Denn jede eingegangene Pflanze bedeutet zusätzlichen Aufwand an Zeit und Energie, um sie zu ersetzen. Also, wie vermeidet man Fehler?

Die Antwort lautet: Wählen Sie robuste Pflanzen aus, und sorgen Sie dafür, dass diese unter den Bedingungen wachsen, die sie brauchen. Hier erfahren Sie nicht nur, wie Sie dieses Ziel erreichen, sondern es wird Ihnen auch eine Auswahl an Pflanzen präsentiert, mit denen Sie die besten Aussichten auf Erfolg haben. Denn Sie wollen doch für Ihre Arbeit belohnt werden!

WAS WICHTIG IST, BEVOR MAN DIE PFLANZEN AUSSUCHT

Das Klima
Wer nach Erreichen des Ruhestandes umgezogen ist, sollte sich mit dem Wetter am neuen Wohnort vertraut machen. Das ist besonders wichtig, wenn man nun in einer warmen Gegend mit trockenerem Klima wohnt.

Der Platz
Wenn Sie jetzt statt über einen großen Garten nur über einen Innenhof oder eine Terrasse verfügen, müssen Sie umdenken.

Das Licht
Stellen Sie fest, ob Ihr Garten in vollsonniger, schattiger oder teils sonniger und teils schattiger Lage liegt.

Der Boden
Untersuchen Sie die Bodenart (Ton, Sand oder Lehm), und bestimmen Sie den pH-Wert. So können Sie die geeigneten Pflanzen auswählen oder den pH-Wert entsprechend verändern.

Die Bewässerung
Ist der Boden trocken und die Bewässerung problematisch, entscheiden Sie sich für Pflanzen, die Trockenheit vertragen.

BODENPFLEGE

Schützen Sie die Bodenstruktur durch Abdeckung mit Gründüngerpflanzen oder organischem Material. Das nützt auch den Bodenorganismen.

GANZ LINKS Eine Bodenfräse erleichtert Ihnen die Arbeit beim Lockern der Erde. Solche Geräte kann man auch ausleihen.

LINKS Ein guter Boden wird Sie mit gesunden Pflanzen und gutem Ertrag belohnen.

BESTIMMEN SIE IHRE BODENART: DER HAND-TEST

Sie sollten die Eigenschaften Ihres Gartenbodens kennen. Jede Bodenart – Tonboden, Sandboden und Lehmboden – hat ein bestimmtes Aussehen und eine spezifische Beschaffenheit. Lehmboden ist am einfachsten zu bearbeiten, während sich sowohl Ton- als auch Sandboden verbessern lässt. Außerdem gibt es Pflanzen, die Sand- oder Tonboden bevorzugen.

Nehmen Sie eine Handvoll Erde, pressen sie fest zusammen, und versuchen Sie, einen Klumpen zu formen, um die Bodenart zu bestimmen (siehe auch S. 73–79).

Tonboden: klebriger Klumpen

Dieser Boden lässt sich zu einem Klumpen mit dem Aussehen von Knetmasse formen. Wenn sich Wasserpfützen auf der Bodenoberfläche bilden oder die Erde im Winter an Ihren Stiefeln kleben bleibt und im Sommer austrocknet, ist Ihr Boden stark tonhaltig. Tonböden sind nährstoffreich, aber nicht wasserdurchlässig. Zur Verbesserung arbeiten Sie feinen Kies und große Mengen organischen Materials ein, z. B. verbrauchtes Pilzsubstrat (Fertigmischung).

Sandboden: kein Klumpen

Dieser Boden bröselt auseinander, wenn Sie einen Klumpen formen wollen. Sandiger Boden ist hell, wasserdurchlässig und nährstoffarm. Damit Wasser und Nährstoffe besser gespeichert werden, arbeitet man Tonmineralien ein. Auch halbverrotteter Stallmist (vom Bauern- oder Reiterhof bringen lassen) verbessert die Speicherfähigkeit und wird rasch in Humus umgesetzt. Er wird auf die feuchte Bodenoberfläche aufgebracht.

Lehmboden: bröckliger Klumpen

Lehmboden, ein Gemisch aus Ton und Sand, lässt sich zu einem bröckligen Klumpen drücken, doch danach fällt er auseinander, sodass unregelmäßige Krümel zurückbleiben. Lehmboden ist der beste Gartenboden und bietet optimale Voraussetzungen für einen erfolgreichen Anbau. Wegen seines hohen Anteils an Humus ist er dunkel. Durch Einarbeiten von Stallmist können leichtere Lehmböden deutlich verbessert werden.

OBEN Wenn Sie auf nassem Boden arbeiten müssen, stellen Sie sich auf ein Holzbrett, damit die Erde nicht verdichtet wird.

OBEN Bei Trockenheit kann Tonboden aufreißen, was der Bildung der Krümelstruktur zugute kommt.

OBEN Manche Pflanzen bevorzugen tonigen oder sandigen Boden. Die Stranddistel z. B. wächst auf Sand oder Kies.

BESTIMMEN SIE DEN PH-WERT IHRES BODENS

Der pH-Wert, der auf einer Skala von 0 bis 14 gemessen wird, ist das Maß für den Säuregrad bzw. Basengehalt. Sauer (Acidität): unter 7; basisch (Alkalität): über 7. Dieser Wert ist wichtig für die Pflanzenwahl. Die meisten Gewächse be-

RECHTS Ist der Boden zu sauer, arbeiten Sie Wochen vor der Pflanzung etwas Kalk ein.

vorzugen einen bestimmten pH-Bereich – sauer, basisch oder fast neutral. Böden mit einem pH-Wert von etwa 6,5 verfügen über die meisten wichtigen Nährstoffe; sie eignen sich für viele Pflanzen.

PH-TEST MITHILFE EINES PH-METERS

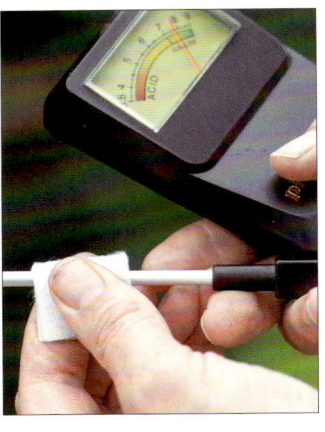

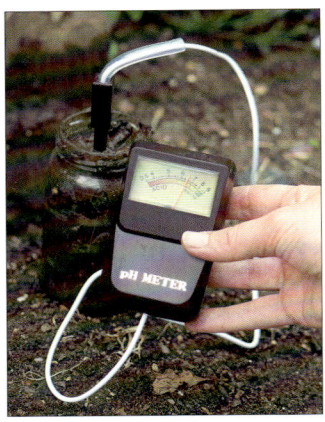

1 Den Boden an verschiedenen Stellen des Gartens auflockern und mit Regenwasser gründlich durchfeuchten.

2 Eine Probe von der ersten nassen Stelle entnehmen und in ein sauberes, trockenes Marmeladenglas füllen.

3 Vor jeder Messung muss die Messsonde gesäubert und getrocknet werden, damit das pH-Meter korrekt anzeigt.

4 Dann stecken Sie die Messsonde in die Bodenprobe, bis die Nadel stillsteht, und lesen den pH-Wert ab.

DIE LICHTVERHÄLTNISSE IN IHREM GARTEN

Alle Pflanzen brauchen Licht. Um zu verstehen, wie das Licht auf unsere Pflanzen einwirkt, müssen wir drei wichtige Punkte beachten – Menge, Beschaffenheit und Dauer.

Stellen Sie fest, wie viel Sonne Ihr Garten jeden Tag bekommt und wo die hellen und die dunklen Bereiche sind, besonders während der Wachstumsphase der Pflanzen. Meist ist die Sonneneinstrahlung im Sommer von Vormittag bis Nachmittag intensiver als während der restlichen Zeit des Tages.

RECHTS In diesem Garten erhellt die von links einfallende Morgensonne die rechte Rabatte mit den Dahlien und Sträuchern.

Bei vielen Pflanzen werden Blühfreude und Fruchtreife von der Dauer der Sonneneinstrahlung bestimmt. Während der Wachstumsperiode brauchen die meisten Früchte, Gemüse und Kräuter täglich mindestens 6–8 Stunden Sonnenlicht. Wurzelgemüse wie Rote Beten und Möhren gedeihen bei 3–6 Stunden Sonne.

Manche Pflanzen haben im Steingarten auf der Südseite einen idealen Standplatz. Andere Gewächse kommen gut mit der kühlen Morgensonne zurecht, während frostanfällige nicht der Morgensonne ausgesetzt sein sollten, denn ihnen droht die Gefahr von Frostschäden.

Da sich die meisten Pflanzen in teils sonniger, teils schattiger Lage wohlfühlen, gibt es viele Wahlmöglichkeiten. In Gärtnereien finden Sie die wichtigsten Informationen über die Lichtbedürfnisse bei den Pflanzen angegeben.

OBEN RECHTS Zur Mittagszeit erhält die Rasenfläche volle Sonne. Im hinteren Bereich sorgt der Baum für etwas Schatten.

RECHTS Abends liegt der Rasen weitgehend im Schatten. Die untergehende Sonne sendet die letzten Strahlen.

WIE VIEL SONNE BEKOMMT IHR GARTEN?
Ein Überblick, der Ihnen bei der Bestimmung der Lichtverhältnisse in Ihrem Garten hilft

Sonnenlicht (in Stunden)	Definition	Beschreibung	Pflanzvorschläge
6 oder mehr Stunden direkte Sonne	Vollsonne	Vom Spätmorgen bis Spätnachmittag das intensivste Sonnenlicht	Gemüse, die meisten Kräuter, Mauerpfeffer, Sukkulenten
3 – 6 Stunden direkte Sonne	Teilweise Sonne, teilweise Schatten	Morgens oder frühnachmittags fällt das Sonnenlicht durch Baumkronen	Die meisten Wald- und Unterholzpflanzen
2 Stunden oder weniger direkte Sonne	Vollschatten	Das Sonnenlicht wird durch Immergrüne weitgehend zurückgehalten	Farne, Funkien, Rhododendren

GÄRTNERN TROTZ KÖRPERLICHER EINSCHRÄNKUNGEN

Die moderne Medizin und eine gesündere Lebensweise eröffnen älteren Menschen heute mehr Möglichkeiten, ihr Leben aktiv zu gestalten. Allerdings hat der normale Alterungsprozess Konsequenzen, die sich auch auf das Gärtnern auswirken können. Doch seien Sie guten Mutes: Wenn wir Rücksicht auf uns selbst nehmen, bleiben uns die vergnüglichen Tage im Garten erhalten.

OBEN Arthrose muss Sie nicht zum Nichtstun verurteilen; es gibt Geräte, die Ihnen in Ihrer speziellen Situation helfen, und Pflanzen, die einfach zu handhaben sind.

ARTHRITIS, ARTHROSE UND GICHT

Trotz allen medizinischen Fortschritts gibt es chronische Beschwerden, mit denen ältere Menschen zurechtkommen müssen. Arthrose ist die häufigste Erkrankung dieser Art. Sie kann die Kraft, die Ausdauer und die Beweglichkeit einschränken. Doch mithilfe von entsprechend angepassten Gartenwerkzeugen können betroffene Senioren weiterhin gärtnern. Es gibt eine Reihe ergonomisch geformter Werkzeuge mit praktischen Details: Gepolsterte Haltegriffe, verstellbare Griffe, Teleskopstiele – all das kann Gartenfreunden mit Gelenkerkrankungen helfen.

BLUTHOCHDRUCK

Um Bluthochdruck vorzubeugen oder ihn unter Kontrolle zu halten, ist körperliche Aktivität das Beste, was wir tun können. Untersuchungen zeigen, dass das Gärtnern zu den Tätigkeiten zählt, die helfen, den Blutdruck zu senken und das Risiko von Herzerkrankungen zu mindern. Um den Blutdruck zu verringern und Herz und Gefäße gesund zu erhalten, wird empfohlen, täglich 30 Minuten leichtere Gartenarbeit zu verrichten. Rasenmähen und Blätter zusammenrechen eignen sich gut. Besprechen Sie Ihr Vorhaben auf jeden Fall mit Ihrem Arzt, und betrachten Sie den Garten als Ihr privates Fitnessstudio.

SEHSCHWÄCHE

Die Augen sind meist die ersten Sinnesorgane, die sich mit zunehmendem Alter verschlechtern. Sehprobleme entwickeln sich gewöhnlich langsam, daher ist es wichtig, darauf zu achten, ob unser Sehvermögen sich verschlechtert.

Zunächst mögen solche Veränderungen unbedeutend erscheinen, doch allmählich können wir nicht mehr scharf sehen, die Augen werden lichtempfindlich und verlieren die Fähigkeit, Farben zu unterscheiden. Hinzu kommt, dass wir Unebenheiten, Stufen und Türschwellen nicht mehr gut erkennen können. Das Stolpern oder Hinfallen stellt ein großes Risiko dar; daher ist es wichtig, den Garten so auszustatten, dass ein Maximum an Sicherheit gewährleistet ist. Das Anbringen einer kleinen Rampe,

GANZ LINKS Wenn Ihre körperliche Verfassung kaum Gartenarbeit erlaubt, gehen Sie einfach im Garten spazieren.

LINKS Auch vom Rollstuhl aus kann man sich im Garten betätigen, beispielsweise Verblühtes abschneiden.

eines Geländers (auch bei einer einzigen Stufe) sowie das Streichen der Treppe in einer Kontrastfarbe können die Gefahr zu fallen mindern.

Der Graue Star, ein weiterer Bote des Alters, lässt sich operieren. Bei der Makuladegeneration – sie beeinträchtigt das Fokussieren und Erkennen von Einzelheiten – ist Ordnung die Lösung. Wer den Gartenschlauch immer auf dem Schlauchwagen aufrollt und die Gartengeräte stets an ihren Platz zurückbringt, beseitigt Stolpergefahren. Werden die Gerätegriffe mit unterschiedlichen Farben bemalt oder mit bunten Klebestreifen gekennzeichnet, findet man die Werkzeuge im Geräteschuppen leichter und sieht sie auch dann, wenn sie auf einem Beet liegen.

IHRE GESUNDHEIT

Falls Sie den Eindruck haben, dass die Gartenarbeit Ihnen nicht mehr so guttut wie bisher, gehen Sie zu Ihrem Arzt!

LINKS Der Bodenbelag im Garten und auf der Terrasse darf keine Stolperkanten aufweisen, alles muss plan verlegt sein.

GLEICHGEWICHTSPROBLEME

Auch wenn wir nicht mehr ganz sicher auf den Beinen sind, ist es enorm wichtig, eine sichere Umgebung zu schaffen. Achten Sie darauf, dass die Wege zwischen den Beeten eben sind und dass der Rasen keine Dellen und Hügelchen hat, die Sie aus dem Gleichgewicht bringen könnten. Entlang der gepflasterten Gehwege lassen Sie Geländer anbringen.

STEIFE GELENKE

Hochbeete sind eine ideale Lösung, wenn man sich nur noch mit Mühe bücken kann und aus der Hocke nicht wieder hochkommt. Außerdem bietet der Rahmen mancher Hochbeete eine praktische Sitzgelegenheit. Überhaupt: Richten Sie in den Bereichen, in denen Sie sich häufig aufhalten, Sitzplätze ein; dort können Sie sich zwischendurch ausruhen.

OBEN Dieses Hochbeet ist besonders hoch angelegt, sodass ein Rollstuhlfahrer es bequem bewirtschaften kann.

UNTEN Geführt von einem Blindenhund erkundet der stark sehbehinderte alte Herr die Düfte seines Gartens.

WÄHLEN SIE IHRE LIEBLINGSPFLANZEN

Die meisten von uns gestalten ihren Garten so, wie wir es von unserer Kindheit her kennen. Dagegen ist nichts zu sagen, aber es kann auch spannend sein, sich neuen Trends zu öffnen, beispielsweise dem naturgemäßen Gärtnern ohne Insektizide und Pestizide – eine Methode, die Ihnen das befriedigende Gefühl vermitteln wird, etwas Gutes für die Natur und die Umwelt zu tun.

OBEN Ziehen Sie nur Gemüsesorten, die Sie mögen und die Sie sonst kaufen würden. Aus dem Garten schmecken Sie besser!

BLUMEN

Da Blumen so schön sind, bilden sie den Hauptbestandteil der meisten Gärten. Außerdem bringen sie Nutzen, weil sie bestäubende Insekten anlocken. Pflanzen Sie unterschiedliche Formen und Höhen: röhrenförmige Blüten wie bei Fuchsien, flachdoldige Blütenstände wie bei Wilder Möhre oder Körbchenblüten wie bei Sonnenblumen. Damit bieten Sie Bienen, Schmetterlingen und anderen nützlichen Insekten leicht zugängliche Landeflächen.

Wenn Sie die richtige Wahl treffen, blüht es in Ihrem Garten vom zeitigen Frühjahr bis zum späten Herbst. Zwiebel- und Knollenpflanzen wie Narzissen und Anemonen sind die Vorboten des Frühlings, Astern und Chrysanthemen bilden den Abschluss der Blütezeit. Und all die Blumen, die dazwischen erscheinen, schmücken Ihren Garten unablässig mit bunten Farben.

GEMÜSE

Je mehr wir über die Bedeutung einer gesunden Ernährung wissen, desto größer wird der Reiz eines eigenen Gemüsegartens. Regel Nummer eins lautet: Bauen Sie nur die Gemüsesorten an, die Ihnen wirklich schmecken. Sich nach neuen Sorten umzusehen macht zwar Spaß, aber achten Sie darauf, dass Sie nur das kultivieren, was Sie im Hinblick auf den Arbeitsaufwand nicht überfordert. Überhaupt: Machen Sie es sich grundsätzlich einfach, und bedenken Sie z. B., dass Stangenbohnen leichter zu pflücken sind als niedrige Buschbohnen.

Ein Gemüsegarten kann enorm ertragreich sein. Deshalb sollten Sie sich auch darüber Gedanken machen, ob Sie alles ernten, verarbeiten und verbrauchen können. Eine sorgfältige Planung tut also not. Am besten, Sie lassen sich in einer Gärtnerei beraten.

LINKS Dieser Garten ist voller duftender Pflanzen, darunter auch Schöpflavendel (im Vordergrund) und die herrliche rosa Rose 'Gertrude Jekyll'.

OBST

Der Anbau von Obst kann sehr viel Spaß machen, wenn Sie die für Ihr Klima geeigneten Sorten auswählen. Dann ist es ohne Weiteres möglich, während der Frühlings-, Sommer- und Herbstmonate fortlaufend Früchte zu ernten. Erdbeeren können Sie im Frühling pflücken, gefolgt von Himbeeren, Heidelbeeren, Pfirsichen und Aprikosen im Sommer. Trauben reifen im Frühherbst, und etwas später folgen schon die Äpfel.

Es gibt viele Methoden, Obst zu kultivieren: im Gartenboden, in Kübeln, am Spalier gezogen oder an einem Baum kletternd. Besonders interessant sind die sogenannten „Designer"-Obstbäume, die kleiner und ertragreicher sind. Ein Säulenapfelbaum hat verschiedene Vorteile: Er braucht wenig Platz und bringt große Früchte hervor, die einfach zu ernten sind.

BÄUME UND STRÄUCHER

Gehölze sollten in keinem Garten fehlen, und sei er auch noch so klein. Sie bilden den Rahmen für

UNTEN Bauen Sie Klettergemüse wie grüne Bohnen an, die Sie wochenlang bequem ernten und genießen können.

OBEN Zwergwüchsige Obstbäume wie dieser Apfelbaum bringen reichlich Früchte hervor, die einfach zu ernten sind.

andere Pflanzen, sorgen für Struktur und Kontraste. Außerdem sind sie das ganze Jahr präsent, während Blumen und Gemüse absterben. Pflanzen Sie Bäume und Sträucher, die zu jeder Jahreszeit, auch in den Wintermonaten, attraktiv wirken, die auf Ihrem Gartenboden und in Ihrem Klima gut gedeihen und die nur wenig oder keine Pflege benötigen. Anders als Einjährige oder Gemüse, die jedes Jahr gepflanzt werden müssen, wird ein Baum oder Strauch dauerhaft an seinem Platz bleiben. Achten Sie daher darauf, dass er den richtigen Standort erhält, und pflegen Sie ihn gut, besonders im ersten Jahr (siehe auch S. 164–165).

TIERE IM GARTEN

Die Schaffung von Lebensräumen für wild lebende Tiere ist eine schöne Aufgabe, die sich jedem Gartenfreund stellt. Im Garten sollte ein Gleichgewicht an sommer- und immergrünen Arten herrschen. Laub- und Nadelgehölze bieten Tieren, die in Ihrem Garten

nisten oder ruhen wollen, einen Lebensraum. Die Vielfalt ist wichtig. Versuchen Sie, Pflanzen zu integrieren, die reich an Nektar sind und Beeren, Nüsse und Zapfen tragen – Nahrung für alle Arten von Tieren. So wird Ihr Garten zum Anziehungspunkt für Vögel und Schmetterlinge, an denen Sie sich erfreuen können.

UNTEN Diese Grünfinken lassen sich ihre Mahlzeit aus einem Futterspender schmecken und erfreuen dabei jene, die sie vom Haus oder der Terrasse aus beobachten.

OBERSTES GEBOT: PFLEGELEICHTIGKEIT

Wir sollten uns darüber Gedanken machen, wie viel Zeit und Kraft wir für unseren Garten aufwenden möchten oder können. Sonst wird er zur Belastung, zu einer Aufgabe, die uns über den Kopf wächst – und das ist es ja gerade, was wir im höheren Alter nicht gebrauchen können. Die Lösung: der pflegeleichte Garten, der uns nicht überfordert, sondern Freude macht und Befriedigung schenkt.

OBEN Wer statt zu säen vorgezogene Pflänzchen kauft, spart sich Arbeit und eröffnet die Gartensaison früher.

WENIGER AUFWAND

Senioren – auch die, die den größten Teil ihrer Zeit mit dem Gärtnern verbringen – wünschen sich in der Regel, dass die Gartenarbeit leichter und der Garten einfacher gestaltet wird, ohne dass er seinen ästhetischen Reiz verliert.

Sobald Sie sich Gedanken darüber machen, wie Sie Ihren Garten ohne allzu großen Aufwand erhalten können, werden Sie sich zwangsläufig mit pflegeleichten Pflanzen beschäftigen. Einige Ihrer „anspruchsvolleren" Lieblinge können Sie jedoch auch weiterhin kultivieren, wenn Sie bereit sind, sich diesen Pflanzen intensiver zu widmen.

BEQUEM PFLANZEN

Balkonkästen können Sie in verschiedenen Höhen platzieren, entweder am Balkongeländer oder auf der Mauerbrüstung. Auch Töpfe müssen nicht auf dem Boden stehen; es ist empfehlenswert, sie auf Kästen oder Blumentreppen anzuordnen, die man fertig kaufen kann. So lassen sich Gewächse bequem hineinpflanzen.

Im Garten sollten Sie Hochbeete nutzen, die an geeigneten Stellen aufgebaut werden. Was auch immer Sie dort hineinpflanzen, ob Blumen oder Gemüse: Es ist in jedem Fall bequem, Sämlinge in Gärtnereien oder Gartencentern zu kaufen. Sie können aber Ihre Lieblingspflanzen auch im Haus aussäen und kultivieren, was ebenfalls kein großer Arbeitsaufwand ist, und sie auspflanzen, wenn das Frühjahr kommt.

UNKRAUT JÄTEN

Man sollte sich einige Gedanken machen, wie man das Wachstum von Unkraut unterdrückt, denn das Jäten ist zeitaufwendig, und unerwünschte Pflanzen schwächen Ihre Ziergewächse. Wird das Unkraut unterdrückt, hält der Boden Feuchtigkeit und Nährstoffe für die „guten Pflanzen" zurück.

Mulchen ist eine Möglichkeit (fertigen Mulch kann man kaufen). Außerdem gibt es Unkrautvernichtungsmittel, doch man sollte sie nicht einsetzen, wenn es irgend geht, da die Giftstoffe die Pflanzen und Tiere des Gartens sowie die eigene Gesundheit schädigen können.

LINKS Ein Balkon mit einer bequemen Bank und einer Auswahl an pflegeleichten Topfpflanzen vermittelt das Gefühl, in einem kleinen Garten zu sitzen.

RECHTS Eine Terrasse voller verschiedener Pflanzenstrukturen kann für mehrere Monate im Sommer zu Ihrem Wohnzimmer unter freiem Himmel werden.

VERBLÜHTES ENTFERNEN

Wenn Sie welke Blüten regelmäßig ausputzen, wird die Pflanze die Kraft, die sie zur Samenbildung aufwenden müsste, in die Entwicklung von mehr Blüten stecken. Bei vielen Pflanzen, insbesondere bei Einjährigen, die ihre Blütenbildung normalerweise früh beenden würden, regt diese Pflegemaßnahme eine erneute Blüte an.

Je nach Art der Pflanze kneift man Verblühtes mit der Hand aus oder schneidet es mit einer Schere oder Gartenschere ab. Ältere Menschen nehmen es oft in Kauf, dass die Blüte früh endet, denn das Ausputzen kostet Zeit und bedeutet mehr regelmäßigen Pflegeaufwand. Es gibt aber zahlreiche Pflanzensorten, die sich auch ohne diese Maßnahme von ihrer besten Seite zeigen, beispielsweise selbstputzende Hängegeranien. Greifen Sie auf diese zurück.

UNTEN Ein mobiler Wassertank mit einer angeschlossenen Pflanzenbrause erspart das Schleppen einer schweren Gießkanne.

GIESSEN

Eine gesunde Pflanze besteht zu 75 bis 95 Prozent aus Wasser. Daher ist Wasser in den ersten Wochen während des Wachstums von entscheidender Bedeutung, denn in dieser Zeit bilden Pflanzen ihr Wurzelsystem aus und verankern sich im Boden. Obwohl gut eingewachsene Pflanzen das Grundwasser nutzen können, wird es Zeiten geben, in denen der Garten bewässert werden muss.

Allerdings können viele gut eingewachsene Pflanzen kurze Trockenperioden problemlos überstehen. Halten Hitze und Trockenheit jedoch länger an, sollten Sie Ihre empfindlichen Pflanzen, vor allem die frisch gepflanzten, gießen. Wichtig ist, dass man frühmorgens oder abends wässert, damit die Pflanzen abgetrocknet sind, wenn die Sonne hoch am Himmel steht. Denn Wassertropfen wirken wie Brenngläser, sodass Blätter und Blüten Brandstellen bekommen.

Falls Sie Blumenkästen, Töpfe oder Kübel mit Gewächsen bestückt haben, hängt es vom Standort ab, wann gegossen werden muss. Wird der Regen von Dachüberständen oder anderen baulichen Konstruktionen abgehalten, müssen Sie Ihre Pflanzengefäße regelmäßig gießen (siehe auch S. 124–129).

LINKS Wer einen Schattengarten hat und es sich ganz einfach machen will, lässt den Giersch *(Aegopodium podagraria)* wuchern. An der Grenze zum Nachbargarten sollte man aber Wurzelsperren eingraben.

RECHTS In dieser charmanten Rabatte wachsen die Stauden durch den Zaun und bringen die Gartenbegrenzung zum Leuchten.

WENIGER EINJÄHRIGE, MEHR IMMERGRÜNE

Die Pflanzen, die Sie für Ihren Garten auswählen sollten, dürfen weder empfindlich sein noch aufwendige Pflege erfordern. Zum Beispiel sollten sie keine Stütze benötigen, dafür aber lange Zeit ansprechend aussehen, ohne dass man Verblühtes regelmäßig entfernen muss. Auch häufiges Teilen und Düngen gehören zu den Arbeiten, die sich der Seniorengärtner ersparen sollte.

Wenn Sie statt einjähriger Blumen ausdauernde Immergrüne setzen, brauchen Sie nicht jedes Jahr wieder neu zu kaufen und zu pflanzen. Gewächse, die Unkraut unterdrücken, beispielsweise Bergenien oder Funkien, oder solche, die mit Trockenheit zurechtkommen wie Schmucklilien oder Lavendel, erfordern ebenfalls kaum Pflege.

BRAUCHEN SIE WIRKLICH EINEN RASEN?

Ein Rasen ist pflegeintensiv. Regelmäßig muss er gemäht und im Sommer gewässert werden. Wenn Sie die Grasflächen in Ihrem Garten verkleinern und durch Bodendecker wie Niederliegenden Ysander oder Kanadische Haselwurz ersetzen, haben Sie eine pflegeleichte Alternative. Solche üppig wachsenden Bodendecker vermitteln ebenfalls den Eindruck eines „grünen Teppichs".

DER MOBILE GARTEN

Ein Innenhof, eine Terrasse oder ein Balkon lässt sich mit gut ausgewählten Pflanzen, die man in dekorative und ungewöhnliche Gefäße setzt, in eine pflegeleichte Gartenoase verwandeln. Ein Topfgarten bietet Ihnen eine Vielfalt an Pflanzen, deren Pflege Sie leicht meistern werden. Ein Bewässerungssystem für Gefäße kann Ihnen sogar das Gießen abnehmen. Da es verschiedene Fertigsubstrate für eine Reihe von Pflanzengruppen zu kaufen gibt, brauchen Sie sich auch keine Gedanken mehr über den Gartenboden zu machen.

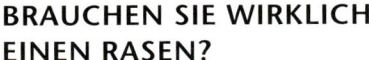

LINKS Ein Innenhof kann zu einer Oase mit pflegeleichten Pflanzen werden, wenn man die Lichtverhältnisse beachtet. So blüht z. B. das rosa Tränende Herz im Schatten.

Gaultheria procumbens

Cornus kousa

Coreopsis verticillata

Euonymus alatus 'Fireball'

Sarcococca confusa

PFLEGELEICHTE PFLANZEN

Bei jedem im Pflanzenführer (S. 208–249) beschriebenen Gewächs ist der Pflegebedarf angegeben. Wer einen pflegeleichten Garten plant, findet auf dieser Seite einige der anspruchslosesten Gewächse des Pflanzenführers.

Bodendecker
- Scheinbeere *(Gaultheria procumbens)* (Seite 224)
- Ysander *(Pachysandra procumbens)* (Seite 226)
- Gefleckte Haselwurz *(Asarum shuttleworthii)* (Seite 220)
- Weihnachtsfarn *(Polystichum acrostichoides)* (Seite 227)

Stauden
- Fetthenne (Sedum 'Herbstfreude') (Seite 218)
- Nadelblättriges Mädchenauge *(Coreopsis verticillata)* (Seite 215)
- Gelber Sonnenhut *(Rudbeckia fulgida* var. *sullivantii* 'Goldsturm') (Seite 218)
- Taglilie (Hemerocallis 'Stella de Oro') (Seite 217)
- Purpursonnenhut *(Echinacea purpurea)* (Seite 216)

Sträucher
- Abelie, Tausendblütenstrauch *(Abelia × grandiflora* 'Little Richard') (Seite 228)
- Korkflügelstrauch *(Euonymus alatus* 'Fireball') (Seite 229)
- Fleischbeere *(Sarcococca confusa)* (Seite 233)
- Eichenblättrige Hortensie *(Hydrangea quercifolia* 'Snow Queen' oder 'Pee Wee') (Seite 232)

Kleine Bäume
- Japanischer Blumenhartriegel *(Cornus kousa)* (Seite 229)
- Felsenbirne *(Amelanchier arborea)* (Seite 228)
- Kreppmyrte *(Lagerstroemia indica)* (Seite 230)
- Sauerbaum *(Oxydendron arboreum)* (Seite 230)

Hydrangea quercifolia

Rudbeckia fulgida var. *sullivantii*

Sedum 'Herbstfreude'

Pachysandra procumbens

Echinacea purpurea

GEEIGNETE STAUDEN

Wir alle wollen einige Blumen in unserem Garten haben, und es gibt eine Reihe zuverlässiger Blüher, die nicht viel Pflege benötigen. Ein Gartenbeet voller Stauden, die sich weitgehend selbst versorgen und großartig aussehen, ist eine gute Wahl. Gelber Sonnenhut, Purpursonnenhut, Margeriten und Mädchenauge sind einige der Arten, die Farbe in die Beete bringen und sich auch als Schnittblumen anbieten. Auch Ziergräser bleiben lange Zeit schön und benötigen wenig Pflege. Einige sind jedoch stark selbstaussäend; achten Sie beim Kauf auf diesen Gesichtspunkt – es sei denn, Sie sind bereit, Blütenstände vor der Samenbildung abzuschneiden.

Es gibt schöne Stauden, die pflegeleicht und zuverlässig sind, aber je nach Boden und Klima stark wuchern können. Dazu zählen Schafgarbe *(Achillea millefolium)*, Montbretie (Crocosmia), Herbstanemone

OBEN Am Gartenrand sorgen Koniferen für Wind- und Sichtschutz. Zum optischen Ausgleich pflanzen Sie Stauden davor.

(Anemone × hybrida), Gilbweiderich *(Lysimachia punctata)* und Schnee-Felberich *(Lysimachia clethroides).* Als Alternative eignen sich einfach zu kultivierende, kompakte immergrüne Sträucher wie Azaleen, Heidegewächse und Abelien. Diese Arten sorgen garantiert für bunte Blüten sowie interessante Blätter und Texturen rund um das Jahr und breiten sich nicht stark aus.

Hochwüchsige Blütenpflanzen brauchen in der Regel eine Stützhilfe, beispielsweise Rittersporn. Einfacher haben Sie es mit stabilen hochwüchsigen Arten wie Stockrose *(Alcea rosea),* Fackellilie *(Kniphofia uvaria)* und Eisenhut *(Aconitum).* Aber Vorsicht, der Eisenhut ist giftig! Falls Sie sich für diese Pflanzen interessieren, halten Sie Ausschau nach den neuen kompakten und krankheitsresistenten Sorten.

LINKS Der Purpursonnenhut ist eine robuste, zuverlässige Blütenpflanze für sonnige Bereiche in Ihrem Garten.

RECHTS Taglilien hellen jeden Garten auf und brauchen keine andere Pflege als gelegentliches Ausdünnen.

IDEAL: IMMERGRÜNE

Immergrüne Bäume und Sträucher, ob Laub- oder Nadelgehölze, schützen die Privatsphäre im Garten oder auf der Terrasse. Sie machen wenig Arbeit, denn es entfällt das Laubrechen. Fragen Sie nach langsam wachsenden und kleinwüchsigen Sorten wie der Zwergstechpalme *(Ilex cornuta* 'Rotunda') und dem Heiligen Bambus *(Nandina domestica),* da diese nicht regelmäßig zurückgeschnitten werden müssen. Dafür bieten Sie wegen ihrer Kleinwüchsigkeit weniger Sichtschutz.

WORAUF MAN BEI DER AUSWAHL ACHTEN SOLLTE

• Pflanzen Sie vor allem Stauden, denn gewöhnlich braucht man sie nur einmal zu setzen.
• Wählen Sie Pflanzen aus, die zu jeder Jahreszeit ein interessantes Bild bieten.
• Entscheiden Sie sich für Arten mit langer Blühdauer, etwa Glockenblume (Campanula), Mädchenauge (Coreopsis), Sonnenhut (Echinacea), Taglilie (Hemerocallis), Fackellilie (Kniphofia) oder Staudenlein *(Linum perenne).*

EINE FREUDE FÜR DIE SINNE

Sehen, Hören, Riechen, Fühlen und Schmecken lassen im Alter in ihrer Intensität und Feinheit nach und sollten deshalb so häufig wie möglich stimuliert werden. Dafür ist der Garten der ideale Ort. Auf den folgenden Seiten finden Sie Ideen für Ihren Garten, die all Ihre Sinne ansprechen. Abgesehen davon werden die vorgeschlagenen Bepflanzungen aus Ihrem Garten ein Zauberreich der Schönheit und Harmonie machen.

OBEN Pflanzen sind nicht nur zum Anschauen da – streichen Sie auch einmal über zarte Blumen und federartiges Laub.

EINDRÜCKE AUF SICH WIRKEN LASSEN

Wer viel Zeit allein im Garten verbringt, sollte dies nicht bedauern: Jetzt hat man die Möglichkeit, Gartengäste wie Vögel, Bienen und Schmetterlinge intensiv wahrzunehmen und in ihrem munteren Tun zu beobachten.

Überhaupt: Wenn wir älter werden, weniger beschäftigt sind und mehr sitzen, haben wir die einzigartige Gelegenheit, uns den Eindrücken zu öffnen, die uns der Garten bietet. Gräser, die im Wind rascheln, flaumige Blätter, die sich so weich anfühlen wie ein Angoraschal, Blüten, die aparter duften als jedes Parfüm – all dies sind köstliche Reize für die Sinne.

Es ist wichtig, dass unsere Sinne scharf bleiben, da sie uns die Welt um uns herum nahebringen. Ein Garten, bepflanzt unter dem Gesichtspunkt, alle Sinne anzuregen, wird dabei eine große Hilfe sein.

RECHTS Die bläulichen Farbtöne dieses Zierkohls bilden eine herrliche Ergänzung zu der Beetumrandung aus Schieferplatten.

RECHTS Die Roteiche *(Quercus rubra)* wird Sie im Herbst mit ihrem leuchtenden Laub und den Eicheln begeistern.

UNTEN In einem nostalgischen Garten dürfen bunte Duftwicken mit ihrem süßlichen Wohlgeruch nicht fehlen.

Sehen und Betrachten

Blütenfarben, Blatttexturen und Pflanzenformen sind das, was wir als Erstes wahrnehmen, wenn wir einen Garten anschauen. Das ändert sich nicht mit dem Alter, doch was sich ändern kann, sind unsere Vorlieben für bestimmte Farbtöne und -kombinationen. Außerdem könnte das Nachlassen des Augenlichts uns motivieren, den Garten anders zu gestalten: Er muss mehr leuchten!

OBEN Die goldgelben Blütenblätter der Sonnenblume bilden einen starken Kontrast zur Blütenmitte voller dunkler Samen.

FARBEN UND KONTRASTE

Es ist kein Grund zum Verzagen, wenn wir im Alter blasse und pastellige Farben nicht mehr so gut erkennen können. Mithilfe von Farb- und Helligkeitskontrasten lässt sich diese Sehschwäche ausgleichen. Halten Sie sich am besten an Komplementärfarben – mit ihnen lässt sich ein wunderschöner Garten „malen". Lila Blüten setzen Sie neben gelbe, orangefarbene neben blaue – so wird der Garten für alternde Augen zu einem starken visuellen Erlebnis. Pflanzen Sie gelbe oder weiße Narzissen vor eine dunkelgrüne Hecke oder rote Montbretien neben weiße Margeriten, um die visuelle Wirkung zu erhöhen. Die Blüten und Blätter des gelben Sonnenhuts und die von niederwüchsigen Sonnenblumen sind schon allein für sich voller Kontraste.

Gemüse muss man nicht nur für den Verzehr pflanzen, sie bieten auch aufregende Farben, etwa der sonst bescheidene Mangold, dessen bunte Sorten wie 'Bright Lights' fröhliche Farbtupfer zaubern. Die leuchtend gefärbten Stiele und Blätter schmecken lecker und sehen toll aus inmitten von Stauden. Ein anderes Gemüse, das diese doppelte Funktion erfüllt, ist die Rote-Beten-Sorte 'Bull's Blood' mit intensiv weinroten Blättern.

WENN MAN NICHT MEHR SO GUT SEHEN KANN

Eine Veränderung werden Sie vielleicht schon an sich beobachtet haben: Es wird schwieriger, die Augen anzupassen, wenn man vom Dunklen ins Helle kommt, und umgekehrt. Seien Sie deshalb vorsichtig, wenn Sie in den Garten gehen oder ihn verlassen; setzen Sie sich eine Weile hin, damit sich die

LINKS Die flammenden Blütenkerzen der Fackellilien *(Kniphofia uvaria)* bieten vor dunklem Laub einen herrlichen Anblick.

Augen an die unterschiedlichen Lichtverhältnisse gewöhnen.

Eine Augenkrankheit wie der Grüne Star beeinträchtigt die Fähigkeit, Details zu erkennen, während die Betroffenen die Form eines Gegenstandes noch recht gut wahrnehmen können. So wird ein immergrüner Baum, der ganzjährig eine gleichbleibende Gestalt hat, gut identifiziert, z. B. die hohe Gestalt einer Tanne oder die Blauzeder mit ihren herabhängenden Ästen.

Es gibt Methoden, die Verschlechterung der Sehkraft zu kompensieren. Beispielsweise gelingt das Setzen von Gemüsepflänzchen in gleichmäßigen Reihen, wenn man ein Holzbrett mit Kerben als Pflanzschablone verwendet. Wer gern mit der Hand aussät, nimmt große Samen wie Erbsen, Bohnen und Sonnenblumen. Für winzige Samen wie die von Möhren und Radieschen bietet der Handel eine geniale Lösung an: Saatbänder, in die die Samen in gleichmäßigen

UNTEN Der Herbst lockt mit vielen herrlichen Farben. Besonders Ahornbäume sind bekannt für ihr buntes Laub.

OBEN Chrysanthemen mit lila, roten und rosafarbenen Blüten bringen dieses Beet zum kraftvollen Leuchten.

Abständen eingebettet sind (siehe auch S. 88). Gewächse mit vergleichbarem Wasserbedarf sollten nah beieinander gepflanzt werden, das spart Gießarbeit: Man wässert einfach alle auf einmal. Etiketten und Pflanzschilder mit großen Buchstaben oder in Braille-Schrift sind gute Hilfsmittel, um Pflanzen oder Saatstellen zu kennzeichnen.

PRÄCHTIGES LAUB

Es gibt Pflanzen, deren Blattwerk eine Vielfalt an Farben und Mustern aufweist. Buntnesseln beispielsweise können ein großartiges Spektrum an Farben entfalten. Für schattige oder halbschattige Bereiche Ihres Gartens ist die Kaladie (Buntblatt) eine ausgezeichnete Wahl, da sie mit ihren grün, weiß, rosa, rot und gelbgrün gefärbten Blättern jede dunkle Ecke aufhellt. Wenn Sie sie so platzieren können, dass die Sonnenstrahlen durchblitzen, werden Sie eine zusätzliche Wirkung erzielen.

FARBIG RUND UM DAS JAHR

Ihr Ziel sollte sein, die Pflanzen so auszuwählen, dass diese Sie das ganze Jahr mit ihrer Farbigkeit erfreuen. Der Adlerfarn *(Pteridium aquilinum)* etwa entfaltet seine Wedel im Frühjahr, Tomaten reifen gegen Ende des Sommers rot heran, und die hübschen Blätter des Ginkgobaums *(Ginkgo biloba)* färben sich im Herbst strahlend gelb.

Im Winter bieten unbelaubte Bäume und Gehölze interessante Wuchsformen dar, etwa Korkenzieher-Hasel *(Corynus avellana* 'Contorta')* mit ihren gedrehten Zweigen. Der Fächerahorn bildet ein anmutiges Geflecht aus Zweigen und Ästen, das während der Winterruhe besonders hübsch anzusehen ist. Der Winter ist die Zeit, in der wir es schätzen, wie viel die Formen vieler Pflanzen zum allgemeinen Gartenbild beitragen.

UNTEN Ein Fest für die Augen ist diese Gartenecke in allen Farben des Regenbogens: Rot, Weiß, Blau, Lila, Rosa und Gelb.

Hören und Lauschen

In unserer geräuschvollen Welt kann es ganz angenehm sein, wenn man nicht mehr so gut hört. Im Garten allerdings möchte man schon die Vögel singen, die Bienen summen und das Laub rascheln hören. Bis zu einem gewissen Grad lässt sich das trainieren: Konzentrieren Sie sich und lauschen Sie der Welt der mannigfaltigen Töne, die in Ihrem Garten erklingen. Sie können selbst zu dem kleinen Konzert beitragen, indem sie ein Windspiel aufhängen.

OBEN Futterspender mit verschiedenen Körnern locken Vögel an, die Ihren Garten mit Zwitschern beleben werden.

RASCHELNDE GRÄSER

Eine Auswahl an Gräsern, die bei jedem Windhauch rascheln

• Chinaschilf *(Miscanthus oligostachyus* 'Nanus variegatus'): bambusähnliches Laub
• Chinaschilf *(Miscanthus sinensis* 'Morning Light'): bogig herabhängende Blätter und bronzefarbene Blütenrispen
• Chinaschilf *(Miscanthus sinensis* 'Silberfeder'): kräftige grüne Blätter und weiße Samenstände
• Großes Zittergras *(Briza maxima)*
• Rutenhirse *(Panicum virgatum* 'Prairie Sky'): dicht wachsende stahlblaue Blätter und luftige, sandfarbene Blütenähren
• Stumpfblütige Quecke *(Elytrigia elongata* 'Jose Select')
• Unrund-Bambus (Phyllostachys): Blätter, die im Wind flüstern; hohe Halme, die hohl klingen, wenn man sie gegeneinander klopft.

Rutenhirse   Unrund-Bambus

RECHTS Wenn das Große Zittergras *(Briza maxima)* im Wind vibriert, meint man das Plätschern von Wasser zu hören.

OBEN Aus den schalenförmigen Gehäusen von Napfschnecken lässt sich ganz einfach ein Windspiel basteln.

DIE HERRLICHEN MELODIEN DER NATUR

Das leise Brummen der Hummeln und das liebliche Trillern der Amseln sind die Musik der Natur. Diese und viele andere Laute enthalten allerdings auch Informationen, etwa über die Jahreszeit. Vom Rauschen des Windes in den Baumkronen über das Schreien vorüber fliegender Gänse bis hin zu den Wassertropfen, die von den Eiszapfen an der Dachrinne herabfallen – solche Laute der Natur begleiten uns durch das Jahr.

Es gibt verschiedene Möglichkeiten, zusätzlichen Klang in Ihren Garten zu bringen. Locken Sie Insekten und Vögel an, indem Sie insbesondere einheimische Blütenpflanzen setzen und im Winter ein

Vogelhäuschen aufstellen. Ein kleiner Reisighaufen kann einem Igel als Versteck dienen, und wenn Sie gut aufpassen, werden Sie den kleinen Gesellen rascheln und husten hören. Bambus und unterschiedliche Gräser, die sich im Wind aneinanderreiben, sorgen ebenfalls für Hörerlebnisse. Wenn Sie das Herbstlaub in geeigneten Bereichen einfach liegen lassen, können Sie hören, wie die trockenen Blätter unter Ihren Füßen knistern.

WINDSPIEL UND WASSERBAD

Windspiele erzeugen zarte, beruhigende Klänge, und das Plätschern fließenden Wassers von einem Wasserspiel verbreitet eine friedliche, meditative Stimmung. Ein Wasserelement – und sei es nur ein einfaches Vogelbad – lockt Tiere an, vor allem natürlich Vögel und Insekten, und wenn Sie Glück haben, sind auch wunderschöne Libellen dabei. Hören Sie zu, wie sich unsere singenden, zwitschernden summenden und brummenden Freunde über die Gelegenheit zu trinken und zu baden freuen.

RECHTS Die leuchtend orangeroten Samenhüllen der Lampionblume sind im Wind zu hören. Setzen Sie die Pflanze in einen großen Kübel, denn sie wuchert stark.

UNTEN Trockene Herbstblätter knacken und rascheln geräuschvoll unter den Füßen.

PFLANZEN MIT SAMENHÜLLEN

Manche Samenhüllen geben interessante Geräusche von sich.

• Akelei (Aquilegia): Schneiden Sie die Samenstände nach der Blüte im Frühsommer ab; die Stiele ergeben einen hübschen Strauß mit bräunlichen rasselnden Samenhüllen.
• Jungfer im Grünen *(Nigella damascena)*: eine zarte Pflanze, die nach der Blüte papierartige Samenkapseln zeigt. Die winzigen schwarzen Samen darin rasseln beim Schütteln.
• Lampionblume *(Physalis alkekengi):* Reihen von papierartigen, lampionähnlichen orangeroten Samenhüllen, deren Bewegungen im Wind zu hören sind
• Mohn (Papaver): Samenkapsel voller winziger Samen; beim Schütteln machen die Samen ein typisches Geräusch.
• Silberblatt *(Lunaria annua,* syn. *Lunaria biennis):* flache Samenschoten, die sich erst purpurn, dann braun verfärben; wenn man daran rubbelt, werden silbern schimmernde Samenscheiben sichtbar.

Jungfer im Grünen   *Silberblatt*   *Akelei*   *Mohn*

Riechen und Schnuppern

Düfte beleben unsere Welt. Der Duft einer Rose ist einer der schönsten Sinneseindrücke, die uns geschenkt werden können, und der Geruch von feuchtem Grün nach einem Regen hebt unsere Stimmung. In solchen Momenten fühlen wir uns mit der Natur verbunden. Zwar lässt mit den Jahren unser Geruchssinn nach – doch es gibt Pflanzen, die ihn anregen und deren Aroma Sie begeistern wird.

OBEN Der liebliche Duft von Kletterrosen erfüllt die Luft und entzückt die Sinne.

DÜFTE NACH JAHRESZEITEN

Jede Jahreszeit hat ihre einzigartigen Gerüche. Im Frühling werden duftende Sträucher wie Lorbeer, Flieder und sommergrüne Azaleen Sie mit ihren bezaubernden Düften betören. Denken Sie bei der Auswahl Ihrer Duftpflanzen auch an die feinen Aromen von Frühlingsblühern wie Veilchen, Maiglöckchen, Strand-Levkoje *(Malcolmia maritima)*, Nelken und Duftstein-rich *(Lobularia maritima)*. Im Sommer werden Sie vom Pfeifenstrauch *(Philadelphus coronarius)* und den Rosen begrüßt. Im Herbst verströmt die Süße Duftblüte *(Osmanthus fragans)* ihren herrlichen Geruch.

In der kalten Jahreszeit erscheinen die winzigen, unauffälligen Blüten der Duft-Fleischbeere *(Sarcococca humilis)*, die einen außerordentlich intensiven Geruch verströmt. Auf all jene von uns, die sich während der kurzen, dunklen Wintertage niedergeschlagen fühlen, kann das aufmunternd wirken.

DER RICHTIGE PLATZ FÜR DUFTPFLANZEN

Setzen Sie wohlriechende Pflanzen in den Eingangsbereich Ihres Gartens, um sich gleich bei Betreten von deren Duft betören zu lassen und Ihre Gäste willkommen zu heißen. Gewächse mit aromatischen Blättern können Sie auch dicht an die Wege pflanzen, damit Sie im Vorbeigehen mit der Hand darüber streifen und den Duft aufnehmen können.

Düfte nimmt man leichter und intensiver wahr, wenn die Sonne scheint und es warm ist. So wird ein Baum, an dem ein Geißblatt

LINKS Ein Duftbeet, das bezaubert: Bergkiefer *(Pinus mogo)*, Schöpflavendel *(Lavandula stoechas)*, Rose 'Gertrude Jekyll', Rotlaubiger Fenchel *(Foeniculum vulgare purpureum)* und Schwertlilie *(Iris spec.)*

oder eine sommerblühende Clematis empor rankt, an einem schönen hellen Tag zu einem wahren Erlebnis. Duftwicken, die vor einer sonnenbeschienenen Mauer an Drähten hoch wachsen, werden ebenfalls ihr süßes Aroma entwickeln.

Falls Sie für duftende Sträucher nicht ausreichend Platz haben, bepflanzen Sie einen Kübel, Ihre Balkonkästen oder ein kleines Hochbeet mit verschiedenen Duft-Pelargonien, die mit vielfältigen Aromen erhältlich sind, beispielsweise Apfel, Zitrone, Muskat, Kiefer und Rose. Diese intensiv duftenden Pflanzen blühen den ganzen Sommer über und bis in den Herbst.

UNVERZICHTBAR: KRÄUTER

Gewürzkräuter eignen sich ausgezeichnet, um einen Gartenbereich mit Wohlgerüchen zu beleben – ob in Bodenhöhe, auf einem Hochbeet oder in einem Gefäß. Wenn Sie duftenden Thymian *(Thymus serpyllum)* oder andere Kräuter in

UNTEN Ein Laubengang mit blühenden Duftwicken, die an Weidenästen empor ranken, kann einer der schönsten Wege in einem Garten sein.

Plattenfugen pflanzen, können sich die Aromen auf ganz einfache Art entfalten, denn sobald Sie darauf treten, werden die Blätter zerdrückt und verströmen ihren Duft.

Bekannte und beliebte Kräuter wie Rosmarin, Lavendel und Minze werden Sie monatelang mit ihrem Duft erfreuen und außerdem zu vielfältiger Verwendung anregen: für Tees, zum Kochen als Gewürz oder für Duftsäckchen. Wenn Ihnen der Umgang mit Kräutern besonders viel Freude bereitet, probieren Sie einmal ungewöhnliche Arten aus, z. B. das Currykraut *(Helichrysum italicum)*. Außer einem intensiven Aroma – wenn die leuchtend gelben Blüten an sonnigen Tagen ihren Curryduft verströmen – hat diese Pflanze auch optisch Einiges zu bieten: Die panaschierten Blätter sind silbrig grau und flaumig behaart.

OBEN Thymian riecht gut und eignet sich für Steingärten oder Flächen, die mit Platten und Kies belegt sind. Dort ist es warm und trocken.

UNTEN Pflanzen Sie Maiglöckchen in ein Gefäß, das Sie an einen Platz stellen, an dem Sie den Duft genießen können.

Befühlen und Ertasten

Im Gegensatz zu anderen Sinnen scheint uns der Tastsinn auch in höherem Alter voll erhalten zu bleiben. Es ist beruhigend zu wissen, dass dieser Sinn weiterhin eine intensive Verbindung zu der Welt um uns herum herstellen kann, sollten andere Sinne schwächer werden. Nicht nur, dass es angenehme Gefühle verschafft, die Finger in die weiche Erde zu graben – viele Pflanzen geben sich uns auch durch Betasten ihrer Oberfläche zu erkennen.

OBEN Die Echte Hauswurz *(Sempervivum tectorum)* hat glatte Blätter, die sich wie gewachst und poliert anfühlen.

WEICHE OBERFLÄCHEN

Glatte und weiche Oberflächen im Garten entfalten eine beruhigende Wirkung, sobald man darüber streicht oder daran reibt. Ein gutes Beispiel ist der Wollziest *(Stachys byzantina)*, eine altbewährte, beliebte Staude. Die länglichen Blätter fühlen sich wie Samt oder Filz an. Im Frühling bringt die Sal-Weide *(Salix caprea)* ihre kleinen grauen, himmlisch weichen Weidenkätzchen hervor, die anzufassen einen wahren Genuss bereitet.

UNTEN Weiche Gräser erfreuen sehbehinderte Menschen, die ihre Umgebung vor allem durch Erfühlen wahrnehmen.

WACHSARTIGE UND LEDRIGE BLÄTTER

Pflanzen, die in Wüsten- oder Alpengebieten heimisch sind, haben oft eine wasserabweisende Oberfläche, die sich anfühlt, als wäre sie mit Wachs überzogen. Viele von ihnen sind beliebte Zimmerpflanzen wie der Weihnachtskaktus *(Schlumbergera spec.)*. Sedum-Arten, die in Steingärten wachsen, gibt es in vielen Formen, die sich alle interessant anfühlen. Die Blätter der Bergenie *(Bergenia cordifolia)*

UNTEN Simsen, eine Gruppe der Gräser, bringen winzige flauschige Blüten hervor, die an den Enden der Triebe blitzen.

sind nicht nur wachsartig und ledrig, sondern sie quietschen auch, wenn man sie aneinander reibt.

RAUE UND STACHELIGE TEXTUREN

Trauen Sie sich, und umarmen Sie einmal einen Baum! Spüren Sie die Struktur seiner Rinde? Meist fühlt sie sich rau an und hat tiefe Furchen, deren Ecken und Kanten man ertasten kann.

Der Purpursonnenhut *(Echinacea purpurea)* gehört ebenfalls in einen

UNTEN Der Chinesische Schneeball *(Viburnum macrocephalum)* trägt weiche, kugelige Blütenstände.

OBEN Die rötlich-braune und bernstein-farbene Rinde der Himalaya-Kirsche *(Prunus rufa)* schält sich permanent an vielen Stellen, was sich gut ertasten lässt.

Garten der Sinne, da seine Triebe und Blätter mit steifen Härchen besetzt sind und sich schleifpapierartig anfühlen, wenn man daran reibt. Doch Vorsicht, an seinen in der Blütenmitte sitzenden Samenständen kann man sich stechen.

PAPIERARTIGE HÜLLEN

Das Silberblatt *(Lunaria annua)*, das Sie bereits auf S. 39 im Abschnitt „Hören und Lauschen" kennengelernt haben, zählt zu den Pflanzen, die auch für den Tastsinn etwas zu bieten haben. Es macht Freude, die glatte, zarte, papierartige Außenhülle zu berühren.

Die Silber-Immortelle *(Anaphalis margaritacea)* trägt Büschel gelber Blüten, umhüllt von weißen, papierartigen Hochblättern. Die vertrockneten Blütenstände eignen sich – wie die Samenstände des Silberblatts – für Trockenblumensträuße.

KIESEL UND MUSCHELN

Ein Garten, der Ihnen Tasterfahrungen vermittelt, wird noch abwechslungsreicher, wenn Sie selbst gesammelte Steine oder Muschel-schalen an geeignete Stellen legen. Die kühle Glätte von Kieselsteinen und die unterschiedlichen Kanten und Oberflächen von Muschel-schalen regen Ihren Tastsinn an und lassen darüber hinaus die Tage am Meer wieder lebendig werden, als Sie die Kiesel und Muschelschalen sammelten.

BARFUSS AUF DEM RASEN

Zum Betasten und Befühlen können wir auch unsere Füße einsetzen. Wenn wir barfuß das üppige, kühle Gras betreten, so wirkt dies erfrischend und entspannend, insbesondere, wenn wir uns dieses Erlebnis frühmorgens gönnen, denn dann ist der Rasen feucht vom Morgentau. Ein kleines Wasserelement, um darin die Füße abzukühlen, ist eine wertvolle Ergänzung für einen Garten der Sinne.

OBEN Die Funkie der Sorte 'Devon Green' trägt ledrige Blätter mit plastischer, durch die Äderung gerillter Oberfläche.

UNTEN Das Weiße Lampenputzergras *(Pennisetum villosum)* bildet Kaskaden von federartigen Blütenständen.

Schmecken und Genießen

Wer Obst und Gemüse im eigenen Garten anbaut, weiß, wie Äpfel, Birnen, Erdbeeren und Gurken schmecken sollten. Doch da der Geschmackssinn zu den Sinnen gehört, die im Alter etwas an Sensibilität verlieren, sollten wir Maßnahmen im Garten treffen, um uns weiterhin herrliche Geschmackserlebnisse gönnen zu können. Dabei ist es gleich, wie klein Ihr Garten ist, oder ob Sie gar lediglich einen Balkon haben. Gemüse- und Obstanbau gehen immer!

OBEN Die Obsternte aus eigenem Anbau gehört zu den befriedigendsten Erfahrungen eines jeden Gärtners.

DER KLEINE GEMÜSEGARTEN

Nichts ist lohnender als die Ernte von Kirschtomaten, die wie Topfpflanzen in Kübeln wachsen. Auch Kartoffeln lassen sich auf kleinem Raum kultivieren, entweder in einem 45-Liter-Eimer oder auf einem Hochbeet. Sie sind einfach zu pflanzen und zu pflegen, und es macht Spaß, die leckeren Knollen zu ernten. Andere schmackhafte Gemüsearten, für die man keinen großen Garten braucht, sind Kohlgemüse wie z. B. Grünkohl *(Brassica oleracea* var. *sabellica)*, Indischer Senf *(Brassica juncea)*, Rauke *(Eruca sativa* subsp. *sativa)*, Mangold *(Beta vulgaris* subsp. *cicla)* und Salate *(Lactuca sativa)*. Sie alle haben wohlschmeckende Blätter, die voller Vitamine und Antioxidantien stecken. Dann gibt es noch Buschbohnen, die Hülsen in verschiedenen Größen und Farben bilden und zu den zuverlässigsten und schmackhaftesten Gemüsearten überhaupt zählen.

Eine weitere Möglichkeit ist die Kultur von Gartenkürbis *(Cucurbita pepo)*. Sie können Sommersorten, etwa Zucchini, oder Wintersorten anbauen. Gurken *(Cucumis sativus)* lassen sich an Spalieren ziehen, wodurch Sie Platz sparen (weitere Möglichkeiten siehe auch S. 146–153).

DIE OBSTERNTE

Es gibt viele Möglichkeiten, Obst anzubauen, sogar in einem sehr kleinen Garten. Lieben Sie Äpfel, haben aber nicht ausreichend Platz für einen großen Apfelbaum? Pflanzen Sie einen Säulenapfel- oder einen Zwergapfelbaum. Denken Sie jedoch daran, dass Sie zwei bis drei weitere Apfelbäumchen benötigen, um die Bestäubung zu gewährleisten.

Erdbeeren dürfen in keinem kleinen Garten fehlen. Wählen Sie eine Sorte, die in Ihrem Klima und unter Ihren Gartenbedingungen gut ge-

LINKS An einem Sommertag gibt es nichts Schöneres als ein Essen im Freien mit Produkten aus dem eigenen Garten.

deiht. Heidelbeeren sind kleine Sträucher, von denen Sie mehrere Sorten pflanzen sollten, damit Sie die saftigen Beeren lange Zeit genießen können. Auch Himbeerpflanzen sind eine attraktive Bereicherung, die Sie mit zart duftenden Beeren belohnt. Wenn Sie die Ruten richtig stützen, können Sie die Früchte, die lange Zeit üppig erscheinen, leicht pflücken (weitere Obstsorten siehe S. 154–165).

WÜRZIGER GESCHMACK

Das Würzen der Speisen mit Kräutern macht Kochen und Essen zu einem herrlichen Erlebnis. Außerdem ist es gesünder, mit Kräutern zu kochen, als den Geschmack mit Salz oder Zucker zu verbessern. Meist verwenden wir die Blätter. Der ideale Erntezeitpunkt ist morgens, bevor es in der Sonne zu warm wird. Im perforierten Plastikbeutel bleiben die Kräuter im Kühlschrank einige Tage frisch. Falls Sie getrocknete Kräuter verwenden, brauchen Sie nur ein Drittel der im Rezept angegebenen Menge.

Aus den Blüten und Blättern vieler Kräuter kann man wunderbare

UNTEN Viele Blüten sind essbar. Die bunten, pfeffrig schmeckenden Blüten der Kapuzinerkresse passen gut zu Salaten.

OBEN Späte Himbeersorten bilden ihre schmackhaften Früchte den ganzen Sommer über und bis in den Herbst.

Tees zubereiten. In diese Kategorie gehört z. B. die Zitronenverbene *(Aloysia triphylla)* mit winzigen Blüten, die nach Zitrone duften und als Tee aufgebrüht werden können. Die Blätter von Himbeeren, Brombeeren, Hibiskusblüten sowie getrocknete Hibiskusblütenblätter ergeben ebenfalls köstliche Tees.

ESSBARE BLÜTEN

Einige Zierpflanzen tragen Blüten, die man essen kann. Seit Sterneköche und Hobbyköche essbare Blüten wiederentdeckt haben und sie als Zutaten verwenden, sind Blumen in der Küche sehr beliebt.

Falls Sie würzige und pikante Aromen mögen, verwenden Sie frische Blüten von Kapuzinerkresse, Ringelblume oder jungem Löwenzahn für Salate oder Reis. Hellviolette Schnittlauchblüten verleihen Salaten Zwiebelaroma, und Lavendelblüten passen gut zu Plätzchen. Basilikumblüten, über Salate oder Pasta gestreut, bringen ein intensives Aroma und sind dekorative Farbtupfer. Mit gelben Dillblüten

können Sie Suppen, Fisch und Salatsaucen würzen.

Rosen- und Nelkenblütenblätter sind eine aparte Zutat zu Desserts. Blüten von Duft-Pelargonien gibt es mit verschiedenen Aromen, beispielsweise Zitrone. Streuen Sie die Blüten über Desserts, geben Sie sie in Erfrischungsgetränke, oder bereiten Sie dekorative Eiswürfel daraus.

IHRE GESUNDHEIT

Wenn Sie essbare Blüten verwenden möchten, sollten Sie folgende Ratschläge beachten.
• Wer eine Diät befolgen oder Medikamente einnehmen muss, sollte vorher den Arzt fragen.
• Achten Sie darauf, dass die Blüten wirklich essbar sind. Ziehen Sie Literatur zu Rate.
• Essen Sie nur Blüten aus biologischem Anbau, damit sie frei von Pestiziden sind.
• Anfangs sollten Sie nur wenige Blüten verzehren und auf mögliche unerwünschte Reaktionen achten.

UNTEN Zu den gesündesten und wohlschmeckendsten Naschereien, die Sie sich gönnen können, gehören Tomaten, vor allem natürlich die selbst gezogenen.

ACHTEN SIE AUF IHRE GESUNDHEIT

Damit wir uns in unserem Garten glücklich und gut aufgehoben fühlen, müssen wir nicht nur für leichtes und bequemes, sondern auch für sicheres und gesundes Arbeiten sorgen. Gärtnern gilt als eines der beliebtesten Hobbys für Menschen über 50 Jahre, und weil wir mit Pflanzen und Erde arbeiten und dabei Werkzeug benutzen, das nicht immer ganz ungefährlich ist, müssen wir Vorsicht und Sorgfalt walten lassen. Das ist nicht nur unserem Alter geschuldet, sondern der Gartenarbeit an sich, denn schließlich sind Arbeitsschutzmaßnahmen auch für jüngere und professionelle Gärtner unerlässlich – denken Sie nur an Schutzbrillen und -handschuhe.

Für Senioren sind Schutz- und Sicherheitsmaßnahmen besonders wichtig, weil es ein älterer Körper eher übelnimmt als ein jüngerer, wenn man nicht sorgsam mit ihm umgeht. So wie Sie sich vielleicht um ein wertvolles Gartengerät besonders intensiv kümmern, braucht auch Ihr Körper Achtsamkeit. Wenn wir berücksichtigen, dass unsere Sinne im Alter an Schärfe verlieren und unsere Glieder an Geschmeidigkeit, können wir noch Jahrzehnte gärtnern.

GEGENÜBER Eine Bank im Schatten ist im Sommer ein idealer Platz – besonders, wenn man ein Schwätzchen halten möchte.

OBEN Ein breitrandiger Hut und lange Ärmel schützen Ihre Haut vor der Sonne.

OBEN Um sich nicht an Pflanzenstäben zu verletzen, stülpen Sie Blumentöpfe darüber.

OBEN Mit Knieschützern schonen Sie Ihre Knie, wenn Sie in einem Beet arbeiten.

KLUGE SELBSTEINSCHÄTZUNG UND GUTE VORBEREITUNG

Die Arbeit im Garten ist eine angenehme Freizeitbeschäftigung. Sie wirkt nicht nur entspannend und geistig anregend, sondern kann auch ein gutes Training für Ihren Körper sein. Damit Sie sich als Gärtner fit und munter fühlen, mit Lust und Laune arbeiten und sich nicht übernehmen, sollten Sie versuchen, Ihre Leistungsfähigkeit immer wieder neu einzuschätzen.

OBEN Ein Garten ist nicht nur ein Ort der Betriebsamkeit. Nutzen Sie ihn auch zur Entspannung, und genießen Sie das Reich, das Sie sich geschaffen haben.

IMMER MIT DER RUHE

Es ist gut, wenn Sie sich zunächst darüber Gedanken machen, wie Sie sich fühlen, bevor Sie in den Garten gehen. Wie ausgeruht sind Sie? Wenn Sie sich müde fühlen, sollten Sie das Gärtnern besser verschieben oder sich andere Arbeiten vornehmen als ursprünglich geplant. Tut Ihnen irgendetwas weh? Dann beschränken Sie sich an diesem Tag doch einfach darauf, gemütlich im Garten zu sitzen und die Stimmung zu genießen.

Wie viel Zeit haben Sie? Wenn Sie unbedingt eine bestimmte Arbeit erledigen wollen, nehmen Sie sich ausreichend Zeit dafür, oder nehmen Sie sich nur so viel vor, wie Sie bestimmt zu schaffen glauben. Wenn Sie sich selbst unter Druck setzen, kann dies Ihrer Gesundheit schaden und sogar zu einer Verletzung führen, die Sie für Tage behindert. Außerdem verdirbt Hetzen den Spaß an der Gartenarbeit!

STRATEGIEN

Es gibt bewährte Methoden, sich den Aufgaben zu nähern, die im Garten auf uns warten. Erstellen Sie eine realistische Liste mit den Dingen, die Sie an einem bestimmten Tag oder in einer bestimmten Zeit erledigen wollen. Am besten nehmen Sie sich das Anstrengende zuerst vor, wenn Sie noch viel Energie haben.

Im Sommer sollten Sie unbedingt die kühlste Tageszeit für die Gartenarbeit nutzen, also die frühen Morgen- und die Abendstunden. Wählen Sie Ihren Arbeitsbereich möglichst so aus, dass er im Schatten oder in der Nähe von Schatten liegt. Auch können Sie die Gartenwerkzeuge, die Sie brauchen, schon vorher griffbereit hinlegen. Wenn Sie die wichtigsten Arbeitsgeräte zur Hand haben, vermeiden Sie unnötige Gänge zum Schuppen.

Planen Sie bestimmte Arbeiten dann ein, wenn die Voraussetzungen dafür am besten sind. Zum Beispiel sind das Pflanzen und Jäten in einem leicht regenfeuchten Boden viel einfacher als in trockener, fester Erde. Andererseits kann Lehmerde nach einem Regen für Sie zu schwer zu heben sein. Umpflanzen oder säen sollten Sie kurz bevor Regen angesagt ist. Machen Sie das Wetter zu ihrem Helfer, und verwenden Sie keine Zeit aufs Gießen, wenn es sowieso regnen wird.

LINKS Ein Gewächshaus ist im Winter warm. Dort können Sie Pflanzen überwintern oder vorziehen.

OBEN Planen Sie Ihre tägliche Gartenarbeit so, dass Ihre Kräfte dafür reichen und Sie ein befriedigendes Ergebnis erzielen.

OBEN Wählen Sie einen schattigen Platz, wenn Sie Pflanzen umtopfen oder teilen wollen, das macht es angenehmer.

LANGSAM BEGINNEN

Im Winter ist in der Regel kaum Gartenarbeit möglich, und viele von uns bewegen sich in der kalten Jahreszeit auch sonst wenig, vor allem, wenn Schnee liegt. Dann dauert es wie bei Tieren, die aus dem Winterschlaf erwachen, etwas länger, bis man sich wieder an die Arbeit im Freien gewöhnt hat. Unabhängig davon hier ganz allgemein ein paar Tipps, wie Sie sich auf die gärtnerische Tätigkeit vorbereiten können.

Es empfiehlt sich immer, den Arzt zu konsultieren, wenn Sie sich mehr anstrengen wollen als in den Monaten zuvor. Wenn Sie erst seit kurzem Medikamente nehmen oder Ihre Medikation geändert wurde, wird Ihr Arzt Ihnen vielleicht den einen oder anderen Hinweis geben, wie sich dies auf Ihre Konstitution auswirken könnte.

Denken Sie daran, dass sich ein neues Augenmedikament oder eine neue Brille auf Ihre Betätigung auswirken können. Vor allem Gleitsichtbrillen erfordern eine Eingewöhnungszeit, und man ist gut beraten, die Gartenarbeit ruhig angehen zu lassen, bis man mit der Brille vertraut ist.

Ein anderer wichtiger Gesichtspunkt: Sie sollten sich genauso aufwärmen, wie Sie es vor jeder anderen körperlichen Betätigung auch tun würden. Dazu genügt es in der Regel schon, durch den Garten zu spazieren, wobei Sie dann auch sehen können, welche Arbeiten Ihnen zusagen würden. Selbst wenn Sie nur ein paar Minuten auf der Stelle gehen und dabei die Muskeln strecken und beugen, wärmen Sie sich ausreichend auf.

Auf den folgenden Seiten finden Sie detaillierte Aufwärmübungen für die Gartenarbeit. Berücksichtigen Sie, wie viel Zeit Sie zum Aufwärmen brauchen, damit die Optimierung Ihrer Beweglichkeit nicht auf Kosten der Zeit geht, die Sie mit Gartenarbeit verbringen wollen.

AUFWÄRMÜBUNGEN

Mark Twain bemerkte einst: „Ich gehe auf die Sechzig zu. Das ist genug Sport für mich." Scherz beiseite: Gärtnern bedeutet körperliche Betätigung, und für viele von uns ist dies die einzige Art der körperlichen Aktivität. Und wie beim Sport lohnt es sich immer, etwas Zeit mit sanften Lockerungs-, Aufwärm- und Dehnübungen zu verbringen. Damit verhindern Sie einen Muskelkater und verringern das Verletzungsrisiko.

OBEN Üben Sie mit einem Partner zusammen, dann bringt das Fitmachen fürs Gärtnern viel mehr Spaß.

GYMNASTIK FÜRS GÄRTNERN

Mit dem Älterwerden verlieren wir alle etwas von unserer körperlichen Leistungsfähigkeit. Das Gärtnern hilft uns, Muskelkraft, Beweglichkeit der Gelenke, Knochendichte und Kondition zu erhalten. Außerdem hat die Forschung gezeigt, dass eine halb- bis dreiviertelstündige Gartenarbeit an fünf bis sechs Tagen in der Woche noch andere bedeutende gesundheitliche Vorteile mit sich bringt, beispielsweise ein geringeres Risiko für Bluthochdruck und Diabetes.

Überlegen Sie sich, was Sie im Garten tun wollen: graben, rechen, schneiden? Und müssen Sie dabei knien, heben, sich bücken? Wenn Sie wissen, welche Körperteile Sie überwiegend einsetzen werden und diese mit den hier vorgeschlagenen Gymnastikübungen vorbereiten, werden Sie entsprechend fit sein.

Wenn Sie jetzt erst mit dem Gärtnern beginnen wollen – und dafür ist es nie zu spät –, sprechen Sie zunächst mit Ihrem Arzt. Er kennt Ihren Gesundheitszustand und wird Ihnen wertvolle Ratschläge geben.

AUFLOCKERN MIT SANFTEN KOPFBEUGEN

Diese Übung ist bestens geeignet, kleinere Verspannungen im Nacken zu lösen.

STÄRKEN MIT SCHULTERÜBUNGEN

Mit dieser Übung stärken Sie die Muskelmasse im Bereich der Schultergelenke.

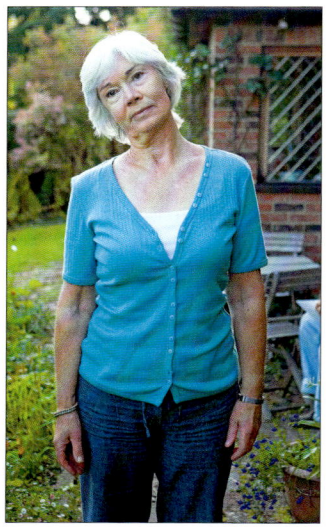   

1 Stehen Sie bequem mit den Füßen schulterbreit auseinander. Ohne den Oberkörper zu bewegen, neigen Sie nun den Kopf nach rechts und ziehen das Ohr zur Schulter. Zählen Sie bis fünf, dann richten Sie den Kopf wieder auf.

2 Nun neigen Sie den Kopf nach links, ziehen das Ohr wieder zur Schulter und zählen bis fünf. Jede Seite dreimal wiederholen. Wenn es Ihnen lieber ist, können Sie die Übung im Sitzen ausführen.

1 Stehen Sie bequem mit entspannten Schultern und den Füßen schulterbreit auseinander.

2 Ziehen Sie beide Schultern hoch. Halten Sie diese Stellung und zählen dabei bis fünf. Entspannen und die Übung fünfmal wiederholen. Wenn es Ihnen lieber ist, können Sie diese Übung im Sitzen ausführen.

OBERKÖRPERDREHUNG

Rumpfdrehungen erhöhen die Beweglichkeit des Oberkörpers. Achten Sie darauf, dass Sie beide Seiten drehen und nicht eine Seite bevorzugen. Steigern Sie sich allmählich bis zu größeren Drehungen.

1 Stehen Sie bequem mit den Füßen schulterbreit auseinander und mit den Händen auf den Hüften.

2 Drehen Sie langsam den Oberkörper so weit wie möglich aus der Taille heraus. Halten Sie die Stellung und zählen Sie bis fünf. In die Ausgangsstellung zurückkehren.

3 Wiederholen Sie die Übung auf der anderen Seite und zählen dazu wieder bis fünf. Fünfmal wiederholen.

HANDGELENKKREISEN

Handgelenkübungen können steifen Gelenken und dem Karpaltunnelsyndrom vorbeugen, das zu Kribbeln und Taubheit in den Fingern führt. Kräftigere Handgelenke erleichtern viele Aufgaben.

1 Halten Sie die Hände vor den Körper und die Ellbogen leicht angewinkelt. Führen Sie nun behutsam kreisende Bewegungen mit den Handgelenken aus.

2 Hier befinden sich die Hände in waagrechter Stellung.

3 Zuletzt zeigen die Hände nach oben. Fünfmal die Hände nach außen kreisen lassen, fünfmal nach innen.

„LAUFEN" ODER „RADFAHREN"

„Laufen" und „Radfahren" sind ideal zum Aufwärmen und auf wenig Raum durchführbar.

DEN UNTEREN RÜCKEN DEHNEN

Diese Übung dehnt jene Muskeln des unteren Rückens, die beim Gärtnern beansprucht werden. Balancieren Sie auf einem Bein und halten Sie das angezogene Knie fest. Stützen Sie sich notfalls an einer Wand ab.

1 Laufen Sie ein paar Minuten auf der Stelle. Sie können auch ein Standrad oder ein Laufband benutzen.

1 Ziehen Sie das rechte Knie so weit wie möglich an die Brust und umfassen Sie es mit den Händen. Zählen Sie bis fünf.

2 Stellen Sie den Fuß ab und wiederholen die Übung mit dem anderen Bein. Fünfmal mit jedem Bein.

ARMSCHWÜNGE

Meist kommen die Arme beim Gärtnern zum Einsatz, deshalb werden sie besonders trainiert. Führen Sie die ersten Armschwünge behutsam aus und steigern die Dehnung, wenn die Bewegungen angenehm sind.

1 Stehen Sie locker mit hüftbreit geöffneten Füßen und leicht gebeugten Knien und bringen Sie die Arme in Schulterhöhe. Strecken Sie die Arme seitlich aus, sodass sie mit dem Körper ein T bilden.

2 Drücken Sie die Arme langsam und behutsam nach hinten, wobei Sie die Schulterblätter zusammenziehen.

3 In einer langsamen und gleichmäßigen Bewegung kreuzen Sie die Arme langsam vor der Brust und umfassen Sie die Schultern oder Oberarme. Wiederholen Sie diese Schritte und beschleunigen Sie dabei allmählich die Bewegungen. Führen Sie dies fort, bis die Muskeln warm sind.

STRETCHING

Beginnen Sie erst mit Dehnungs-
übungen („Stretching"), wenn Ihre
Muskeln mit Übungen wie den auf
den Seiten 50–52 gezeigten aufge-
wärmt sind. Die Übungen sollten
behutsam ausgeführt werden, und
es ist wichtig, die Dehnung zu halten – am besten, Sie zählen bis fünf.

Die Übungen auf dieser Seite
dehnen den unteren Rücken und
die Wadenmuskeln, den Oberarm
und die Schultern sowie den Oberschenkel. Alle diese Muskelgruppen
werden ziemlich stark beansprucht,
wenn wir uns gärtnerisch betätigen,
und deshalb sollte man diese Übungen ausführen, bevor man mit der
Arbeit beginnt.

Stretching-Übungen sind auch
nach Beendigung der Gartenarbeit
empfehlenswert. Dehnen Sie die
Muskeln, die Sie am meisten in
Anspruch genommen haben.

WADENMUSKEL-DEHNUNG

Diese Übung zur Wadendehnung
funktioniert auch im Sitzen.

1 Stellen Sie einen Fuß vor und strecken
Sie das andere Bein nach hinten, Ferse fest
am Boden. Drücken Sie mit den Händen
gegen eine Wand, zählen bis fünf und machen Sie das Gleiche mit dem anderen
Bein. Fünfmal mit jedem Bein.

OBERARMDEHNUNG

Diese Übung trägt zur Lockerung
von Oberarmen und Schultern bei.

1 Heben Sie den rechten Ellenbogen an
das rechte Ohr und üben Sie mit der lin-
ken Hand einen leichten Druck auf den er-
hobenen Oberarm aus, bis Sie in dem Arm
eine Dehnung spüren. Bis fünf zählen und
loslassen. Fünfmal mit jedem Arm.

OBERSCHENKELDEHNUNG

Hier stehen Sie auf einem Bein. Stützen Sie sich gegebenenfalls an einer
Wand ab. In der vorderen Hüfte sollten Sie eine Dehnung spüren.

1 Ziehen Sie die rechte Ferse im Stehen an
die rechte Gesäßhälfte und fassen Sie den
Fuß mit der rechten Hand. Halten Sie den
Fuß, bis Sie die Dehnung im Oberschenkel
spüren. Zählen Sie bis fünf.

2 Wiederholen Sie Schritt 1 mit dem lin-
ken Bein. Die Übung mit jedem Bein fünfmal ausführen.

ZWINGEN SIE SICH NICHT

Manche von uns gärtnern seit Jahren, andere „werkeln" nur gelegentlich im Garten, und wieder
andere sind absolute Anfänger.

Wer noch niemals gärtnerisch
aktiv war, sollte langsam mit den
Übungen beginnen. Wählen Sie
solche, die Sie ohne Anstrengung
ausführen können – dann vermeiden Sie Schmerzen oder gar Verletzungen. Und bedenken Sie, dass gar
kein besonders intensives Training
nötig ist, um sich körperlich optimal in Form zu bringen.

Wenn Ihnen der Gedanke an das
Training unangenehm ist, sollten
sie es verschieben und warten, bis
Sie sich wieder besser fühlen. Nie-
mand zwingt Sie! Wenn Sie die
Übungen mehr als zwei Wochen
nicht ausführen konnten oder woll-
ten, sollten Sie nur ganz langsam
wieder anfangen.

PRAKTISCH UND KOMFORTABEL AUSGESTATTET

Wir sollten uns bei all unseren Aktivitäten und Hobbys auch ein wenig Komfort gönnen. Alles, was zum Gärtnern gehört, beispielsweise Kleidung, Geräte und Materialien, muss funktional sein, damit die Gartenarbeit Spaß macht. Aber nicht nur das: Wir wollen dabei ja nicht abgerissen aussehen, sondern ein wenig stilvoll ausgestattet sein. Auch für dieses Bedürfnis bietet der Fachhandel viele schöne Lösungen an.

OBEN Gummistiefel dürfen in der Ausrüstung des Gartenfreundes keinesfalls fehlen. Um eine gute Qualität zu bekommen, sollte man ein paar Euro mehr ausgeben.

BEKLEIDUNG

Bevor Sie mit der Gartenarbeit beginnen, sollten Sie nach dem Wetter schauen, damit Sie sich richtig anziehen können. Heute gibt es

UNTEN Besonders wichtig ist ein breitkrempiger Hut. Er schützt vor den Sonnenstrahlen und davor, dass man von oben Pflanzenteile in die Augen bekommt. Und er sieht sehr schick aus!

leichte, warme, wasserdichte und atmungsaktive Kleidung, mit der Sie sich im Garten bequem bewegen können. Gut sitzendes und festes Schuhwerk, passende Handschuhe sowie ein breitrandiger Hut tragen ebenfalls zu Ihrem Wohlbefinden im Garten bei. Es lohnt sich, in Bekleidung guter Qualität zu investieren, damit Sie warm und trocken bleiben.

Wir alle haben unsere Lieblingskleidung fürs Gärtnern. Die einen mögen japanische Gartenhosen mit kleinen Taschen an den Knien, in die man Knieschoner stecken kann, die anderen legen mehr Wert auf eine jahreszeitlich passende Bekleidung. Wussten Sie, dass helle Kleidung uns im Sommer kühl hält, während dunkle Kleidung bei niedrigen Temperaturen die Wärme

RECHTS Eine Gartenschürze und ein Paar Schutzhandschuhe sind bei den meisten Gartenarbeiten wichtig und nützlich.

speichert und uns warmhält? Hier einige Gedanken zur Wahl der richtigen Kleidung für die Gartenarbeit.

DER KOPF

Viele Gärtner tragen irgendeinen Wetterhut, aber vielleicht sollte man sich doch eine spezielle Kopfbedeckung anschaffen. Ein Hut mit breiter Krempe schützt den Kopf vor der Sonne, und die Augen werden nicht geblendet. Bei Kälte ist es ratsam, eine warm gefütterte Mütze – eventuell mit Ohrenklappen – zu tragen. Ein wasserdichter Hut ist bei Regen ein Muss, und ein Hut mit Kinnband fliegt nicht weg, wenn ein Windstoß kommt.

DER HALS

Der Hals spielt eine Rolle bei der Regulierung der Körperwärme. Bei wärmerer Witterung reguliert ein

UNTEN Elektromobile, die modernste Variante des Rollstuhls, gibt es mit vielerlei Zubehör – hier ist es ein Sonnenschirm.

Mikrofaser-Halstuch die Schweißbildung. Bei kühlerer Witterung wärmt ein leichter Woll- oder Vliesschal den Hals.

DER RUMPF

Als Faustregel gilt: Leichte, locker sitzende Kleidungsstücke sollen die Haut bedecken. Wir Älteren dürfen nicht zu viel UV-Strahlung abbekommen; dafür gibt es spezielle Gewebe mit UV-Schutz. Ein leichtes, langärmeliges Hemd schützt im Sommer vor Sonneneinstrahlung, Insekten und kratzenden Zweigen. An kühleren Tagen sollte man mehrere leichte Kleiderschichten kombinieren, die warm halten, aber auch ausgezogen werden können, wenn man zu schwitzen beginnt („Zwiebel-Look").

Gartenschürzen haben Fächer zum Verstauen von Gartenwerkzeug. Einige sind aus fester Baumwolle, andere aus Synthetik – es gibt sie in vielen Stilen. Achten Sie auf Größe und Anordnung der Taschen: Passen eine Wasserflasche

und ein Handy hinein? (Sie verpassen viele Anrufe, wenn Sie erst nach dem Handy suchen müssen.) Wichtig ist, dass Sie die Schürze mit gefüllten Taschen anprobieren, denn das Letzte, was Sie wollen, ist eine Schürze, die den Nacken einschnürt.

UNTEN Diese praktische Schürze hat mehrere Taschen für Gartenwerkzeuge, die man griffbereit haben möchte.

OBEN Für alle Aufgaben im Garten gibt es Handschuhe, die die Hände vor Kälte, Nässe und Dornen schützen.

OBEN Beim Umgraben tragen Sie robuste Schuhe, um Ihre Füße vor der scharfen Kante des Spatens zu schützen.

OBEN Mit atmungsaktiven, eng anliegenden Handschuhen lassen sich feinere Arbeiten wie das Pflanzen gut ausführen.

DIE HÄNDE

Ihre Hände sind Ihr wichtigstes Werkzeug, also sollten Sie sie gut behandeln! Nehmen Sie Handschuhe, die gut passen. Für Menschen mit Arthritis gibt es spezielle Handschuhe, deren strategisch platzierte Polster Blasen- und Schwielenbildung vorbeugen.

Wählen Sie Handschuhe, die zu der jeweiligen Arbeit passen. Handschuhe aus Baumwolle oder Wolljersey sind gut für leichte Arbeiten; mit Gumminoppen an den Innenseiten kann man sicher greifen. Gummihandschuhe wiederum schützen die Hände vor Schmutz, Chemikalien und Wasser. Lederhandschuhe eignen sich für gröbere Arbeiten und schützen vor dornigen Pflanzen.

Je nach Bedarf gibt es Handschuhe mit verstärkten Fingerspitzen oder eng anliegendem Bündchen, und fingerlose Fahrradhandschuhe ermöglichen einen sicheren Griff um Stiele. Praktisch sind maschinenwaschbare Handschuhe.

DIE BEINE

Wenn Sie inmitten von Büschen oder hohem Gras zu tun haben, sind Wasser abweisende Hosen praktisch. Wenn Sie dornige oder stechende Pflanzen im Garten haben oder dorniges Unkraut entfernen müssen, brauchen Sie zum Schutz Ihrer Beine (und Arme) Hosen aus schwerem Baumwolltuch. Wenn Sie Arme und Beine gut bedeckt halten, können Sie auch nicht von stechenden Insekten belästigt werden.

DIE FÜSSE

Das Schuhwerk sollte nicht nur dem Wetter entsprechen, sondern auch leicht sein und perfekt sitzen. Achten Sie außerdem darauf, dass die Schuhe leicht anzuziehen sind; Modelle mit Klettverschluss sind geradezu ideal. Für manche Gartenarbeiten brauchen Sie Gummistiefel, zum Umgraben feste Arbeitsstiefel aus Leder, für weniger grobe Arbeiten wählen Sie leichtere Schuhe. Gartenclogs sind sehr

beliebt, weil sie bequem, leicht anzuziehen und einfach zu reinigen sind, aber sie geben nicht viel Halt, vor allem nicht im Bereich der Fußgelenke. Ein guter Laufschuh für Gärtner sollte fest sitzen. Ziehen Sie Schuhe aus wasserdichtem Obermaterial und mit rutschfester Sohle an. Untersuchungen zu Verletzungen durch Stürze haben ergeben, dass gut gearbeitete Sportschuhe, leichte Segeltuchschuhe oder feste Straßenschuhe die sicherste Fußbekleidung sind, weil sie flache Sohlen haben, die gut am Untergrund haften.

Die Schuhe sollten nach jedem Einsatz im Garten gesäubert werden. Das ist am einfachsten bei Schuhen aus Gummi oder anderen leicht abwaschbaren Materialien. Wenn Sie mit dem Gärtnern fertig sind, können Sie sie schnell abspülen und trocknen lassen.

GEGENÜBER In bequemer Kleidung ist man beweglich, und in festen Schuhen steht man sicher auf dem Boden.

HILFSMITTEL FÜR JEDEN ZWECK

Wenn wir noch viele Jahre bei guter Gesundheit gärtnern wollen, sollten wir unsere Arbeitsweise anpassen. Der erste Schritt auf diesem Weg ist die Information über neue Hilfsmittel, die uns die Gartenarbeit erleichtern. Sie werden staunen, was es alles gibt! Nachstehend stellen wir ein paar solcher Gartengeräte vor. Manche ermöglichen die Gartenarbeit bei körperlichen Behinderungen, andere sind einfach nur praktische Arbeitserleichterungen.

OBEN Knieschützer gibt es in vielen Ausführungen. Diese, am Bein befestigt, sind nützlich, wenn man den Platz oft wechselt.

KNIESCHÜTZER

Wer einen Knieschoner oder Knieschützer benutzt, braucht sich nicht zu bücken oder in die Hocke zu gehen: Man kann im Knien arbeiten.

Der einfachste Knieschoner ist ein Schaumstoffkissen, das die Knie abfedert und sauber hält. Solche Knieschoner gibt es auch als Gelkissen oder aus Hartplastik. Sie haben aber den Nachteil, dass Blätter und Blüten leicht zerdrückt werden können; deshalb sollten sie nur auf Gartenwegen oder Rasen benutzt werden. Andere Knieschützer bringt man am Knie selbst an. In diesem Fall ist die Gefahr, Pflanzen zu zerdrücken, geringer, und man kann ohne Umstand am Beet weiterrutschen. Die praktischsten Modelle werden mit Klettverschluss befestigt.

Achten Sie darauf, dass Ihr Knieschoner leicht zu reinigen ist – am Ende des Tages werden Schmutz und Anderes am besten mit dem Schlauch abgespült. Probieren Sie einen Knieschützer immer in Ihrem Garten aus – wenn er Ihren Bedürfnissen nicht entspricht, bringen Sie ihn zurück und testen einen anderen; es gibt unendlich viele verschiedene Modelle. Wer Spaß daran hat, fertigt sich seine Knieschoner selbst an – aus Stoffresten oder anderen Dingen, zum Beispiel ausrangierten Wolldecken, die man in Stücke schneidet.

Verglichen damit ist der gegenüber abgebildete Verwandlungshocker, der auch als Kniebank dienen kann, geradezu ein Luxusmodell; dafür kann er aber auch für ver-

schiedene Zwecke genutzt werden. Setzt man ihn als Kniebank ein, dient der Rahmen als Stütze beim Hinknien und Aufstehen.

HOCKER

Verwandlungshocker sollten einen stabilen Metallrahmen aufweisen, damit Sie sich problemlos setzen und aufstehen können. Am besten nehmen Sie ein Modell, das sich flach zusammenfalten lässt, damit es keinen Platz wegnimmt, wenn es nicht gebraucht wird. Schaumstoffpolster sind wichtig, und sollte der Bezugsstoff Wasser ab-

UNTEN Wer am Boden mit Pflanzen arbeitet, sollte den Komfort und die Bequemlichkeit eines Knieschoners nutzen.

RECHTS Dieser Kombi-Gartenhocker bietet das nötige Werkzeug griffbereit dar und hat eine große Tasche für andere Utensilien oder einen zusätzlichen Pullover.

UNTEN Gel-Kniekissen betten die Knie sicher ein, sodass man das Gleichgewicht gut halten kann.

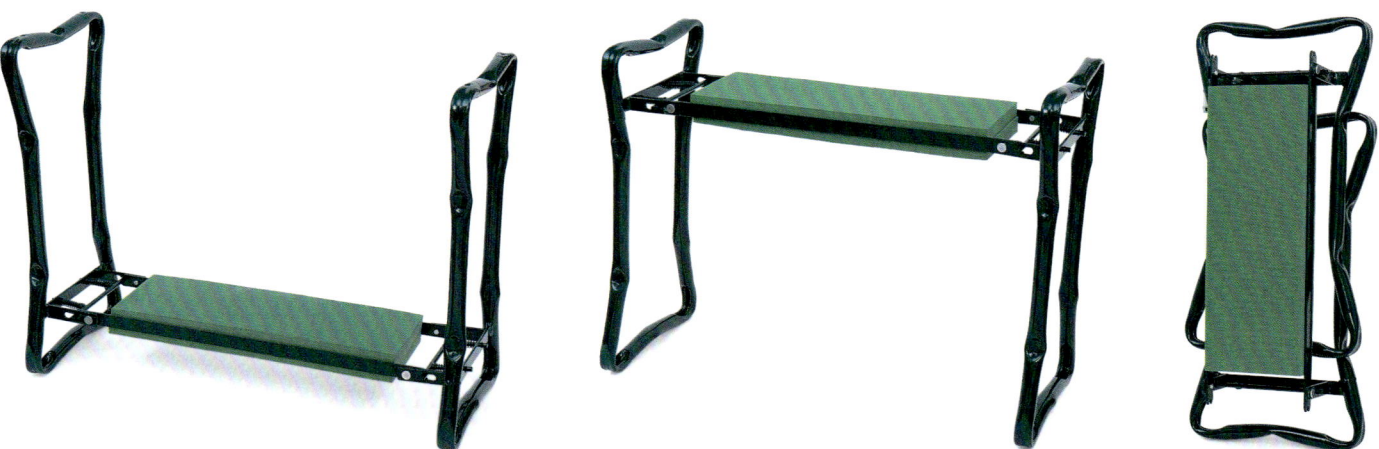

OBEN Eine Kombination aus Kniebank und Hocker ist ideal für das Arbeiten in unterschiedlichen Stellungen.

OBEN Wird die Kniebank umgedreht, hat man einen stabilen Hocker mit Seitengriffen, die das Aufstehen erleichtern.

OBEN Das Kombi-Modell lässt sich leicht zusammenklappen, transportieren und Platz sparend verstauen.

OBEN Büsche lassen sich ohne Bücken bequem von der Sitzbank aus beschneiden.

weisend sein – umso besser. Häufig angeboten, aber unpraktisch ist Leinen oder Baumwolle in Naturfarbe. Wählen Sie lieber eine unempfindlichere Farbe, beispielsweise Dunkelgrün.

Bei vielen Modellen ergänzen Taschen und Halterungen für Gartenwerkzeug den eigentlichen Sitz, damit Ihnen unnötige Gänge zum Geräteschuppen erspart bleiben. Praktisch sind Sitzflächen, die sich in der Höhe verstellen lassen, wie bei dem oben gezeigten Modell.

Achten Sie darauf, dass die Sitzhöhe zu Ihrer Körpergröße passt.

Wenn Sie Ihren Gartenhocker häufig tragen müssen, sollte er leicht sein und geeignete Transportgriffe haben. Manche Hocker lassen sich zum Tragen und Verstauen zusammenklappen, andere nicht. Auf dem Markt sind auch Gartenhocker mit Rädern, die sich auf Rasen und Wegen leicht rollen lassen. Sie sind oft mit Stauraum für Gartenwerkzeug und Erfrischungen ausgestattet.

Wie bei allen Neuanschaffungen sollten Sie den Hocker, den Sie im Auge haben, erst einmal ausprobieren. Ist der Sitz breit genug? Ist das Staufach gut zu erreichen? Lässt es sich einfach öffnen? Kann das Werkzeug drinbleiben, wenn der Hocker zusammengeklappt wird?

ROLLSITZE
Wer auf den Rollstuhl angewiesen ist, sollte sich nicht vom Gärtnern abhalten lassen. Denn nahezu alles, was am Boden wächst, gedeiht ebenso in einem bequem zu erreichenden Hochbeet, vieles in Hängekästen und -körben, und Spaliere können auch von einem Rollstuhl aus gepflegt werden.

Wenn Sie vom Rollstuhl aus gärtnern, stellen Sie sich für den Transport Ihrer Werkzeuge und Geräte ein Tablett oder eine ähnliche Ablage auf den Schoß. Wer sich das Gärtnern – und das Leben – deutlich erleichtern will, schafft sich einen „Senioren-Scooter" an. Ein solches Elektromobil ist ideal für eine flexible Fortbewegung. Es hat in der Regel einen vorn angebauten Einkaufskorb, der auch beim Gärtnern beste Dienste leistet.

UNTEN Ein Elektromobil lässt sich leicht manövrieren, sodass man beispielsweise dicht an Hochbeete herankommt.

LINKS Gehhilfen unterstützen Beweglichkeit und geben Sicherheit, sodass man den Garten trotz Behinderung genießen kann.

RECHTS Eine kleine Rampe ermöglicht es Gehhilfen mit Rädern, flache Stufen oder Unebenheiten zu überwinden.

RECHTS UNTEN Unebene Flächen können mit Teleskoprampen wie diesen für Rollstühle befahrbar gemacht werden.

GEHHILFEN

Für Menschen, die Probleme mit dem Gehen haben, gibt es eine Reihe von Hilfen, mit deren Unterstützung man auf den eigenen zwei Beinen laufen und in den Garten gelangen kann. Gehhilfen geben Sicherheit, wenn man Probleme mit dem Gleichgewicht oder Angst hat zu stürzen. Gehhilfen gibt es von einfach bis raffiniert und in zahlreichen Varianten vom traditionellen Gehstock über die Gehstütze, die am unteren Ende

mehrere Füße für sicheren Stand hat, über das Gehgestell für noch festeren Halt bis hin zum Gehwagen auf Rädern und dem Rollator mit angebautem Einkaufskorb. Wer keine zu großen Anforderungen an die eigene Leistungsfähigkeit stellt, kann mithilfe eines solchen Geräts immer noch einfache Gartenarbeiten ausführen, z. B. verblühte Blüten abschneiden.

WEGE UND RAMPEN

Stufen, ansteigendes Gelände und Unebenheiten sind ein besonderes Problem für Menschen, die eingeschränkt mobil sind oder schlecht sehen. Die beste Lösung stellen Rampen dar, die einen glatten

Übergang von einem Niveau zum nächsten schaffen. Rampen müssen stabil sein sowie eine rutschfeste Oberfläche und ein so geringes Gefälle wie möglich haben.

Abgesehen davon, dass Treppengeländer Vorschrift sind, sollten Treppen und Rampen eines Hauses, in dem ein Gehbehinderter wohnt, besonders sorgfältig gesichert sein. Für sehbehinderte Menschen kennzeichnet man Anfang und Ende einer Rampe oder Treppe mit einer leuchtenden Farbe.

LINKS OBEN Mithilfe einer Rampe kann eine Schwelle leicht überwunden werden.

LINKS Dieser Steg überwindet eine Unebenheit im Gelände und ermöglicht es, sicheren Fußes zum Haus zu gelangen.

GANZ LINKS Für zusätzliche Sicherheit kann ein Windspiel sorgen, das Gartenbesitzern mit schwachem Augenlicht akustisch bei der Orientierung hilft.

NOCH MEHR SICHERHEIT

Ältere Gärtner müssen in besonderem Maße für ihre Sicherheit sorgen, denn es ist gut möglich, dass ihr Gleichgewichtssinn und ihre Beweglichkeit nachgelassen haben, sodass ein erhöhtes Unfallrisiko besteht. Man weiß am besten selbst, was man noch leisten kann und was Mühe macht. Treffen Sie entsprechende Vorsichtsmaßnahmen – hier sind ein paar Ratschläge und Tipps.

OBEN Um Holzstufen trittsicher zu machen, bespannen Sie sie mit Kaninchendraht.

EINE SICHERE UMGEBUNG

Erster Rat: Verzichten Sie komplett auf chemische Keulen zur Unkraut- und Schädlingsvernichtung. Das sind nicht nur gefährliche Gifte, die eine Gefahr für Sie selbst und die Natur darstellen, sondern sie sind auch schwierig anzuwenden und zu lagern.

Wer im Garten eine Vielfalt von Pflanzen hegt und sie gut pflegt, kann auch ohne Chemie zurechtkommen. Es gibt ungiftige, aber wirksame Möglichkeiten, unerwünschte Insekten und Pflanzen loszuwerden, z. B. Pheromonfallen, Begleitpflanzen, die Schadinsekten von Ihren Lieblingsgewächsen fernhalten, die gezielte Ansiedlung von Nützlingen, z. B. Ohrwürmern, sowie generell alles, was unter den Begriff der biologischen Schädlingsbekämpfung fällt. Gegen Unkraut hilft zuverlässig Rindenmulch.

UNFÄLLE VERMEIDEN

Wege sollten aus einem robusten Material und perfekt eben sein, damit niemand stolpert oder stürzt. Die Art des Wegbelages ist besonders wichtig. Da unsere Pupillen mit zunehmendem Alter langsamer auf Helligkeitsunterschiede reagieren, wählen Sie keinen glatten, glänzenden Wegbelag, der das Sonnenlicht grell reflektiert, sondern bevorzugen Sie profilierte, strukturierte oder raue Bodenplatten bzw. grobporige Pflastersteine.

Wenn es regnet, können Wege rutschig werden; deshalb müssen sie immer von Laub und anderen Pflanzenteilen freigehalten werden. In schattigen Bereichen kann sich auf Wegen und Terrassen rutschiges Moos ausbreiten, das mit bloßem Auge oft gar nicht zu sehen ist. Um dies zu entfernen, füllen Sie eine Sprühflasche mit einer halben Tasse Chlorbleiche und einer halben Tasse Wasser. Mit dieser Mixtur besprühen Sie die Fläche. Lassen Sie sie eine Stunde lang einwirken, und spülen Sie sie dann mit dem Gartenschlauch weg. Wiederholen Sie dies ein paar Tage später.

OBEN Eine dichte, niedrige Hecke – hier Buchsbaum – sorgt dafür, dass Gartenbesucher auf den sicheren Wegen bleiben.

RECHTS Ideal für alle, die sich unsicher beim Gehen fühlen, ist ein Pflasterweg mit einer leichten Struktur.

Zum Schutz vor Dornen und scharfkantigen Blättern sollten Sträucher und Hecken regelmäßig von den Wegen aus zurück geschnitten werden. Überhaupt gehören keine Dornensträucher in Bereiche, wo sich Menschen aufhalten. Die Verletzungsgefahr ist zu groß.

Halten Sie Ihren Garten sauber, und sorgen Sie dafür, dass keine Pflanzenstäbe, scharfe Gegenstände oder nicht mehr benutzte Gartengeräte herumliegen, über die man fallen könnte. Bringen Sie Schläuche abseits von Wegen unter; am besten, Sie rollen sie stets auf dem Schlauchwagen auf.

AUFMERKSAM SEIN

Beobachten Sie an sich gesundheitliche Veränderungen, bitten Sie Ihren Arzt festzulegen, wie viel und was Sie im Garten tun können. (Siehe auch „Aufwärmübungen" Seite 50–53).

LANGSAM BEGINNEN

Bereiten Sie sich Schritt für Schritt auf eine neue Gartensaison vor. Wenn Sie wieder ins Freie gehen, beginnen Sie mit geringer Aktivität und arbeiten kürzere Zeit, als Sie es in späteren Monaten tun würden. Verausgaben Sie sich keinesfalls bis zur Erschöpfung.

Allmählich steigern Sie Ihr Tempo. Und denken Sie daran: Gärtnern soll keine Last, sondern eine Lust sein! Während heißer Tage arbeiten Sie am frühen Morgen oder Abend im Garten. Ein Schirm gehört in Reichweite, damit Sie Ihren Kopf jederzeit beschatten können, ebenso eine Flasche Wasser. Legen Sie regelmäßige Pausen ein und setzen sich hin. Falls Sie Schmerzen verspüren, hören Sie auf – Schmerzen sind immer ein Warnzeichen des Körpers.

RECHTS An den Gemüsepflanzen platzieren Sie Schilder, die Informationen bieten, z. B. das Datum der Aussaat.

UNTEN Fassen Sie Beete und Wege mit Kantenmaterial in Kontrastfarben ein.

SEHEN UND SICHERHEIT

Je mehr unsere Fähigkeit, klar und deutlich zu sehen, nachlässt, desto wichtiger wird die Sicherheit im Garten. Hier ein paar Tipps, wie Sie Ihren Garten sicherer machen können:

• Anfang und Ende von Wegen müssen deutlich markiert sein. Um Personen zu helfen, die weniger gut sehen, ziehen Sie entlang der Mitte des Weges einen dicken Strich in einer hellen Farbe.
• Statt einen Gartenschlauch einzusetzen, installieren Sie ein Bewässerungssystem, oder graben Sie einen Tropfschlauch ein, den Sie an den Außenwasserhahn anschließen können. Beides löst das Problem der Stolpergefahr über am Boden liegende Schläuche.
• Besprühen Sie Werkzeuggriffe mit leuchtenden Farben, damit sie leicht zu finden sind, wenn sie im Garten liegen bleiben.
• Wenn Sie Gemüse im Hochbeet ziehen, markieren Sie alle Saatreihen deutlich sichtbar mit Schildern.

NICHT ÜBERANSTRENGEN

Versuchen Sie bei der Gartenarbeit, eine aufrechte Haltung mit geradem Rücken einzunehmen, damit Gelenke und Muskeln möglichst wenig belastet werden. Sie sollten nicht schlaff nach vorn gebeugt stehen oder das Gewicht auf nur ein Bein oder einen Arm legen. Wechseln Sie in regelmäßigen Abständen die Körperhaltung und auch die Tätigkeiten. Häufig wiederholte Bewegungen können zu Beschwerden führen, deshalb sollten Sie immer wieder andere Körperteile einsetzen: Harken Sie Laub, dann setzen Sie sich hin, dann schneiden Sie verblühte Blüten ab.

DAS RICHTIGE WERKZEUG

Für ältere Gärtner, die mit ihren Kräften haushalten müssen, gibt es für jede Arbeit das richtige Werkzeug. Im folgenden Kapitel „Erleichtern Sie sich die Gartenarbeit"

OBEN Das Beschneiden von Bäumen sollte man jemandem überlassen, der fit ist und die richtige Ausrüstung dafür hat.

wird darauf im Einzelnen eingegangen. Einer der nützlichsten Ratschläge lautet: Wählen Sie leichtes Gerät und gepolsterte Griffe. Wenn Sie Probleme mit dem Greifen, der Kraft oder der Balance haben, nehmen Sie Motorgeräte nicht selbst in Betrieb, sondern bitten Sie stattdessen um Hilfe. Wenn Sie noch recht aktiv sind und Motorgeräte benutzen, tragen Sie eine Schutzbrille und Ohrstöpsel. Sorgen Sie dafür, dass jemand in der Nähe ist, falls etwas passiert.

RISIKEN VERMEIDEN

Seien Sie vorsichtig beim Zusammenklappen oder Verstauen von scharfen Gegenständen wie Astscheren und Sägen. Und steigen Sie möglichst nicht auf Leitern – es ist einfach eine Tatsache, dass ältere Menschen ein weitaus höheres Risiko haben, von einer Leiter zu stürzen. Versorgen Sie Schnittwunden, Prellungen oder Insektenstiche sofort, damit es nicht zu Komplikationen kommt. Denken Sie immer an das Morgen als Belohnung dafür, dass Sie heute auf Ihre Sicherheit geachtet haben.

DIE RICHTIGE HEBETECHNIK

Versuchen Sie nicht, Gegenstände zu heben, die zu schwer für Sie sind. Wenn Sie es dennoch tun, kann es zu ernsten Verletzungen kommen. Warten Sie, bis sich die Gelegenheit bietet, jemanden um Hilfe zu bitten. Für Lasten, die Sie bewältigen können, ist Rollen, Ziehen oder Schieben die beste Technik.

1 Dieser bepflanzte Blumentopf ist recht schwer. Stellen Sie sich mit möglichst geradem Rücken vor das Pflanzgefäß.

2 Gehen Sie in die Knie, bis Sie den Blumentopf fassen können. Der Rücken bleibt so gerade, wie es Ihnen möglich ist.

3 Drücken Sie die Knie durch – der Rücken bleibt immer noch gerade –, und heben Sie den Blumentopf langsam hoch.

ERLEICHTERN SIE SICH DIE GARTENARBEIT

Auch wenn wir uns als „alte Hasen" bezeichnen würden, weil wir unser Leben lang gegärtnert haben – jetzt, da wir weniger beweglich geworden sind, ist die Zeit gekommen, um andere Methoden zu erlernen und sich mit neuen Geräten vertraut zu machen. Sie werden staunen, welche Vielfalt an ergonomisch perfekter Ausrüstung die Gartencenter und Gärtnereien anzubieten haben und wie viele innovative Methoden es gibt, die uns die Arbeit erleichtern.

Zuerst stellen wir Ihnen Gartengeräte vor, die für Senioren besonders geeignet sind oder die man auch bei bestimmten körperlichen Einschränkungen bedienen kann. Danach finden Sie eine Fülle von Ratschlägen, wie man Kräfte sparend und so einfach wie möglich die gärtnerischen Aufgaben bewältigt: Bodenbearbeitung, Pflanzen, Düngen, Schneiden, Unkraut jäten, Bewässerung, Ernte, Transport und Aufräumen. Natürlich sind auch Tipps für jene unter uns einbezogen, die auf Rollator oder Rollstuhl angewiesen sind. Gebrechen oder Behinderungen sind kein Grund, sich gärtnerisch zur Ruhe zu setzen!

GEGENÜBER Mit dem richtigen, vor allem Kräfte sparenden Gerät können Sie die meisten Gartenarbeiten weiterhin selbst ausführen.

OBEN Schwer zugängliche Stellen erreichen Sie bequem mit einem Gießstab, der an einen praktischen, dehnbaren Spiralschlauch angeschlossen ist.

OBEN Für die Aufräumarbeiten im Garten. z. B. Laubbeseitigung, sollte ein solcher Wagen auf vier gummibereiften Rädern in Ihrer Ausrüstung nicht fehlen.

OBEN Gartengeräte gibt es für jeden Zweck, ob zum Umgraben, zum Rechen, zum Unkraut jäten oder, wie hier, um perfekte Löcher für Blumenzwiebeln zu stechen.

GARTENGERÄTE FÜR BESONDERE ANFORDERUNGEN

Vermutlich benutzen Sie immer noch ihre Lieblingsgartengeräte, die Ihnen jahrelang gute Dienste geleistet haben, müssen dabei aber feststellen, dass Ihnen die Arbeit damit nicht mehr so zügig von der Hand geht wie früher. Freunden Sie sich deshalb mit neuem Werkzeug an, das gezielt für Ihre Bedürfnisse entwickelt wurde. Wer eine Neuanschaffung umgehen möchte, kann auch seine alten Geräte bedienungsfreundlicher machen. Wir sagen Ihnen, wie.

OBEN Eine hochwertige Gartenschere, Handschuhe und ein Allzweckmesser sollten im Garten immer griffbereit sein.

DIE GRUNDAUSRÜSTUNG

Bevor wir Gartengeräte vorstellen, die speziell für Senioren entwickelt wurden, lassen Sie uns erst einmal festhalten, was die Grundausrüstung umfassen sollte. Für die meisten Arbeiten benötigen Sie nur einige Geräte. Dazu gehören: Spaten, Grabegabel, Gartenschere, Pflanzkelle, Handgabel, Baumsäge, Hacke, Gartenfräse (Kultivator) und Rechen. Außerdem braucht man Handschuhe, Messer, Pflanzholz, Schnur, Pflanzgefäße, Etiketten und ein Set für Bodentests. Das sind nützliche Hilfen für jeden Gärtner, unabhängig von Alter und Fähigkeiten. Unumgänglich für Rasenbesitzer ist ein Rasenmäher, auch wenn Sie nicht selbst mähen, sondern mähen lassen.

WAS HEISST ERGONOMISCH?

Das Adjektiv „ergonomisch" bezeichnet Produkte, die sichere, gesunde und bequeme Arbeitsbedingungen garantieren. Das gilt auch für Gartengeräte. Ein Beispiel: Spaten, Grabegabel und Pflanzkellen werden in der Regel aus rostfreiem Stahl hergestellt, einem unverwüstlichen Werkstoff – der allerdings sehr schwer ist. Zu schwer für den, der unter eingeschränkter Beweglichkeit leidet und der nicht mehr so bei Kräften ist wie ein jüngerer Mensch. Deshalb hat sich die Industrie etwas einfallen lassen und stellt erheblich leichtere Geräte aus modernen Metalllegierungen wie Karbon, Aluminium sowie aus dünnem Stahl oder Polypropylen her, die zudem noch besonders ergonomisch konstruiert sind.

Weil der Begriff „ergonomisch" nicht geschützt ist, kann allerdings

LINKS Zur Grundausstattung gehören Grabegabel, Handschaufel, Gartenschere, Hacke, Blumentöpfe und Namensschilder.

OBEN Da diese Grabegabel einen verlängerten Stiel hat, braucht man sich bei der Bodenbearbeitung nicht tief zu bücken.

OBEN Wer von einem Gartenrollwagen aus seinen Garten bearbeitet, profitiert von einer langstieligen Schaufel.

jedes Werkzeug damit gekennzeichnet sein, und Sie könnten einer verwirrenden Vielfalt von Produkten mit dieser Angabe gegenüberstehen. Daher sollten Sie sich sorgfältig kundig machen. Dabei helfen wir Ihnen: In dem Kasten unten finden Sie eine Zusammenstellung

der wichtigsten Gesichtspunkte, die vor dem Kauf eines ergonomischen Geräts zu berücksichtigen sind.

DER VERLÄNGERTE STIEL
Wer den Rücken gerade hält, belastet den Körper weniger stark, als wenn er gebückt arbeitet. Boden-

bearbeitungsgeräte mit langem Stiel helfen dabei, denn je älter wir werden, desto weniger können wir den Rücken und die Beine belasten. Zum Graben, Rechen und Hacken gibt es langstielige Geräte, und man kann diese Tätigkeiten mit ihrer Hilfe im Stehen mit relativ geradem Rücken ausüben. Sie können auch Handgeräte verwenden, deren Griffe Sie durch lange Stiele ersetzen. Unkraut jäten ist etwas heikel, denn manchmal muss man sich dafür bücken oder sogar in die Hocke gehen, doch man kann viele Unkräuter mit einer schmalen, langstieligen Gartengabel vorher lockern, sodass man sie nur noch einzusammeln braucht.

Mit Gartengeräten aus leichten Materialien, die Ihrer Größe angepasst sind, beugen Sie einer Überlastung vor. Auch Gärtner mit körperlichen Einschränkungen und jene, die vom Rollstuhl aus bzw. im Sitzen gärtnern müssen, können mit solchen Geräten besser arbeiten (siehe auch S. 72).

ERGONOMISCHE GERÄTE
Gartengeräte für Senioren sollen bequem und sicher zu bedienen sein, d. h. Erschöpfung, Beschwerden und Verletzungen vorbeugen. Im Folgenden finden Sie einige praktische Tipps für den Kauf:

• Achten Sie auf das Gewicht des Geräts. Es sollte aus den modernsten Metalllegierungen oder robusten Kunststoffen bestehen. Sie sind leicht, und das ist besonders wichtig für Werkzeuge mit langem Stiel.
• Wählen Sie Geräte mit langem Stiel; so braucht man sich nicht mehr als notwendig auszustre-

cken oder zu bücken. Geräte mit langem Stiel können auch beidhändig benutzt werden.
• Angenehm sind Geräte mit einer Kerbe am Stiel, in der der Daumen Halt findet.
• Hochwertiges Gartenwerkzeug für Kinder ist ebenfalls zu empfehlen. Es wiegt nicht viel, und man kann Kraft sparend damit arbeiten. Besonders wer im Sitzen gärtnern muss, sollte diese Alternative erwägen.
• Neue Spaten, Gartenscheren und Allzweckmesser sind scharf. Achten Sie darauf, dass sie auch scharf bleiben, damit Sie sie ohne großen Kraftaufwand einsetzen können.

Dieser Unkrautstecher mit dem Schlaufengriff lässt sich gut handhaben.

Kinderschaufel mit Stahlblatt

Eine Bypass-Gartenschere schneidet sowohl zarte Triebe als auch dickere Zweige.

GERÄTE MIT KURZEM GRIFF

Wenn man an einem Hochbeet oder sitzend arbeitet, sind Gartengeräte mit kurzem Griff ideal. Sie können Ihr herkömmliches Werkzeug durchaus einsetzen, doch wenn Ihre Finger nicht mehr so gelenkig sind, sollten Sie über gewinkelte Griffe nachdenken. Diese verringern die Belastung und halten Hand und Handgelenk in einer natürlichen Position.

Handgrubber und -schaufel mit ergonomischen Griffen

GEPOLSTERTE GRIFFE

Mit Werkzeug, das sich gut greifen lässt, kann man viel bequemer arbeiten und dadurch länger bei einer Tätigkeit bleiben. Viele der ergonomisch geformten Geräte sind mit gepolsterten Griffen ausgestattet, die bequem in der Hand liegen und Gelenke und Muskeln weniger belasten. Dickere Griffe mit Vertiefungen für die Finger sind am bequemsten zu halten.

Viele langstielige Gartengeräte haben gebogene und gewinkelte Haltegriffe, die so konstruiert sind, dass der Gärtner aufrechter stehen kann, während er Erde oder Kompost schaufelt – oder sogar Schnee schiebt! Diese speziellen Geräte sollten Sie immer vorher testen und nicht einfach viel Geld investie-

ren. So können Sie feststellen, ob eine bestimmte Form für Sie bequem ist oder nicht.

Es gibt auch Gartengeräte mit breiten, gebogenen oder Bügelgriffen. Sie bieten die Möglichkeit, die Hand in verschiedenen natürlichen Positionen zu halten, ohne dabei das Handgelenk über Gebühr zu belasten. Falls Sie an Erkrankungen wie z. B. dem Karpaltunnelsyndrom oder Arthrose leiden, kann ein solcher Spezialgriff beim Gärtnern von großem Vorteil sein.

OBEN Handgeräte mit ergonomischen Griffen bieten Bequemlichkeit bei der Pflanzenpflege auf dem Hochbeet.

Geräte mit kurzen gebogenen Griffen sorgen für sicheres Arbeiten bei bodennaher Pflanzung und Pflege.

Spaten mit Ringgriff, den man mit beiden Händen anfassen kann

GRIFFE ANPASSEN

Es ist auch möglich, herkömmliche Geräte so anzupassen, dass man die Griffe bequemer halten kann (siehe rechts und unten). Dazu sind speziell geformte Greifhilfen erhältlich. Man kann aber auch einen Schaumstoff-Fahrradgriff über die Griffe ziehen oder sie mit einem Sport-Tape umwickeln. Sehr nützlich ist auch ein Schaumstoff-Adapter für Eimerhenkel, die ein bequemes Halten und Tragen des Eimers ermöglichen.

Greifhilfe für Eimerhenkel

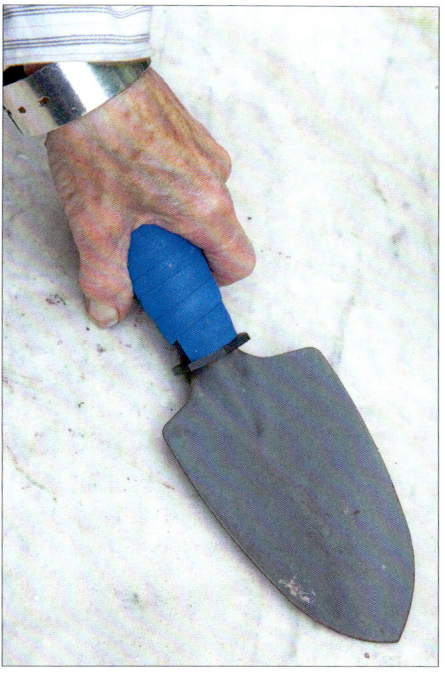

OBEN Stecken Sie einen passenden Fahrradgriff aus Schaumstoff über den Stiel Ihrer Lieblingsgartengeräte. Wenn Sie eine leuchtende Farbe wählen, sehen Sie die Geräte sofort und überall.

OBEN Gepolsterte Adapter verteilen das Gewicht von Eimern oder anderen Henkelgefäßen gleichmäßig und mindern den belastenden Druck, den der Griff auf die Fingergelenke ausübt.

GRIFFPOLSTER SELBSTGEMACHT

Haben Sie Probleme mit dem Greifen? Dann umwickeln Sie einen Holz- oder Metallgriff mit Schaumstoff. Sollten Sie mehr Aufpolsterung benötigen, eignet sich auch Styropor für einen bequemeren Griff.

1 Um den Griff eines alten Gartengeräts zu polstern, brauchen Sie etwas Weiches. Gut eignet sich Schaumstoff zur Isolierung von Rohren (Baumarkt); es gibt ihn in unterschiedlichen Durchmessern.

2 Wickeln Sie den Schaumstoff um den Griff und befestigen Sie ihn mit etwas Isolierband oder einem anderen stabilen Klebeband. Sie können auch ein farbiges Band nehmen.

3 Nicht nur weichere, sondern auch dickere Griffe lassen sich besser greifen. Umwickeln Sie kurze Stiele bzw. Griffe auf der ganzen Länge, an langen Stielen umwickeln Sie ein ausreichend breites Stück.

ZUSATZ-HILFSMITTEL

Wer nicht mehr gut greifen kann, etwa weil er an Arthrose leidet, hat die Möglichkeit, Hilfsmittel an Stiele anzusetzen, z. B. Armstützen oder besondere Griffe. Sie ermöglichen so manche Gartenarbeit, die sonst nicht ausführbar wäre, und entlasten Rücken und Hände. Solche Hilfsmittel gibt es für alle Arten von Gartengeräten.

Armstützen

Armstützen passen auf Geräte sowohl mit kurzem als auch mit langem Stiel. Sie stützen den Unterarm und ermöglichen es, bei Handproblemen den gesamten Arm einzusetzen. Auch einhändiges Arbeiten wird möglich. Diese Hilfen kann man im Stehen und im Sitzen benutzen.

D- und T-Griffe

Bügelgriffe, die es in unterschiedlichen Formen gibt, werden am Stiel eines Gartengeräts befestigt. So ist beispielsweise der D-Griff beim Heben, Drücken und Ziehen nützlich, also beim Schaufeln, Jä-

UNTEN Eine Gartenkralle mit langem Stiel kann besser geführt werden, wenn man einen D-Griff daran befestigt.

Jede dieser Greifhilfen sorgt für eine bessere Bewältigung der Gartenarbeit und bringt Vorteile für Menschen, deren Kraft etwas nachgelassen hat.

ten, Rechen und Hacken. Man braucht sich nicht so tief zu bücken wie ohne dieses Hilfsmittel.

D-Griffe können Sie für jedes langstielige Gerät verwenden. Vielleicht müssen Sie sich an die Handhabung gewöhnen, aber dieses Hilfsmittel bringt große Vorteile, denn es schont die Lendenwirbelsäule, die geschädigt werden kann, wenn man ein und dieselbe Bewegung wiederholt ausführt.

Auch T-Griffe, die an den oberen Teil eines Stiels geklemmt werden, erleichtern die Handhabung von Gartengeräten. Sie sind so konstruiert, dass die Hand beim Drücken oder Ziehen

UNTEN Mithilfe des D-Griffs greift man den Stiel an zwei Stellen, wodurch sich das Gewicht des Geräts verteilt.

D-Griff, angebracht an einem Spaten

D-Griff

T-Griff, Schraubvariante

T-Griff, Klemmvariante

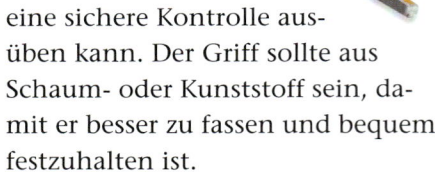

Armstütze mit Schiene

eine sichere Kontrolle ausüben kann. Der Griff sollte aus Schaum- oder Kunststoff sein, damit er besser zu fassen und bequem festzuhalten ist.

Der T-Griff bewirkt, dass das Handgelenk in einer natürlichen Stellung bleiben kann, ohne zu sehr abzuknicken. So wird der Gefahr einer Sehnenscheidenentzündung vorgebeugt. Der Kraftaufwand für die jeweilige Arbeit ist deutlich geringer.

Wenn Sie einen T-Griff am Stiel eines herkömmlichen Gartengeräts anbringen, können Sie auch vom Rollstuhl oder Elektromobil aus gärtnern. Die Position des T-Griffs kann leicht an Ihre Körpergröße angepasst werden bzw. daran, ob Sie Rechts- und Linkshänder sind.

MIT ARMSTÜTZE ARBEITEN

Zusätze für herkömmliche Geräte helfen uns bei der Gartenarbeit. Bei verminderter Hand- und Handge-lenksfunktion ermöglicht es eine Armstütze mit Schiene, die Kraft des Unterarms einzusetzen.

Armstütze an langem Stiel
Mit einer Armstütze an einem langstie-ligen Unkrautstecher brauchen Sie sich nicht zu bücken.

Armstütze anpassen
Diese Armstütze lässt sich verlängern oder verkürzen. So kann man sie der Körperhal-tung anpassen.

Armstütze an kurzem Stiel
Eine Handschaufel mit Armstütze macht es möglich, vor allem Topf- und Kübel-pflanzen zu versorgen.

MIT T-GRIFF ARBEITEN

Bei verminderter Hand- und Handgelenksfunktion hilft ein T-förmiger Aufsatz, der an Ihrem bevorzugten Gartengerät angebracht werden kann. So können Sie das Gerät besser handhaben, z. B. wenn Sie Unkraut jäten.

T-Griff an langem Stiel
Wenn Sie an einem Gerät einen T-Griff oder eine andere Greifhilfe anbringen, können Sie es leichter dirigieren.

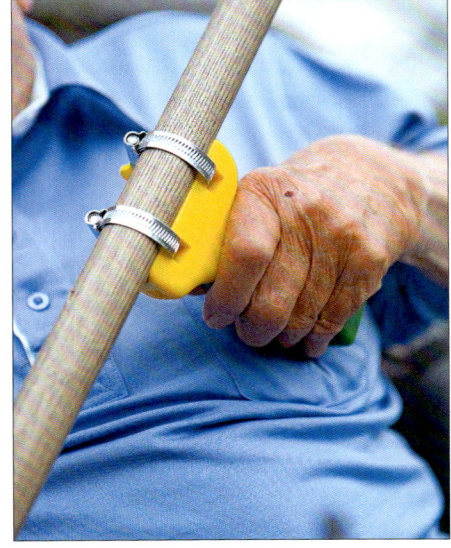

T-Griff, von Nahem besehen
T-Griffe sind an Stielen leicht anzubringen. Es gibt den Griff in Schaumstoff oder Hart-plastik, auch mit Griffmuster.

BEIM EINKAUF BEACHTEN

Im Gartencenter werden viele Modelle angeboten. Achten Sie bei der Wahl auf Folgendes:
• Machen Sie sich klar, wo Ihre Schwächen liegen und bei wel-chen Tätigkeiten Sie ein Hilfs-mittel brauchen.
• Sprechen Sie mit Garten-freunden, die mit den neueren Geräten bereits Erfahrung ha-ben. Sind die Geräte in deren Augen wirklich hilfreich?
• Im Gartencenter oder Fach-handel sollten Sie fragen, ob Sie ein Gerät in Ihrem Garten ausprobieren und es zurück-bringen können, wenn es Ihren Erwartungen nicht entspricht.
• Nehmen Sie ein Gerät in die Hand, und prüfen Sie das Ge-wicht, bevor Sie es kaufen.

DIE VORTEILE EINES KOMBI-GERÄTS

Mehrere Herstellerfirmen bieten Kombi-Gartengeräte an. Wer eines nutzt, braucht nicht viele andere Werkzeuge. Mithilfe eines einfachen Mechanismus lassen sich die Teile ganz leicht miteinander verbinden.

1 Diese Handgabel zum Unkrautentfernen kann auf einen langen oder kurzen Stiel aufgesetzt werden.

2 Der kurze Stiel eignet sich für Arbeiten an einem Hochbeet, oder wenn man an einem normalen Beet sitzend gärtnert.

3 Wenn Sie im Stehen Unkraut jäten möchten, bringen Sie einen langen Stiel an, der zu Ihrer Größe passt.

4 Mit einem langen Stiel können Sie auch an schwer zugänglichen Stellen hartnäckige Unkräuter entfernen.

AUSWECHSELBARE GRIFFE

Wenn wir älter werden und aufgrund unserer veränderten Wohnsituation nicht mehr so viel Platz haben, sollten wir uns auf weniger Gartengeräte beschränken, die aber jeweils für mehrere Zwecke geeignet und schnell zur Hand sind.

Auf dem Markt gibt es Systeme, zu denen unterschiedlich lange Griffe oder Stiele gehören, an denen alle möglichen Geräte angebracht werden können. Die Verbindung erfolgt mittels eines Schnappmechnismus, der durch Knopfdruck betätigt wird. Man braucht also kein Werkzeug dafür – und das ist bequem.

Solche Geräte sind nicht für Profi-Gärtner gedacht, aber ideal für den älteren Gartenfreund, der nur noch leichtere Arbeiten im Garten verrichtet und sich vor Verletzungen des Rückens, der Beine, der Handgelenke und der Hände hüten muss, die bei der Handhabung von schwerem Gerät viel eher auftreten.

TELESKOPSTIELE

Teleskopstiele machen die Beschäftigung im Garten auch für jene von uns möglich, deren Geschicklichkeit, Standsicherheit, Kraft oder Reichweite eingeschränkt ist. Ein ausziehbarer Stiel ist auch ideal für jene, die keinesfalls von einer Leiter aus arbeiten sollten, beispielsweise beim Abschneiden von Zweigen oder bei der Obsternte.

Der Teleskopstiel kann in der Regel stufenlos ausgezogen werden. Ein klassischer Kleingeräte-Satz mit einem Teleskopstiel umfasst eine Handschaufel, einen Kleingrubber, einen Blumenrechen, einen kleinen Fächerbesen, eine Kleinhacke und eine kleine Baumschere. Der Teleskopstiel ist – je nach Hersteller – von etwa 60 cm bis etwa 100 cm ausziehbar. Dieser Stiel ermöglicht es sogar, vom Rollstuhl aus zu arbeiten. Probieren Sie vor dem Kauf unbedingt, ob sich der Stiel leicht ausziehen und wieder zusammenschieben lässt.

Ein Knopfdruck genügt, und das Aufsatz-Gartengerät rastet sicher im Stiel ein.

GARTENGERÄTE MIT AKKU

Im Allgemeinen sind akkubetriebene Geräte älteren Menschen eher zu empfehlen als Benzinmotorgeräte oder Geräte mit Stromanschluss, da sie sicherer sind. Es gibt kein Kabel, über das man stolpern oder das man durchschneiden könnte. Das passiert besonders Menschen mit eingeschränkter Mobilität bzw. Sehschwäche.

Bei einigen akkubetriebenen Geräten ist der Akku fest eingebaut. Es gibt aber auch Geräte, deren Akku man herausnehmen kann, um ihn an die Ladestation anzuschließen. In diesem Fall sollte man zwei Akkus anschaffen. Zu empfehlen ist dies besonders bei häufiger Benutzung des Geräts: Während ein Akku in Betrieb ist, hängt der andere an der Ladestation. Zu akkubetriebenen Schneidwerkzeugen siehe auch Seite 108–109.

BODENVERBESSERUNG, KOMPOSTIEREN UND MULCHEN

Damit unsere Pflanzen sich so entwickeln, wie wir es wünschen, sind die Bodenverhältnisse von großer Bedeutung. Und da kann es nötig sein, dass wir unseren Gartenboden verbessern, indem wir Materialien beimischen, die z. B. seine Speicherfähigkeit, Drainage, Belüftung und Struktur optimieren. Hier erfahren Sie, dass Bodenpflege keine Geheimwissenschaft ist und man die damit verbundenen Arbeiten auch als älterer Mensch gut bewältigen kann.

OBEN Zu organischen Bodenverbesserern zählen Obst- und Gemüsereste, Stroh, Rasenschnitt und andere Gartenabfälle.

DIE BODENQUALITÄT

Auf einem gesunden Boden wachsen gesunde, schöne Pflanzen. Wenn Sie Ihrem Boden Nahrung geben, kann er auch Ihre Pflanzen ernähren. Es gibt zwei Kategorien von Bodenverbesserungsmitteln: mineralische und organische.

MINERALISCHE BODEN-VERBESSERUNGSMITTEL

Mineralische Bodenverbesserer sind anorganische Materialien, im weitesten Sinne Gesteine bzw. Minerale. Im Handel erhältlich sind z. B. Perlit, Vermiculit, Lavamehl, grober Kies und feiner Kies (Sand). Perlit und Vermiculit werden hauptsächlich von der Bauindustrie als

Dämmmaterialien verwendet, und man sollte darauf achten, wenn man sie sackweise kauft, dass keine Zusatzstoffe enthalten sind.

ORGANISCHE BODEN-VERBESSERUNGSMITTEL

Organische Bodenverbesserer bestehen komplett aus pflanzlichen und/oder tierischen Grundstoffen. Dazu zählen Rindenschnitzel, Torf, Rasenschnitt, Gartenkompost, Kaffeesatz, Stallmist, verrottetes Heu, Stroh und Knochenmehl. Organische Stoffe sind eine wichtige Energiequelle für Bodenbakterien und -pilze, die den Boden nähren.

DIE BODENSTRUKTUR

Die beste Methode, die Bodenstruktur zu verbessern, ist die Zugabe von organischem Material, vorzugsweise beim Umgraben. Das sollten Sie sich aber nicht zumuten: Beauftragen Sie einen Gartenbaubetrieb damit. Falls der Boden bereits umgegraben wurde, bringen Sie eine 5 cm dicke Schicht verrotteten organischen Materials mit der Grabegabel auf der Oberfläche aus. Das erhöht die Fruchtbarkeit und das Volumen des Bodens; bei sandigen Böden verbessert es die Fähigkeit, Wasser zu speichern, bei schweren Böden fördert es die Drainage.

OBEN Wenn man richtig kompostiert, entsteht nährstoffreiches organisches Material, in dem sich Regenwürmer wohlfühlen.

Perlit

Vermiculit

Grober Kies

Feiner Kies (Sand)

WAS IST KOMPOST?

Die schwarze und krümelige Erde, die beim Abbau von organischem Material durch Mikroorganismen entsteht, bezeichnet man als Kompost. Er reichert unseren Gartenboden mit Nährstoffen an und fördert den allgemeinen gesunden

Zustand. Kompostherstellung ist einfach. Sie brauchen nur bestimmte Materialien zu sammeln, sie zu vermischen und der Natur ihren Lauf zu lassen. Wenn Sie die große Vielfalt an pflanzlichen Resten und Abfällen aus Ihrem Garten und aus der Küche nutzen, werden

Sie mit einem nährstoffreichen Bodenverbesserer für Ihre Beete (und Blumentöpfe) belohnt. Auch die Umwelt profitiert davon.

Auf den folgenden Seiten finden Sie verschiedene Kompostiermethoden, die für ältere Gärtner und ihre Möglichkeiten geeignet sind.

KOMPOSTIERBARE MATERIALIEN UND ORGANISCHE DÜNGER

Der Boden braucht viele Nährstoffe, doch die drei wichtigsten sind Stickstoff, Phosphor und Kalium. Wer organische Materialien kompostiert und diesen Kompost dem Gartenboden als natürlichen Dünger beimischt, braucht keine Düngemittel zu kaufen. Kompost wirkt schneller und besser und hilft beim Sparen.

Rasenschnitt ist reich an Stickstoff und anderen Nährstoffen. Mischen Sie kleine Mengen unter andere organische Materialien.

Faulendes Obst produziert Stickstoff. Geben Sie es zusammen mit trockenen Materialien wie Häckselgut in den Kompost.

Falllaub von Sträuchern versorgt die Bodenbakterien mit Kohlenstoff. Kompostieren Sie es gemischt mit Grünabfällen.

Küchenabfälle bilden reichlich Nährstoffe. Fleisch, Fett und Milchprodukte gehören aber nicht auf den Kompost, Ausscheidungen von Hunden und Katzen auch nicht.

Stallmist ist reich an Stickstoff, Phosphor und Kalium. Für die Vorbereitung Ihrer Beete im Frühjahr sollten Sie nur verrotteten Stallmist verwenden.

Strohmulch wird von den Bakterien rasch abgebaut und enthält eine ausgewogene Menge an Mineralien. Außerdem wirkt Stroh isolierend und schützt den Boden.

DER KOMPOSTHAUFEN

Eine einfache Methode, einen Kompost aufzusetzen, ist ein Haufen, den man direkt auf dem Boden locker aufschichtet. Suchen Sie sich dafür eine abgelegene Ecke im Garten. Es ist von Vorteil, wenn in der Nähe ein Wasseranschluss vorhanden ist, für den Fall, dass der Kompost Feuchtigkeit braucht.

Beginnen Sie bei der Aufschichtung mit einer 15–20 cm dicken Lage aus trockenem, grobem Material, z. B. Häckselgut. Dann folgt eine ebenso dicke Schicht aus frischem Material. Wiederholen Sie dies immer wieder, also trocken und frisch abwechselnd. Allerdings legen Sie von Grasschnitt und Küchenabfällen nur dünne Schichten (5 cm) auf, weil diese Materialien sehr kompakt sind. Andererseits können lockere Gartenabfälle wie Bohnenranken und Tomatentriebe dicker aufgeschichtet werden.

Das kohlenstoffreiche grobe Material bringt die Masse für den Komposthaufen; das frische Mischmaterial, feucht und reich an Stickstoff, sorgt für die Zersetzung. Ohne das

UNTEN Ein Haufen aus Staudenblättern, Gras und anderen Pflanzenabfällen ist eine gute Grundlage für Ihren Gartenkompost.

feuchte Material würden die Abbauvorgänge ins Stocken geraten. Man sollte den Kompost alle 4–6 Wochen wenden oder umsetzen, damit er belüftet wird und die Bakterien genug Sauerstoff bekommen, um den Abbau fortsetzen zu können.

DIE UNTERSCHIEDLICHEN KOMPOSTBEHÄLTER

Möchte man den Kompost in einem Kompostkasten oder einer Komposttonne aufsetzen, findet

UNTEN Das Ergebnis Ihrer Bemühungen ist eine Komposterde voller Nährstoffe für Ihren Gartenboden.

OBEN In einem Kompostkasten bleibt der Komposthaufen kompakt, während er sich langsam zersetzt.

man im Gartencenter oder Baumarkt eine große Auswahl an Formen und Materialien. Beim Aufschichten gehen Sie genauso vor wie bei einem freien Komposthaufen. Auch Kompost im Behälter muss gewendet werden. Viele Gärtner besitzen zwei oder drei Kompostkästen und füllen das abgebaute Material regelmäßig in den nächsten Behälter um. Dadurch wird die Belüftung und Durchmischung gefördert.

In einem Kunststoffbehälter mit Deckel wird es wärmer als in einem offenen Komposthaufen, wodurch sich der Verrottungsprozess beschleunigt. Sie können jeden offenen Kompostbehälter abdecken, z. B. mit einem Stück schwarzer Mulchfolie. So wird die Masse auch vor Regen geschützt.

Besonders preiswert, praktisch und auch leicht selbst zu bauen sind Drahtkomposter aus Kaninchendraht, der zwischen Pfosten gespannt wird. In solchen Kompostern herrscht wegen der offenen Seiten eine gute Luftzirkulation.

EINEN KOMPOSTBEHÄLTER BEFÜLLEN

In jedem Garten sollte es einen Komposthaufen geben, um aus Abfällen einen nährstoffreichen Boden-verbesserer zu gewinnen. Verwenden Sie aber nur Obst- und Gemüsereste, die frei von Krankheiten sind.

1 Befeuchten Sie die Grund-fläche, und füllen Sie eine bis zu 20 cm dicke Lage aus ge-schnittenen Zweigen und tro-ckenen Pflanzenstängeln ein. Die Schicht leicht besprengen.

2 Geben Sie darauf eine gleich dicke Schicht aus Grünabfällen oder rohen Gemüse- und Obst-resten. Kompaktes Material wie Grasschnitt wird nur als dünne Lage aufgebracht.

3 Nach einigen Lagen fügen Sie etwas fertigen Kompost aus einem anderen Behälter, etwas Cartenerde oder Brenn-nesselblätter hinzu. All dies fun-giert als Rottebeschleuniger.

4 Den Abschluss bildet eine Lage aus trockenem Gehölz-material. Danach sollten Sie den Behälter mit schwarzer Mulchfolie abdecken, um ein Austrocknen zu verhindern.

TROCKEN- UND GRÜNMATERIALIEN

Sie brauchen eine vielfältige Mischung aus tro-ckenen holzigen Stoffen und grünen weichen Abfällen. Die kohlenstoffreichen Trockenmateria-lien müssen vor dem Aufschichten schwach be-feuchtet werden. Die Grünabfälle enthalten Stickstoff und bilden deshalb die Proteinquelle für Milliarden von Mikroorganismen.

• Trockene Materialien: geschnittene (gehäck-selte) Zweige, Stauden-stängel, Papierschnipsel (kein Zeitungspapier), Eierschalen, Stroh

• Feuchte Materialien: Rasenschnitt, rohe Obst- und Gemüsereste, Tee-blätter, Kaffeesatz, Un-kraut (ohne Samen), wei-ches Heckenschnittgut

DER LOCH-KOMPOST

Diese selten angewendete Kompos-tiermethode eignet sich ideal für den kleinen Garten. Heben Sie ein etwa drei Spaten tiefes Loch aus, und füllen Sie das Material ein (siehe S. 74–75 und oben). Jede Schicht wird dünn mit Erde be-deckt. Aus dem eingegrabenen Material entweichen nur wenige Nährstoffe in das umgebende Erd-reich, und die Regenwürmer im Boden freuen sich auf ein Fest-mahl, das sie bald in wertvollen Humus verwandeln. Zudem entste-hen keine unangenehmen Gerü-che, und keine Insekten oder ande-ren Tiere stören den Rotteprozess.

Das Loch wird grundsätzlich mit einem Brett abgedeckt, damit nie-mand hineintritt und stürzt.

RECHTS Die Loch-Kompostierung ist eine simple Methode der Humus-Erzeugung.

DEN KOMPOST WENDEN

Auf den Kompost geben wir viele Dinge – das einzige, was wir nicht selbst hinzufügen können, ist Sauerstoff, der für die Entstehung von Kompost unerlässlich ist.

In jedem Kompostbehälter mit Öffnungen für die Belüftung kann sich Humus entwickeln, auch wenn der Kompost nicht gewendet und belüftet wird. Schichtet man ihn allerdings regelmäßig um, wird mehr Sauerstoff zugeführt, und der Verrottungsprozess beschleunigt sich. Ein nicht abgedeckter Komposthaufen bekommt zwar ausreichend Sauerstoff, kann aber trotzdem nicht so schnell abgebaut werden, weil die sich entwickelnde Wärme entweicht und sich der Verrottungsvorgang dadurch verlangsamt.

Es gibt Gartengeräte für das Wenden oder Umschichten bzw. Belüften des Komposts. Das Universalgerät Mistgabel ist zwar gut geeig-net, aber schwer und für Menschen mit Arthrose weniger zu empfehlen. Halten Sie deshalb Ausschau nach speziellen Geräten. Rechts in der Mitte ist beispielsweise ein Kompostwender abgebildet, an dessen unterem Ende sich Klappflügel befinden. Unten links und unten in der Mitte sehen Sie das Gerät im Einsatz: Man drückt es in den Kompost, wodurch die Seitenflügel (Spannweite etwa 20 cm) zusammenklappen. Beim Herausziehen öffnen sie sich wieder, und wenn man das Gerät dabei dreht, wirbeln die Flügel das Material auf und lockern es. Bereits nach wenigen Wiederholungen ist der Kompost ausreichend belüftet.

Welche Methode Sie auch anwenden – das Ziel ist eine rasche und effektive Zersetzung ohne Gestank, bis weiche, krümelige Komposterde entstanden ist.

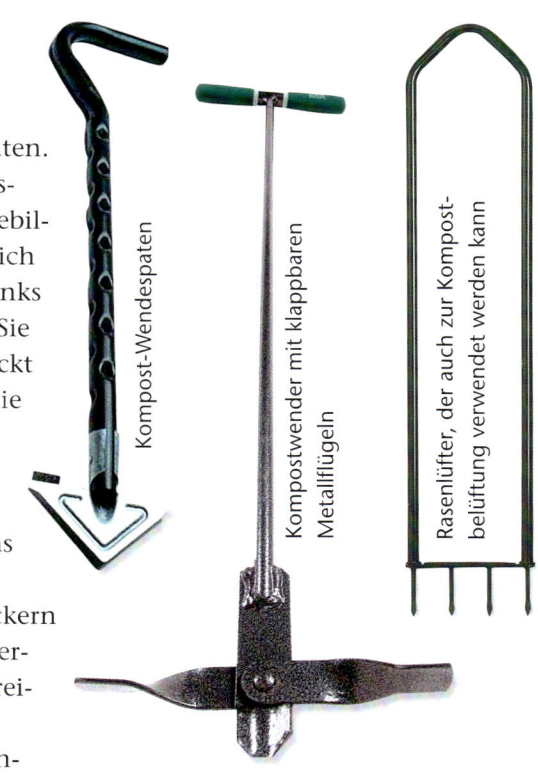

Kompost-Wendespaten

Kompostwender mit klappbaren Metallflügeln

Rasenlüfter, der auch zur Kompostbelüftung verwendet werden kann

OBEN Zum Wenden des Komposts bieten sich verschiedene Geräte an. Das linke, ein spatenähnliches Werkzeug, eignet sich auch zum Zerkleinern von Kompostiergut.

BELÜFTUNGSMETHODEN

Damit Ihr Kompost gut und schnell verrottet, sollten Sie ihn regelmäßig belüften und durchmischen. Mit einem speziellen Kompostlüfter geht es einfach, und der Kompost reift dadurch schneller. Wer ausreichend Kraft hat, kann seinen Kompost auch regelmäßig mit einer Mistgabel wenden.

1 Der Kompostlüfter mit Klappflügeln aus Metall wird so tief wie möglich in den Kompost gestochen. Beim Hineindrücken schließen sich die Klappen.

2 Während Sie den Lüfter herausziehen und sich die Metallflügel öffnen, drehen Sie den Stiel ein wenig, um die Kompostmasse zu bewegen.

Mit der Mistgabel Stechen Sie in den Kompost und wenden Sie das Material. Wer es sich leichter machen will, bringt einen zweiten Griff am Stiel an.

TROMMELKOMPOSTER

Ein Trommelkomposter ist eine Tonne mit Deckel, die an einem Stahlgestell angebracht ist. Es gibt verschiedene Modelle – sogar speziell für Rollstuhlfahrer. Mittels einer Kurbel oder Griffen dreht man die Tonne, um den Inhalt umzuschichten und zu belüften.

Kompostierbare Stoffe müssen gesammelt werden, bis man genügend davon hat, um die Trommel zu füllen. Essensreste werden mit etwas Sägemehl vermischt, damit keine Gerüche entstehen.

Bei einer Mischung aus pflanzlichen Küchenabfällen, weichem Schnittgut, welken Pflanzen und Papierschnipseln läuft der Abbau einwandfrei. Andererseits ist die Zersetzung im Trommelkomposter nicht sehr effektiv, wenn man holzige und hartfaserige Stoffe beimischt. Manche Gärtner verwenden Rottebeschleuniger, Beinwelllaub oder Brennnesseln, andere geben als Starthilfe etwas reifen Kompost mit in die Trommel.

Man dreht den Behälter etwa jeden zweiten Tag. Nach drei bis sechs Monaten ist der Kompost reif. Er wird durch ein Rüttelsieb gesiebt, um gröbere Brocken zu entfernen.

Verwenden Sie ein Rüttelsieb, um Steine, Zweige und größere, nicht zersetzte Brocken zu entfernen. So erhalten Sie einen feinkrümeligen Kompost.

SO FUNKTIONIERT EIN TROMMELKOMPOSTER

Für ältere Gartenfreunde ist ein Trommelkomposter überaus praktisch. Er ist auf einem Stahrohrgestell montiert und kann leicht von Hand gedreht werden. So wird der Kompost gleichmäßig gewendet. Ein Trommelkomposter hat außerdem den Vorteil, dass der Rücken entlastet wird, da man sich nicht zu bücken braucht. Auch entfällt das Umschichten des Materials mit einem Gartengerät. Wählen Sie ein Modell aus, das Ihrer Körpergröße und dem vorhandenen Platz entspricht.

1 Während man einen offenen Komposthaufen in der Regel in eine entfernte Gartenecke verbannt, kann man einen Trommelkomposter überall aufstellen.

2 Der Trommelkomposter sollte leicht zu befüllen und entleeren sein. Stellen Sie ihn an einer Stelle auf, die auch mit Schubkarre bzw. Gehhilfe gut zugänglich ist.

3 Das Gewicht des Inhalts bringt Schwung in die Drehung der Trommel. Eine volle Umdrehung reicht aus, um das Kompostmaterial umzuschichten.

4 Bringen Sie den Behälter in seine ursprüngliche Position zurück. Wiederholen Sie das Umdrehen alle zwei Tage, und das drei bis sechs Monate lang.

DAS MULCHEN

Jegliche Art der Bodenbedeckung mit organischem oder auch nicht organischem Material nennt man Mulchen. Mulch wird auf dem Boden ausgebracht, um ihn vor Erosion und Krankheiten zu schützen, ihn kühl und feucht zu halten und den Unkrautwuchs zu unterdrücken. Stellen Sie sich die Mulchschicht als eine schützende Decke für Ihren Boden vor.

Verschiedene Materialien eignen sich, z. B. Lavagestein, Tonscherben, Kiesel oder spezielle Mulchfolie. Gängige organische Materialien sind Rindenstücke, Gehölzschnitt, Grasschnitt und Stroh. Material von Ihrem Kompost und verrotteter Stallmist sind ebenfalls ausgezeichnet und verbessern den Boden, da Regenwürmer beides zu Humus verarbeiten. Kompost kann auch in den Boden eingearbeitet werden, wenn man etwas pflanzt. Bei leichten, lockeren Materialien sollte man bedenken, dass sie sich bei Sturm im ganzen Garten (und dem des Nachbarn) verteilen können.

Eine Faustregel besagt, dass man auf Staudenrabatten, unter Bäumen und auf Gemüsebeeten jedes Jahr

SO MULCHEN SIE RICHTIG

Wenn Sie sich entschieden haben, wo Sie den Mulch ausbringen wollen, sollten Sie erst das Unkraut von der entsprechenden Fläche entfernen.

1 Bringen Sie das Mulchmaterial in einer Schubkarre dorthin, wo es ausgebracht werden soll. Wenn nötig, lassen Sie sich von jemandem helfen.

2 Bevor Sie das Material ausbreiten, gießen Sie alle Pflanzen in diesem Bereich ausgiebig. Danach verteilen Sie den Mulch um die Gewächse herum.

eine 3–4 cm dicke Mulchschicht aus organischem Material ausbringen sollte, um ein gesundes Bodenleben zu erhalten. Schwere Materialien können dünn, leichte Stoffe dicker aufgetragen werden. Das Mulchmaterial darf nicht mit Stämmen und Trieben in Berührung kommen, da sonst möglicherweise Fäulnis entsteht.

Der beste Zeitpunkt zum Mulchen ist der Spätfrühling, wenn sich der Boden erwärmt hat, oder der Herbst, bevor der Frost einsetzt.

OBEN Eine Mulchdecke unterdrückt Unkrautwuchs, und der Boden wird feucht gehalten. Die Schicht um einen Obstbaum sollte etwa 7 cm dick sein.

OBEN Rindenstücke eignen sich hervorragend zum Mulchen und sehen darüber hinaus dekorativ aus. Man kann sie säckeweise im Gartencenter kaufen.

OBEN Trockenes Farnkraut, ein gutes Mulchmaterial für den Herbst, ist nach dem Winter abgebaut. Schneiden Sie es in Stücke, damit es sich schneller zersetzt.

DAS UMGRABEN

Der britische Gartenfachmann John Beverly Nichols, einst Präsident der Royal Horticultural Society, die alljährlich die Chelsea Flower Show ausrichtet, sagte einmal: „Im eigenen Garten mit dem eigenen Spaten den Boden umgraben – kann das Leben mehr bieten?" Selbst wenn man dem nicht aus vollem Herzen zustimmen möchte – eines wird jeder Gartenfreund bestätigen: Während man den Spaten in die weiche Erde führt und sie wendet, fühlt man sich mit dem Boden und der Natur tief verbunden.

OBEN Eine Grabegabel ist ein wichtiges und vielseitiges Gartenwerkzeug, mit dem Sie den Boden bearbeiten, lockern und belüften können.

VORÜBERLEGUNGEN

Man kann den Boden nur dann bepflanzen, wenn man ihn lockert. Das bedeutet aber nicht, dass Sie so gründlich umgraben müssen wie der Bauer den Acker pflügt. Bei Hochbeeten und großen Pflanzenkübeln hält sich der Kraftaufwand für das Umgraben ohnehin in Grenzen. Aber auch in diesem Fall sollten Sie vorsichtig vorgehen, um Muskeln und Gelenke so wenig wie möglich zu belasten. Bevor Sie loslegen, machen Sie sich einige Gedanken über die Vorgehensweise, damit die Arbeit leichter wird. Auf jeden Fall sollten Sie wissen, welche Art von Gartenboden vorliegt. Wie diese zu bestimmen ist, erfahren Sie auf Seite 23. Als nächstes sollten Sie den Feuchtigkeitsgehalt des Grunds feststellen, denn einen zu nassen Boden darf man nicht bearbeiten, sonst wird seine Struktur zerstört, wovon sich der Boden lange Zeit nicht erholt.

Wenn Sie die vorliegenden Bedingungen kennen, können Sie dementsprechend vorplanen. Ein verdichteter, meist tonhaltiger oder sehr steiniger Boden ist für Senioren schwer zu bearbeiten. Überhaupt sollten Sie sicher sein, dass Sie genug Kraft und Ausdauer sowie geeignete Werkzeuge für das Umgraben haben. Sind Sie bei einer dieser drei Vorbedingungen im Zweifel, sollten Sie das Umgraben einem Gartenbaubetrieb überlassen.

LINKS Eine Schaufel mit einem kleinen Blatt ist ideal für Menschen, die über weniger Kraft verfügen. Mit diesem Gerät hebt man nicht so viel Erde auf einmal wie mit einem großen Blatt.

DIE GRUNDAUSRÜSTUNG

Als ältere Gärtner müssen wir darauf achten, uns möglichst wenig anzustrengen. Auf den folgenden Seiten werden Geräte vorgestellt, die Ihnen dabei helfen sollen. Einige von Ihnen sind auch nützlich für die in späteren Kapiteln behandelte Bodenbearbeitung sowie das Unkrautjäten.

Schaufel

Das wohl bekannteste Garten-Handgerät ist die Schaufel, mit der man Löcher ausheben, Abfälle abräumen oder größere Mengen Erde oder Mulchmaterial umsetzen kann. Eine spitz zulaufende Schaufel eignet sich am besten, um Löcher zu graben, während man eine Schaufel mit einem großen, flachen Blatt eher zum Umsetzen von Erde und anderem Material verwenden sollte. Eine Schaufel mit Rundspitze leistet gute Dienste bei der Bodenlockerung und beim Anhäufeln von Erde.

Im Alter brauchen wir kleinere und leichtere Gartengeräte. Beliebt sind Modelle, die etwa um die Hälfte bis ein Drittel kleiner sind als die Standardausführung. Sie haben einen kürzeren Stiel und wiegen weniger, aber das Blatt ist länger. Es gibt auch Klappschaufeln, die einfach zu tragen sind.

Spaten

Der Spaten ist das klassische Werkzeug zum Umgraben. Manche Modelle haben einen Tritt auf der Oberkante des Blatts, um beim Drücken mit dem Fuß mehr Kraft auf das Blatt zu übertragen. So erreichen Sie mehr bei weniger Anstrengung. Der Tritt verhindert auch, dass der Fuß vom Spaten nach der Seite abrutscht. Mit seinem scharfen Vierkantblatt eignet sich der Spaten auch zum Stechen von geraden Kanten und zum Ausheben von Furchen für Himbeerruten. Bei Spaten mit einem längerem Griff entsteht eine größere Hebelwirkung, und Sie brauchen sich weniger tief zu bücken.

Beim Kauf von neuen Gartengeräten sollten Senioren unbedingt auf deren Gewicht achten. Bevorzugen Sie Geräte, die aus leichteren Materialien wie Aluminium, Metalllegierungen, Karbonfasern oder Kunststoff bestehen.

Manche Spaten sind so konstruiert, dass Sie den Rücken weniger belasten. Mit einem solchen Gerät, automatischer Spaten oder Autospade genannt, können Sie im Stehen umgraben und müssen sich nicht mehr bücken, um die Erde auszuheben. Sie brauchen nur den Griff nach unten zu drücken, dann tritt die große Feder an der Basis des Stiels in Aktion, und das Blatt wirft die Erde nach vorn.

OBEN Mit dem sogenannten Autospade können Sie mit geradem Rücken umgraben und brauchen sich nicht zu bücken.

Schaufel mit langem Stiel

Klappschaufel

Beetspaten

Kantenspaten mit Bügeltritt

Kantenspaten mit breiterem Bügeltritt und ergonomisch geformtem, nach vorn geneigtem Stiel

LINKS Schaufel und Spaten gibt es in allen Formen und Größen. Treffen Sie Ihre Wahl nach dem Verwendungszweck und Ihren jeweiligen Möglichkeiten.

Autospade (automatischer Spaten)

Grabegabel

Dieses vielseitige Gartenwerkzeug verwendet man zum Lockern und Belüften des Bodens. Besonders bei verdichteten oder steinigen Böden leistet es gute Dienste und kann auch als Ersatz für einen Spaten eingesetzt werden.

Gartenbesitzer hängen meist an den Geräten, die sie schon immer benutzt haben und die ihnen vertraut sind. Das gilt vor allem für ein so unerlässliches Werkzeug wie die Grabegabel. Es ist zwar schön, traditionellen Gartengeräten wie diesem treu zu bleiben, aber seien Sie realistisch, und sehen Sie sich auch nach Alternativen um, falls solche Lieblingsgeräte zu schwer für Sie geworden sind.

Der Handel bietet Grabegabeln in vielen Formen und Größen an, doch eine gute Alternative für ältere Gärtner ist die Beetgabel. Sie ist kleiner als normale Grabegabeln und wegen ihrer kompakten Größe bestens geeignet für Arbeiten in Blumenbeeten, Staudenrabat-

Pflanzkelle mit ergonomischem Griff

Pflanzkelle mit weichem Griff

Standard-Pflanzkelle

ten und sogar in Kübeln. Mit ihrem D-Griff ist die Beetgabel einfach und sicher zu handhaben.

Pflanzkelle

Eines der meistgebrauchten Gartengeräte ist die Pflanzkelle oder Handschaufel. Damit können Sie kleine Mengen Erde schaufeln, Unkraut ausgraben und kleine Pflanzlöcher ausheben. Es gibt auch Pflanzkellen mit langem Stiel, mit denen man schwer zugängliche Ecken erreicht, ohne sich bücken zu müssen. Auf diese Weise kann man bei der Arbeit aufrecht stehen.

Brechstange

Wenn Sie ein Loch gegraben haben, um einen Pfosten für einen Zaun oder ein Hochbeet darin zu versenken, brauchen Sie eine Brechstange, mit der Sie Steine und Wurzeln aus dem Loch hebeln können. Das Werkzeug ist zwar sehr nützlich, aber schwer. Daher sollten Sie sich bei dieser Arbeit helfen lassen.

Grabegabel

Beetgabel

Beetgabel mit breitem Bügeltritt

Pflanzkelle mit langem Stiel

Brechstange

LINKS Bei Grabewerkzeugen ist es wichtig, auf die eigenen Bedürfnisse zu achten und eines auszuwählen, das gut zu Ihnen passt.

RICHTIG UMGRABEN

Bei der Vorbereitung eines Gemü-
sebeets wird der Boden spatentief
umgestochen. Das heißt, die Erdschollen werden angehoben und
einmal gewendet. Dabei entfernt
man auch die einjährigen Unkräuter. Immer wenn Sie das Gefühl
haben, Ihre Kräfte zu überfordern,
sollten Sie eine Pause einlegen,
spätestens aber nach 20 Minuten.

Einen leichten bis mittelschwe-
ren Boden gräbt man spatentief
um, das sind etwa 30 cm. Dabei
entsteht eine gleichmäßige Bodenstruktur. Verdichtete mittelschwere
bis schwere Böden müssen in doppelter Spatentiefe gelockert und gewendet werden. Diese Methode, die
auch Holländern genannt wird, ist
körperlich sehr anstrengend; falls
Ihr Boden so tiefgründig bearbeitet
werden muss, sollten Sie eine Fach-
kraft damit beauftragen.

SPATENTIEF UMGRABEN

Beim Umgraben wird der Boden gewendet. Diese Methode der Bodenpflege dient auch dazu, organisches Material ins Erdreich einzuarbeiten.

1 Stechen Sie den Spaten mit einem Fuß
in den Boden, und bewegen Sie ihn hin
und her. Das Spatenblatt darf nur zu drei
Vierteln eingetrieben werden. Zum Herausziehen biegen Sie die Knie leicht und
halten den Stiel weiter unten mit der Hand.

2 Nehmen Sie nur kleine Erdschollen auf.
Halten Sie den Rücken gerade, und beugen Sie die Knie beim Wenden der Erde.
Nach einigen Minuten richten Sie sich auf,
stützen den Beckenbereich mit den Händen und wiegen den Oberkörper.

EINFACHER GEHT ES MIT EINEM ZUSÄTZLICHEN GRIFF

Ein zusätzlicher Griff in der Mitte des Stiels erleichtert
das Umgraben, denn wenn man den Stiel am Ende

und in der Mitte anfasst, wird das Gewicht des Spatens
auf beide Arme verteilt.

1 Befestigen Sie den Zusatzgriff ungefähr
in der Mitte des Stiels und stechen Sie den
Spaten mit einem Fuß in den Boden.

2 Weiter wie oben in Schritt 1. Allerdings
halten Sie den Stiel beim Hin- und Her-
bewegen des Spatenblatts an beiden Griffen fest. So geht es viel leichter.

3 Weiter wie oben in Schritt 2. Allerdings
halten Sie den Spaten beim Herausheben
und Wenden der Erde an beiden Griffen
fest. Nach einigen Minuten aufrichten wie
oben in Schritt 2.

BODENBEARBEITUNG

Wenn der Boden eines Gartenbeets für die Bepflanzung vorbereitet oder der eines bestehenden Beets gepflegt werden soll, muss er gründlich bearbeitet werden. Das ist wichtig für die Fruchtbarkeit des Bodens und das gute Gedeihen der Pflanzen. Als ältere Gärtner müssen wir uns diese Arbeit klug einteilen und sie am besten in Etappen erledigen, denn sie fällt im Frühling an, wenn wir nach der winterlichen Untätigkeit noch ein wenig steif sind.

OBEN Bei Gebrauch eines langstieligen Geräts muss man nur selten gebückt oder in der Hocke arbeiten.

WOZU BODENBEARBEITUNG? UND MIT WELCHEM GERÄT?

Unter Bodenbearbeitung versteht man die Vorbereitung, Verbesserung und Pflege des Bodens. Will man etwas neu pflanzen oder ein bestehendes Beet pflegen, so geht es hauptsächlich um die Vorbereitung des Bodens, die in einem oberflächlichen Aufbrechen der meist verdichteten Krume besteht. Das Aufbrechen des Bodens dient mehreren Zielen: Man lockert das Erdreich und durchlüftet es, und man entfernt Unkraut.

Es gibt eine Reihe von Werkzeugen, mit deren Hilfe man Bodenoberflächen aufbrechen kann. Man-

UNTEN Mit einem Gartengrubber lockert und ebnet man die Bodenoberfläche ohne große Mühe und Anstrengung.

Doppelhacke

Schuffel

Gartengrubber

OBEN Langstielige Bodenbearbeitungsgeräte für rückenschonendes Arbeiten: Doppelhacke, Gartengrubber und Schuffel

che der dafür geeigneten Geräte, wie die Grabegabel, wurden bereits in dem Kapitel „Das Umgraben" vorgestellt. Ebenfalls bei der Bodenbearbeitung eingesetzt werden Hacken und andere Werkzeuge zum Unkrautjäten, über die Sie Ausführlicheres auf den Seiten 114–117 erfahren. Hier nun stellen wir Ihnen eine Auswahl von Werkzeugen vor, die sich speziell für die schonende und laufende Bearbeitung des Bodens eignen und die man generell als Kultivatoren bezeichnen kann.

Doppelhacke

Mit diesem Gerät, dessen Werkzeugkopf auf der einen Seite als Hacke, auf der anderen als Dreizack gestaltet ist, kann man den Boden hacken, Unkraut jäten, rechen und flach graben. In den Zinken verfangen sich die Wurzeln und Steine. Doppelhacken sind auch in kleinerer Ausführung mit kurzem Griff beliebt, denn sie eignen sich ideal zur Bodenpflege in Töpfen und Kübeln.

Grubber

Der Grubber ist ein Kultivator mit drei gekrümmten Zinken. Mit diesem Gerät können Sie verschiedene Arbeiten in einem Gang ausführen – z. B. den Boden rund um Gehölze lockern und Unkraut entfernen. Ein mit einem Grubber bearbeiteter Boden nimmt Wasser besser auf; so wird verhindert, dass Erde weggespült wird. Mit dem Grubber belüftet man zudem den Wurzelbereich der Pflanzen.

Schuffel

Die Schuffel, auch Jätschuffel genannt, ist eine Art Stoß- und Ziehhacke mit beidseitiger Schneide. Es gibt unterschiedliche Ausführungen, doch immer dient das Gerät dazu, die oberen Bodenschichten zu bearbeiten und die Unkrautwurzeln knapp unter der Oberfläche abzuschneiden. Man benutzt das Werkzeug, indem man die obere Bodenschicht mit nach vorn stoßenden Bewegungen bearbeitet und dabei rückwärts geht. Für Hochbeete oder Topfgärten eignet sich eine Version mit kurzem Stiel.

Als ältere Gärtner sollten wir besonders auf die Länge des Stiels achten, damit wir uns bei der Arbeit nicht bücken müssen. Der Stiel sollte gut in der Hand liegen. Ein Tipp: Polstern Sie den Griff mit Schaumstoff, damit Sie ihn bequem greifen können (siehe S. 69).

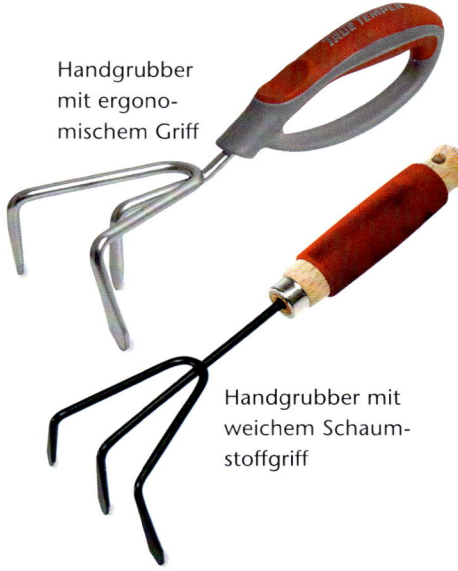

Handgrubber mit ergonomischem Griff

Handgrubber mit weichem Schaumstoffgriff

OBEN Mit dem Grubber ist Hacken und tieferes Harken möglich. Die Zinken lockern den Boden und ziehen Unkraut heraus.

Die Zinken der Scheiben liegen nicht in einer Ebene, sondern sind leicht schräg angeordnet. So wird die Bodenoberfläche besonders feinkrümelig.

1 Diese Sternfräse hat einen auswechselbaren Stiel. Mit dem kurzen Griff eignet sie sich für Hochbeete und Töpfe, mit langem Stiel für Beete und Rabatten.

2 Mit einer langstieligen Sternfräse hat man eine deutlich größere Reichweite. Das kann auch bei der Arbeit in breiten Hochbeeten von Nutzen sein.

Sternfräse

Ein wahres Multitalent ist die Sternfräse, auch Gartenwiesel genannt, mit sternartig ausgesägten Metallscheiben, die sich um eine Achse drehen. Wenn man das Gerät vorwärts und rückwärts bewegt und dabei leicht drückt, wird die oberste Bodenschicht krümelig aufgebrochen. Mit der Sternfräse kann man auch ein Saatbeet vorbereiten sowie verrotteten Stallmist oder Kompost einarbeiten. Das Gerät ist mit kurzem oder langem Griff erhältlich. Die kurzstielige Version eignet sich gut für Arbeiten im Hochbeet oder in Töpfen, während die langstielige bei der Arbeit in Rabatten eingesetzt wird.

Sternfräse mit Einzelscheibe

LINKS UND UNTEN Die hier abgebildeten Geräte haben sternförmige Scheiben, die sich bei der Bodenbearbeitung drehen, wenn man sie vor und zurück bewegt.

Sternfräse mit Teleskopstiel

Kombi-Sternfräse für kurzen Griff oder langen Stiel

DIE AUSSAAT

Bereits Monate, bevor die Gartensaison wirklich beginnt, brennt man darauf, im Garten loszulegen, und man muss viele Entscheidungen treffen, die wichtig sind, aber auch Freude bereiten. Möchten Sie Samen säen? Bevorzugen Sie eine direkte Aussaat im Freien oder eine Vorkultur im Haus? Beim Nachdenken darüber drängt sich uns immer wieder der Gedanke auf: Es ist schon ein wahres Wunder, was man alles aus Samen ziehen kann.

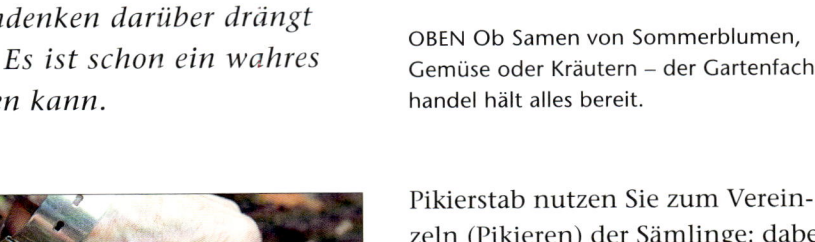

OBEN Ob Samen von Sommerblumen, Gemüse oder Kräutern – der Gartenfachhandel hält alles bereit.

DIE AUSRÜSTUNG

Für eine Aussaat benötigen Sie Anzuchterde, saubere Aussaatgefäße (z. B. Saatschalen, Torf- oder Kunststofftöpfe, Multitopfplatten), ein Pflanzholz, einen Pikierstab und eine Zerstäuberflasche. Informationen über die Saattermine finden Sie auf den Samentütchen. Ein Bodenthermometer ist zwar ganz nützlich, aber nicht unbedingt erforderlich, wenn Sie im Freien aussäen wollen.

Mit dem Pflanzholz können Sie Löcher für größere Samen ins Substrat stechen und verdichtete Substratoberflächen aufbrechen. Den

OBEN Bei vielen Gemüsesorten ist die Bodentemperatur wichtig für den Erfolg.

UNTEN Hier finden Sie eine Auswahl an Dingen, die Sie für die Aussaat und das Umtopfen der Sämlinge benötigen.

Pikierstab nutzen Sie zum Vereinzeln (Pikieren) der Sämlinge; dabei können Sie zusätzlich auch das Pflanzholz zu Hilfe nehmen.

IM HAUS AUSSÄEN

Da die Gartensaison in vielen Regionen kürzer währt als die Zeit, die die Pflanzen brauchen, um sich voll zu entwickeln, werden Gemüse und Sommerblumen meist im Haus vorkultiviert. Außerdem bringen viele Arten viel früher Blüten und Früchte hervor, wenn sie in einer warmen Umgebung vorgezogen wurden. Und Sie können auch Pflanzen ziehen, die bei Ihnen nicht heimisch sind.

Im Allgemeinen beginnt man mit der Vorkultur 6–8 Wochen vor den letzten Frösten. Empfindliche Gewächse wie Paprika und Tomaten dürfen erst nach den letzten Frösten ausgepflanzt werden, robustere Arten wie Mangold und Salat auch eher. Manche Gärtner säen nacheinander, vor allem Salate, um möglichst lange ernten zu können.

Bevor Sie mit der Aussaat beginnen, lesen Sie die Hinweise auf den Samenpackungen. Dort steht, wann und wie und mit welchem Abstand gesät wird, wie lange die Keimdauer ist sowie die endgültige Höhe und Breite der jeweiligen Pflanze. Heben Sie die leeren Packungen auf, damit Sie die Informationen auch nach dem Säen zur Hand haben.

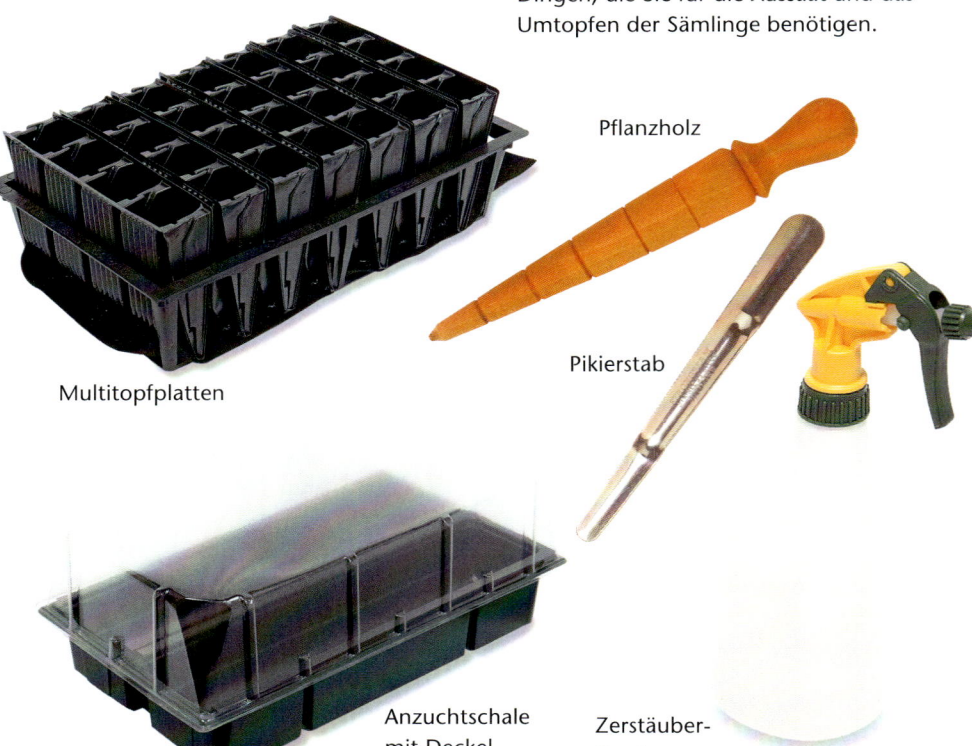

Pflanzholz

Pikierstab

Multitopfplatten

Anzuchtschale mit Deckel

Zerstäuberflasche

RICHTIG AUSSÄEN

Das Vorziehen spart nicht nur Kosten – vorgezogene Sämlinge müssen Sie teuer kaufen –, es bietet Ihnen auch einen Überblick über die gesamte Entwicklung der Pflanzen. Am einfachsten sind Einjährige vorzuzie-hen: Im Frühjahr wird gesät, im Sommer erscheinen die Blüten. Unten finden Sie die Grundschritte für die Aussaat im Haus; allerdings müssen Sie für jede Pflanzenart die Packungshinweise berücksichtigen.

1 Füllen Sie das Anzuchtgefäß bis 5 mm unterhalb des Randes mit feuchter Anzuchterde und glätten Sie die Oberfläche. Bohren Sie mithilfe eines Pflanzholzes oder ähnlichen Werkzeugs Löcher, die zweimal so tief sind wie die Größe des Samens.

2 Bei sehr feinen Samen wie den abgebildeten gehen Sie anders vor: Sie werden auf der Substratoberfläche ausgestreut und danach dünn mit Erde bedeckt. In jedem Fall gilt: Halten Sie sich an die Hinweise auf den Samentütchen.

3 Beschriften Sie jede Saatschale, in die Sie Samen gelegt haben, mit dem Pflanzennamen und dem voraussichtlichen Keimdatum. Denn frische Keimlinge sehen einander meist sehr ähnlich, sodass Sie nicht unbedingt wissen, was da sprießt.

4 Bei einer Aussaat in Töpfe werden die Gefäße nach dem Angießen mit Klarsichtfolie überzogen. Achten Sie darauf, dass die Folie das Substrat nicht berührt. Bis zur Keimung ist dann kein weiteres Wässern erforderlich.

5 Stellen Sie die Gefäße mit den Samen an einen warmen Platz, damit diese keimen können (optimale Temperatur:18–24 °C). Entfernen Sie die Folie, sobald die Keimblätter erscheinen, damit die Sämlinge Luft bekommen und die Stängel nicht faulen.

6 Sobald neben den Keimblättern echte Laubblätter erscheinen, werden die Sämlinge in Einzeltöpfe pikiert. Greifen Sie eines der Laubblätter behutsam und setzen Sie den Sämling mit dem Pikierstab in das neue Gefäß. Hell und feucht halten.

OBEN Eine Saatplatte funktioniert wie ein Saatband. Legen Sie die Platte auf das Substrat, decken Sie sie mit Erde ab und gießen Sie das Ganze an.

EINFACHER SÄEN

Die Aussaat feiner Samen ist recht mühsam, da sie mit bloßem Auge schwer zu sehen sind. Möhrensamen z. B. zählen zu den kleinsten Pflanzensamen – ein Teelöffel enthält etwa 2000 Stück!

Einfacher geht es, wenn Sie ein Papier falten, den Packungsinhalt in den Falz schütten und das Saatgut in die Saatrille rieseln lassen. Wenn Sie die Samen mit Talkumpuder bestreuen, verkleben sie nicht.

Ebenfalls einfach ist die Aussaat mit Saatbändern (siehe unten), die man für Möhren, Rote Beten und Salate nutzt, die nach der Keimung vereinzelt werden müssen. Bei diesen Bändern, die Sie im Fachhandel kaufen können, sind die Samen zwischen dünnen Vliesschichten bereits im richtigen Abstand zueinander eingebettet. Die Bänder werden im Boden abgebaut, während die Samen wachsen und gedeihen können.

SO STELLEN SIE IHRE EIGENEN SAATBÄNDER HER

Sie können die Saatbänder für feine Samen auch selbst herstellen. Zum Saattermin legen Sie Ihre Saatbänder auf die Beete, decken Sie mit Erde ab und gießen sie an. Die Papierstreifen zersetzen sich schnell.

WAS SIE BRAUCHEN
- Weißes Toiletten- oder Kopierpapier
- Schere
- Speisestärke und Wasser
- Holzlöffel
- Malerpinsel (mittel)
- Malerpinsel (dünn) oder Essstäbchen
- Plastiktüte mit Aufkleber
- Feine Samen (z. B. Möhren, Rote Beten oder Radieschen)

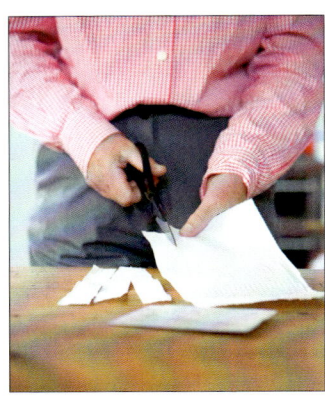

1 Schneiden Sie das weiße Papier in 5 cm breite Streifen. Insgesamt soll sich die Länge ergeben, die Sie brauchen.

2 Rühren Sie 1 Esslöffel Speisestärke mit wenig kaltem Wasser an und geben Sie es unter Rühren in 250 ml Wasser.

3 Kochen Sie die Mischung bei mittlerer Hitze unter Rühren auf, bis sie gelartig wird. Abkühlen lassen.

4 Die Papierstreifen mit der Paste bestreichen. Sie können die Paste auch in den Abständen auftupfen, die auf dem Samentütchen angegeben sind.

5 Tauchen Sie einen dünnen Pinsel oder ein Essstäbchen in die Paste, nehmen Sie jeweils einen Samen auf und platzieren Sie ihn auf dem Streifen.

6 Lassen Sie die Streifen an der Luft trocknen. Dann rollen Sie sie auf und legen sie in eine Plastiktüte. Mit Datum und Pflanzennamen beschriften.

7 Zur Pflanzzeit werden die Saatrillen vorbereitet. Die Streifen aufrollen und in die Rille legen. Angießen und warten, bis die Sprosse erscheinen.

DAS SÄEN KLEINER SAMEN

Außer Saatbändern und Saatplatten gibt es noch verschiedene andere Hilfsmittel, die das Säen von feinen Samen erheblich erleichtern. Nicht nur Möhren, Rote Beten und Salate haben feine Samen, sondern auch Radieschen und Pastinaken. Die hier vorgestellten Methoden sind ebenso raffiniert wie einfach, um mit so kleinen Samen umzugehen. Auf diese Weise können Sie die richtige Anzahl von Samen pro Quadratzentimeter Sub-

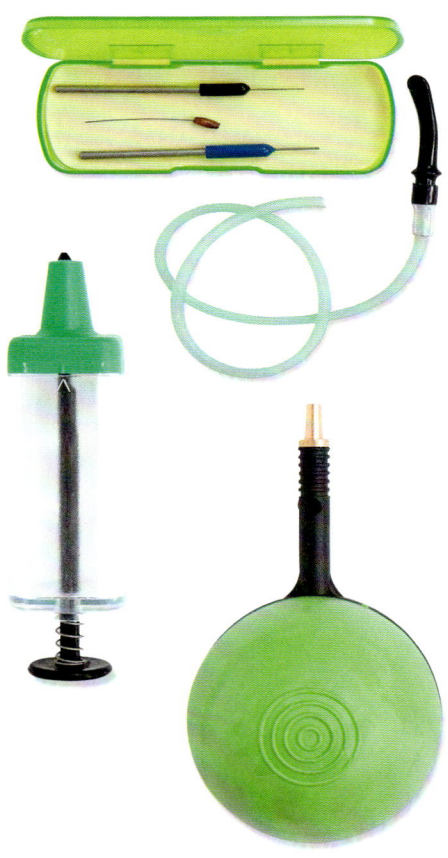

Sähilfen für Einzelkornaussaat

strat säen. Die oben abgebildeten Sähilfen, die rechts bei der Anwendung gezeigt werden, sind sehr präzise. Wenn Sie im Gartenfachhandel oder Versand für Gartenbedarf nicht fündig werden, suchen Sie im Internet nach „Sähilfen für Einzelkornaussaat".

EINIGE TECHNIKEN ZUR EINZELKORNAUSSAT

Die Aussaat von feinen Samen kann recht schwierig sein; deshalb bietet der Gartenfachhandel für diese Aufgabe einige neue Hilfsmittel an.

Mit dem Mund

Ein langer dünner Schlauch, der mit einem Mundstück verbunden ist, ermöglicht es, die Samen durch Ansaugen und Wiederabsetzen auf dem Substrat auszubringen. Ein Filter an dem Mundstück verhindert, dass Sie Saatgut verschlucken.

Mit Fingerdruck

Mit dieser spritzenähnlichen Sähilfe können Sie feine Samen sehr genau auf der Anzuchterde platzieren. Die Spritze eignet sich für bis zu 2 mm große Samen.

Mit einem Gummiball

Zuerst wird die Luft aus dem Gummiball hinausgedrückt. Dann lässt man los und saugt den Samen mit der Hohlnadel an. Damit sich das Korn löst, drückt man den Ball erneut. Für unterschiedliche Samengrößen gibt es verschiedene Nadeln.

In Torfquelltöpfen

In Torfquelltöpfe, die aus gepresstem Torf hergestellt werden, legt man je einen Samen. Die Sämlinge brauchen später nicht pikiert zu werden, weil man den Quelltopf als Ganzes in einen größeren Topf umsetzt. So bleiben die Wurzeln ungestört.

AUSSAAT IM FREIEN

Wer möchte, kann seine Blumen und Gemüse auch direkt an Ort und Stelle aussäen, sobald sich der Boden genügend erwärmt hat. Im Allgemeinen sät man große, schnell keimende und wachsende Samen direkt ins Freie. So verhindert man eine Wurzelstörung durch das Auspflanzen. Der Nachteil ist, dass die zarten Sämlinge von Schnecken und anderen Schädlingen befallen werden können.

Die richtige Menge an Wasser, Licht, Luft und Wärme sowie der geeignete Zeitpunkt sind wichtig für eine erfolgreiche Keimung. Da Frühling und Sommer ideale Bedingungen hierfür bieten, sät man Gemüse, Stauden sowie Ein- und Zweijährige in dieser Zeit aus.

Das Saatbett vorbereiten

Bevor man aussät, muss der Boden vorbereitet werden. Dazu wird die obere Erdschicht mit dem Kultiva-

OBEN Bei der Aussaat im Freien ist es hilfreich, die verschiedenen Saatflächen mit hellem Sand zu markieren.

tor etwa 5 cm tief gelockert. Dabei entfernt man Unkraut und beseitigt Verkrustungen. Arbeiten Sie reichlich Gartenkompost etwa

20 cm tief ein. Der Boden sollte locker und feucht sein. Rechen Sie die Oberfläche, damit sie fein zerkrümelt, und warten Sie mit der Aussaat noch zwei Wochen. Unkraut, das in dieser Zeit erscheint, entfernen Sie.

Die Methoden

Wenn sich der Boden erwärmt hat, das Saatbett vorbereitet ist und Sie das Saatgut ausgewählt haben, beginnen Sie mit der Aussaat. Die Saattiefe ist auf den Samentütchen angegeben. Es gibt allerdings eine Grundregel: Je größer das Samenkorn, umso tiefer sät man.

Für manches Saatgut müssen Sie eine Rille ziehen. Darin verteilen Sie die Samenkörner gleichmäßig und decken sie mit Erde ab. Manche Gärtner bezweifeln die großzügigen Abstandsangaben auf den Samenpackungen. Befolgt man diese aber nicht, stehen die Sämlinge später viel zu dicht beieinander.

EINJÄHRIGE BLUMEN AUSSÄEN

Einjährige Sommerblumen, beispielsweise Kapuzinerkresse, zählen zu den Pflanzen, die am einfachsten zu ziehen sind. Denn sie stellen kaum Ansprüche an den Boden und können an Ort und Stelle ausgesät werden.

Wenn Sie die dicht wachsenden Sämlinge vereinzeln und an einem sonnigen Platz weiterziehen, wird das Ergebnis Sie begeistern: gelbe und orangerote Blüten sowie sattgrüne Blätter.

1 Warten Sie, bis die letzten Fröste vorüber sind, und bereiten Sie die Fläche vor, indem Sie Unkraut und Steinchen entfernen.

2 Verteilen Sie die Samen auf der Bodenoberfläche. Decken Sie das Saatgut etwa 2 cm hoch mit Erde ab.

3 Die Kapuzinerkresse wächst schnell: Die Keimlinge erscheinen innerhalb von höchstens zehn Tagen nach der Aussaat.

IN RILLEN SÄEN

Üblicherweise werden Gemüsesamen in Rillen gesät, aber auch für Blumen eignet sich diese Methode gut, denn so können Sie Keimlinge von Unkrautpflanzen unterscheiden. Auf schweren Tonböden sollten Sie Sand in die Rillen streuen, bevor Sie das Saatgut aus-

bringen. Nach dem Säen jäten Sie regelmäßig Unkraut und schützen die Saat vor Vögeln und Nagetieren. Eine Vliesdecke oder Glocken über den Kulturen halten sie davon ab, Samen auszugraben. Sämlinge benötigen außerdem eine gute Schneckenabwehr.

1 Ziehen Sie mit einer Holzleiste eine Rille in benötigter Tiefe. Bei trockenem Boden gießen Sie die Rille an und streuen die Samenkörner gleichmäßig in die Vertiefung.

2 Wenn Sie größere Samen säen möchten, stechen Sie mit dem Pflanzholz tiefere Löcher in die Rille. Die Abstände sollten schön gleichmäßig sein.

3 Bedecken Sie die Rille locker mit Aushuberde. Ist der Boden trocken und kein Regen in Sicht, gießen Sie. Wässern Sie regelmäßig, bis die Keimlinge erscheinen.

Feine Samenkörner werden ausgestreut und dünn oder gar nicht abgedeckt. Für wieder andere Samenarten, etwa Kürbis, legt man jeweils 3–4 Kerne in ein Loch („Horstsaat").

WAS DANACH KOMMT

Gießen Sie die gesamte Fläche vorsichtig, aber durchdringend an, damit auch die tieferen Erdschichten befeuchtet werden. Achten Sie darauf, dass die Samen nicht mit der Erde weggespült werden. Kontrollieren Sie täglich, ob der Boden feucht genug ist.

Gelegentlich muss eine neu besäte Fläche mit Stroh oder Folie abgedeckt werden, um Vögel und andere Tiere abzuhalten. Viele lieben Samen und zarte Keimlinge.

Normalerweise liegt die Keimrate bei 65–80 Prozent, also lassen Sie sich nicht irritieren, wenn nicht alle Samen aufgehen. Zu den Arten mit einer höheren Keimrate zählen

Cosmea (Schmuckkörbchen), Kapuzinerkresse, Zinnie und Sonnenblume. Eine beliebte Bauerngartenpflanze, deren Samen im zeitigen Frühjahr gesät werden können, ist die Duftwicke *(Lathyrus odoratus)*.

Dieses Gartenjuwel gibt es in den unterschiedlichsten Pastelltönen, auch zweifarbig. Die Wicken winden sich um Spaliere oder Zäune und erfüllen die Luft mit ihrem herrlichen Duft.

Für jede Samenart sollten Sie Schildchen mit dem jeweiligen Pflanzennamen und dem Datum beschriften; am besten, Sie verwenden einen wasserfesten Stift. Anhand des Datums können Sie die Keimung verfolgen, und vielleicht führen Sie auch ein Tagebuch über Ihre Aussaaten.

Bei guter Bodenvorbereitung, geeigneter Pflanzenauswahl und dem richtigen Aussaatzeitpunkt werden die Samen keimen und zu schönen Pflanzen heranwachsen.

LINKS Auch Kiesflächen kann man besäen, etwa mit Blaukissen (Aubretia) oder Blauschwingel *(Festuca glauca)*. Die Fläche muss eine Erdschicht als Unterlage haben.

UMPFLANZEN

Ob Sie Ihre Pflanzen auf einer sonnigen Fensterbank aus Samen ziehen oder bereits vorgezogene Sämlinge kaufen – alle Pflänzchen müssen ins Freiland oder in Töpfe ausgepflanzt werden. Wir Gärtner können es kaum erwarten, und bereits am ersten sonnigen Frühlingstag juckt es uns in den Fingern. Doch Sie brauchen etwas Geduld und müssen bestimmte Abläufe beachten; dann werden Ihre Lieblinge mit Sicherheit überleben und bestens gedeihen.

OBEN Geranienstecklinge können viele Monate in ihren Töpfen verbleiben, damit sie mehr Blätter und kräftigere Stiele bilden.

OBEN Wird eine Pflanze in einen anderen Topf umgesetzt, so lautet die Faustregel: immer die nächste Topfgröße nehmen.

DIE KRÄFTIGSTEN SÄMLINGE

Wer Sämlinge von einjährigen Sommerblumen und Gemüse aussucht, muss auf gesunde Exemplare achten. Auch sollten die Wurzeln für ein erfolgreiches Auspflanzen gut eingewachsen sein. Nehmen Sie nur Sämlinge mit mindestens drei bis vier Paar „echten" Blättern (oberhalb der Keimblätter), die nicht vergilbt sein dürfen.

RECHTS Wählen Sie für Ihren Gemüsegarten gesunde, gut gewässerte Maissämlinge mit vielen grünen Blättern.

GANZ RECHTS Maispflänzchen gedeihen gut, wenn sie Sonne und Feuchtigkeit bekommen und auf einem mit organischem Material angereicherten Boden stehen.

ZUERST ABHÄRTEN

Um die vorkultivierten Jungpflanzen auf das Auspflanzen ins Freiland vorzubereiten, müssen sie langsam an die neuen Bedingungen, vor allem die Wetterschwankungen, gewöhnt werden.

Beginnen Sie damit, dass Sie die Vorkulturen tagsüber ins Freie bringen und sie an einer geschützten Stelle wie z. B. unter einer Bank aufstellen. Abends oder bei schlechtem Wetter werden die Sämlinge wieder ins Haus getragen. Nach drei Tagen können die Pflänzchen für einen halben Tag in der Sonne stehen, müssen aber nachts wieder ins Haus. Nach einer Woche sind die Jungpflanzen robust genug, um den ganzen Tag intensive Sonnenstrahlung auszuhalten, und können auch über Nacht draußen bleiben.

AUSPFLANZEN

Pflanzen Sie Ihre Sämlinge an einem trüben, windstillen und eventuell feuchten Tag aus, damit der Wasserverlust während des Umzugs möglichst gering ausfällt. Zudem werden Beete und Pflänzchen eine Stunde vorher gewässert.

Bei der Pflanzung in ein Flach- oder Hochbeet markieren Sie gerade Reihen mithilfe einer Schnur, die Sie zwischen zwei Holzpflöcken spannen. Beim Pflanzen müssen die richtigen Abstände eingehalten werden; die Angaben dazu finden Sie auf den Samentütchen. Dann legen Sie eine Holzlatte mit Abstandsmarkierungen neben die Pflanzfläche und markieren die Stellen für die Pflanzen mit Stöckchen. So wissen Sie genau, wo Sie die Pflanzlöcher graben müssen.

STECKLINGE VORBEREITEN

Bewundern Sie manchmal ein interessantes Gewächs, das im Nachbargarten steht, oder werden Sie selbst auf eine Ihrer Blumen angesprochen? Zum Glück können wir solche begehrten Pflanzen – mit etwas Sorgfalt, Methodik und Geduld – durch Stecklinge einfach vermehren.

1 Schneiden Sie von einer kräftigen, gesunden Pflanze – hier ein Bartfaden – 2–4 Stecklinge ab; die beste Zeit dafür ist der Morgen. Stellen Sie die Stecklinge für eine Stunde ins Wasser. Danach werden die Stängelenden schräg angeschnitten, damit mehr Oberfläche für die Wurzelbildung entsteht. Die meisten Stecklinge bewurzeln am besten, wenn man sie 1 cm unterhalb eines Blattknotens abschneidet.

2 Entfernen Sie alle Blätter bis auf zwei und halbieren Sie zu große Blätter. Dadurch wird der Wasserverlust durch Verdunstung geringer, solange das Wurzelsystem noch nicht ausreichend entwickelt ist. Füllen Sie Anzuchterde in einen Topf, stechen Sie ein Loch vor und setzen Sie den Steckling hinein. Sie können die Schnittstelle des Stecklings vorher in ein Bewurzelungspulver tauchen.

OBEN Wer seinen Topfgarten mit Sämlingen bepflanzt, freut sich sehr, wenn die Pflänzchen zu wachsen beginnen.

3 Schreiben Sie Namen und Sorte der Pflanze sowie das Datum auf ein Schild, und stellen Sie Ihre Stecklinge bei 18–24 °C auf. An einem warmen Platz erfolgt die Bewurzelung schneller und zuverlässiger als an einem kühlen. In einer kühlen Umgebung leistet eine Heizmatte gute Dienste.

4 Stülpen Sie über den Topf eine Folienhaube und verschließen Sie sie locker. Darunter bleibt eine hohe Luftfeuchtigkeit erhalten. Öffnen Sie die Haube täglich für 10 Minuten, um für frische Luft zu sorgen. Befühlen Sie das Substrat, ob es feucht genug ist, und gießen Sie etwas, falls nötig.

BEWURZELUNGSHILFEN

Im Allgemeinen versucht man, chemische Substanzen zu meiden, doch bei schwer zu kultivierenden Sorten sollte man ruhig zum Bewurzelungshormon greifen. Dieses Mittel hat zudem einen Vorteil: Es enthält Fungizide, die gegen Stängelfäule vorbeugen.

Eine natürliche Hilfe ist die Anwendung von gehäckselten Weidenruten, die ein anregendes Hormon – Indolbuttersäure – enthalten, das die Wurzelbildung fördert. Kochen Sie 2 Tassen Weidenzweigschnipsel 3 Minuten lang in knapp 4 l Wasser; dann abkühlen lassen. Stellen Sie Ihre Triebstecklinge über Nacht in diese Lösung, bevor Sie sie einpflanzen.

BEWURZELTE STECKLINGE AUSPFLANZEN

Stecklinge, die Wurzeln ausgebildet haben, werden in einen kleinen Topf umgepflanzt, wo sie ein kräftiges Wurzelsystem entwickeln können, bevor sie an ihren endgültigen Platz umziehen. Wässern Sie die Pflänzchen einige Stunden vor dem Einpflanzen, und nehmen Sie sie erst kurz vor dem Umsetzen heraus.

WAS SIE BRAUCHEN
• Bewurzelte Sämlinge in Töpfen
• Spaten
• Bodenverbesserer und Dünger:
  1 Teil verrotteter Stallmist oder Kompost und 1 Teil Knochenmehl
• Hacke
• Gießkanne oder Gartenschlauch

TIPP DES FACHMANNS
Beim Austopfen müssen Sie die Wurzeln von der Topfwand lösen. Die linke Hand auf die Topfoberfläche legen, den Topf mit der rechten Hand umdrehen und vom Wurzelballen abziehen. Verlieren Sie nicht zu viel Erde dabei, damit der Wurzelballen intakt bleibt.

1 Bevor Sie eine Pflanze in den Boden setzen, entfernen Sie behutsam alle abgestorbenen oder vergilbten Blätter. Danach heben Sie mit dem Spaten ein Loch aus, das zweimal so breit und genauso tief ist wie der Wurzelballen Ihrer Pflanze.

2 Heben Sie weitere Löcher in gleichmäßigen Abständen aus, bevor Sie die Pflanzen aus ihren Töpfen nehmen. Wenn Sie beim Bücken Probleme haben und nicht bis zum Boden kommen, bitten Sie jemanden, die Löcher zu graben.

3 Geben Sie in die Löcher Bodenverbesserer und Dünger sowie zwischendurch mehrere Schuss Wasser. Nehmen Sie eine Pflanze aus ihrem Topf und setzen Sie sie in ein Loch, und zwar so, dass sie ebenso tief in der Erde steht wie vorher im Topf.

4 Drücken Sie den Boden um die Pflanze herum mit einer Hacke oder den Händen an. Angießen und, falls die Erde danach abgesackt ist, weitere Erde zugeben und festdrücken. Durch das Festdrücken gelangt mehr Feuchtigkeit an die Wurzeln.

5 Wenn der Wurzelbereich das Wasser vollständig aufgenommen hat, wird die Erde möglicherweise erneut etwas abgesackt sein. In diesem Fall füllen Sie die Pflanzstelle mit weiterer Erde auf und drücken sie an. Mit allen Pflanzen so verfahren.

OBEN Setzen Sie die Tomatenpflanzen möglichst tief und schräg, sodass ein Großteil des Stängels Erdkontakt bekommt.

TOMATEN AUSPFLANZEN

Während die einzelnen Schritte beim Auspflanzen bei den meisten Pflanzen gleich sind, stellen Tomatenpflanzen eine Ausnahme dar. Sie sollten tiefer gesetzt werden, als sie vorher in ihren Töpfen standen. Sie können eine hochgeschos-

OBEN Ein einfaches Schutzdach schirmt die frisch gesetzten Pflanzen von Wind und intensiver Sonne ab.

sene Tomatenpflanze sogar so einsetzen, dass der größere Teil des Stängels von Erde umgeben ist. Tomatensämlinge, die auf diese Weise gepflanzt werden, entwickeln ein kräftigeres Wurzelsystem, weil der Stängel unter der Erde zahlreiche Wurzeln ausbildet.

OBEN Wenn Ihre Pflanzen durch Spätfröste gefährdet sind, decken Sie sie mit einer Plastikglocke oder Zeitungspapier ab.

Ein anderer guter Tipp für die erfolgreiche Anzucht von Tomaten ist eine hohe Bodentemperatur von mindestens 10–13 °C. Verwenden Sie ein Bodenthermometer, und falls nötig, decken Sie den Boden mit schwarzer Mulchfolie oder Glocken ab, um ihn zu erwärmen.

EINE PFLANZE MIT VERDICHTETEM WURZELBALLEN RETTEN

Der Wurzelballen ist verdichtet, wenn die Wurzeln den gesamten Gefäßinhalt ausfüllen bzw. aus dem Topf herauswachsen und eine verfilzte Matte bilden.

Solche Bedingungen bedeuten Stress für Pflanzen, da die Wurzeln nicht ausreichend Nährstoffe und Wasser aufnehmen können. Das Wachstum stagniert.

1 Drücken Sie den Topf rundherum an, um die Pflanze aus ihrem Behälter zu lösen. Oder klopfen Sie mit einem Hammer mehrere Male fest auf den Topfboden.

2 Halten Sie den verfilzten Wurzelballen mit der Hand fest und entfernen Sie die alte Erde. Ziehen Sie die Wurzeln vorsichtig auseinander und lockern Sie sie auf.

3 Schneiden Sie beschädigte oder abgestorbene Wurzeln ab. Setzen Sie die Pflanze in ein gewässertes Erdloch, in das Sie etwas Kompost eingearbeitet haben.

BLUMENZWIEBELN PFLANZEN

Wer schnellere und zuverlässigere Ergebnisse erzielen möchte als bei einer Anzucht aus Samen, kann Zwiebeln und Knollen pflanzen. Das sind umgebildete, fleischig verdickte Blätter oder Sprosse, die eine bestimmte Zeit des Jahres in Form eines Speicherorgans ruhen. Die meisten Zwiebeln und Knollen werden im Herbst gepflanzt, sodass sie Wurzeln entwickeln können, bevor sie im Frühjahr Blätter und Blüten hervorbringen.

OBEN Vom hässlichen Entlein zum schönen Schwan: Blumenzwiebeln und -knollen sind eines der Wunder der Natur.

LOHN DER HERBSTARBEIT

Wenn der Frühling mit seinen violetten Krokussen, gelben Narzissen und roten Tulpen in unsere Gärten einzieht, werden die wintermüden Herzen wieder fröhlich. Die Arbeit vom vergangenen Herbst, als wir die Zwiebeln gepflanzt haben, wird jetzt reich belohnt.

UNTEN Zwiebelpflanzer gibt es mit langem Stiel und kurzem Griff. Damit wird das Loch für die Zwiebeln gestochen.

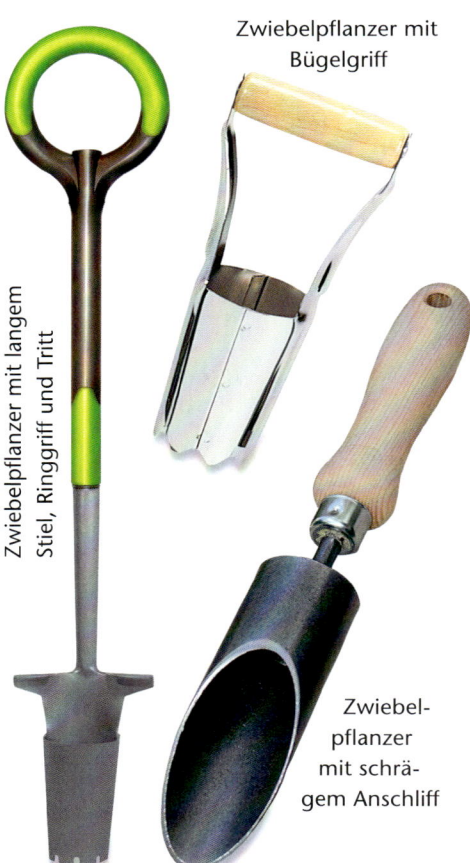

Zwiebelpflanzer mit Bügelgriff

Zwiebelpflanzer mit langem Stiel, Ringgriff und Tritt

Zwiebelpflanzer mit schrägem Anschliff

Zwiebeln pflanzen ist eine Tätigkeit, die Senioren Spaß macht, weil diese Arbeit nicht sehr anstrengend ist und man es genießt, an einem frischen Herbsttag draußen zu sein.

DER ZWIEBELPFLANZER

Manche Gärtner bevorzugen Geräte, die speziell zum Pflanzen von Zwiebeln konstruiert wurden und mit verschiedenen Durchmessern

TIPP DES FACHMANNS

Wer Spaß am Handwerken hat, stellt einen Zwiebelpflanzer selbst her. Schneiden Sie ein Ende eines PVC-Rohrs schräg ab, sodass eine Spitze entsteht. Das andere Ende kürzen Sie, je nachdem wie lang der Stiel sein soll. Das spitze Ende dient zum Stechen des Lochs, die Röhre zum Setzen der Zwiebeln. Ihr Durchmesser muss also ausreichend groß sein.

erhältlich sind, damit man Zwiebeln von unterschiedlichen Größen setzen kann. Es gibt Ausführungen mit kurzem oder langem Stiel; der lange Stiel erspart einem das Bücken. Da Zwiebelpflanzer mit langem Stiel zudem in der Regel einen Tritt haben, ist das Lochstechen mit einem solchen Gerät besonders kräfteschonend. Die Griffe kann man aufpolstern, um das Handgelenk zu entlasten. Viele Geräte besitzen auch Markierungen auf der Außenseite, an denen man die Lochtiefe ablesen kann.

OBEN Ein Frühlingsbeet mit bunten Blumen, die sich aus Zwiebeln entwickeln, ist der Mühe im Herbst wert.

Man steckt den Zwiebelpflanzer senkrecht und bis zur gewünschten Tiefe gerade in den Boden. Sie sollten das Gerät dabei drehen, vor allem wenn der Boden hart ist. Dann zieht man den Pflanzer wieder heraus; in dem sich nach unten verjüngenden Zylinder ist die ausgestochene Erde stecken geblieben.

Wenn früh blühende Zwiebeln, etwa Schneeglöckchen, Krokusse, Traubenhyazinthen oder Hundszahn auf Ihrem Rasen in natürlich wirkenden Gruppen gepflanzt werden, spricht man von „Verwildern". Diese Art der Pflanzung lässt den Rasen in der Übergangszeit vom Winter zum Frühjahr besonders fröhlich wirken. Nehmen Sie eine Handvoll gemischte Zwiebeln und werfen Sie sie über den Rasen. Dort, wo die Zwiebeln landen, pflanzen Sie sie. Im Frühjahr, wenn die Blüten erscheinen, wird die Fläche frisch und natürlich aussehen.

ZWIEBELBLUMEN ALS RANDBEPFLANZUNG

Zwiebeln als Beetbegrenzung sollten nicht in einer ordentlichen Reihe in den Boden kommen, sondern in kleinen Gruppen. Das wirkt natürlicher.

1 Lockern Sie die Erde am Rand des Beets gut auf und entfernen Sie alle Pflanzenreste und Steinchen. Graben Sie Löcher in einer Reihe, die groß genug sind, dass Ihre kleinen Zwiebelgruppen hineinpassen, und streuen Sie etwas Knochenmehl in jedes Pflanzloch. Jetzt können die Zwiebeln gesetzt werden.

2 Eine Zwiebel bzw. Knolle sollte so tief gepflanzt werden, dass die sie bedeckende Erdschicht etwa doppelt so hoch ist wie die Zwiebel. Achten Sie darauf, dass Sie die Zwiebeln mit dem breiten Ende nach unten pflanzen. Mischen Sie die Aushuberde mit etwas Kompost und bedecken Sie die Zwiebeln mit diesem Gemisch.

UMGANG MIT EINEM ZWIEBELPFLANZER

Beim Setzen von großen Zwiebeln bzw. Knollen leistet ein Zwiebelpflanzer gute Dienste. Dieses Gerät hat die Form eines Hohlzylinders, der am unteren Rand scharf gezähnt ist, damit man ihn leicht in den Boden stechen kann. Man stößt ihn in den Boden und zieht ihn mitsamt der Erde wieder heraus.

1 Fassen Sie den Pflanzer fest am Griff an und stecken Sie ihn in den Boden. Drehen ihn dabei, um Erde auszustechen.

2 Ziehen Sie den Zwiebelpflanzer wieder heraus. Jetzt befindet sich die Erde des Pflanzlochs in seinem Innern.

3 Lösen Sie die Erde aus dem Zylinder. Nach dem Pflanzen verwenden Sie sie zum Auffüllen des Pflanzlochs.

RICHTIG DÜNGEN

Pflanzen brauchen drei Grundelemente zum Überleben – Licht, Wasser und Boden. Der Boden ernährt die Pflanzen, doch oft muss man ihm Nährstoffe zuführen. Wird er nicht gedüngt, kann er an Fruchtbarkeit verlieren und weder Nutzpflanzen noch Zierpflanzen ausreichend versorgen. Es gibt verschiedene Formen von Düngemitteln, sodass Sie Ihren Pflanzen genau das verabreichen können, was sie benötigen.

OBEN Pflanzendünger gibt es im Gartenfachhandel als Flüssigkeit (meist ein Konzentrat), als Pulver oder Stäbchen.

STICKSTOFF, PHOSPHOR UND KALIUM (NPK)

Was immer Sie auch kultivieren – regelmäßige Gaben von organischen Materialien oder mineralischem Dünger werden das Wachstum Ihrer Pflanzen fördern. Die Düngung muss nur ausgewogen sein. Die drei Hauptnährstoffe sind Stickstoff (N), Phosphor (P) und Kalium (K). Stickstoff sorgt dafür, dass die Laubblätter der Pflanzen kräftig wachsen; er ist besonders für Gemüse, Rasen und Schmuckblattpflanzen erforderlich. Phosphor fördert die Wurzelbildung und sorgt für ein kräftiges Wurzelsystem. Kalium ist wichtig für Blüten- und Fruchtbildung und regt das Wachstum von Holz an.

Beim Kauf von Düngemitteln sollten Sie die Gehaltangaben der drei Hauptnährstoffe beachten. So können Sie den besten Dünger für Ihre Pflanzen auswählen. Rasendünger etwa sind immer stickstoffreich, um das Blattwachstum der Gräser zu fördern. Tomaten- und Rosendünger enthalten mehr Kalium. Von einem ausgewogenen Düngemittel spricht man, wenn die drei Hauptnährstoffe in gleichen Mengen vorliegen, z. B. 5:5:5.

ORGANISCHE UND MINERALISCHE DÜNGER

Düngemittel, die aus natürlichen Stoffen tierischen oder pflanzlichen Ursprungs hergestellt werden, bezeichnet man als organische Dünger. Dazu zählen Knochenmehl, Pflanzenjauchen oder verrotteter Stallmist. Der Nährstoffgehalt organischer Dünger ist recht niedrig, deshalb braucht man große Mengen davon. Organische Dünger haben meist einen höheren Preis, wenn man sie nicht selbst herstellt, z. B. Kompost oder Pflanzenjauchen aus Beinwell oder Brennnesseln. Kompost wirkt längerfristig, weil er auch die Bodenstruktur verbessert. Mineralische Dünger bestehen aus natürlich vorkommenden Mineralsalzen.

LANGZEITDÜNGER

Ein weiterer Punkt, den Sie beim Düngen beachten sollten, ist, wie schnell die Nährstoffe für die

Mineralische Bodenverbesserer

NPK-Universaldünger

Ammoniumsulfat

Pottasche
(Kaliumkarbonat)

Superphosphat

Organische Bodenverbesserer

Blutmehl

Knochenmehl

Meeresalgen

Fisch- und Blutmehl
gemischt

NICHT ÜBERDÜNGEN

Intensive Werbung hat dazu geführt, dass die Bedeutung der Düngung überbewertet wird. Hier einige Tipps:

- Düngen Sie nur, wenn nötig.
- Kaufen Sie nur den für Ihre Pflanzen geeigneten Dünger.
- Halten Sie sich genau an die Mengenangaben.
- Denken Sie daran, dass Sie durch Überdüngen Ihren Pflanzen schaden können.

OBEN Langzeitdünger in Pelletform werden mit dem Rechen locker eingearbeitet.

AUSWAHL AN DÜNGEMITTELN

Ob Sie ein Düngemittel auf den Boden streuen, Stäbchen kaufen oder Pellets auswerfen – es gibt viele Möglichkeiten, Ihre Pflanzen zu ernähren.

Löslicher Dünger Ein Dünger in Pulverform. Man löst ihn in Wasser.

Universaldünger Dieser Dünger wird auf das Substrat gestreut und angegossen.

Düngestäbchen Sie eignen sich für Blumen, Gemüse, Gehölze und Zimmerpflanzen.

Granulatkegel Bei dieser Düngerform ist das Granulat zu Kegeln geformt.

Pflanzen verfügbar sind. Als Langzeit- oder Depotdünger bezeichnet man solche Mittel, bei denen die Nährstoffe während einer Vegetationsperiode allmählich freigesetzt und kaum mit dem Boden ausgewaschen werden. Langzeitdünger können organischen Ursprungs oder synthetisch sein, wobei die organischen Produkte umweltfreundlicher sind.

Depotdünger sind als Pellets, Granulat oder Stäbchen erhältlich. Stäbchenförmige Langzeitdünger

gibt es für Blütenpflanzen, Gehölze, Gemüse und Zimmerpflanzen. Sie enthalten die Nährstoffe, die die jeweilige Pflanze benötigt. Wofür Sie sich auch entscheiden, lesen Sie die Herstellerhinweise stets gründlich, damit die richtige Dosierung sichergestellt ist.

FLÜSSIGDÜNGER

Düngemittel in flüssiger Form werden von den Wurzeln sehr rasch aufgenommen. Noch schneller geht es, wenn sie als Spray direkt

auf die Blätter gesprüht werden. Verwenden Sie einen Volldünger, in dem alle Nährstoffe und Spurenelemente enthalten sind, die die Pflanze braucht. Der Nachteil von Flüssigdüngern ist, dass sie zwar das Wachstum beschleunigen, aber den Boden weder verbessern noch fruchtbarer machen. Außerdem können die Blätter verbrennen. Es ist sogar möglich, dass die Pflanzen absterben, wenn man mit synthetischen Düngemitteln nicht genau nach Vorschrift umgeht.

SCHNEIDEN, SÄGEN, MÄHEN

In diesem Abschnitt erfahren Sie, wie man Blumen für die Vase abschneidet und wie man Form und Wachstum von Pflanzen durch Schnittmaßnahmen in gewünschte Bahnen lenkt. Damit Ihre Pflanzen beim Schneiden nicht beschädigt werden, verwenden Sie stets gut gepflegte, scharfe, saubere und für die jeweilige Arbeit geeignete Werkzeuge. Wir stellen Ihnen ein ganze Reihe vor.

OBEN Die beste Tageszeit, um Blumen für die Vase und Kräuter für die Küche zu schneiden, ist der frühe Morgen.

BLUMEN UND BLÜTENZWEIGE FÜR DIE VASE SCHNEIDEN

Eine Redensart lautet: „Gott liebte die Blumen und erfand den Boden, der Mensch liebte die Blumen und erfand die Vase." Schnittblumen sind eine wunderbare Möglichkeit, die Schönheit des Gartens in Ihr Haus zu bringen oder sie mit Freunden zu teilen, indem Sie ihnen einen Strauß aus Ihrem Garten schenken.

Blumen und Blütenzweige schneiden ist eine leichte Tätigkeit, die sich besonders für Senioren eignet, die sich keine schwereren Arbeiten

zumuten können. Das bedeutet nicht, dass diese Maßnahmen nicht wichtig wären für den Garten. Denn durch das Abschneiden wird eine weitere Blütenbildung angeregt, und gleichzeitig sehen die Pflanzen gepflegt aus.

Beim Schneiden muss man sorgfältig vorgehen, damit man nicht so viel wegnimmt, dass das Nachwachsen gefährdet ist. Wenn Sie Blüten für die Vase abschneiden, nehmen Sie nicht nur Triebe auf einer Seite weg, sondern aus verschiedenen Bereichen der Pflanze. Oft wird von der Mitte des Gewächses

nichts weggeschnitten. Dabei ist jetzt eine gute Gelegenheit gegeben, die Pflanze etwas auszulichten, damit sie auch im Innern ausreichend Licht bekommt und die Luft besser zirkulieren kann.

Schneiden Sie die Stängel immer weit unten ab – etwa 2,5 cm vom Haupttrieb weg –, denn sie müssen noch angeschnitten werden, bevor sie in eine Vase mit warmem, sauberem Wasser kommen. Der Schnitt sollte schräg geführt werden, damit eine größere Oberfläche entsteht, über die Wasser aufgenommen werden kann. Auch berührt der Stän-

OBEN Entscheidend ist die Schärfe des Werkzeugs, damit glatte und saubere Schnitte möglich sind.

LINKS Auch von einem blühenden Gartenstrauch kann man Zweige für die Vase abschneiden.

OBEN Wer blühenden Rittersporn für einen Blumenstrauß abschneidet, regt die Bildung weiterer Blüten an.

gel lediglich an dieser schrägen Spitze den Vasenboden, sodass die gesamte Schnittfläche Wasserkontakt hat. Entfernen Sie alle Blätter im unteren Stängelbereich, die unter Wasser bleiben würden. Dadurch wird das Wachstum von Bakterien verzögert, die Blumen bleiben länger frisch, und das Wasser beginnt nicht faulig zu riechen.

TOPF- UND KÜBELPFLANZEN ZURÜCKSCHNEIDEN

Viele Topf- und Kübelpflanzen werden zu groß für den Platz, der ihnen zur Verfügung steht, wenn man sie jahrelang sich selbst überlässt. Manche Arten entwickeln sich unförmig, wenn ihre Triebe zur Sonne hin wachsen oder durch andere Gewächse, beispielsweise in einer Blumenbank, an einem gleichmäßigen Wachstum gehindert werden. In solchen Fällen brauchen die Pflanzen einen Pflegeschnitt, der sie in Form bringt und gleichzeitig verjüngt.

Für diese Schnitte eignet sich eine normale scharfe Küchenschere mit glatten, nicht gezähnten Klingen oder eine Universal-Garten-

schere, je nachdem wie dick die Triebe sind. Bei einem Pflegeschnitt wird die Pflanze nur einige Zentimeter eingekürzt. Dabei werden wuchernde Stängel entfernt und die Pflanze wieder in Form gebracht. Nach dem Einkürzen werden auch neue Triebe gebildet, und die Pflanze wächst buschiger. Viele Blütensträucher im Kübel können Sie einen Monat nach dem Abblühen

OBEN Körbe voller bunter Blumen bringen den Duft und die frische, belebende Luft aus dem Garten ins Haus.

zurückschneiden. Doch je nach Sorte geht man unterschiedlich vor, denn die Blüten des folgenden Jahres können auf diesjährigem oder vorjährigem Holz gebildet werden. Fragen Sie in der Gärtnerei, wie man Ihren Blütenstrauch schneidet.

GRUNDAUSSTATTUNG FÜR DEN GEHÖLZSCHNITT

Für einen fachgerechten Gehölzschnitt braucht man Gartenschere, Astschere und Bügelsäge. Für jede Schnittart gibt es die passende Gartenschere – von Modellen mit hochbelastbaren Klingen bis zu den Formen mit ergonomischen Griffen. Auch die Auswahl an Astscheren ist beeindruckend, ob mit verlängerten Griffen oder im Miniformat. Die Vielfalt ist insgesamt groß. Informieren Sie sich deshalb ausführlich, bevor Sie kaufen.

Von größter Wichtigkeit ist, dass Sie Schnittarbeiten nur auf dem Boden stehend ausführen – und niemals auf einer Leiter! Verwenden Sie Schnittwerkzeuge mit langen oder Teleskopstielen, um alle zu entfernenden Teile erreichen zu können. Liegen die Äste dennoch zu hoch oder zu weit weg, bitten Sie jemanden um Hilfe, oder lassen Sie diese Arbeit von einem Garten-

service machen. Wie bei allen Gartentätigkeiten sollten Sie auch bei dieser Arbeit Ihre Kräfte gut einteilen. Kraftreserven werden Sie noch für das Aufräumen des anfallenden Schnittguts benötigen.

Die Gartenschere

Eine Gartenschere brauchen Sie nicht nur für den Gehölzschnitt, sondern auch für die Pflege von Zimmerpflanzen. Gartenscheren haben meist eine kompakte Form, sodass Sie sie auch im dichten Blattwerk einsetzen können, ohne die Pflanze zu beschädigen. Und Schnittblumen halten länger, wenn Sie eine saubere und scharfe Gartenschere verwenden – niemals aber eine mit gesägter Klinge oder Wellenschliff.

Entscheiden Sie sich für eine Mehrzweckgartenschere aus einem leichten Material und mit weichen Griffen, um Blasenbildung und Ermüdung vorzubeugen. Eine lange,

OBEN Hier wird eine Zwergmispel vor einer Fensterbank zurückgeschnitten.

scharfe Spitze ermöglicht, dass man sonst unzugängliche Bereiche ebenfalls erreicht. Es gibt auch klappbare Gartenscheren, die Sie in Ihre Jackentasche stecken können, sowie Modelle mit besonders bequemen Griffen, beispielsweise weichen Kunststoffgriffen.

Benutzen Sie keine normale Haushaltsschere für Gartenarbeiten, denn die Klingen sind nur zum

Blumenschere mit weichen Bügelgriffen

Gartenschere mit Federmechanismus

UNTEN Für einfachere Schnittarbeiten gibt es unterschiedliche Blumen- und Gartenscheren.

Allzweckschere

Kleine Blumenschere

OBEN Verblühte Hosta-Blüten sollten Sie nah am Ansatz der Stiele über dem Boden abschneiden.

UNTEN RECHTS Gartenscheren gibt es in vielen Formen, je nachdem für welche Arbeit sie konstruiert wurden.

RECHTS Bypass-Gartenscheren, die wie eine Haushaltsschere funktionieren, sind für kleine Hände mit wenig Kraft geeignet.

Schneiden von Papier oder Stoff geeignet, aber nicht von Pflanzenstängeln. Sie würden die Leitungsbahnen in den Stängeln zusammenquetschen und so die Wasseraufnahme behindern. Ihre Schere würde ebenfalls leiden.

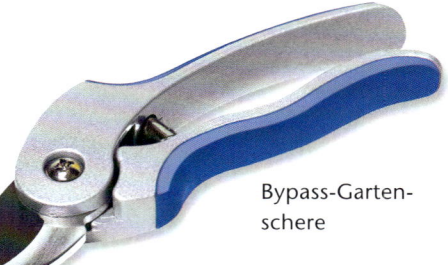

Bypass-Gartenschere

Bypass-Gartenschere, die sich für Rechts- und Linkshänder gleichermaßen eignet

Bypass-Gartenscheren

Bei diesem Scherentyp gleiten zwei schneidende Klingen aneinander vorbei. So können Sie einen scharfen, sauberen Schnitt machen, bei dem die Fasern nicht gequetscht und die Aststümpfe nicht beschädigt werden. Die Bypass-Gartenschere ist das am häufigsten benutzte Schnittwerkzeug. Sie wird mit Federdruck betrieben, sodass sie sich beim Auslösen automatisch öffnet. Die Konstruktion ermöglicht ein Maximum an Hebelwirkung und setzt den Kraftaufwand herab. Bei manchen Modellen lässt sich der Griff drehen.

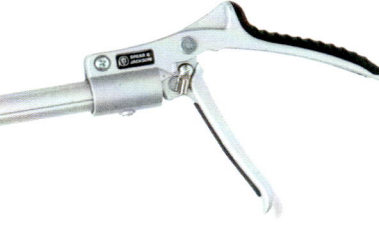

Teleskop-Gartenschere

Es gibt auch Teleskop-Bypass-Gartenscheren. Damit können Sie hoch wachsende und stachelige Pflanzen oder Hecken schneiden, ohne sich zu strecken oder auf eine Leiter steigen zu müssen. Der zu schneidende Trieb sollte nicht dicker sein als für dieses Werkzeug angegeben, denn andernfalls werden die Klingen blockiert, oder Sie belasten Ihr Handgelenk übermäßig.

RECHTS Manche Teleskop-Gartenscheren mit verstellbarem Neigungswinkel können bis 3 m verlängert werden. Der verstellbare Schneidekopf erhöht die Wendigkeit.

Amboss- und Ratschen-Gartenscheren

Bei einer Amboss-Schere trifft eine schneidende Klinge auf eine glatte Metalloberfläche, den Amboss. Da der Zweig durch den Druck auf den Amboss gequetscht wird, eignet sich die Amboss-Schere eher für den Schnitt von altem oder totem Holz. Allerdings kommt man mit ihr an Astgabeln nicht nah genug heran, da sie etwas größer ist als eine Bypass-Gartenschere.

Eine Variante ist eine Amboss-Gartenschere mit Ratschenfunktion, bei der der Schnittvorgang in

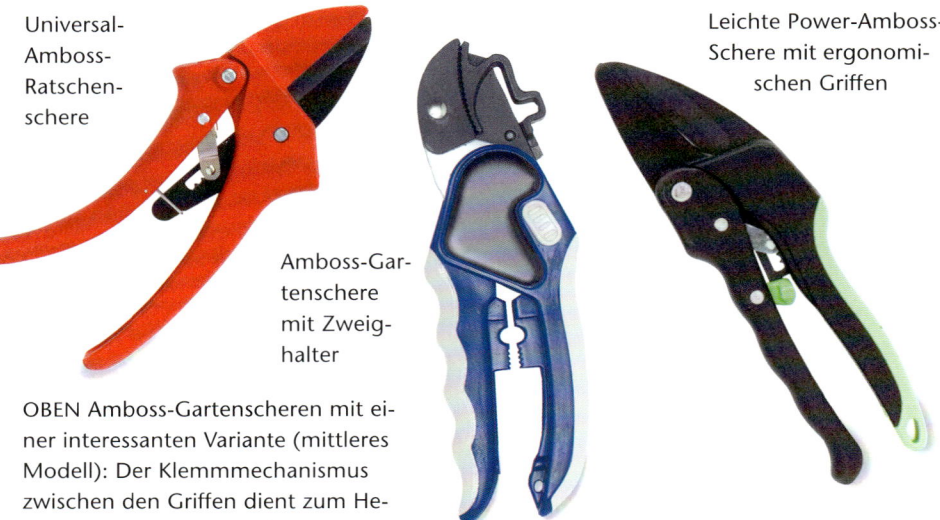

Universal-Amboss-Ratschen-schere

Amboss-Gartenschere mit Zweig-halter

Leichte Power-Amboss-Schere mit ergonomischen Griffen

OBEN Amboss-Gartenscheren mit einer interessanten Variante (mittleres Modell): Der Klemmmechanismus zwischen den Griffen dient zum Heranziehen von Rosentrieben, wenn man eine welke Blüte abbrechen will.

mehreren Stufen erfolgt. Da sie eine größere Hebelwirkung bietet, eignet sie sich gut für schwächere Hände. Der Schnitt wird durch mehrmaliges leichtes Drücken ausgeführt.

Mit den meisten Gartenscheren können Äste von 1–2 cm Durchmesser bewältigt werden. Achten Sie beim Kauf darauf, dass Sie ein leichtes Modell (weniger als 1 kg) auswählen, das jedoch auch Schnittarbeiten schafft, die mehr Anstrengung erfordern.

Astscheren

Nicht alle Pflanzen lassen sich mit Gartenscheren beschneiden; bei Ästen von 2,5–5 cm Durchmesser sollten Sie lieber zu einer Astschere greifen. Astscheren mit langen Griffen bzw. Teleskopstiel haben nicht nur eine größere Reichweite, sondern auch eine stärkere Hebelwirkung. Besonders beim Beschneiden von dornigen Sträuchern wie Rosen und Feuerdorn leisten diese Geräte gute Dienste. Bei Astscheren aus leichtem Material, etwa

LINKS Eine Astschere mit Teleskopstiel bietet eine hohe Reichweite, sodass Sie Äste und Zweige im Stehen oder sogar im Sitzen kappen können.

Aluminium, ermüden die Arme nicht so schnell. Es gibt auch Astscheren mit Ratschenfunktion; überlegen Sie, ob das für Sie das Geeignete ist.

Handsägen

Für Gärtner, die noch aktiv und bei guter Gesundheit sind, ist eine Handsäge das richtige Werkzeug, um saubere Schnitte auszuführen. Man verwendet sie bei Ästen mit mehr als 7,5 cm Durchmesser. Noch dickere Äste sollten Sie nicht selbst sägen, sondern sich Hilfe holen. Auch für das Sägen gilt: Niemals von einer Leiter aus arbeiten.

Leichte Astschere mit Ratschenmechanismus

Kompakte Universal-Astschere

Kleine Bypass-Astschere

Teleskop-Amboss-Astschere mit Ratschenfunktion

OBEN Astscheren setzt man für Schneidarbeiten ein, für die die Gartenschere zu klein ist. Die langen Griffe sorgen für eine kräftige Hebelwirkung.

OBEN Handsägen gibt es auch mit einklappbarer Klinge. Die Klappklinge lässt sich meist in zwei Positionen arretieren.

ZUR RICHTIGEN ZEIT SCHNEIDEN

Den Schnittzeitpunkt bei Gehölzen muss man kennen, vor allem wenn es sich um blühende Gehölze handelt. Werden Bäume und Sträucher zum falschen Zeitpunkt geschnitten, entfernt man die Blütenansätze fürs nächste Jahr, und die Blüte fällt aus!

Gewöhnlich werden die meisten Schnittmaßnahmen während der Vegetationsruhe der Gehölze durchgeführt, entweder im Winter/Vorfrühling oder aber im Spätfrühling/Sommer. Sollte ein radikaler Rückschnitt erforderlich sein, ist diese Ruhephase der ideale Zeitpunkt, weil

OBEN Handsägen (hier ein Klappmodell) werden sowohl zum Entfernen toten als auch grünen Holzes eingesetzt.

die Gewächse dann durch den Eingriff weniger gestresst werden.

Gehölze, die im Frühjahr blühen, schneidet man meist gleich nach der Blüte zurück. Sie gehören zu der Gruppe von Sträuchern, deren Blütenknospen nach der Blüte am alten Holz gebildet werden.

Im Sommer und Herbst blühende Bäume und Sträucher schneidet man im Spätwinter oder Vorfrühling, bevor der Neuaustrieb beginnt. Das sind die Gehölze, die ihre Blütenknospen an diesjährigen Trieben, also am neuen Holz, entwickeln. Zu diesen Gehölzen zählen Blütenhartriegel (Cornus), Tausendblütenstrauch (Abelie), Blauregen (Glyzinie) und Geißblatt (Jelängerjelieber). Gesunde und wuchskräftige Pflanzen können Sie jede Saison in Form schneiden. Bei sehr alten oder wuchsschwachen Exemplaren sollten sich die Schnittmaßnahmen auf drei Jahre verteilen, damit die Gehölze nicht verkahlen.

Abgestorbene oder durch einen Sturm beschädigte Äste sollten möglichst schnell entfernt werden, um Krankheiten und Schädlingsbefall vorzubeugen.

HECKENSCHEREN

Falls Sie noch in Ihrem eigenen Haus mit Garten wohnen und Hecken haben, müssen diese alljährlich geschnitten werden. Die neuen Triebe sollten gestutzt werden, sonst sieht eine Schnitthecke ungepflegt aus. Außerdem würden Hecken immer höher und breiter werden und innen verkahlen. Wenn Ihre Hecken höher als 1,2 m sind, sollten Sie jemanden für den Schnitt einstellen, denn mit einem scharfen Werkzeug in der Hand sollten Sie keinesfalls auf eine Leiter steigen. Ältere Menschen, die hinfallen, verletzen sich schwerer als jüngere, und sie brauchen länger, um zu genesen.

LEICHT MUSS SIE SEIN

Wenn Sie eine kleine Hecke haben, die Sie einfach im Stehen schneiden können, sollten Sie sich für eine Heckenschere aus einem leichten Material, das gut in der Hand liegt, entscheiden. Kaufen

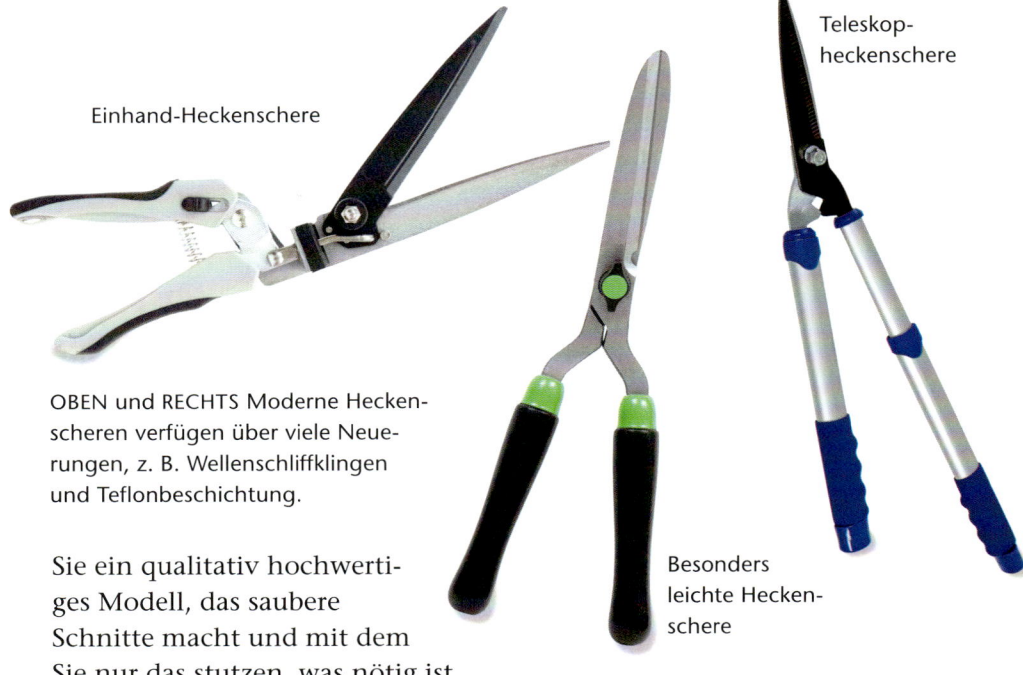

Einhand-Heckenschere

Teleskopheckenschere

OBEN und RECHTS Moderne Heckenscheren verfügen über viele Neuerungen, z. B. Wellenschliffklingen und Teflonbeschichtung.

Besonders leichte Heckenschere

Sie ein qualitativ hochwertiges Modell, das saubere Schnitte macht und mit dem Sie nur das stutzen, was nötig ist. Denken Sie daran, dass längere Griffe den Rücken entlasten. Heckenscheren können ziemlich schwer sein; testen Sie deshalb die neueren Modelle aus Aluminium, bevor Sie sich entscheiden. Sie wiegen weniger als die üblichen Heckenscheren. Auch Akku-Hecken-

scheren sind Kräfte schonend; lesen Sie dazu Seite 108/109.

Eine kluge Auswahl der Pflanzen kann Ihnen die Arbeit ebenfalls erleichtern. Verzichten Sie auf Sträucher, die regelmäßig Pflege brauchen, um adrett auszusehen. Halten Sie Ausschau nach langsamwüchsi-

---

HECKENSCHEREN IM EINSATZ

Unten sehen Sie, wie leicht zugängliche Büsche mit unterschiedlichen Scheren beschnitten werden. Jede

dieser Scheren kann auch als Mehrzweckschere benutzt werden; nur für Hecken sind sie zu klein.

Garten-Schafschere
Der Griffbogen erzeugt eine natürliche Federung, während Sie einhändig arbeiten. Diese Schere ist das ideale Werkzeug für Gras und Stauden.

Drehlager-Schere
Die Klingen dieser Schere können in unterschiedlichen Neigungswinkeln arretiert werden. Außerdem lässt sie sich mit einer Hand bedienen.

Buchsbaumschere
Trotz seines Namens eignet sich dieses Modell nicht nur für den Buchs, sondern auch für Lavendel oder den Neuaustrieb einer niedrigen Hecke.

Im Sitzen schneiden
Sie können Ihr niedriges Gehölz – hier ist es ein prachtvoller Rosmarinstrauch – auch im Sitzen schneiden. Das ist sicher und Kräfte schonend.

gen Pflanzen; infrage kommen z. B. die Mahonie mit ihren ledrigen Blättern oder die Japanische Azalee, außerdem niederwüchsige Zwergsorten wie die Strauchveronika (Hebe) oder der Zwerglavendel.

RASEN: KANTENSTECHER UND GRASSCHEREN

Ein gepflegter Rasen sieht herrlich aus, aber man muss immer wieder die Rasenkanten abstechen und die mit dem Mäher unerreichbaren Stellen mit der Hand schneiden. Doch wer seinen Rasen liebt, findet immer entsprechende Geräte.

Grasschneider braucht man für schwierige Ecken, wo der Rasenmäher nicht hingelangt. Bei manchen langstieligen Grasschneidern sind die Klingen abgewinkelt, sodass Sie im Stehen die Rasenränder um Bäume und an Teichufern bearbeiten können. Wer das Bücken und Knien nicht scheut, arbeitet in solchen Bereichen mit einer Rasenkantenschere oder einer Rasenschere. Wählen Sie ein Gerät, das zu Ihren körperlichen Möglichkeiten passt.

UNTEN Grasschneider mit abgewinkelten Klingen und langen Griffen ermöglichen das Trimmen in aufrechter Stellung.

DER KANTENSTECHER

Der Rasenkantenstecher ist ein halbmondförmiges Stahlblatt an einem langen Stiel. Man braucht ihn für eine saubere Rasenkante. Bei manchen Modellen verhindert ein kleiner Tritt, dass man mit dem Schuh abrutscht. So haben Sie auch mehr Kraft beim Stechen und Ausheben.

1 Positionieren Sie den Rasenkantenstecher und stellen Sie Ihren Fuß auf die Oberkante. Drücken Sie fest, sodass das Blatt die Rasensode durchschneidet.

2 Drücken Sie den Stiel nach hinten, um das Rasenstück auszuheben. Entfernen Sie es und wiederholen Sie diesen Vorgang entlang der gesamten Rasenkante.

UNTEN und LINKS Mithilfe verschiedener Kantenschneider und -stecher erzielt man klare, saubere Rasenkanten.

Grasschneider mit langen Griffen

Langstieliger Grasschneider mit raffinierter Grifflösung

Rasenkantenstecher mit kleinem Tritt

Rasenkantenschere

Rasenschere

AKKUBETRIEBENE SCHNEIDWERKZEUGE

In diesem Buch empfehlen wir keine Geräte, die mit einem Stromkabel versehen sind oder mit Benzin betrieben werden. Man stolpert bei der Arbeit leicht über Stromkabel oder schneidet sie durch, und bei Modellen mit Benzinmotor braucht man Platz zur Lagerung des Treibstoffs.

Akkubetriebene Geräte ohne Kabel sind prakti-

scher. Anders als benzinbetriebene Modelle sind sie geräuscharm und umweltfreundlich, und das Aufladen des Akkus geht heute deutlich schneller als früher. Ein weiterer Vorteil von Akku-Geräten ist, dass sie wenig wiegen und daher leichter zu benutzen sind als andere Schneidewerkzeuge.

Akku-Gartenschere

Wenn Sie eine akkubetriebene Gartenschere besitzen, können Sie jeden Tag auf Knopfdruck ohne jede Anstrengung Pflanzen schneiden. Je nach Modell haben diese Gar-

LINKS Dieser Akku-Rasentrimmer kann sowohl als Rasenmäher als auch als Kantenschneider eingesetzt werden. Das Umschalten ist ganz einfach. Ein weiteres Plus: der Teleskopgriff.

tenscheren eine Doppelklinge (eine stumpfe und eine scharfe), eine Sicherheitsarretierung und einen ergonomisch geformten Griff.

Akku-Astsäge

Das ist ein Werkzeug mit einem Teleskopstiel und einem Kettensägeblatt. Damit kann man höher gelegene Äste erreichen und mühelos absägen – viel müheloser als mit einer mechanischen Teleskop-Astsäge. Allerdings gehört die Akku-Astsäge in die Hände eines erfahrenen Gärtners, da sie nicht ganz einfach zu handhaben ist.

Akku-Heckenschere

Wie oft wird beim Heckenschneiden das Kabel gleich mit durchgeschnitten! Bei einer Akku-Heckenschere besteht diese Gefahr nicht: Man bewegt sich frei und hat es

---

EINSATZMÖGLICHKEITEN FÜR AKKU-SCHNEIDER

Hier finden Sie einige handliche und leichte Akku-Geräte. Die Größe und der Typ des Messers richtet sich danach, welche Art von Hecke oder Gebüsch Sie stutzen oder in Form schneiden wollen.

Die Teleskop-Heckenschere mit dem angewinkelten Messer erleichtert das Schneiden – ein sicheres und komfortables Gerät ohne behinderndes Kabel.

Mit dem kleinen Akku-Heckenschneider lassen sich vor allem kleinere Büsche und kleinblättrige Sträucher sowie Rasenkanten einfach stutzen.

Derselbe schnurlose Heckenschneider kann mit einem längeren Strauchmesser ausgerüstet werden. Jetzt schafft er größere Flächen in kürzerer Zeit.

LINKS Ein Akku-Rasenmäher kann eine genauso hohe Leistung erbringen wie ein Elektromäher mit Kabel. Verglichen mit einem Benzinmäher ist er leichter und erheblich leiser.

RECHTS Ein Mähroboter übernimmt für Sie das Rasenmähen, sodass Sie Zeit und Kraft sparen. Es gibt unterschiedlich leistungsstarke Modelle, was sich natürlich im Anschaffungspreis niederschlägt.

bequem.Wählen Sie ein Modell, das bis zu 1 cm dickes Holz schneidet, sodass Sie damit die meisten Schnittarbeiten an Hecken bewältigen können, auch das kräftige Zurückstutzen.

Akku-Rasenmäher

Es gibt viele verschiedene Elektro-Rasenmäher, aber für Senioren eignen sich eher die kabellosen Modelle, die etwa die gleiche Größe haben wie die Versionen mit Stromkabel, aber leichter und daher einfacher zu manövrieren sind. Die Akkuladung hält im Allgemeinen mindestens eine Stunde, die ausreicht, um eine normal große Rasenfläche zu mähen.

Wer Spaß an moderner Technik hat, für den ist ein Mähroboter –

FÜR IHRE SICHERHEIT

Tragen Sie bei jeglichen Schnittmaßnahmen eine Schutzbrille, und vergessen Sie auch die Handschuhe nicht. Das ist keine übertriebene Vorsicht – auch der Profigärtner handelt so, denn nur allzu leicht zieht man sich Verletzungen zu.

ebenfalls ein akkubetriebenes Gerät – eine gute Alternative. Damit der Roboter weiß, wie er fahren soll, wird ein dünnes Schleifenkabel um die zu mähende Fläche verlegt; innerhalb von einigen Wochen ist es eingewachsen und kaum noch sichtbar. Der Rasenroboter arbeitet dann mithilfe dieses „Navigationssystems". Sie brauchen nur auf den Knopf zu drücken, sich zurückzulehnen und den Roboter bei der Arbeit zu beobachten. Es gibt eine Fernsteuerung für schwierige Stellen und für den Weg von und zu der Ladestation. Das äußerst fein gehäckselte Schnittgut bleibt auf dem Rasen zurück.

Manche Mähroboter haben einen Timer, falls Sie nicht zu Hause sind, und einen Diebstahlschutz. Manche fahren selbsttätig zu ihrer Ladestation zurück, wenn sich die Akku-Ladung dem Ende nähert. Und es gibt sogar welche, die bei einer Störung eine Nachricht auf Ihr Handy schicken.

Akku-Trimmer

Das ist ein Mähgerät für Rasenkanten und andere Stellen, die der Rasenmäher nicht bewältigt. Manche Modelle schneiden mit Messern, die meisten jedoch mit einem sehr schnell rotierenden Nylonfaden,

RECHTS Dieser kabellose Kantentrimmer ist ein Leichtgewicht und lässt sich deshalb bequem bedienen.

der die Halme abschlägt. Der Trimmer wird auch eingesetzt, um Gestrüpp in schwer zugänglichen Ecken zu schneiden; für diesen Zweck gibt es Modelle mit Schulterriemen. Sowohl die Messer als auch die Fadenspulen können problemlos ausgetauscht werden.

VERBLÜHTES ENTFERNEN

*Eine Blütenpflanze muss Samen bilden, um sich fortzupflanzen.
Doch wenn man sie daran hindert, wird sie immer wieder neue
Blüten hervorbringen. Daher sollten Sie bei Ihren Einjährigen und
von Blütenstauden Verblühtes regelmäßig entfernen, damit es zu
keiner Samenproduktion kommt – man nennt das „Ausputzen".
Um einen zweiten Flor zu fördern, schneiden Sie die Pflanzen um
die Hälfte zurück, sobald die Blüten welken.*

OBEN Das Entfernen welker Blüten ist auch
aus ästhetischen Gründen von Vorteil: Die
Pflanzen sind dann einfach schöner.

ETAPPENWEISE VORGEHEN

Das Ausputzen von Verwelktem
kann anstrengend sein. Deshalb
sollten wir diese Aufgabe schritt-
weise erledigen und uns nicht zu
viel auf einmal vornehmen. Ein
kurzer morgendlicher Spaziergang,
den Sie sich zur Gewohnheit machen sollten, wird Ihnen zeigen,
wann wieder Verblühtes entfernt
werden muss.

DIE GANZE BLÜTE KAPPEN

Das Ausputzen verwelkter Blüten
erfüllt in mehrfacher Hinsicht seinen Sinn: Die Pflanzen sehen länger attraktiv aus, und die Samenbildung wird verhindert, was

OBEN Während eines Spaziergangs durch
den Garten können Sie so ganz nebenher
Verblühtes abschneiden.

wiederum eine weitere Blütenent-
wicklung fördert. Achten Sie darauf, dass Sie beim Ausputzen von
Abgeblühtem auch die sich gerade
bildenden Samenstände mitentfer-
nen, denn sobald die Pflanze beginnt, Samen anzusetzen, bringt
sie weniger Blüten hervor. Deshalb
dürfen Sie nicht nur die welken
Blütenblätter abnehmen, sondern
müssen vielmehr stets die gesamte

LINKS Wenn Sie Blumen für Ihre Vasen
pflücken, können Sie gleichzeitig die
welken Blüten und Blätter entfernen.

Blüte mitsamt dem Fruchtknoten
abschneiden. Zinnien, Tagetes und
Schmuckkörbchen (Cosmea) blühen den ganzen Sommer, wenn
man Verblühtes regelmäßig entfernt. Schneiden Sie bei diesen Blumen die Blütenstiele über dem Boden oder bis zur nächsten Knospe
bzw. zum nächsten Blattknoten
ab. Manche Pflanzen wie Bartnelke
und Akelei werden nach der Blüte
über dem Boden abgeschnitten; so
kann man mit einem zweiten Flor
rechnen. Andere, beispielsweise
Fleißiges Lieschen und Eisbegonie,
werfen ihre welken Blüten ab, sind
also selbstputzend.

Auch bei Stauden, die in der Regel eine kürzere Blühdauer als Einjährige haben, können Sie die Blüte
bei einigen Arten verlängern, wenn
Sie Welkes regelmäßig entfernen.

Die meisten Einjährigen und
Stauden sehen gepflegter aus und
sorgen viele Monate lang für Farbe
im Garten, wenn man die welken
Blüten regelmäßig abschneidet. Das
gilt für Mädchenauge (Coreopsis),
Mutterkraut (Zierkamille), Männertreu (Lobelie), Duftsteinrich, Finger-
kraut (Potentilla), Astern, Kokardenblume (Gaillardia), Ageratum,
Storchschnabel, Pelargonien, Petunien, Ringelblume, Löwenmäul-
chen, Begonien, Glockenblumen,
Rittersporn, Zinnien, Duftwicken,
Salbei und Skabiosen. Sogar bei
Sträuchern wie Rhododendren und

Azaleen erzielt man schöne Erfolge durch Entfernen von Verblühtem.

Einzelne welke Blüten knipsen Sie ganz einfach mit dem Daumen und Zeigefinger ab oder brechen sie aus. Wenn Sie viele blühende Pflanzen in ihrem Garten oder an Ihrer Terrasse haben, sollten Sie besser

OBEN Bei Duftwicken wird der ganze Blütenstiel abgeschnitten, sobald die Blüten zu welken beginnen.

eine kleine Gartenschere oder eine Universalschere benutzen, die Sie sich am besten im Gartenfachhandel besorgen. Auf Seite 102 sehen

OBEN Bei der Gemeinen Schafgarbe *(Achillea millefolium)* sollte ein Teil des Stiels mitabgeschnitten werden.

Sie vier leichte und recht kleine, aber robuste Scheren, die sich für diesen Zweck bestens eignen. Benutzen Sie keine Haushaltsschere.

VERBLÜHTES UND WELKES ENTFERNEN

Brechen Sie die Blüten aus, sobald sie welken, damit sich die Seitentriebe entwickeln können und die Blüh-

dauer verlängert wird. Einige Blüten können Sie stehen lassen, wenn Sie die Samen sammeln möchten.

1 Welke Blüten und Blätter sollten Sie sofort entfernen. Bei Rosen müssen alle toten oder kranken Blätter zusammen mit den welken Blüten abgeschnitten werden.

2 Welke Blüten und tote Blätter können Sie abknipsen oder mit der Gartenschere bis zum nächsten Blütenstiel oder in der Nähe der nächsten Knospe abschneiden.

3 Besuchen Sie Ihre Pflanzen häufig, um Verblühtes zu entfernen, damit sie keine Samen bilden und Sie die ganze Saison hindurch mit neuen Blüten erfreuen.

KAMPF DEM UNKRAUT

Unkräuter – es gibt keinen Garten ohne sie. Sie wachsen auf Beeten, in Plattenfugen, Mauerritzen und manchmal sogar in der Dachrinne. Doch ehe wir sie beseitigen, um unseren Beetpflanzen das Gedeihen zu erleichtern, sollten wir uns klarmachen, dass Unkräuter unsere heimischen Wildpflanzen sind. Sie haben also gewissermaßen ein Existenzrecht bei uns. Und eigentlich ist die Überlebenskraft bewundernswert, die sie an den Tag legen – trotz der Maßnahmen, die wir ständig gegen sie ergreifen.

OBEN Eine klassische Handgabel reicht oft aus, um die Unkrautpflänzchen aus einem Hochbeet zu entfernen.

OBEN Auf einer Terrasse und einem darauf arrangierten Topfgarten hat man mit Unkraut die wenigste Mühe.

STEHEN LASSEN ODER ENTFERNEN?

Um Unkrautjäten kommt kein Gartenbesitzer herum. Aber mit den dafür geeigneten Werkzeugen können Sie den Unkrautwuchs weitgehend unterdrücken und die körperliche Anstrengung reduzieren.

Der Begriff Unkraut wird von vielen Gartenfreunden nicht mehr verwendet. Man spricht heute von „unerwünschten Wildkräutern". Daher definiert man Unkraut als „eine Wildpflanze, die an einer Stelle wächst, wo sie in Konkurrenz zu Zier- und Nutzpflanzen tritt, und deshalb bei Gärtnern unerwünscht ist". Ein Beispiel sind die Sämlinge

der Stechpalme (Ilex), die sich gern im Gemüsebeet ansiedeln. Obwohl sie an einer anderen Stelle höchst willkommen wären, würde diese Pflanze das Wachstum von Bohnen und Tomaten behindern. Daher würde der Gemüsegärtner diese Pflänzchen herausreißen.

Manche Gewächse, die als Unkraut gelten, können jedoch eine Bereicherung des Gartens sein, wenn man sie in Grenzen hält. So gilt z. B. die Wilde Möhre *(Daucus carota)* bei vielen Gärtnern als Unkraut, sieht aber sehr schön aus und bietet außerdem einen wichtigen Lebensraum für Schmetterlinge und andere nützliche Insekten.

OBEN Der Sauerklee ist eine hübsche Pflanze, breitet sich aber oft so stark aus, dass man seiner kaum noch Herr wird.

OBEN Der Wiesenkerbel *(Anthriscus sylvestris)* ist außerordentlich wuchskräftig und wuchert manchmal enorm.

OBEN Das Schmalblättrige Weidenröschen *(Epilobium angustifolium)* kann in einem kleinen Garten schnell überhand nehmen.

UNKRAUT ALS KONKURRENZ

Unkräuter entziehen den Zier- und Nutzpflanzen das Wasser im Boden. Da sie viel starkwüchsiger sind als jene, beschatten sie oft kleinere Pflanzen und behindern deren Weiterwachsen. Auch die Nährstoffe, die man über Düngemittel verabreicht, werden von Unkrautpflanzen dem Boden entzogen.

Um den Unkrautwuchs im Zaum zu halten, sollten Sie diese Pflanzen unbedingt mit Namen kennen und etwas über ihre Entwicklung wissen. Handelt es sich um eine einjährige, zweijährige oder ausdauernde Art? Während der Garten im Winter ruht, haben Sie genug Zeit, sich diese Kenntnisse anzueignen. Wenn Sie beispielsweise wissen, wie und wann Sie die Samenbildung unterbinden können, lassen sich die ungebetenen Gäste im Garten leichter in Grenzen halten.

EINE UNKRAUTBARRIERE

Um das Unkrautjäten zu minimieren, sollten Sie Vorkehrungen treffen, bevor Sie Ihre Beete oder Rabatten bearbeiten. Eine einfache und effektive Methode bietet eine Barriere aus Kunststoff, die aber nicht ganz billig ist. Für die preiswerte Variante, die wir hier zeigen, brauchen Sie nur einen Stapel Zeitungspapier.

1 Decken Sie die Freiflächen im Beet mit einer knapp 10 cm dicken Schicht Kompost oder Rindenmulch ab.

2 Legen Sie mindestens 10 Lagen (eine 5 mm dicke Schicht) Zeitungspapier rund um die Pflanzen auf den Kompost.

3 Befeuchten Sie das Zeitungspapier nach dem Auslegen mit Wasser aus einer Brause, damit es nicht weggeweht wird.

4 Verteilen Sie auf dem Zeitungspapier eine weitere knapp 10 cm dicke Lage Kompost oder Rindenmulch.

5 Sie werden mit einem Beet belohnt, auf dem kaum Unkraut wächst und Ihre Pflanzen mehr Platz zum Gedeihen haben.

6 Eine Alternative bietet eine Mulchfolie aus Kunststoff, die einfach auf dem Gartenboden ausgebreitet wird.

OBEN Beim Unkrautjäten mit einem langstieligen Werkzeug können Sie rückenschonend arbeiten, weil Sie gerade stehen.

INFORMIEREN SIE SICH

Da wir viel Zeit mit dem Unkrautjäten verbringen, ist es wichtig, dass wir das richtige Gerät dafür zur Hand haben. Probieren Sie verschiedene Modelle aus – das Angebot ist groß. Es macht großen Spaß, sich im Gartencenter und in Gartenfachgeschäften über die neuesten Gartengeräte zu informieren. Lesen Sie Testberichte und unterhalten Sie sich mit einem Fachmann, bevor Sie sich für ein neues Gerät entscheiden.

DIE GRUNDAUSSTATTUNG

Zur Basis-Ausrüstung, die Sie benötigen, gehört eine Handgabel, auch Unkrautgabel genannt, eine Handschaufel und eine Hacke mit langem Stiel. Doch der Fachhandel bietet viel mehr – in der Tat hat er eine wesentlich größere Palette an Jätwerkzeugen als für jede andere gärtnerische Aufgabe im Angebot.

Neben den klassischen Geräten gibt es eine Fülle von ausgeklügelten Varianten. Die meisten dieser Geräte bestehen aus Metall, doch sie haben unterschiedliche Formen, die jeweils für spezielle Zwecke geeignet sind. Bei allen Unterschieden – die meisten verrichten die gleiche Arbeit: Sie schneiden die Unkrautpflanzen mit einem einzigen Schlag ab. Entweder werden die grünen Teile von den Wurzeln abgetrennt oder es wird die ganze Pflanze samt Wurzeln freigelegt.

Halten Sie nach einem Gerät Ausschau, das gut zu handhaben ist, und bevorzugen Sie, falls möglich, die langstielige Variante, damit Sie sich seltener bücken müssen. Hier zeigen wir Ihnen eine Reihe von Jätwerkzeugen, von denen manche Standard und andere echte Innovationen sind. Wieder andere wurden speziell für ältere Gärtner entwickelt.

GRUNDREGELN BEIM UNKRAUTJÄTEN

Um die kleinen Wildpflanzen, die im Frühjahr aus der Erde sprießen, zu entfernen, gibt es manchmal keine andere Möglichkeit, als ganz nah heranzugehen und sie einzeln zu entfernen. Dabei sollte man unbedingt eine Kniebank oder ein Kniepolster verwenden. Dann rücken Sie dem Unkraut mit einem Handgerät zu Leibe.

1 Wenn Sie nur umherspazieren und kein Werkzeug dabei haben, knipsen Sie den Blütenstand mit den Fingern ab. So kann die Pflanze keine Samen setzen und sich ausbreiten.

2 In allen anderen Fällen gehen Sie systematisch vor und verwenden ein Jätgerät – hier ist es eine Handgabel –, das Sie am Pflanzenstängel etwa 3 cm tief in die Erde stecken.

3 Drücken Sie den Griff nach hinten, um die Erde mit dem Unkraut anzuheben. Sollte die Pflanze zu hartnäckig sein, müssen Sie ringsum einige Male in den Boden stechen.

4 Ziehen Sie den Stängel heraus und hoffen Sie, dass Sie auch alle Wurzeln erwischt haben. Sollte dabei ein Loch im Boden entstanden sein, füllen Sie Erde nach.

Die klassische Hacke

Für Blumen- und Gemüsebeete brauchen Sie Unkrautjäter verschiedener Ausführungen, um bequem und effektiv arbeiten zu können. Die unten abgebildeten Exemplare sind Werkzeuge mit breitem Einsatzspektrum, die gut mit aufrechter Körperhaltung gehandhabt werden können.

Die Hacke unten links gehört zu den vielseitig verwendbaren Basis-Geräten, auf die Sie nicht verzichten sollten. Mit der kurzen Kante des Blatts können Sie ganz dicht an die Pflanzen herankommen, die Ecke des Blatts lässt sich als Fugenkratzer einsetzen, und mit der breiten Kante und der gesamten Blatt-

fläche kann man größere Bereiche hacken. Dabei werden die meisten Unkrautpflanzen wie mit einem Rasiermesser von ihren Wurzeln abgeschnitten. Wenn Sie tiefer hacken, können Sie auch die Wurzeln zutage fördern, zumindest einen großen Teil.

Löwenzahnstecher

Für den Rasen, in dem die Unkräuter in der Regel eher vereinzelt wachsen, braucht man spezielle Unkrautstecher. Problematisch ist der Löwenzahn mit seiner langen Pfahlwurzel. Deshalb gibt es spezielle Löwenzahnstecher, die tief in den Boden gestoßen werden, damit man die Pflanze zu fassen

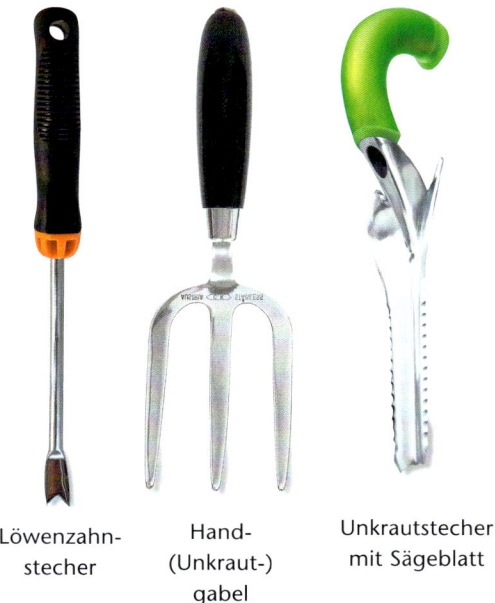

Löwenzahn-
stecher

Hand-
(Unkraut-)
gabel

Unkrautstecher
mit Sägeblatt

OBEN Beim Gebrauch von Handgeräten auf Flachbeeten muss man knien oder sich bücken. Deshalb sind Handgeräte generell besser für Hochbeete geeignet.

bekommt. Oben sehen Sie einen Löwenzahnstecher mit Griff, links einen mit langem Holzstiel.

Schuffel und langstielige Gartenkralle

Die Schuffel (links, zweites Gerät von links) stößt man ganz knapp unterhalb der Oberfläche nach vorn, also mit leichten Druck nach unten, wobei das Unkraut abgeschnitten wird. Dabei geht man Schrit für Schritt rückwärts. Die Schuffel ist ideal, wenn man größere und härtere Flächen zu jäten hat, beispielsweise Wege.

Die Gartenkralle (links, drittes Gerät von rechts) hat einen ergonomischen Griff, der das Handgelenk entlastet. Es gibt auch Ausführungen mit Teleskopstiel, den man je nach zu verrichtender Arbeit und Körpergröße verstellen kann.

LINKS Eine Auswahl an langstieligen Unkrautentfernern für jeden Zweck. Wählen Sie den für Sie geeigneten aus.

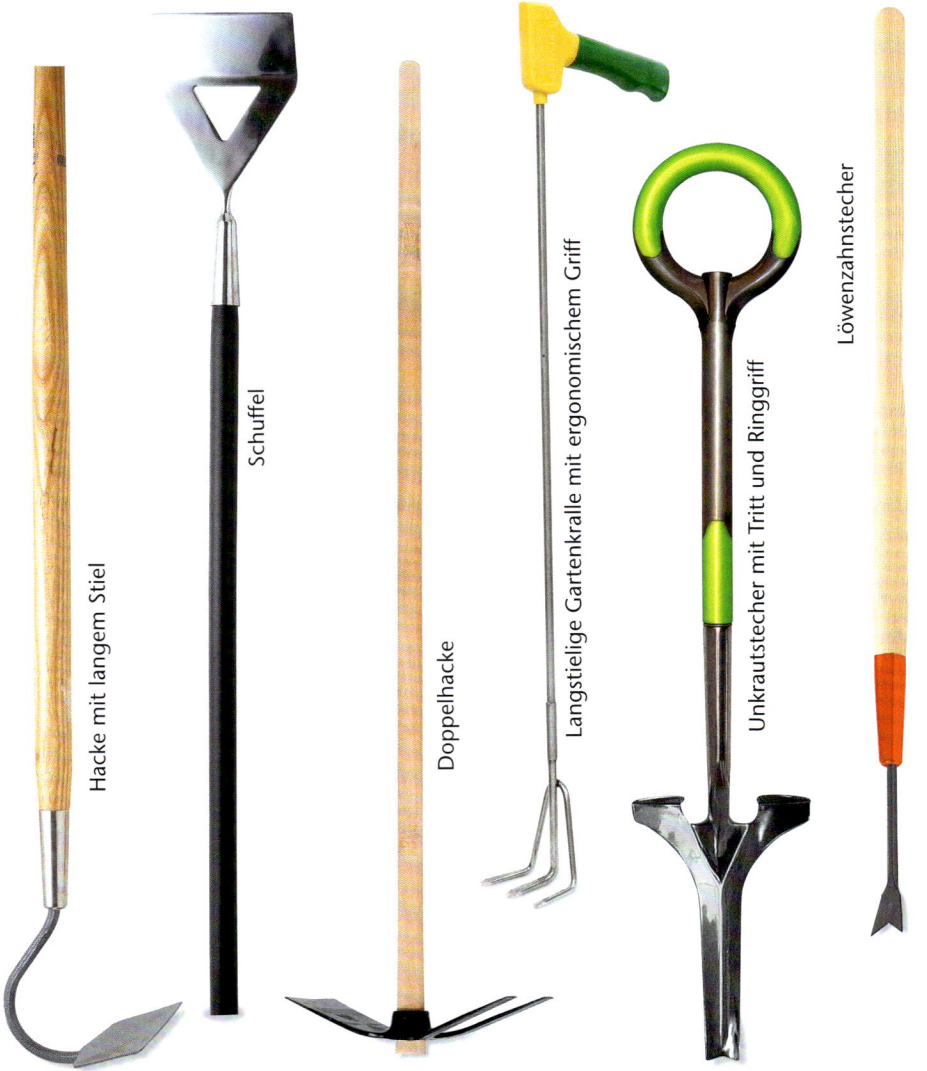

Hacke mit langem Stiel

Schuffel

Doppelhacke

Langstielige Gartenkralle mit ergonomischem Griff

Unkrautstecher mit Tritt und Ringgriff

Löwenzahnstecher

Pendelhacke und Sauzahn

Die Pendelhacke besteht aus einem rechteckigen Metallbügel, der beidseitig geschärft ist, und einem langen Stiel. Das Blatt schneidet das Unkraut bei jeder Pendelbewegung vorwärts und rückwärts. Das Gerät wird in der oberen Erdschicht bewegt, ohne tiefer einzudringen. So werden alle unerwünschten Pflanzen knapp unterhalb der Bodenoberfläche abgeschnitten. Mit der

Pendelhacke können Sie auch Rasengräser, deren Ausläufer in Ihre Blumenbeete eingedrungen sind, entfernen. Da der Metallbügel offen ist, bewegt man nicht viel gelockerte Erde und abgeschnittenes Pflanzenmaterial, was Kraft kosten würde – es fällt durch den offenen Bügel hindurch.

Die Pendelhacke wird insbesondere von Gärtnern mit Rückenproblemen gern eingesetzt, weil die

OBEN Eine Flügelschuffel kappt Unkräuter direkt unter der Bodenoberfläche.

Vorwärts-Rückwärts-Bewegungen die Wirbelsäule nicht belasten.

Mit dem Sauzahn, einem vielseitigen Werkzeug, lockert, hackt und bearbeitet man den Boden. Und man jätet Unkraut. Der sichelförmige Zinken mit der abgeplatteten Spitze aus Stahl dient praktisch als Verlängerung Ihrer Hand.

Grampa's Weeder

Dieses Werkzeug gibt es in den USA seit 1913. Es erfreut sich dort unveränderter Beliebtheit und ist auch bei uns seit einiger Zeit im Handel. Damit lassen sich vor allem Löwenzahn und andere Rasenunkräuter entfernen.

Platzieren Sie den Unkrautstecher mit geöffneter Zange direkt über der Pflanze und treten Sie auf das Pedal, sodass die Wangen der Zange in den Boden eindringen. Jetzt neigen Sie den Stiel zum Pedal hin; dadurch schließt sich die Zange und greift die Pflanze. Neigen Sie den Stiel noch stärker, sodass Zange und Pflanze aus dem Boden gehebelt werden.

Pendelhacke

Grampa's Weeder

Fugenkratzer mit Teleskopstiel

Unkrautstecher mit Holzkugel

Flügelschuffel mit kurzem Stiel

Japanisches Pflanzmesser Hori-Hori

Sauzahn

Ringhacke

LINKS UND OBEN Diese Sammlung von kurz- und langstieligen Unkrautjätern gibt einen kleinen Überblick über die Vielfalt von nützlichen Werkzeugen, die auf dem Gartengerätemarkt erhältlich sind.

Ringhacke

Manche Gärtner schwören auf ein recht unbekanntes Gerät, das man als Ringhacke bezeichnet und ein wenig an eine Lupe ohne Glas erinnert. Mit diesem einfachen Werkzeug können Sie auf Beeten das Unkraut entfernen, ohne die Blätter und Wurzeln von Gemüse- und Zierpflanzen zu verletzten. Die angeschliffene Zugklinge der Hacke entfernt das Unkraut und durchlüftet und bearbeitet den Boden gleichzeitig. Die Erde wird nicht aufgewühlt, sodass man den Boden nach dem Jäten nicht zu ebnen braucht. Da man die Arbeit mit sanften Bewegungen ausführt, werden Rücken, Knie, Schulter und Arme geschont.

Unkrautstecher mit Holzkugel

Wer Freude an traditionellen englischen Gartengeräten hat, sollte sich diesen sogenannten „Ball Weeder" anschauen. Das Werkzeug hat zwei Zinken mit einer großen Holzkugel davor. Die stützende Kugel ermöglicht die Hebelwirkung beim Herausheben des Unkrauts. Dieser Unkrautstecher funktioniert besonders auf weichem Grund, und es lassen sich auch Pflanzen mit weitläufigen Wurzeln gut herausziehen. Im Internet findet man Lieferanten dieses Geräts.

Japanisches Gartenmesser Hori-Hori

Das Hori-Hori ist ein japanisches Gartenmesser, das ungemein vielseitig einsetzbar ist. Auch zum Entfernen von Unkraut eignet es sich sehr gut. Es hat eine breite, schaufelähnlich gewölbte und beidseitig geschliffene Stahlklinge, die auf einer Seite mit Wellenschliff versehen ist. Damit können Sie nicht nur graben und Wurzeln kappen, sondern auch Stauden teilen und Löcher ausheben, um Pflanzen umzusetzen – also nahezu alle Bodenarbeiten erledigen.

Fugenkratzer

Um Unkraut und Moos aus den Fugen von Bodenplatten und Wegpflaster zu entfernen, können Sie einen Fugenkratzer benutzen, ein Gerät mit abgewinkelter scharfer Klinge. Vor allem wenn Sie größere gepflasterte Bereiche im Garten haben, leistet der Fugenkratzer gute Dienste. Es gibt ihn mit kurzem Griff und langem Stiel.

Flügelschuffel

Ein effektives Gerät zum Unkrautentfernen ist die Flügelschuffel. Der annähernd dreieckige, flügelähnliche Werkzeugkopf hat allseits scharfe Kanten. Damit können Sie das Unkraut durch Stoßen und Ziehen aus dem Boden entfernen. Da man die Schuffel unter die oberste Erdschicht schiebt, lockert man gleichzeitig den Boden; deshalb eignet sich dieses Gerät auch zur Bearbeitung Ihrer Staudenbeete. Zudem kann man mit ihm akkurate Saatrillen ziehen.

OBEN Mit dem Fugenkratzer säubern Sie die Rillen zwischen Platten und Pflastersteinen einfach und effektiv.

OBEN Manchmal muss man näher heran. Dann verwendet man den Fugenkratzer mit kurzem Griff – und ein Kniekissen.

OBEN Es gibt Kombisysteme, die es ermöglichen, unterschiedliche Stiele mit auswechselbaren Werkzeugköpfen auszurüsten.

WANN UND WIE IM FRÜHJAHR BEGINNEN?

Die Mehrzahl von uns kann es kaum erwarten, schon im zeitigen Frühjahr in den Garten zu gehen und zu werkeln. Bevor die meisten Stauden aus dem Boden ragen und solange kaum ein Gemüse wächst, sollten wir uns mit dem Unkraut beschäftigen. Dabei müssen wir aber unsere Kräfte einteilen. In diesem Buch wird häufig über die positive Auswirkungen der Gartenarbeit auf die Gesundheit gesprochen, und das Jäten von Unkraut bildet keine Ausnahme. Es stärkt das Herz, fördert die Beweglichkeit der Gelenke, und es beugt Osteoporose vor. So können wir unsere Gesundheit fördern, während wir unseren Garten pflegen.

Damit Sie sich nicht überanstrengen, sollten Sie nur bei angenehmem Wetter Unkraut jäten oder hacken, nicht bei Hitze oder kaltem Wind. Arbeiten Sie jeden Tag etwas länger; diese allmähliche Steigerung wird Ihnen später Rückenschmerzen ersparen, wenn die Unkräuter nur so wuchern. Bearbeiten Sie nur eine kleine Fläche auf einmal und pausieren Sie zwischendurch.

Es jätet sich auch besser, wenn die Erde feucht ist, weil sich die Pflanzen dann leichter herausziehen lassen. Sollte der Boden allerdings stark durchnässt sein, warten Sie, bis er nur noch feucht ist, da Sie ihn sonst festtreten und verdichten würden.

DAS RICHTIGE WERKZEUG

Ein häufig angesprochenes Thema in diesem Buch ist, dass Senioren mehr als jüngere Leute darauf achten müssen, das richtige Werkzeug zu verwenden. Die Wahl des passenden Geräts ist heutzutage kein Problem, da es inzwischen ein großes Angebot an seniorengerechten Gartengeräten gibt. Langstielige, nicht zu schwere Geräte eignen sich hervorragend für ältere Gärtner. Hängen Sie sich eine leichNetztasche um, in der Sie das ausgegrabene Unkraut sammeln.

WIE MAN DAS BÜCKEN VERMEIDET

Was wir vermeiden müssen, ist das viele Bücken. Gewöhnen Sie sich an, den Rücken bei der Gartenarbeit gerade zu halten, wann immer möglich. Wer mit einem langstieligen Gerät im Stehen arbeitet, hat die optimale Körperhaltung. Doch auch im Sitzen oder Knien bleibt der Rücken weitgehend gerade. Kniend zu arbeiten bringt eindeutig Vorteile: Der Körper bleibt in der Balance, man kann mit beiden Händen arbeiten, und man hat mehr Kraft, um Unkraut herauszuzupfen. Man sollte in diesem Fall einen Knieschoner oder ein Kniekissen benutzen. Ideal ist eine Kombination aus Kniebank und Sitzbank (siehe S. 58/59). Dieses Hilfsmittel ist tragbar, sicher und bietet Ihnen die Möglichkeit zum Knien und Sitzen.

Wer am liebsten im Sitzen Unkraut jätet oder nicht mehr rüstig genug ist, um im Stehen oder Knien zu arbeiten, sollte einen Hocker verwenden. Ein Hocker aus stabilem Kunststoff ist wetterfest und kann im Freien bleiben. Am besten arbeitet es sich im Sitzen, wenn man Geräte mit verstellbarem Stiel verwendet.

GEGENÜBER Das gemeinschaftliche Unkrautjäten gibt Gelegenheit zu guten Gesprächen – ein Mittel gegen das Alleinsein.

UNKRAUTSTECHER MIT GREIFKRALLEN

Mit diesem Gerät können Sie auf bepflanzten Flächen das Unkraut gezielt entfernen. Es lässt sich auch im Sitzen und sogar mit einer Hand benutzen. Mit den Krallen können Sie auch Gegenstände vom Boden aufheben.

1 Drücken Sie den Werkzeugkopf direkt an der Basis der Pflanze in den Boden. Lassen Sie den Auslöser los, damit sich die Krallen um das Unkraut schließen.

2 Dann ziehen Sie den Unkrautstecher fest an, um die Pflanze vom Boden zu lösen. Der lange Stiel sorgt dafür, dass man sich nicht übermäßig bücken muss.

TRANSPORTHILFEN

Ob Sie Gartengeräte tragen, Pflanzen in ihr Winterquartier oder Schnittgut auf den Kompost bringen – bei fast jeder Gartenarbeit müssen Dinge bewegt werden. Mit der richtigen Ausrüstung können Sie auch das bewältigen. Denken Sie beim Transport von Gegenständen vor allem an Ihre Sicherheit und muten Sie sich nicht zu viel zu. Hier folgen einige Tipps, wie Sie unterschiedliche Transportaufgaben meistern können, ohne sich zu gefährden.

OBEN Es muss nicht immer schweres Steingut sein: Kunststofftöpfe sind leicht, stabil und dekorativ obendrein.

LEICHTE GEFÄSSE

Senioren, die sich in einer Wohnung mit Balkon oder Gartenterrasse niedergelassen haben, werden vermutlich einen Topfgarten bevorzugen. Klassische Gefäße wie Terrakottatöpfe haben bereits leer ein erhebliches Gewicht, sodass sie nach dem Bepflanzen viel zu schwer zum Tragen sind. Es gibt zwar gute Transporthilfen, aber Sie können das Gewicht von vornherein gering halten, wenn Sie Kunststofftöpfe wählen, die es in vielen Farben gibt. Wer den klassischen Stil bevorzugt, wird an Töpfen und Kästen aus einem neuen Werkstoff auf Glasfaserbasis Gefallen finden. Je nach Farbe sieht das Material aus wie Terrakotta, Aluminium,

Bronze oder Kupfer. Diese Töpfe sind wetter- und frostfest.

Pflanzgefäße aus Kokos- und Papierfasern sind ebenfalls leicht. Diese Materialien ermöglichen eine gute Drainage und Luftzirkulation. Außerdem sind sie abbaubar und werden nach dem Gebrauch auf den Kompost gegeben.

Um Gewicht zu reduzieren, können Sie Ihre Töpfe auch etwa zur Hälfte mit Styroporchips füllen (siehe S. 187). Decken Sie das Styropor mit einem Netz ab, bevor Sie die Erde einfüllen. Sie dürfen allerdings nicht vergessen, dass hochwüchsige und kopflastige Pflanzen einen schweren Topf brauchen, sonst kippen sie um.

UNTERSETZER AUF ROLLEN

Wer seine Töpfe auf Untersetzer mit Rollen stellt, schafft sich damit einen „mobilen" Garten.

Am besten eignen sich Untersetzer aus Kunststoff oder druckimprägniertem Holz, die mindestens vier Rollen besitzen sollten. So können Sie einen schweren Topf problemlos an eine andere Stelle schieben.

TRAGEGURTE

Tragegurte sind so konstruiert, dass zwei Personen große, schwere und unhandliche Pflanzkübel oder Wurzelballen ohne viel Mühe transportieren können. Zwar sollten Senioren vermeiden, schwere Dinge zu heben, doch es gibt immer mal wieder einen Strauch oder einen Topf, der bewegt werden muss. Mithilfe von Tragegurten und eines Nachbarn kann jeder rüstige ältere Gärtner diese Dinge transportieren.

RECHTS Um schwere Kübel sicher zu transportieren, eignen sich Tragegurte; zwei Personen sind für diese Methode vonnöten.

Kunststoffblumentöpfe

RECHTS Ein Blumenkasten aus einem Glasfaser-Werkstoff wiegt nicht viel und sieht dekorativ aus.

OBEN Mit einem Untersetzer auf Rollen können Sie den Standort Ihrer Pflanzkübel leicht dem Sonnenstand anpassen.

Kippsichere Schubkarre mit zwei Rädern

LINKS und UNTEN Um Erde, Abfälle und Pflanzen zu transportieren, brauchen Sie ein stabiles Hilfsmittel wie eine Schubkarre.

Klassische Schubkarre mit zwei Griffen und einem Rad

Untersetzer mit Rollen

TASCHEN JEGLICHER ART

Kleinere Gartengeräte, die man ständig braucht, kann man in den Taschen einer Schürze, in einem Werkzeuggürtel oder – wie die Gartenschere – einem Holster bei sich tragen. Ebenfalls

eine gute Möglichkeit bietet ein Rucksack, in dem Werkzeug, Sämereien und eine Flasche Wasser gegen den Durst verstaut werden.

Ein Kombi-Gartenhocker mit Gerätetaschen erfüllt gleich zwei Aufgaben – er bietet Ihnen eine bequeme Sitzgelegenheit, während Sie gärtnern, und dient zur Aufbewahrung und zum Transport Ihrer Gartengeräte (siehe Abb. S. 58).

SCHUBKARREN

Für schwerere Lasten setzt man zwar normalerweise die herkömmliche Schubkarre ein, doch Senioren sollten damit vorsichtig sein. Ein rüstiger älterer Gärtner mag ein Standardmodell mit einem Rad nutzen können, aber das Anheben erfordert einen großen

Kraftaufwand, belastet den Rücken, und das Gefährt ist schwer im Gleichgewicht zu halten. Zwar gibt es leichtere Versionen aus Kunststoff, aber auch die können umkippen. Deshalb ist für den Transport von Gartenabfällen eine Schubkarre mit zwei Rädern besser geeignet. Es gibt Modelle mit einem Greifbügel wie bei einem Kinderwagen, die leicht anzuheben und zu schieben sind. Das Halten des Gleichgewichts ist bei diesen Modellen kein Thema. Alle Schubkarren können senkrecht stehend aufbewahrt werden und brauchen dann nicht so viel Platz.

Wer allerdings genug Stauraum im Geräteschuppen hat, sollte überlegen, ob er einen Gartenwagen bzw. Handwagen mit vier bereiften Rädern anschafft, den man zieht und nicht schiebt. Es gibt Modelle aus Kunststoff, Metall und Holz. Sie alle haben den Vorteil, dass sie als Bollerwagen für Kinder genutzt werden können. Ihre Enkel werden begeistert sein!

Wofür Sie sich auch entscheiden: Sie sollten Ihren Transportwagen nicht übermäßig beladen. Schaffen Sie Ihre Gartenabfälle lieber in mehreren Etappen weg.

Gartentasche mit Fächern für Handgeräte

Gürtel für Gartengeräte

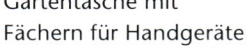

Universal-Gartenkorb

LINKS Hier sehen Sie einige Lösungen, wie Sie Ihre Gartengeräte immer bequem mit sich tragen können.

ZUSAMMENKLAPPBARE GARTENKARREN

Im Fachhandel gibt es praktische Klappkarren, die sich gut manövrieren lassen. Da sich die Last gleichmäßig über die Achse verteilt, wird sogar auf unebenen Flächen eine hohe Stabilität und Beweglichkeit erreicht. Wenn die Karre nicht in Gebrauch ist, kann sie zusammenklappt und im Geräteschuppen oder in der Garage aufbewahrt werden.

SACKKARREN

Eine Sackkarre erfüllt den gleichen Zweck wie eine Schubkarre, ist aber sicherer zu handhaben. Sie eignet sich im Allgemeinen für größere Lasten, kann aber auf unebenen Flächen schwerer zu manövrieren sein. Dafür hat sie den Vorteil, dass man sie einfacher beladen kann: Mann braucht das Transportgut nur wenig anzuheben, um es auf die Sackkarre zu laden. Sackkarren haben zwei Räder und einen großen Bügelgriff ähnlich wie bei ei-

Klappkarre mit abnehmbarer Textiltasche

Eine Laubsammel-Kippkarre, in die das Laub einfach hineingefegt wird

Diese klappbare Sackkarre hat oben eine Halterung für hohe Pflanzen, die das Kippen des Kübels verhindert.

nem Rasenmäher. Man kann die Karre schieben oder ziehen, auch über recht unebenes Gelände, und kann sich beim Bewegen der Karre auf den Bügel stützen. Nicht alle Sackkarren sind klappbar, aber ob klappbar oder nicht – die meisten Gärtner halten diese Transporthilfe für unentbehrlich.

OBEN LINKS und OBEN Hersteller haben sich zahlreiche Lösungen einfallen lassen, die Aufräumarbeiten im Garten erleichtern.

Zum Transportieren leichter Gartenabfälle und von Laub eigenen sich auch Gartenkarren, die mit Textilgewebe oder Kunststoffplanen bespannt sind. Sie lassen sich besonders platzsparend verstauen.

EINE KLAPP-SACKKARRE

Diese Sackkarre ist ein Leichtgewicht. Trotzdem eignet sie sich zum Transportieren schwerer Gegenstände im Garten. Sie wird geschoben oder gezogen. Nach Gebrauch lässt sie sich schmal zusammenklappen.

1 Zusammengeklappt lässt sich diese Gartenkarre leicht tragen, auch über Treppen.

2 Löst man die nah am Griffbügel angebrachte Arretierung, klappt die Tragfläche herunter.

3 Mit dieser Sackkarre können Sie selbst schwere Säcke mit Gartenerde transportieren.

4 Wer Pflanzkübel zu bewegen hat, sollte sich beim Auf- und Abladen helfen lassen.

OBEN Schwere Lasten transportieren Sie am sichersten auf einem niedrigen Handwagen mit vier Rädern.

OBEN Eine stabile Kunststofffolie lässt sich nutzen, um Gartenabfälle oder einen Kübel über eine ebene Fläche zu ziehen.

OBEN Am „Senioren-Scooter" (siehe auch S. 59) und anderen Elektromobilen lassen sich praktische Transporthilfen anbringen.

ROLLHOCKER

Rollhocker, auch Garten-Scooter genannt, sind von großem Wert, wenn man an Beeten arbeitet, die an einen ebenen Weg angrenzen. Im Prinzip handelt es um eine kleine Sitzfläche auf vier Rädern. Der Sitz ist drehbar und höhenverstellbar, sodass Sie bequem im Sitzen gärtnern und dann ohne Anstrengung weiterrollen können. Wählen Sie ein stabiles Modell mit Gummireifen. Der Rollhocker ist in der Regel mit einem Metallkorb, einer Art Satteltasche oder einer Gerätebox und weiteren Ablagemöglichkeiten für kleinere Gartengeräte ausgerüstet.

UNTEN Ein Rollhocker bietet die Möglichkeit, im Sitzen zu gärtnern, die Geräte hat man stets bei sich.

UNKONVENTIONELLE IDEEN

Haben Sie noch irgendwo einen alten Rollkoffer, einen Rolli? Den können Sie für den Transport Ihrer Gartengeräte und andere Dinge, die Sie bei der Gartenarbeit brauchen, nutzen, allerdings nur, wenn er bequem von oben zu öffnen ist. Achten Sie darauf, dass Sie ihn nicht zu voll packen, sonst müssen Sie zu viel in ihm herumsuchen.

MÜLLTÜTEN UND -EIMER

Bis jetzt haben wir uns mit Transporthilfen auf Rädern beschäftigt. Lassen Sie uns auch einen Blick auf andere Möglichkeiten werfen. Für effektives Arbeiten sollten Sie immer eine Abfalltüte in Ihrer Nähe haben, um Laub zu entsorgen. Falls Sie einen Mülleimer mit Rollen haben, stellen Sie ihn beim Jäten neben sich und geben das Unkraut direkt dort hinein. Große Kunststofffolien oder Planen, die Sie über den Boden ziehen, eignen sich zum Transportieren von Pflanzenabfällen zum Komposthaufen.

Relativ neu auf dem Markt sind faltbare Pop-up-Gartenmüllsäcke aus PVC-Gewebe mit gepolsterten Haltegriffen. Sie sind in verschiedenen Größen erhältlich. Mithilfe der

Verschlusshalterungen können die Säcke an Haken aufgehängt werden. Achtung, man sollte einen solchen Sack nicht über raue Flächen ziehen, da er sonst aufreißen könnte.

ZUSATZBEHÄLTER FÜR ROLLSTUHL UND GEHHILFE

Falls Sie Rollstuhlfahrer sind oder eine Gehhilfe benutzen, können Sie Körbe oder Ablagen montieren, um Ihre Werkzeuge und andere Dinge zu transportieren. Es ist wichtig, dass die Geräte und andere Utensilien griffbereit sind. Ein Korb, am Rollstuhl oder an der Gehhilfe befestigt, genügt oft schon. Rollatoren sind grundsätzlich mit einem Einkaufskorb ausgerüstet. Den können Sie natürlich auch für Ihre Gartenutensilien benutzen. Und denken Sie daran, dass neben Ihren Werkzeugen immer eine Wasserflasche Platz haben sollte!

BEWÄSSERUNG

Die Bewässerung macht einen Großteil der Gartenarbeit aus. Für ältere Gärtner gibt es Möglichkeiten, Beete, Töpfe und Hängekörbe sowie Bäume und Sträucher ohne Anstrengung zu gießen, denn es ist weder sicher noch sinnvoll, eine schwere Gießkanne durch den Garten zu schleppen oder sich mit einem unhandlichen Gartenschlauch zu quälen. Preiswerte Bewässerungssysteme kann man auch selbst herstellen, wie Sie im Folgenden sehen werden.

OBEN Mithilfe eines einfachen Niederschlagsmessers können Sie feststellen, wie viel Regen in einer Woche fällt.

WÄSSERN IST WICHTIG

Da eine gesunde Pflanze zu 75 bis 90 Prozent aus Wasser besteht, braucht sie ständig Feuchtigkeit, um am Leben zu bleiben. Natürlich hängt der Wasserbedarf einer Pflanze von der Jahreszeit und vom Wetter ab. Der Gärtner muss lernen, seinen Garten auch in Trockenperioden gesund zu erhalten, z. B. indem er den Boden mulcht und Pflanzen tiefgründiger, aber nicht so oft gießt. Diese Bewässerungsstrategie sollte für uns alle bindend sein, da wir einen Klimawandel erleben und darüber nachdenken müssen, wie wir in Zukunft Wasser sparen können.

NIEDERSCHLÄGE MESSEN

Wenn es Sie interessiert, stellen Sie fest, wie viel Regen bei Ihnen in einer Woche fällt. Wählen Sie einen Niederschlagsmesser mit einer einfachen Messskala. Wenn die wöchentlich aufgefangene Regenmenge unter 2 cm bleibt, müssen Sie Ihre Pflanzen zusätzlich mit Wasser versorgen. Sie können auch die Innenseite einer Konservendose auf der Höhe von 2 cm mit einem wasserfesten Stift markieren.

BEWÄSSERUNGSGERÄTE

Falls die Natur Ihren Garten nicht mit ausreichend Regen versorgt, müssen Sie diese Arbeit übernehmen. Es gibt verschiedene Geräte, mit denen Sie Ihre Pflanzen bewässern können, traditionelle und neue. Einige von ihnen sind ideal für Senioren geeignet.

Gießkannen aus leichtem Kunststoff

Leichte Gießkanne

Niemand, der einen Garten besitzt, kommt ohne Gießkanne aus. Gießkannen sind seit dem 17. Jahrhundert bekannt, waren damals aus Holz und leckten leicht. Moderne Gießkannen sind gebrauchstüchtiger. Der Gärtner kann seine Pflanzen bequem und zielgenau angießen, ohne das kostbare Nass zu verschwenden. Wenn Sie eine Gießkanne benutzen, wissen Sie auch ganz genau, wie viel Wasser die Wurzeln wirklich erhalten. Für Senioren eignen sich Gießkannen aus leichtem Material mit langer Tülle und abnehmbarem Brausekopf. Modelle mit zwei Griffen werden mit beiden Händen gehalten, was das Gießen erleichtert.

Vor dem Kauf einer Gießkanne sollten Sie testen, ob sie ausbalanciert und die Tülle lang genug für Ihre Anforderungen ist. Nach Möglichkeit sollten Sie eine leuchtende Farbe wählen – so wird Ihre Gießkanne nicht zu einer Stolperfalle. Viele der modernen Gießkannen sind ergonomisch geformt und

LINKS Die ideale Gießkanne sollte über einen zweiten Griff und eine lange Tülle mit abnehmbarem Brausekopf verfügen.

OBEN Ein Rückflussventil (gelb) verhindert, dass Wasser aus dem Schlauch zurück ins Leitungssystem gedrückt wird.

OBEN Es gibt verschiedene Schlauchkupplungssysteme, mit denen man Schläuche miteinander verbinden kann.

OBEN Eine Wand-Schlauchtrommel und eine kleine Schlauchführung sorgen dafür, dass der Schlauch nie im Weg ist.

haben eine gebogene Tülle. Achten Sie darauf, dass der Brausekopf abnehmbar ist. Da ältere Gärtner oft weniger Kraft in den Armen haben, kaufen Sie eine Gießkanne mittlerer Größe und füllen Sie sie nur zur Hälfte mit Wasser. Um Rücken und Schulter weniger zu belasten, können Sie auch in jeder Hand eine

Herkömmlicher Gartenschlauch

Spiral-Gartenschlauch mit Brausekopf

OBEN und RECHTS Wählen Sie einen leichten Gartenschlauch, der einen geringen Durchmesser hat.

halbgefüllte Gießkanne tragen, sofern Sie sich ohne Gehhilfe oder eine andere Stütze bewegen.

Der Gartenschlauch

Es lohnt sich, einen hochwertigen Schlauch zu kaufen. Wählen Sie ein farbiges Modell oder ein klassisches schwarzes mit leuchtend gelber Schlangenlinie, damit der Gartenschlauch auch bei Sehschwäche zu erkennen ist. Wenn Sie vom Rollstuhl oder Scooter aus gärtnern, sollten Sie die letzten 10 cm des Schlauchs mit einem 10 cm langen Stück Holz „schienen", indem Sie Schlauch und Holz mit einem Stück Schnur umwickeln. Das versteifte Ende des Schlauchs ver-

heddert sich nicht so leicht zwischen den Rädern des Gefährts.

Der Außenwasserhahn sollte sich an einer leicht zugänglichen Stelle befinden. Achten Sie darauf, dass der Bereich um die Wasserstelle mit Kies, Steinplatten oder einer anderen festen Oberfläche bedeckt ist, damit kein rutschiger Matsch entsteht. Ideal ist ein Spiralschlauch, der in zusammengezogenem Zustand kurz ist, aber in der Regel bis auf 15 m gedehnt werden kann.

Es gibt verschiedene Aufsätze, die Sie an allen Schlaucharten anbringen können. Mithilfe von Patentkupplungen ist es kein Problem, eine Spritzpistole, eine Brause oder einen Gießstab zu befestigen. Denken Sie auch an einen Wasserstopp, das ist ein Ventil, das das Wasser zurückhält, wenn ein Aufsatz abgekoppelt wird, und es wieder fließen lässt, wenn man einen anderen Aufsatz anbringt. Auch die Durchflussstärke sollte regulierbar sein, unabhängig davon, wie weit der Wasserhahn aufgedreht ist.

OBEN Ein Tropfschlauch bewässert den Boden langsam und tiefgründig; das Wasser gelangt direkt zu den Wurzeln der Pflanzen.

OBEN Bringen Sie an Ihrem Außenwasserhahn einen einfachen Hebelgriff an, um Finger und Hände zu schonen.

zer auf den Blättern, die Pilzkrankheiten begünstigen. Bis der Boden durchfeuchtet ist, kann es über eine Stunde dauern. Um festzustellen, ob der Boden ausreichend bewässert wurde, graben Sie ein etwa 30 cm tiefes Loch; ist das Wasser bis dorthin durchgesickert, können Sie die Bewässerung beenden.

Eine gute Lösung: Der Tropfschlauch

Der Tropfschlauch ist ein auf der ganzen Länge perforierter Bewässerungsschlauch, der das Wasser in niedriger Tropfgeschwindigkeit „ausschwitzt". Diese Schläuche können Sie auf der Bodenoberfläche oder dauerhaft unter der Erde verlegen, wo sie auch im Winter verbleiben. Der Schlauch hat viele Vorteile: Es verdampft kaum Wasser, man bewässert die Wurzeln direkt, und es gibt keine Wasserspritzer.

Der Außenwasserhahn

Viele ältere Wasserhähne sind schwer zu handhaben oder sogar verrostet. Wasseranschlüsse sollten aber leicht zu greifen und einfach zu drehen sein. Schauen Sie im Baumarkt nach einem Hebelgriff zum Anmontieren. Solche Hebel sind einfache Hilfsmittel, die man an herkömmlichen Wasseranschlüssen anbringen kann und mit denen sich der Hahn problemlos auf- und zudrehen lässt. Oder Sie lassen gleich einen neuen Wasserhahn montieren; die modernen Modelle sind in der Regel ergonomischer geformt als die älteren.

Der Gießstab

Ein Gießstab, den Sie am Ende eines Gartenschlauchs anbringen, erhöht Ihre Reichweite um etwa 90 cm. Das ist sehr praktisch, besonders wenn Sie im Rollstuhl oder Scooter sitzen. Wenn Sie einen Impuls-Gießstab wählen, können Sie den Wasseraustritt mit einem Hebel am Griff auslösen und stoppen. Der Hebel lässt sich aber auch arretieren.

Gießstäbe

BAUEN SIE IHR EIGENES TROPFSYSTEM

Bewässerungssysteme müssen nicht teuer und kompliziert sein. Aus Plastikflaschen können Sie ein Tropfsystem bauen, das gut funktioniert.

1 Bohren Sie kleine Löcher in den Flaschendeckel und verschließen Sie ihn fest. Schneiden Sie den Boden der Flasche ab.

2 Drücken Sie den Flaschenhals in der Nähe einer Pflanze fest in den Boden und füllen Sie Wasser in das offene Ende.

OBEN Schlauchführungen gibt es in unterschiedlichen Formen. Sie verhindern, dass der Schlauch Ihre Pflanzen abknickt.

OBEN Diese Zeitschaltuhr hat verschiedene Adapter, sodass sie an jedem Außenwasserhahn angebracht werden kann.

OBEN Eine automatische Bewässerungsanlage für Topfpflanzen versorgt Ihre Lieblinge, wenn Sie verreist sind.

Schlauchwagen

Wer einen Schlauchwagen hat, braucht den Gartenschlauch nicht mehr quer durch den Garten zu schleppen und kann auch nicht darüber stolpern. Der Wagen besteht aus einem Fahrgestell und einer darauf montierten Trommel mit Kurbel. Der Schlauch wird glatt aufgerollt, sodass es weder Knicke noch Knoten gibt. Wählen Sie das stabilste Modell, das Sie sich leisten können, denn ein höherer Preis bedeutet bei Gartengeräten in aller Regel: bessere Qualität.

Eine Schlauchführung ist ein nützliches Zubehör, um einen langen Schlauch um Beete herum zu führen, damit er nicht die Pflanzen beschädigt. Einfache Holzpflöcke tun es auch, aber sie dürfen nicht zu niedrig sein, sonst rutscht der Schlauch über das obere Ende.

Die Alternative zum Gartenschlauch ist der Regner, der vor allem zur Bewässerung von Rasen und Beeten eingesetzt wird. Wer eine solche Beregnungsanlage hat, stellt sie am frühen Morgen oder am Abend an, sodass möglichst wenig Wasser verdunstet und der Verbrauch begrenzt werden kann, denn im großen Wasserverbrauch liegt die Schwäche der Regner- und Sprinklergeräte. Je nach zu bewässernder Fläche ist ein Sektorenregner, der einen fächerförmigen Wasserstrahl ausstößt, oder ein Kreisregner besser geeignet. Viele Regner können auch beides. Außerdem gibt es Viereckregner, bei denen ein waagrechtes, mit Löchern versehenes Sprührohr hin und her schaukelt, sodass eine rechteckige Fläche bewässert wird. Bei allen Regnern lässt sich die Sprühstärke einstellen.

Für Beregnungsanlagen gibt es, ebenso wie für Außenwasserhähne, Zeitschaltuhren, an denen man die Startzeit, die Gießhäufigkeit und die Gießdauer eingeben kann. Das modernste und bequemste Gerät ist allerdings ein Bewässerungscomputer – ein kleiner Rechner, der ebenfalls am Wasserhahn installiert werden kann und eine Fortentwicklung der Zeitschaltuhr darstellt. Man bekommt ihn im Gartenfachhandel.

Schlauchwagen mit Klappgriff

Schlauchbox mit Aufroll-Automatik

OBEN und LINKS Schlauchtrommeln – ob auf einem Schlauchwagen montiert oder in einer Box versteckt, sind unentbehrlich.

RICHTIG GIESSEN

Gießen Sie in den kühlen Morgenstunden, damit die Pflanzenwurzeln genug Zeit haben, das Wasser aufzunehmen, und möglichst wenig davon verdunstet. Sollten Sie abends zur Gießkanne greifen, bewässern Sie die Pflanzen direkt am Grund, damit die Blätter nicht benetzt werden; denn dadurch werden Schädlinge angelockt und Pilzkrankheiten begünstigt.

Man sollte nicht zu häufig gießen, aber wenn, dann gründlich. Das ist besser als häufig und wenig gründlich. Oft wiederholte, aber geringe Wassergaben haben zur Folge, dass sich die Wurzeln eher nahe der

UNTEN Eine neue Pflanze zwischen alteingesessenen braucht wegen der Konkurrenz regelmäßige Wassergaben.

LINKS Eine beidhändig zu haltende Gießkanne erleichtert die Arbeit. Dennoch sollten Sie sie nur halb füllen.

Bodenoberfläche entwickeln. Wenn Ihre Pflanzen jedoch tiefer wurzeln, werden sie Trockenperioden besser überstehen. Wässern Sie stets so lange, bis die Feuchtigkeit 15 cm tief in den Boden eingedrungen ist. Zur Kontrolle können Sie eine Stunde nach der Bewässerung ein kleines Loch ausheben.

Sehr wirksam ist auch ein etwa 5 cm hoher Gießrand, den man um jede Pflanze anhäufelt. Dadurch fließt das Gießwasser nicht ab und kann bis zu den Wurzeln durchsickern. Verteilen Sie zudem um die Pflanze herum eine dünne Schicht Mulchmaterial.

FRISCH GEPFLANZTE GEWÄCHSE WÄSSERN

Wenn Sie Stauden, Sträucher oder Bäume pflanzen möchten, heben Sie ein Loch aus (oder bitten jemanden, diese Arbeit zu übernehmen). Füllen Sie Wasser ein und warten Sie, bis der Boden es auf-

UNTEN Gießen Sie eine frisch gesetzte Pflanze direkt im Wurzelbereich, weil sie noch sehr flach wurzelt.

genommen hat. Danach stellen Sie die Pflanze in das feuchte Loch, drücken die Erde im Wurzelbereich fest und gießen noch einmal an.

Die beste Pflanzzeit für die meisten Bäume, Sträucher und Stauden ist der Spätherbst, wenn sich die Pflanzen zur Ruhe begeben. Die Regenfälle im Herbst und Winter reichen gewöhnlich aus, um die Gewächse mit Wasser zu versorgen, sodass sie noch vor dem Frühjahr neue Wurzeln bilden können.

Gemüsepflanzen und Einjährige sind bei der Pflanzung noch ziemlich klein und reagieren deshalb empfindlich auf Wassermangel. Da sie noch relativ flache Wurzeln haben, brauchen sie recht viel Wasser, besonders in den ersten Wochen nach der Pflanzung, bis sich ihr Wurzelsystem voll entwickelt hat. Damit die frisch gesetzten Pflanzen genug Feuchtigkeit haben, werden sie einmal wöchentlich ausgiebig mit Wasser versorgt, falls die Niederschlagsmenge nicht ausreicht. Nach sechs bis acht Wochen können Sie die Wassergaben dann allmählich reduzieren.

UNTEN Hier sorgt ein Schlauch mit Trichter dafür, dass das Wasser direkt in den Boden geleitet wird.

OBEN Wenn Sie Ihre Topfpflanzen regelmäßig bewässern, werden sie die ganze Saison prächtig gedeihen.

OBEN Pflanzen, die es gern sehr feucht mögen, können auf einem ständig wassergefüllten Untersetzer stehen.

OBEN Ein einfacher Mini-Wasserspeicher. Das Wasser sickert durch eine Spitze, die man in das Substrat steckt.

TOPFPFLANZEN GIESSEN

Das Geheimnis eines schönen Topfgartens ist permanente Pflege. Da Topfpflanzen auf den Gärtner angewiesen sind, um ausreichend Wasser und Dünger zu erhalten, ist hier größere Aufmerksamkeit erforderlich als im Freiland. Das Substrat trocknet schneller aus und die Nährstoffe sind bald aufgebraucht. Außerdem haben Topfpflanzen Probleme mit der Drainage und sind anfälliger für Krankheiten.

Wählen Sie Gefäße von unterschiedlicher Größe und Form und achten Sie darauf, dass das Wasser gut ablaufen kann. Stellen Sie sie auf Klötzchen, um den Wasserabzug zu gewährleisten. Das Topfvolumen hängt von der Größe der Pflanzen ab. Tief wurzelnde Gewächse brauchen tiefe Gefäße.

Platzieren Sie die Blumentöpfe in der Nähe des Bereichs, in dem Sie

sich häufig aufhalten. Wenn Sie Ihre Pflanzen stets vor Augen haben, erkennen Sie auch ihre Bedürfnisse. Manche wie Fuchsien brauchen viel Wasser und müssen meist täglich gegossen werden, während Sukkulenten einen geringeren Wasserbedarf haben. Stellen Sie Pflanzen mit ähnlichen Ansprüchen zusammen, das erleichtert das Gießen.

Ein Tipp: Mischen Sie wasserspeicherndes Granulat unter das Substrat. Wenn es sich einmal mit Wasser vollgesogen hat, wird dieses nach und nach an die Wurzeln abgegeben, sobald die Erde austrocknet.

RECHTS Im Frühling blühende Zwiebelblumen gedeihen prächtig in Gefäßen, wenn man sie ausreichend versorgt.

DIE ERNTE

Viele von uns gärtnern einfach nur, weil sie gern zusehen, wie alles blüht und wächst. Andere überlegen darüber hinaus, was sie aus dem Garten entnehmen könnten. Wenn wir Blumensträuße pflücken, Nüsse aufnehmen, Früchte und Gemüse ernten und Samen für das nächste Jahr sammeln, bereichert uns dies als Gärtner und Mensch, denn das Ernten bringt uns in Zeiten zurück, als wir von dem, was wir anbauten, lebten.

OBEN Wer etwas Übung hat, lässt die Samen der verblühten Blüte direkt in eine Papiertüte rieseln. Einfacher ist es, den Blütenkopf als Ganzes abzuscheiden.

ERNTEN OHNE MÜHE

Ein wichtiger Gesichtspunkt beim Anbau von Pflanzen ist, wie leicht die Früchte zu ernten sind. Ein Rat vorweg: Eine Leiter sollten Sie, wie bereits öfter betont, nicht besteigen. Gemüse ist meist einfacher zu ernten als Obst, das an Bäumen reift, und wenn Sie Gemüse im Kübel anbauen, brauchen Sie sich am wenigsten anzustrengen; Tomaten können Sie im Sitzen pflücken, ebenso Petersilie abzupfen. Haben Sie in einem Kübel ein Spalier, müssen Sie Ihre Zuckererbsen oder Kletterbohnen im Stehen abnehmen, aber auch das bedeutet keine große Mühe. Auf den Seiten 146–165 werden verschiedene Gemüse- und Obstgärten besprochen, was Ihnen Entscheidungshilfen geben kann.

PRAKTISCHE GERÄTE

Ein Gerät, das bei der Obsternte die Leiter ersetzt, ist ein mehrere Meter hoch reichender oder ausziehbarer Obstpflücker, der sich besonders für Äpfel und Birnen eignet. Wenn Sie einen Nussbaum haben, setzen Sie zum Aufsammeln der Nüsse einen langstieligen Nüssesammler ein, damit Sie sich nicht zu bücken brauchen. Bei diesem werden die Nüsse in einen Drahtkorb geschaufelt. Es bringt Spaß und ist wirklich leicht, einen solchen Sammler über den Boden zu rollen, sodass sich die abgefallenen

Nüsse darin verfangen. Man schont den Rücken und findet Nüsse, die man im Gras übersehen hätte.

GARTENSAMMLER UND ERNTEKÖRBE

Außer Geräten zum Ernten brauchen Sie Behälter, in denen das Erntegut gesammelt wird. Wenn Sie Äpfel oder Birnen haben, ist ein Gartensammler am besten. Das ist eine große Tasche aus Kunststoff-

UNTEN Mit den richtigen Erntegeräten fällt es Ihnen leichter, Kartoffeln auszugraben, Nüsse einzusammeln oder auch Blumen abzuschneiden.

gewebe, die wischfest ist und zusammengelegt werden kann. Eine andere Möglichkeit ist ein Weiden- oder Drahtkorb, idealerweise mit Schaumstoff ausgelegt, damit die Früchte nicht gedrückt werden. Der Drahtkorb hat den Vorteil, dass er mit dem Gartenschlauch perfekt gereinigt werden kann. Abgesehen von diesen optimalen Lösungen ist jeder geeignete Behälter als Erntekorb einsetzbar.

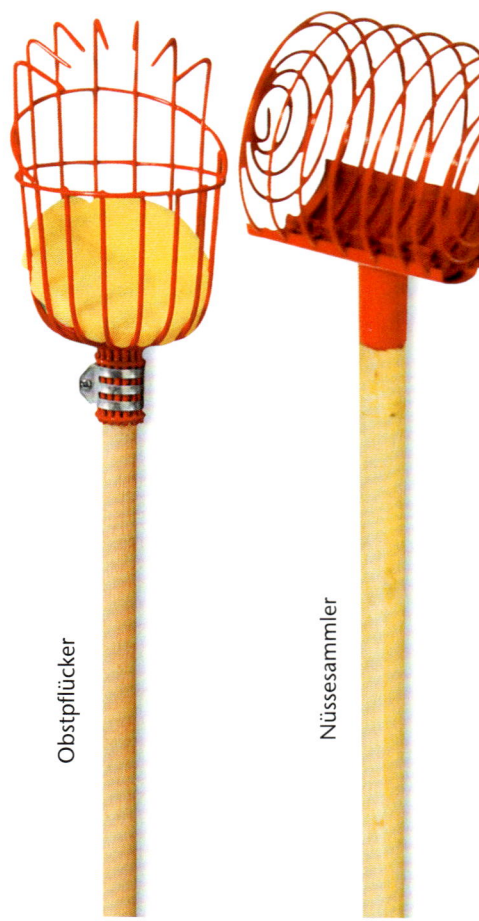

Kartoffel-Handschaufel

Teleskop-Baumschere

Obstpflücker

Nüssesammler

OBEN Um eine hoch am Strauch sitzende Blüte abzuschneiden, ziehen Sie den Zweig mit einem Asthaken zu sich heran.

Zum Blumenpflücken nehmen Sie einen breiten, flachen Weiden- oder Drahtkorb, in den Sie die Blumen der Länge nach möglichst nebeneinander legen, sodass die zarten Blüten nicht zerdrückt werden.

Wenn Sie bei der Ernte beide Hände frei haben möchten, hängen

Sie sich einen schmalen Karton an einem Band um den Hals. Das ist beim Beerenpflücken von Nutzen, aber auch für Rollstuhlfahrer eine große Hilfe. Wer auf den Rollator angewiesen ist, legt den Einkaufskorb mit Plastikfolie aus und sammelt das Erntegut darin.

SAMEN SAMMELN

Zwar sorgt die Natur selbst für die Verbreitung von Pflanzensamen, aber viele Gärtner möchten planen, wo die Pflanzen wachsen sollen. Am besten, Sie sammeln die Samen von Einjährigen und säen sie im Frühjahr aus.

Es gibt viele einjährige Pflanzen, die leicht auszusäen sind, zum Beispiel Jungfer im Grünen *(Nigella damascena),* Kornblume und Einjähriges Silberblatt *(Lunaria annua).* Schneiden Sie an einem windstillen, trockenen Tag einige reif gewordene Samenhüllen ab. Legen Sie sie in einer beschrifteten Papiertüte an einen trockenen Ort und warten Sie, bis die Samenhüllen

OBEN Ein Korb voller frisch gepflückter Blumen und Zweige liefert einen schönen Strauß, an dem Sie lange Freude haben.

getrocknet sind und sich öffnen. Schütten Sie den Inhalt aus und trennen Sie die feinen Samen von den Samenhäuten. Verpacken Sie die Samen in einem beschrifteten Umschlag und bewahren Sie ihn an einem trockenen Ort auf, bis es Zeit zum Aussäen ist.

UNTEN Mit einem Nüssesammler heben Sie die zu Boden gefallenen Nüsse in den Korb, ohne sich bücken zu müssen.

UNTEN Die Bohnenernte ist umkompliziert, da man kein Gerät braucht, sondern die Hülsen mit den Fingern abknipst.

UNTEN Mit diesem Obstpflücker löst man Äpfel und Birnen vom Zweig. Unbeschädigt fallen sie dann in den Stoffbeutel.

DEN GARTEN AUFRÄUMEN

Es gibt zahlreiche Geräte und Methoden, die uns helfen, den Garten nach getaner Arbeit sauber aufgeräumt zu hinterlassen. Ordnung im Garten ist wichtig, denn dadurch wird es für Sie dort einfacher und sicherer sein. Heben Sie also etwas Kraft für diesen letzten Teil Ihrer Gartenaktivitäten auf. Nehmen Sie sich Zeit und gehen Sie mit Ihren Kräften sparsam um, damit Sie das Notwendige in aller Ruhe schaffen.

OBEN Eine langstielige, abgewinkelte Kehrschaufel vereinfacht das Aufnehmen kleiner Abfallmengen enorm.

AUFRÄUMHILFEN

Die Grundausrüstung, um Ordnung zu schaffen, umfasst auf jeden Fall einen Besen und eine Kehrschaufel, beide mit langem Griff. Ein anderes wichtiges Gerät ist ein Fächerbesen, vor allem, wenn Sie

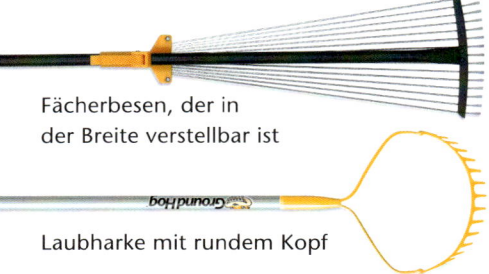

Fächerbesen, der in der Breite verstellbar ist

Laubharke mit rundem Kopf

einen Rasen haben. Fächerbesen sind leicht und haben einen langen Stiel. Der Fächer ist bei manchen Modellen verstellbar, sodass man ihn z. B. auf die Breite eines Weges einstellen kann. Die meisten Fächerbesen haben elastische Kunststoffzinken, die sich nicht im Boden oder Rasen verkrallen, sondern leicht darübergleiten. Zum Zusammenrechen von Fallobst eignet sich allerdings besser ein Fächer aus kräftigeren Metallzinken.

Der Greifkehrer ist eine Kombination aus Harke und Laubgreifer. Das Greifblatt nimmt das Laub auf,

Laubgreifer

das die Harke zusammengerecht hat (siehe unten, zweite Abb. von links). Und schließlich brauchen Sie noch ein Gefährt zum Transportieren des Abfalls, z. B. ein leichtes Gartenmobil, das zusammenklappbar ist (siehe Abb. unten rechts).

RECHTS Mit dem Laubgreifer lassen sich Laubberge wegschaffen.

NÜTZLICHE HELFER

Hier sind einige Geräte, die Ihnen helfen, Ihren Garten aufzuräumen und gepflegt aussehen zu lassen. Ein ordentlicher Garten macht die Arbeit sicherer, und es bringt mehr Freude, sich darin aufzuhalten.

Harken – Zum Zusammenfegen des Fallobsts brauchen Sie eine kräftige Harke.

Sammeln – Dieser Greifkehrer eignet sich zum Aufnehmen von Laub, Gras oder Abfällen.

Aufheben – Nehmen Sie eine Greifzange, um kleine Gartenabfälle aufzuheben.

Gartenmobil – Ein leichter Abfallbehälter auf Rollen ist praktischer als ein Sack zum Tragen.

GARTENGERÄTE PFLEGEN

Am schädlichsten ist es für ein Gartenwerkzeug, wenn man es draußen liegen lässt, wo es der Feuchtigkeit ausgesetzt ist. Metalle rosten und Holzgriffe quellen schnell auf, wenn ein Gerät auf dem Beet liegen bleibt. Kaputte Griffe, rostige oder stumpfe Schneiden behindern uns beim Arbeiten und mindern unsere Freude am Gärtnern. Es ist gar nicht so aufwendig, Gartengeräte regelmäßig zu warten, damit sie viele Jahre in einem guten Zustand bleiben.

OBEN Ein Gewächshaus ist ein idealer Ort zum Lagern der Gartengeräte und bietet oft auch einen Arbeitsplatz.

SAUBER UND TROCKEN

Da Schmutz und Nässe Ihren Geräten am meisten schaden, sollte es Ihnen zur Gewohnheit werden, sie nach Gebrauch zu reinigen und zu trocknen. Das ist alles, was Sie tun müssen, damit sie einsatzbereit bleiben. Bei Schaufeln, Spaten und Harken wird der Schmutz mit einem Strahl aus dem Schlauch abgespült. Mit einer Drahtbürste kann man erforderlichenfalls schrubben. Ganz wichtig: Trocknen Sie Ihre Geräte gründlich mit einem Tuch, bevor Sie sie verstauen.

Ein Tipp: Stellen Sie sich einen Haushaltseimer hin, der mit grobem, schwach mit Pflanzenöl angefeuchteten Sand gefüllt ist. Stecken Sie den Werkkopf jedes Geräts mehrmals in den öligen Sand – so wird hartnäckiger Schmutz oder Rost besser entfernt.

Kleinere Geräte, wie Gartenscheren, brauchen die gleiche Pflege und Zuwendung wie größere. Mit sehr feinem Schleifpapier können Sie dem Rost zu Leibe rücken. Seien Sie vorsichtig, wenn Sie scharfe Schneiden abwischen. Die Drehgelenke Ihrer Schneidegeräte schmieren Sie mit einem Tropfen Öl.

HOLZGRIFFE

Griffe aus Esche, Eiche oder anderem Hartholz halten viele Jahre, wenn sie regelmäßig eingeölt werden. Man wischt sie nach jeder Be-nutzung ab und lässt sie nicht im Freien liegen. Schmirgeln Sie die Griffe einmal jährlich leicht mit feinem Schleifpapier und reiben Sie sie dann mit Leinöl ein.

GERÄTE KEIMFREI HALTEN

Gartengeräte können Keime von einer erkrankten Pflanze auf eine gesunde übertragen. Sorgfältiges Waschen der Geräte in einer antibakteriellen Lösung, in Spiritus oder Kiefernöl kann helfen, die Krankheitserreger von den Gartengeräten zu entfernen. Oder Sie stellen Ihr eigenes Desinfektionsmittel aus neun Teilen Wasser und einem

UNTEN Eine gute Gartenschere braucht Pflege. Nach dem Reinigen desinfizieren, trocken wischen und einölen.

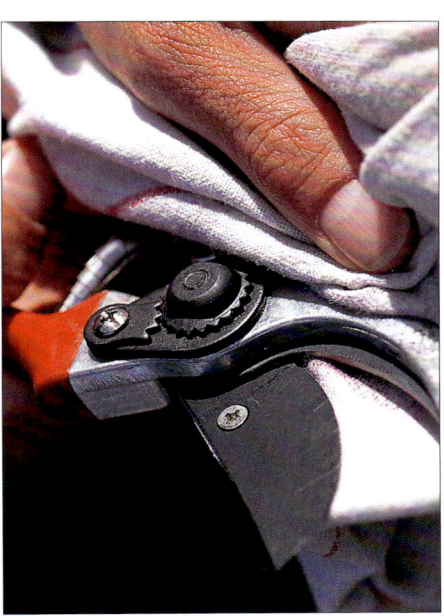

Teil Chlorbleiche her. Vermischen Sie die Lösung gründlich in einem kleinen Eimer.

Dann reiben Sie mit einem Tuch den Schmutz von den Geräten ab, tauchen sie in die Desinfektionslösung und bewegen sie etwa eine Minute hin und her. Herausnehmen und gründlich abtrocknen. Zum Schluss reiben Sie die Geräte mit etwas Öl ein.

Heben Sie die Flüssigkeit nicht auf – sie verliert ihre Wirkung bereits nach gut einer Stunde. Vergessen Sie auch nicht, die Griffe zu reinigen und mit Leinöl einzureiben. Das verlängert ihre Lebensdauer.

UNTEN Ein mit Erde beschmutztes Gerät muss nach dem Gebrauch beim Graben und Pflanzen gründlich gesäubert werden.

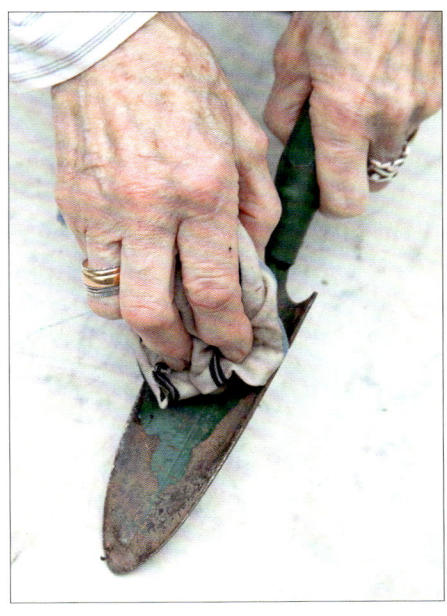

OBEN MITTE Ein kleiner, mittelkörniger Wetzstein erhält die Schneidschärfe ihrer Garten- und Astscheren.

UNTEN Das Schärfen der Geräte ist mit dieser Vorrichtung einfach, die beide Klingen im richtigen Schleifwinkel schnell und gründlich schärft.

LINKS Wenn Sie Ihre Gartenschere regelmäßig schleifen, können Sie nahezu anstrengungslos sauberere Schnitte setzen, was auch für die Pflanzen besser ist.

ROST VERHÜTEN

Am besten lässt sich Rost vorbeugen, indem man die Oberfläche eines Werkzeugs mit einem Rostschutzmittel einsprüht. Empfehlenswert ist außerdem ein organisches, ungiftiges Gel. Es wirkt gut, enthält keine schädlichen Chemikalien und setzt keine starken Gerüche frei.

Manche Leute benutzen ein billiges Speiseöl, etwa Rapsöl, und reiben damit Ihre Gartengeräte vor dem Gebrauch ein. Das Öl schützt die Geräte, und später lässt sich der Schmutz leichter abspülen.

SCHEREN SCHLEIFEN

Scharfes Werkzeug schneidet nicht nur besser, sondern verursacht auch weniger Frust. Man muss sich einfach nicht so sehr anstrengen.

Viele Geräte lassen sich gut mit einem kleinen, feinkörnigen Wetzstein schärfen. Bei Amboss-Gartenscheren und Amboss-Astscheren wird nur eine Klinge geschärft, diese aber an beiden Seiten. Bei Bypass-Schneidwerkzeugen schärfen Sie nur die Außenseite jeder Klinge, sodass die Klingen sauber schneiden, wenn sie sich aneinander vorbeibewegen.

Große Gartengeräte, insbesondere Schaufeln, Spaten, Hacken und Heckenscheren, sollten Sie einem professionellen Schärfdienst anvertrauen. Gartenzentren und Haushaltswarengeschäfte können Ihnen solche Dienste empfehlen.

Tragen Sie immer eine Schutzbrille, wenn Sie ein Werkzeug schärfen. Am besten spannen Sie das Werkzeug in einem Schraubstock oder einer Zwinge fest, damit Sie die Hände frei haben.

DER RASENMÄHER

Ein besonderes Thema ist die Pflege des Rasenmähers. Dieses hochwertige Gerät sollte regelmäßig zu Beginn jedes Winters gewartet werden, da es stets außerordentlichen Belastungen ausgesetzt ist und viele Jahre halten soll. Fragen Sie dort, wo Sie den Rasenmäher gekauft haben, ob Sie ihn auch zur Wartung und zum Nachschleifen der Messer hinbringen können.

UNTEN Diamantschärfer sind für fast alle Schleifarbeiten geeignet. Sie sorgen für eine hervorragende Schneidfähigkeit.

LINKS Schärfen mit einem Klingenschärfer

OBEN Wenn Sie keine Lagerungsmöglichkeit haben, stellen Sie Ihre Geräte mit der Klinge nach unten in einen Plastikeimer.

OBEN Gartenschläuche müssen entleert und ordentlich verstaut werden, bevor man sie in die Winterruhe schickt.

OBEN Wenn Sie für jedes Gartengerät einen festen Platz haben, herrscht Ordnung, und Verletzungsgefahren sind gebannt.

ORDNUNGSSYSTEME

Suchen Sie sich einen geeigneten Platz, wo Sie Ihre Geräte aufbewahren können. Er sollte nicht so vollgestopft sein, dass Sie sich beim Versuch, ein Werkzeug herauszuziehen, verletzen – bei der Lagerung der Gartengeräte sollte Sicherheit an erster Stelle stehen. Das heißt, sie sollten an einem Ort aufbewahrt werden, wo sie leicht erreichbar sind und wo keine Stolperfallen lauern. Eine einfache Lösung ist der Kauf einer Abfalltonne, in die Sie Ihre langstieligen Geräte stellen können.

Am besten ordnen Sie Ihre Geräte nach Größe und Verwendungszweck. Dies erspart Ihnen erheblichen Frust bei der Suche nach dem richtigen Werkzeug für eine bestimmte Arbeit. Wenn Sie zum Beispiel in einem Schuppen oder einer Garage Platz haben, hängen Sie langstielige Geräte nebeneinander auf – mit dem Werkzeugkopf nach unten, damit Sie sich beim Abnehmen eines schweren Geräts nicht

unnötig abmühen müssen und womöglich am Kopf getroffen werden.

Im Handel sind viele Ordnungssysteme mit Haken oder Halterungen für die verschiedenen Grifftypen erhältlich. Wählen Sie ein System, das für Sie richtig ist und zum verfügbaren Platz passt. Weil manche Gartengeräte schwer sind, werden die Haken oder Halterungen mit Dübeln in der Wand verankert. Lassen Sie sich, falls nötig, von jemandem beim Bohren der Löcher helfen.

Manchmal ist es gut, wenn man den Platz, an dem z. B. der Spaten hängt, beschriftet, damit sich jemand, der Sie beim Aufräumen unterstützt, besser zurechtfindet. Auch die kleineren Handgeräte, die Sie für Ihren Topf- oder Terrassengarten brauchen, müssen gut erreichbar aufbewahrt werden. Manche lagern sie in einem Henkelkorb. Durch-

sichtige Boxen sind ebenfalls eine einfache Möglichkeit für die Aufbewahrung von kleineren Geräten. Geeignet sind auch Lochplatten, die Sie an einer Wand anbringen und in die Haken für kleine Geräte eingehängt werden können.

Wenn jedes Gerät seinen festen Platz hat, wird es nach der Arbeit wieder dorthin gebracht werden – oder es fällt auf, wenn es fehlt.

RECHTS Unverwüstlich und dekorativ: Ein Regal aus Stahlblech mit „Taschen", in denen Gartengeräte Platz finden.

GARTENTYPEN

Ist ein Garten für Sie ein Beet voller duftender Rosen oder eine Reihe üppiger Tomatenpflanzen, die in der Sonne heranreifen? Sehen Sie vielleicht eine Steinmauer, bestückt mit Sukkulenten und Zwergkoniferen, oder einen kühlen Platz, umgeben von Farnen und anderen Schattenpflanzen?

Gärten gibt es in alles Formen und Typen. Wenn wir älter werden, entdecken wir möglicherweise eine Vorliebe für Gärten, die uns früher nicht angesprochen haben. Oder bestimmte Umstände zwingen uns, den Garten, in dem wir uns wohlgefühlt haben, zu verändern. Denken Sie immer daran: Bevor wir das Gärtnern aufgeben, sollten wir den richtigen Gartentyp für uns finden – einen, der unseren veränderten Vorlieben und Möglichkeiten entspricht.

Dieses Kapitel zeigt Ihnen Beispiele der Gartengestaltung, die sich für jene von uns eignen könnten, die einen pflegeleichten Garten brauchen, der keine großen Kosten verursacht. Wir betrachten den Blumengarten, den Gemüse- und Obstgarten, den Kräutergarten sowie die Terrasse, beschäftigen uns aber auch mit Hochbeeten und vertikalen Gartenelementen. Und schließlich widmen wir uns den Zimmerpflanzen. Im Folgenden finden Sie eine Fülle inspirierender Ideen, die Sie den für Sie idealen Garten finden lassen.

GEGENÜBER Diese Terrasse wirkt durch blühende Kletterpflanzen, Kletterrosen und Blumentöpfe idyllisch und einladend.

O3EN Hochbeete aus Holz sind leicht zu bepflanzen und zu pflegen. Man kann darin Blumen, Kräuter und Gemüse ziehen.

OBEN Die gelbe Gemswurz ist eine robuste krautige Pflanze, die bei einfacher Pflege Sonne auf Ihre Beete zaubert.

OBEN Eine Zimmerpflanze passt ausgezeichnet vor Ihre Terrassentür – eine Möglichkeit, Grünes ins Haus zu holen.

DER BLUMENGARTEN

*Ein Blumengarten ist wie eine Patchwork-Decke – ein Werk,
in dem viel Liebe und Mühe steckt. Eine solche Decke kann
aus den gleichen Materialien, Farben und Mustern bestehen
wie eine andere – und doch werden sie einander kaum ähneln.
So ist es auch mit Gärten, besonders mit Blumengärten. Jeder
ist einzigartig und wird sich nirgends ein zweites Mal finden.*

OBEN Strahlende Blumen in kühnen Farben wie diese Mohnblüte bringen einen
interessanten Blickfang in Ihr Blumenbeet.

DIE ROLLE DES GEFÜHLS

Wir sollten die gefühlsmäßigen As-
pekte, nach denen wir bestimmte
Pflanzen auswählen, nicht unter-
schätzen. Hochwüchsige rosafarbene Stockrosen oder duftende
gelbe Kletterrosen, die wir pflanzen, rufen möglicherweise Erinnerungen an den Garten unserer
Kindheit wach, oder wir haben im
Lauf unseres Lebens eine Vorliebe
für eine Farbe entwickelt, die wir
rational gar nicht erklären können.

GEMISCHTE BLUMENBEETE

Für ältere Gärtner kann der Erhalt
eines aufwendigen Blumengartens
eine große Herausforderung sein.
Manche Senioren sind aber durchaus noch in der Lage, vielfältig ge-

staltete Blumenbeete zu pflegen.
Wenn die Kräfte es erlauben, lohnt
sich eine bunte Mischung aus Einjährigen, Zweijährigen, Stauden,
Kletterpflanzen, Zwiebelgewächsen
und Bodendeckern in verschiedenen Höhen und mit unterschiedlichen Blattstrukturen.

Man kann Blumenbeete durch
kleine Bäume oder niedrige, immergrüne Sträucher unterbrechen, damit der Garten auch dann interessant wirkt, wenn die Blumen nicht
mehr blühen. Besonders schön ist
auch ein Garten, in dem zu jeder
Jahreszeit etwas blüht – Schneeglöckchen und Christrosen im Winter, Narzissen und Tulpen im Frühling, Margeriten und Storchschnabel im Sommer und Dahlien und
Chrysanthemen im Herbst.

EINJÄHRIGE PFLANZEN

Pflanzen, die ihren Lebenszyklus
in einer Vegetationsperiode, also in
einem Jahr durchlaufen, bezeichnet man als Einjährige. Während
dieser Zeit keimen die Samen, entwickeln sich Triebe und Blätter,
Blüten werden gebildet, denen die
Reifung neuer Samen folgt, und
schließlich stirbt die Pflanze ab. In
unserem gemäßigten Klima werden viele frostempfindliche mehrjährige Gewächse als Einjährige
kultiviert, da sie sonst im Winter
erfrieren würden. So muss man jedes Jahr neue Pflanzen kaufen oder
sie im Haus aus Samen vorziehen.

Zu den Einjährigen zählen Prunkwinde, Tagetes, Fleißiges Lieschen,
Kapuzinerkresse, Zinnien, Zierta-
bak, Petunien und Verbenen. Es
gibt auch „bedingt frostharte" Einjährige, die etwas Frost vertragen,
sodass sie im folgenden Jahr wieder
erscheinen können. Dazu gehören
Ringelblume, Kornblume, Feldrit-
tersporn und Duftsteinrich.

Viele Einjährige blühen zuverlässig von Frühling bis Herbst. Sie
bringen Farbe in den Garten, sind
ausgezeichnete Schnittblumen,
und manche eignen sich zum Trocknen – der ideale Winterschmuck.

GEGENÜBER Eine schönere Gartengrenze
gibt es kaum: Kletterrosen, die an einem
Lattenzaun empor wachsen.

OBEN Petunien sind beliebte Sommerblumen, die den ganzen Sommer über mit
leuchtenden Farben erfreuen.

OBEN Farbenfroh beleben Ringelblumen
und Kalifornischer Mohn *(Eschscholzia
californica)* große Bereiche des Gartens.

ZWEIJÄHRIGE PFLANZEN

Zweijährige Pflanzen benötigen zwei Vegetationsperioden für ihre Entwicklung. Im ersten Jahr keimen Samen, und Blätter und Wurzeln werden ausgebildet. Erst nach einer Überwinterung gelangen die Pflanzen zur Blüte, setzen dann Samen an und sterben ab. Beliebte Zweijährige sind Bartnelke, Fingerhut und die Stockrose.

STAUDEN

Pflanzen, die ausdauernd sind und mehrere Jahre leben, nennt man Stauden. Die meisten Stauden bringen nur zu einer bestimmten Zeit im Jahr Blüten hervor, aber sie sehen in der Regel auch dann noch schön aus, wenn sie nicht mehr blühen, da viele Arten interessante Blatt- und Stängelstrukturen aufweisen. Mädchenauge, Sonnenhut, Maßliebchen, Akelei und Katzenminze stellen eine kleine Auswahl

von Stauden dar, die in jeden Blumengarten gehören. Da die Pflege der Stauden im Allgemeinen weniger arbeitsintensiv ist als die anderer Pflanzengruppen, eignen sie sich besonders für Gärtner mit wenig Zeit und Kraft. Eine detaillierte Beschreibung von Stauden finden Sie auf Seite 142–143.

ZWIEBEL- UND KNOLLEN-PFLANZEN

Als Zwiebel- und Knollenpflanzen bezeichnet man ausdauernde Gewächse, die jedes Jahr bis zum Grund absterben – man nennt das „einziehen" – und in Form von speziell umgebildeten Speicherorganen, den Zwiebeln oder Knollen, überwintern. Die meisten Arten vermehren sich im Boden und bringen viele Jahre ihre Blüten hervor. Diese Pflanzengruppe umfasst z. B. Anemonen, Iris, Hyazinthen, Dahlien, Tulpen und Narzissen.

OBEN In diesem Steintrog kommen die hohen Narzissen (Narcissus 'Tête-à-Tête' und Narcissus tazetta) über niedrigwüchsigen Pflanzen besonders gut zur Geltung.

ZWIEBELN UND KNOLLEN FÜR RABATTEN

Die Anpflanzung einer Zwiebelpflanzenart kann eine große Wirkung erzielen, vor allem wenn sich die Gruppen je nach Größe der Rabatte einige Male wiederholen und dazwischen Sommerblumen oder Mehrjährige (Stauden) gesetzt werden. Beispiele: Ein Beet voller Tulpen (Zwiebelgewächs) wird umgeben von Vergissmeinnicht oder Stiefmütterchen (zweijährig); Zierlauchgruppen (Zwiebelgewächs) stehen neben Goldlack (zweijährig); Gladiolen (Knollengewächs) bilden den Hintergrund für den Bartfaden (mehrjährig).

Lilien haben frostharte Zwiebeln, die im Herbst oder im zeitigen Frühjahr gepflanzt werden. Sie mögen keine nasse Erde, sondern bevorzugen durchlässige Böden. Wenn Sie einen schweren Gartenboden haben, geben Sie deshalb bei der Pflanzung von Lilienzwiebeln reichlich Kies auf den Boden des Pflanzlochs.

LINKS Bei einer wohldurchdachten Pflanzung werden die Blumenbeete dauerhaft herrliche, interessante Farben, Formen und Strukturen zeigen.

Gestaltung: **Eine ganzjährig bunte Rabatte**

In diesem schönen Blumengarten wächst eine Mischung aus blühenden Pflanzen, die wegen ihrer bunten Blüten, interessanten Blätter und ihrer unterschiedlichen Wuchsform ausgewählt wurden. Die Illustration unten zeigt eine einfache und dennoch lebhafte Blumenrabatte mit Einjährigen und Stauden. Stabile Trittsteine wurden zwischen den Pflanzen platziert, sodass die Rabatte leicht zugänglich ist. Lassen Sie sich von diesen Vorschlägen inspirieren!

Im Frühsommer bringt die Taglilie 'Stella de Oro' eine Fülle großer gelber Blüten hervor. Im Hochsommer erscheinen rote Zinnien, orangerote Montbretien 'Lucifer' und Gelber Sonnenhut. Bei der Zusammenstellung der Blumensorten entschied man sich für die Farbfamilie Rot – Orange – Gelb. Als Kontrast wurden purpurfarbene Blüten und Blätter dazugesetzt.

Wenn Sie ein Beet planen, sollten Sie unbedingt die Endhöhe der einzelnen Pflanzen berücksichtigen, damit jede von ihnen ausreichend Platz zum Wachsen hat, ohne andere zu behindern. So sollte man z. B. wissen, dass die Sorte 'Stella de Oro' kleinwüchsiger ist als die meisten anderen Taglilien.

Eine schmale Einfassung aus weiß blühendem Duftsteinrich bildet die Randbepflanzung; die langlebigen duftenden Blüten locken bestäubende Insekten an.

DIE BEPFLANZUNG

1 Montbretie *(Crocosmia* 'Lucifer')
2 Gelber Sonnenhut *(Rudbeckia fulgida)*
3 Sommeraster *(Aster × frikarti* 'Mönch'), siehe Abb. oben
4 Rotblättriger Gartensalbei *(Salvia officinalis)*
5 Petunie *(Petunia × hybrida)*
6 Taglilie *(Hemerocallis* 'Stella de Oro')
7 Weißer Duftsteinrich *(Lobularia maritima)*
8 Rote Zwergzinnie *(Zinnia spec.)*

Die Sommeraster *(Aster × frikarti* 'Mönch') trägt lavendelfarbene Blüten, die im Sommer und bis in den Herbst hinein erscheinen.

Der Gelbe Sonnenhut bringt im Spätsommer Blüten hervor, die wochenlang die Blicke auf sich ziehen.

Die Montbretie 'Lucifer' wurde wegen ihrer lebhaften Blütenfarbe und der anmutigen Form der Blüten ausgewählt.

Die gelbe Taglilie 'Stella de Oro' blüht sehr üppig, wächst kompakt und ist einfach zu kultivieren.

LINKS Die Fetthenne *(Sedum spectabile)* ist eine üppige Sukkulente mit blaugrünen Blättern und dicken, gewölbten Blütenschirmen, die im Herbst erscheinen.

RECHTS Das Schmalblättrige Weidenröschen *(Epilobium angustifolium)* blüht etwa einen Monat lang. Manche Gärtner betrachten die hübsche rosa Wildpflanze als Unkraut, andere schätzen sie.

PFLEGELEICHTE STAUDEN

Stauden blühen und gedeihen Jahr für Jahr, ohne dass man neu pflanzen muss. Deshalb sind sie beliebt bei älteren Gärtnern. Stauden sind zwar teurer in der Anschaffung (manche Arten können Sie allerdings leicht aus Samen ziehen), aber langfristig lohnt sich die Investition, da Sie die Pflanzen nicht regelmäßig zu ersetzen brauchen. Und sie machen weniger Arbeit.

Viele Gärtner lieben es, Ihre Staudenbeete jedes Jahr durch einige neue Pflanzen – bunte Einjährige, Zwiebeln und Knollen und sogar dekoratives Gemüse – zu ergänzen. Doch ein gut gestalteter Staudengarten kann auch ohne solche Maßnahmen interessant wirken.

Wählen Sie Stauden, die in Ihrer Region gut gedeihen. Sie sollten auch berücksichtigen, wo Ihr Garten sonnig ist und wo er beschattet wird; pflanzen Sie nur Arten und Sorten, die in diesem Mikroklima gut wachsen. In einem schattigen Staudengarten z. B. werden Sie Pflanzen haben, die nicht die buntesten und auffälligsten Blüten tragen. Doch dafür können Sie wunderbare Schmuckblattpflanzen präsentieren. Ist die Lage Ihres Gartens hingegen sehr sonnig und trocken, eignet sich die Sedum-Familie (Fetthenne) gut, die eine Vielfalt an Formen, Größen und Farben bietet.

Farben der Blüten, Texturen der Blätter

Farben haben einen großen Einfluss auf die Atmosphäre, die in einem Staudengarten herrscht: Kühle, pastellige Farbtöne schaffen eine ruhige Stimmung, während warme Farben ein Gefühl von Lebendigkeit und Kraft vermitteln. Alle Grüntöne – in der Regel die Farbe des Laubs – bilden den neutralen Bereich der Farbskala. Bei der Auswahl der Blütenfarben sollten Sie daran denken, dass wir im Alter bestimmte Farben, besonders Blautöne, schlechter erkennen

LINKS Diese sorgfältig geplante Staudenrabatte bietet harmonische Farben und interessante Laubformen.

OBEN Dieses Beet in dezenten Gelb-Weiß-Tönen wirkt hochinteresssant durch die sehr unterschiedlichen Blütenformen.

können, während wir andere Farben wie Grün und Rot gut wahrnehmen und auch bevorzugen.

Probieren Sie einmal gewagte Farbkombinationen aus, und pflanzen Sie Stauden in den Komplementärfarben Blau, Orange und Gelb. Aber Sie können auch innerhalb einer Farbfamilie bleiben und sich für Rosa- und Lavendeltöne entscheiden, wenn Ihr Staudengarten eine beruhigende Wirkung ausstrahlen soll.

Die Farbigkeit ist aber nicht der einzige Gesichtspunkt beim Planen eines Staudenbeets – Texturen und Wuchsformen sind ebenso wichtig. Halten Sie deshalb nach Pflanzen mit interessanter Struktur Ausschau. Ein Beispiel ist das Strauchbrandkraut *(Phlomis fruticosa)*; aber auch Ziergräser, die es in einer Fülle von Formen gibt, kommen infrage.

Während die Stauden in voller Blütenpracht stehen, nehmen wir ihre Blätter kaum wahr, doch nach der Blüte sehen wir auch das Laub. Wählen Sie daher Pflanzen mit breiten, wohlgeformten Blättern wie Funkien oder solche mit kleineren Blättern wie Astilben, deren Laub sich von leuchtendem Grün zu Purpur färbt.

Das Themenbeet

Es gibt unzählige Staudenarten und -sorten aus der ganzen Welt, die bei uns erhältlich sind. Bei einer so großen Auswahlmöglichkeit ist man oft überwältigt und wird dazu verführt, von allem etwas zu nehmen. Denken Sie aber daran, dass mehr Vielfalt auch mehr Pflege bedeutet.

Bei der Gestaltung Ihres Staudengartens können Sie sich ein Thema überlegen wie beispielsweise einen Duftgarten mit Rosen, Lavendel, Phlox und Nelken, die in einer sonnigen Lage ihre Blütenpracht hervorbringen und ihren Duft verströmen. Eine andere Möglichkeit ist ein Schmetterlingsgarten mit nektarreichen Pflanzen wie Katzenminze, Salbei, Flockenblume, Kokardenblume und Indianernessel

MEHRJÄHRIGE PFLANZEN FÜR DEN ANFANG

Gänseblümchen,   Glockenblume
Zuchtform

Kleine Bäume und Sträucher
- Gartenhibiskus
- Buchsbaum
- Hinoki-Scheinzypresse (*Chamaecyparis obtusa* 'Nana Aurea')
- Zwerg-Rhododendron
- Zwerg-Hortensie

Hohe Stauden
- Sommermargerite (*Leucanthemum superbum*)
- Phlox (*Phlox paniculata* 'Franz Schubert')
- Purpurdost (*Eupatorium maculatum*)
- Buschknöterich (*Polygonum polymorphum*)
- Ziergräser
- Astern
- Sonnenbraut (*Helenium autumnale* 'Butterpat')

Mittelhohe Stauden
- Mädchenauge (*Coreopsis* spec.)
- Glockenblume
- Purpurglöckchen (*Heuchera* spec.)
- Taglilie (*Hemerocallis* spec.)
- Prachtscharte (*Liatris spicata*)

Niedrige Stauden
- Duftsteinrich (*Lobularia maritima*)
- Waldmeister
- Gänseblümchen
- Thymian (*Thymus vulgaris* 'Aureus')
- Beifuß (*Artemisia* 'Silver Brocade')
- Chile-Erdbeere (*Fragaria chiloensis*)

(Monarda). Schmetterlinge lieben auch flache Blütenschirme wie die der Wilden Möhre (*Daucus carota*), Petersilie und Schafgarbe, auf denen die Insekten leicht landen und sich ausruhen können, während sie die warme Sonne genießen.

Projekt: Dahlien pflanzen und stützen

Pflanzen Sie Dahlien, sobald sich der Boden auf etwa 15 °C erwärmt hat, damit Sie den ganzen Sommer über und bis in den Herbst die herrlichen Blüten genießen können. Setzen Sie gesunde Wurzelknollen an einen sonnigen Platz (mindestens 8 Stunden Sonne am Tag) in den vorbereiteten Boden. Stützt man Dahlien gut, sind sie pflegeleicht und belohnen uns mit großer Farbenpracht.

OBEN Die Dahlie ist eine der schönsten Gartenblumen. Die Blüten kommen in vielen Formen, Größen und Farben einher.

WAS SIE BRAUCHEN

- Gesunde, feste Wurzelknollen ohne Einrisse und Anzeichen von Fäulnis
- Zur Bodenverbesserung ein Gemisch aus Humus, Kompost, Sand und verrottetem Stallmist zu gleichen Teilen
- Spaten
- Stützstäbe
- Weiche Schnur

TIPP DES FACHMANNS

Bei Schritt 3 (unten) sollte das Pflanzloch nur halb gefüllt sein; die abgeschnittenen Stängel sollten herausschauen, bis neue Triebe zu sehen sind. Bis dahin nicht düngen und gießen.

1 Heben Sie mit dem Spaten ein Pflanzloch aus, das mindestens zweimal so tief und genauso breit ist wie die Knollen. Unter die Aushuberde mischen Sie einige Schaufeln eines Bodenverbesserers.

2 Bei hochwüchsigen Dahlien wird vor dem Pflanzen der Knollen ein Stützstab in den Boden gesteckt. So besteht keine Gefahr, dass man die Knollen später durchbohrt, wenn die Pflanze eine Stütze braucht.

3 Legen Sie die Knollen waagrecht auf den Boden des Pflanzlochs, sodass die Knospen nach oben zeigen. Bedecken Sie die Knollen etwa 5 cm hoch mit Erde.

4 Sobald die Knollen beginnen auszutreiben, füllen Sie das Pflanzloch nach und nach mit Erde auf und verabreichen alle drei Wochen einen ausgewogenen Dünger.

5 Hochwüchsige und großblütige Dahlien stützen Sie, indem Sie die weiche Schnur zuerst um den Stängel und danach um den Stab binden.

DER GEMÜSEGARTEN

Viele Gärtner empfinden eine große Freude und Befriedigung, wenn sie Gemüse ernten. Für sie hat die Arbeit im Gemüsebeet großen Reiz. Bohnen, Erbsen, Radieschen und Gurken zu kultivieren ist in der Regel einfach, die Ernte macht Spaß, und selbst gezogenes Gemüse schmeckt einfach besser als gekauftes – zumindest dem Gefühl nach. Und man hat immer ein schönes Geschenk für Nachbarn und Freunde.

OBEN Gemüsegärten sind nicht nur nützlich, sondern auch sehr schön – hier sind gelbe Kürbisblüten und Grünkohl zu sehen.

REGIONALE PRODUKTE ESSEN

Heute leben viele Menschen ernährungsbewusst und sehen einen großen Wert darin, unbearbeitete Lebensmittel quasi „direkt vom Acker" in der Küche zu verwenden. Deshalb sind der Anbau eigenen Gemüses und die Pflege unseres Bodens so beliebt bei Jung und Alt. Eine Beziehung zur Herkunft unserer Lebensmittel zu haben und regionale Produkte zu essen – das ist wichtig für Gärtner, die für ihre Nahrung Verantwortung übernehmen möchten, zum Wohl der Umwelt und der eigenen Gesundheit.

UNTEN Es müssen nicht immer gerade Beete mit Wegen dazwischen sein: Dieses üppige Hochbeet ist ein echter Höhepunkt in einem gepflegten Garten.

Gemüseanbau bedeutet Selbstversorgung und Unabhängigkeit. Und es bedeutet Wissen zu teilen. Vielleicht haben Sie bereits jahrelange Erfahrung darin, wie man essbare Pflanzen zieht; in diesem Fall gibt es eine Menge, was Sie Ihren Kindern und Enkeln vermitteln können, falls diese mit dem Garten wenig im Sinn haben und möglicherweise glauben, dass Rote Beten aus dem Glas und Spinat aus der Tiefkühltruhe kommen. Nutzen Sie daher Ihre Lebenserfahrung dazu, diese jungen Menschen für die Erde und ihre Gaben zu begeistern.

Die beste Methode, Kinder an das Gemüsegärtnern heranzuführen, ist, sie bei der Pflege der Beete helfen zu lassen. Wenn Sie dann noch Gartengeräte für Kinder anschaffen, ist der Erfolg garantiert.

AUSWAHL DER SORTEN

Im Allgemeinen wird man Sorten bevorzugen, die schnell reifen und besonders ertragreich sind. Die Auswahl ist groß, auch an Sorten, die sich für diejenigen unter uns eignen, deren körperliche Fähigkeiten eingeschränkt sind. Doch zunächst müssen Sie sich über einige Voraussetzungen Gedanken machen. Für einen guten Ertrag braucht ein Gemüsegarten mehr als sechs Stunden Sonneneinstrahlung am Tag, wobei allerdings Blattgemüse wie Salat und Spinat auch bei weniger Sonne gedeihen. Der Boden sollte nährstoffreich und durchlässig sein (siehe auch S. 73–79).

Falls Sie einen kleinen Garten haben, wählen Sie Gemüsearten, die auf begrenztem Platz gut gedeihen. Grüne Bohnen zum Beispiel können in die Höhe wachsen und an Stäben oder anderen Stützelementen hochklettern. Der Ertrag bei kletternden Bohnenarten ist zwei- bis dreimal so hoch wie bei Buschbohnen auf einer gleich großen Grundfläche. Butterbohnen, Gurken, Melonen, Erbsen und Stabtomaten sind ebenfalls ideal für eine vertikale Kultivierung.

BESONDERS PFLEGELEICHTES GEMÜSE

Falls Sie Neuling im Gemüseanbau sind oder besonders pflegeleichte Sorten bevorzugen, weil Ihre körperlichen Möglichkeiten begrenzt sind, sollten Sie sich für Salate, Radieschen, Spinat, Zwiebeln und Rote Beten entscheiden. Zu den Gemüsesorten, die mehr Aufmerksamkeit erfordern, zählen Kohlrabi, Blumenkohl, Lauch, Möhren, Sellerie und Kopfsalat.

GEGENÜBER Hochbeete ermöglichen den Gemüseanbau fast das ganze Jahr über, auch ohne natürlichen Gartenboden. Allerdings müssen sie eine gute Drainage haben, damit das Wasser abfließen kann.

GUTE NACHBARSCHAFT

Traditionelle Gärten mit einer Mischung aus Gemüse, Kräutern und Blumen sehen nicht nur wunderbar aus, sondern bilden auch ein gesundes ökologisches System. Da wir heute versuchen, auf den Einsatz von chemischen Mitteln zu verzichten, und bemüht sind, nützliche Insekten und Wildtiere anzulocken, sollten wir uns an solchen Gärten wieder orientieren.

Das Nebeneinander zusammenpassender Pflanzen, die Mischkultur, hält Schädlinge fern und wehrt Krankheiten auf natürliche Weise ab. So vertreiben z. B. aromatische Gewächse wie Zwiebeln und Tomaten Insekten, und sogar bestimmte Farben wie Orange und leuchtende Gelbtöne wirken offenbar abschreckend auf manche schädlichen Fluginsekten. Wenn Sie Kapuzinerkresse in die Nähe von Kohl, Ra-

dieschen, Gurken und Tomaten pflanzen, bleiben die Nutzpflanzen von so manchen Angreifern verschont. Unter Gärtnern ist die Meinung verbreitet, dass vor allem Ringelblumen als Einfassung des Gemüsegartens einen Abwehrring aus scharfen Aromen und leuchtenden Farben bilden und so Schadinsekten Einhalt gebieten.

Auch andere Blumen sind für den Gemüsegarten von Nutzen. Astern und Chrysanthemen wehren die meisten Schadinsekten ab und bieten im Frühherbst noch einmal herrliche Farben. Petunien, die Wärme gut vertragen, bieten Bohnen entsprechenden Schutz, und Rainfarn (*Tanacetum vulgare*) wehrt Ameisen ab. Die beliebten Geranien sind ebenfalls für ihre Insekten abwehrende Wirkung bekannt.

Die Form der Blüten ist gleichfalls von Bedeutung, denn Blüten

bieten vielen nützlichen Insekten einen Landeplatz. Daher sollten Sie zwischen dem Gemüse Pflanzen mit röhrenförmigen, flachen und becherförmigen Blüten kultivieren.

GEWÜRZKRÄUTER GEGEN SCHÄDLINGE

Zu den Regeln der Mischkultur gehört, dass man Gewürzkräuter zwischen die Gemüsepflanzen setzt, weil manche Insekten sie nicht mögen. Schnittlauch und Knoblauch vertreiben Blattläuse, und Oregano ist eine Mehrzweckwaffe, die die meisten unerwünschten Insekten in die Flucht jagt. Rosmarin hilft gegen Käfer, die gern an die Bohnen gehen. Wenn Sie um Ihre Tomaten- und Paprikapflanzen eine Gruppe aus Basilikum, Oregano, Schnittlauch und Rosmarin setzen, haben Sie schon viel für den Schutz Ihres Gemüses getan.

OBEN Die Kapuzinerkresse ist ein wertvoller Nachbar für viele Pflanzen. Sie vertreibt Blattläuse, Wanzen und Käfer.

LINKS In dieser üppig bepflanzten Ecke wachsen Krauskohl, die Taglilie 'Stella de Oro', Erdbeeren, Artischocken, Tagetes, der Blattsalat Lollo Rosso, Fenchel, Rotkohl, Mais und Borretsch.

Projekt: Bohnen und Gurken am Klettergerüst ziehen

Für den kleinen Garten ist ein hohes Klettergerüst ideal, an dem sogar zwei Gemüsesorten gemeinsam hochklettern können. Bei diesem Projekt wird gezeigt, wie Sie Bohnen und Gurken in einem Mini-Hochbeet oder Kübel anbauen können. Als Klettergerüst dient hier ein Zeltspalier, das Sie kaufen oder aus Bambusstäben und Schnur ganz einfach selbst bauen können.

OBEN Es gibt vorgefertigte Klettergerüste zu kaufen, doch wer Zeit und Lust hat, baut sich selbst eines aus Bambusstangen.

WAS SIE BRAUCHEN

- Mini-Hochbeet oder Kübel mit Abflusslöchern
- Zeltförmiges Fertigelement oder 7–9 Bambusstangen
- Schnur oder Klebeband
- Samen von Bohnen- und Gurken-sorten nach Wahl (über Nacht im Wasser einweichen, um die Keimung zu beschleunigen)
- Namensschilder

1 Wer das Gerüst selbst bauen möchte, bindet zuerst drei Bambusstangen am oberen Ende mit einer Schnur zusammen, sodass ein Dreifuß entsteht. Dann werden die restlichen Stäbe – ebenfalls am oberen Ende – dazugebunden. Den zeltförmigen Turm fest in den Boden stecken. Zuletzt Schnur auch weiter unten mehrfach um die Bambusstangen wickeln.

2 Falls Sie einen Bausatz verwenden, ziehen Sie die Stangen unten auseinander, damit eine kreisförmige Basis entsteht. Stecken Sie die Füße in den Boden. Um den Kreis herum sollte ein etwa 5 cm breiter freier Rand bleiben.

3 Sobald das Klettergerüst sicher steht, setzen Sie die Samen (oder Sämlinge) innerhalb der Stäbe kreisförmig in die Erde. In die eine Hälfte des Kreises kommen die Bohnen, in die andere die Gurken. Gießen Sie die Samen bzw. Sämlinge gut an.

4 Sobald die Keimlinge mehrere Blätter und längere Stängel bilden, leiten Sie die Pflänzchen zu den Stäben hin.

5 Gießen Sie die Pflanzen weiterhin ausgiebig und achten Sie anfangs darauf, dass die Triebe nach oben wachsen.

6 Im Sommer ernten Sie saftige Gurken und feste grüne Bohnen. Pflücken Sie die Früchte zeitig, dann sind sie noch zart.

Projekt: **Kartoffelanbau im Kübel**

Kartoffeln können Sie ohne großen Aufwand kultivieren und auch problemlos lagern, um die leckeren Knollen später zu genießen. Es gibt mehr als hundert Kartoffelsorten, ob Früh- oder Spätkartoffeln. Kartoffeln in Kübeln zu ziehen macht Spaß und lässt sich auch mit Kindern gut realisieren. Wenn die Knollen reif sind, brauchen Sie sich nicht auf dem Beet zu bücken und Ihren Rücken zu belasten, um sie zu ernten.

OBEN Das Grün der Blätter und das Weiß der Blüten bilden eine schöne Kübelpflanze, während die Knollen heranreifen.

WAS SIE BRAUCHEN

- Kunststoffkübel oder -eimer
- Bohrer oder Messer, um Löcher zu stechen
- Einheitserde vermischt mit Kompost und/oder verrottetem Stallmist (oder einem anderen organischen Material)
- Saatkartoffeln: folgende Sorten gedeihen gut in Kübeln: 'Yukon Gold' (klein, mit goldgelber Schale und buttrigem Geschmack); 'All Blue' (blaue bis purpurfarbene Schale, blaues Fruchtfleisch; bleibt nach dem Kochen erhalten); 'Red Pontiac' (mit roter Schale und cremeweißem Fruchtfleisch); 'Fingerling' (kleine, fingerförmige gelbe Kartoffel)

1 Verwenden Sie Saatkartoffeln mit mindestens zwei Augen. Lagern Sie sie mit den Augen nach oben an einem hellen, luftigen, frostfreien Ort, bis sie 2 cm lange Lichtkeime gebildet haben.

2 Nach etwa 6 Wochen ist es so weit. Sie benötigen nun einen Kunststoffbehälter von 45–75 l Volumen. Bohren Sie in den Boden des Behälters mehrere Löcher, damit später das Wasser ablaufen kann.

3 Geben Sie ein Drittel des Substrats in den Behälter und legen Sie die gekeimten Kartoffeln in Abständen von etwa 10 cm auf die Erde, wobei der Abstand zur Gefäßwand mindestens 7 cm betragen sollte.

4 Bedecken Sie die Kartoffeln mit Erde. Wenn die Triebe aus der Erde ragen, fügen Sie mehr Substrat hinzu (die Blätter sollen frei bleiben). Wiederholen, bis das Substrat den Gefäßrand (etwa 5 cm unterhalb vom Rand) erreicht. Stets ausgiebig gießen.

5 Erfreuen Sie sich an den schönen weißen oder blassvioletten Blüten, doch Vorsicht, die oberirdischen Teile sind giftig. Wenn die Kartoffelpflanze vergilbt ist und die Blätter abfallen, sind die Knollen reif und können geerntet werden.

Gestaltung: Ein Gemüsegarten auf Hochbeeten

Wer Freude am Kultivieren des eigenen Gemüses hat und gern viele Sorten kultivieren möchte, muss sich überlegen, wie er dies körperlich bewältigen kann. Die Lösung: Hochbeete mit pflegeleichten Sorten. Die Illustration unten zeigt eine Reihe von Beispielen. Bei einer solchen Anlage brauchen Sie sich nicht viel zu bücken und hinzuknien, um Ihr Gemüse zu pflegen und zu ernten.

Ob Gemüse wie Erbsen, Kohl und Salate, die es kalt mögen, oder Tomaten, Paprika und Gurken, die es lieber warm haben – Sie sollten einen Anbauplan für Folgekulturen machen, damit Sie den ganzen Sommer über frisches und gesundes Gemüse ernten können.

Sie können auch zwei Gemüsesorten auf einem Beet anbauen: Radieschen und Möhren passen gut zusammen, denn Radieschen reifen früh und machen dann Platz für die später erscheinenden Möhren. Die Illustration verdeutlicht, wie bestimmte Blumen oder Kräuter neben das Gemüse gepflanzt werden sollten (Mischkultur, siehe S. 148). Diese Gewächse locken nützliche Insekten in den Garten: Bienen sorgen für die Bestäubung, während Marienkäfer und Florfliegen Blattläuse vertilgen. Bei den Beeten wurden Bänke aufgestellt, damit Sie Ruhepausen einlegen und sich an Ihrem Gemüse erfreuen können.

DIE BEPFLANZUNG

1 Kletternde Bohnen, siehe Abb. oben
2 Ringelblume
3 Kartoffeln
4 Zwiebeln
5 Radieschen
6 Möhren
7 Rote Beten
8 Mangold
9 Salat
10 Paprika
11 Gartenkürbis
12 Erbsen
13 Borretsch
14 Tomaten
15 Basilikum

Wenn Sie bestimmte Gemüsearten getrennt ziehen, wird die Pflege einfacher. Zwiebeln z. B. brauchen keine Bewässerung, wenn man sie gleich nach der Ernte trocknen lässt.

Wasserpumpe, leicht zugänglich

Kiesweg

Geräteschuppen

Gartenkürbis versorgt Sie die ganze Saison über mit Früchten. Ernten Sie Kürbis jung, denn dann ist er zart.

Mangold können Sie als Salat oder gegart essen. Schneiden Sie die äußeren Blätter ab und lassen Sie das Herz stehen, damit es immer wieder neue Blätter liefert.

Projekt: **Ein Salatbeet in der Schale**

Die Kultur einer Salatmischung in einem Gefäß ist einfach, spart Kosten und hält Schädlinge fern. Stellen Sie den Topf an einem Platz auf, wo die Pflanzen täglich mindestens vier Stunden direktes Sonnenlicht bekommen. Falls erforderlich, stellen Sie den Topf auf einen Untersatz mit Rollen, sodass Sie ihn immer zur Sonne hin bewegen können. Wenn Sie frühe und späte Sorten pflanzen, werden Sie monatelang frischen Salat ernten können.

OBEN Wählen Sie Salatsorten mit unterschiedlichen Farben, Blattformen, Blatträndern und Texturen.

WAS SIE BRAUCHEN

- Junge Salatpflanzen. Damit Ihr Salatgefäß unterschiedliche Farben und Texturen zeigt, wählen Sie aus den folgenden Sorten:
  Frühe Sorten:
  'Arctic King', 'Black-seeded Simpson', 'Grand Rapids' oder 'Winter Marvel'
  Mittelfrühe Sorten:
  'Red Fire', 'Freckles', 'Royal Oak Leaf' oder 'Salad Bowl'
  Späte Sorten:
  'Diamond Gem', 'Esmeralda', 'Galactic' oder 'Rosalita'
- Pflanzschale mit gutem Wasserabzug
- Kieselsteine
- Gemüseerde (Gartenfachhandel) oder 2 Teile humusreiche Gartenerde mit 1 Teil Sand gemischt

1 Da Salate Flachwurzler sind, wählen Sie eine Pflanzschale. Legen Sie Kieselsteine als Drainage auf den Gefäßboden.

2 Geben Sie nur so viel Erde in das Gefäß, dass oben ein Gießrand bleibt. Die Erde sollte feucht, aber nicht staunass sein.

3 Holen Sie die Jungpflanzen aus ihren Töpfen und setzen Sie sie auf das Substrat. Achten Sie auf den für die jeweilige Sorte empfohlenen Abstand.

4 Jeder Salat-Sämling sollte genauso tief gepflanzt werden, wie er in seinem ursprünglichen Topf stand. Zum Schluss wird die Erde leicht angedrückt.

5 Wässern Sie die Pflanzen regelmäßig, aber ertränken Sie sie nicht. Wenn die Ernte beginnt, schneiden Sie zuerst immer die äußeren Blätter ab.

DER OBSTGARTEN

Es ist ein großes Geschenk, gesundes, saftiges Obst und aromatische Beeren aus dem eigenen Garten genießen zu können. Wenn Sie die Obstsorten klug auswählen, die Möglichkeiten, aber auch die Einschränkungen der eigenen Anbaufläche kennen und den Boden gut vorbereiten, werden Sie mit einer Fülle schmackhafter Früchte belohnt. Und was Sie nicht frisch verzehren können, wird zu schmackhafter Marmelade eingekocht.

OBEN Beeren pflücken macht Freude! Geben Sie ruhig der Versuchung nach, gleich an Ort und Stelle etwas davon zu naschen.

DAS EIGENE OBST

Früher konnte man die Jahreszeit daran erkennen, welche frischen Früchte es beim Gemüsehändler zu kaufen gab. Heute wird zu jeder Jahreszeit fast jede Obstsorte angeboten. Während manche diese Möglichkeiten als eine Bereicherung unserer Ernährung betrachten, sind viele Gärtner von den jederzeit erhältlichen Früchten enttäuscht. Denn diese sehen zwar perfekt aus, sind aber oft saftlos und geschmacksarm. Wenn Sie hingegen Ihr eigenes Obst anbauen, werden Sie mit Sicherheit frische und köstliche Produkte auf dem Tisch haben.

Sie sollten aber darauf achten, dass Sie die Obstsorten pflanzen, die Sie gern essen, da die Ernte sehr ertragreich sein kann. Was dann immer noch zu viel ist, lässt sich zu Marmeladen, Gelees und Säften verarbeiten, die sich lange halten. Und vielleicht setzen Sie auch einmal einen Wein oder Rumtopf an; letzterer ist zwar sehr alkoholreich – er wird mit 55%igem Rum bereitet –, ist aber als Zutat zu Desserts oder Speiseeis gut verträglich.

MONATELANG ERNTEN

Die Reifezeit verschiedener Obstsorten wird für Ihre Wahl, was Sie anbauen möchten, entscheidend sein. Sie können z. B. Erdbeer- oder Himbeersorten pflanzen, die bereits im Frühsommer genossen werden können. Oder warum nicht auch einige Heidelbeersträucher setzen, deren Früchte Sie den ganzen Sommer hindurch ernten können? Das Ganze lässt sich durch einen kleinen Säulenbaum, Apfel oder Pflaume, ergänzen. Wie diese zählen auch späte Himbeersorten zu den Herbstfrüchten.

Bevor Sie Ihren Obstgarten anlegen, informieren Sie sich über die Sorten, die sich für Ihr Klima und die übrigen Bedingungen in Ihrem Garten am besten eignen. Denken Sie daran, Obstsorten zu pflanzen, die unterschiedliche Reifezeiten haben. Sonst müssen Sie alles auf einmal ernten und verarbeiten.

LINKS Ein Obstgarten voller köstlicher Früchte, in dem Pfirsiche, Erdbeeren, Äpfel, Schwarze Johannisbeeren und im Vordergrund Heidelbeeren wachsen.

GEGENÜBER Ein Feigenbaum, Rote Johannisbeeren und ein Birnen-Säulenbaum am Spalier machen diese Gartenecke zu einer üppigen Oase mit selbst gezogenem Obst.

DIE ANLAGE

Wenn Sie Ihren Obstgarten in der Nähe des Gemüse- oder Blumengartens anlegen, locken Sie viele nützliche Insekten an, die zur Bestäubung der Obstblüten unerlässlich sind. Der zu bepflanzende Boden sollte nicht dem Wind ausgesetzt und gut durchlässig sein. Sie sollten auch Sorten mit der geringsten Anfälligkeit für Schädlinge und Krankheiten wählen.

Obstgewächse fühlen sich auf jedem durchschnittlichen Gartenboden wohl, der gut vorbereitet und gedüngt wurde. Die im Pflanzenführer vorgeschlagenen Obstsorten (siehe S. 238–241) wurden deshalb ausgewählt, weil sie pflegeleicht sind, wenig Platz beanspruchen und auch im Kübel gedeihen.

Wenn der Platz begrenzt ist, können kleine Obstgewächse zwei Aufgaben gleichzeitig erfüllen. Ein

Apfelbäumchen z. B. bietet mit seinen zarten Blüten im Frühling einen herrlichen Anblick und belohnt Sie auch noch mit einer reichen Ernte, was bei einem reinen Ziergehölz nicht der Fall wäre. Auch Erdbeerpflanzen lassen sich in doppelter Funktion einsetzen: als Rabattenrand und als Lieferanten köstlicher Früchte. Weintrauben und Himbeeren können an einem Spalier oder Zaun gezogen werden und so einen Gartenbereich begrenzen. Oder Sie setzen Heidelbeersträucher so, dass eine dichte Hecke entsteht.

Damit Ihr Obstgarten zum Erfolg wird, sollten Sie auf regelmäßige Pflegemaßnahmen achten: Rückschnitt zum richtigen Zeitpunkt, regelmäßige Dünger- und Wassergaben sowie Schädlingskontrolle.

OBEN Ein kleines Zitrusbäumchen im Kübel braucht genauso viel Pflege wie ein großes Exemplar im Garten: eine gute Drainage, regelmäßige Wasser- und Düngergaben und hohe Luftfeuchtigkeit.

LINKS Ein Zwergbirnbaum ist eine gute Wahl, da Sie die Früchte problemlos erreichen können. Die Pfirsiche sind im Spätsommer und Frühherbst erntereif.

HEIDELBEEREN PFLANZEN

Heidelbeeren haben großen Zierwert und sind sehr ertragreich. Diese luftigen Sträucher bringen im Frühling hübsche, weiße oder zartrosa Blüten hervor. Daraus entwickeln sich im Sommer rundliche, dunkelblau bis schwarzviolett gefärbte Beeren. Schließlich, im Herbst, zeigt sich das Laub in den herrlichsten Braun-, Purpur-, Rot- und Orangetönen.

Standort und Pflege

Heidelbeerpflanzen benötigen einen sonnigen Standort, wo sie weit genug von Baumwurzeln stehen, damit es keine Konkurrenz um Wasser und Nährstoffe gibt. Der Boden muss sauer, feucht, humusreich, sandig und locker sein. Um seinen Säuregehalt zu erhöhen, arbeiten Sie reichlich Kiefernnadeln unter. Achten Sie aber auf gute Durchlässigkeit, denn Heidelbeeren vertragen keine Staunässe.

Nach dem Pflanzen mulchen Sie den Boden. Viele Gärtner kombinieren Laub mit einer gut 5 cm dicken Lage Sägemehl. Wird diese Mulchdecke jährlich erneuert, hält sie den Boden kühl und feucht und versorgt ihn mit organischem Material.

Sobald Ihre Sträucher drei Jahre alt sind, werden sie erstmals geschnitten. Schneiden Sie im Spätwinter, wobei Sie hauptsächlich die ausladenden älteren Triebe sowie abgestorbene Äste entfernen. Wenn die Sträucher ausgewachsen sind, sollten Sie pro Strauch 6–8 starke, aufrecht wachsende Leittriebe für den Fruchtansatz belassen und alles andere entfernen.

Heidelbeeren im Kübel

Heidelbeeren lassen sich auch gut im Kübel ziehen, vorausgesetzt, man bietet ihnen ein geräumiges Gefäß und reichlich Sonne. Stellen Sie den schweren Kübel deshalb auf einen Untersetzer mit Rollen, sodass Sie ihn immer zur Sonne hin schieben können.

Befüllen Sie den Kübel mit saurem Rhododendronsubstrat. Geben Sie nur so viel Erde in den Kübel, dass ein etwa 10 cm hoher Gießrand frei bleibt. Setzen Sie den Strauch nicht tiefer in die Erde, als er in seinem ursprünglichen Topf stand. Heidelbeeren sind Flachwurzler, dürfen daher nicht zu tief gepflanzt werden. Gießen Sie die Pflanze ausgiebig, nach Möglichkeit mit Regenwasser, und bedecken Sie

OBEN Eine Fülle fast reifer Heidelbeeren lässt sich von der Sonne verwöhnen und kann bald gepflückt werden.

den Wurzelbereich gleich nach der Pflanzung mit einer kleinen Menge Kiefernnadeln oder Rindenmulch.

Heidelbeeren – ob im Freiland oder im Topf – müssen regelmäßig gewässert werden. Regenwasser wäre ideal, da Leitungswasser das Substrat alkalischer macht. Ab dem Frühjahr werden die Pflanzen monatlich gedüngt. Im Sommer können Sie einmal aussetzen, müssen aber danach noch einmal düngen. Danach stellen Sie die Düngergaben bis zum nächsten Frühjahr ein.

Hochbusch-Heidelbeeren

Die größten und saftigsten Früchte bringen die Hochbusch-Heidelbeeren hervor. Sie brauchen aber einen sehr sauren Boden. Wenn Sie diese Bedingungen im Garten oder im Topf nicht bieten können, pflanzen Sie die kleinfrüchtigen Kaninchenäugigen Heidelbeeren *(Vaccinium ashei)*, die weniger saure und trockenere Böden tolerieren.

LINKS Solche weißen Blüten sagen uns, dass die Heidelbeersaison nicht fern ist.

GANZ LINKS Vögel lieben Heidelbeeren. Zum Schutz decken Sie die Pflanzen mit einem Vlies oder Netz ab.

Projekt: Einen Heidelbeerstrauch im Kübel pflanzen

Für einen jungen Heidelbeerstrauch benötigen Sie ein großes Gefäß. Am besten eignen sich Holzkübel, wie man sie für kleine Bäume nimmt. Achten Sie darauf, dass ausreichend Abzugslöcher vorhanden sind, weil Heidelbeerwurzeln Staunässe nicht mögen. Wenn möglich, pflanzen Sie zwei Varietäten, um eine optimale Bestäubung und eine lange Ernte zu gewährleisten.

OBEN Sie können den ganzen Sommer über Heidelbeeren ernten, wenn Sie frühe, mittelspäte und späte Sorten pflanzen.

WAS SIE BRAUCHEN

- Ein Fass oder einen Kübel, etwa 50 cm Durchmesser und 50 cm hoch
- Zwei Teile Rhododendronerde, vermischt mit einem Teil Laubkompost
- Mulchgemisch aus Kiefernnadeln und Laubkompost, Mischung 1:1
- Netz zum Schutz vor Vögeln
- Nach Wunsch: Als dauerhaftes Element kann ein Bambus- oder Metallgestell eingesetzt werden.

GEEIGNETE HEIDELBEER-SORTEN

Alle geeigneten Sorten gehören der Gattung Vaccinium an und gedeihen sehr gut im Kübel: 'Sunshine Blue', 'Northsky', 'Bluecrop', und 'Earliblue'.

1 Stellen Sie den Kübel an einem sonnigen Platz auf. Mischen Sie Rhododendronerde und Laubkompost unter.

2 Geben Sie das fertige Substrat in den Kübel und drücken Sie es fest an.

3 Ziehen Sie verdichtete Wurzeln der Pflanze vorsichtig auseinander. Setzen Sie den Heidelbeerstrauch genauso tief in die Erde, wie er vorher im Topf stand.

4 Bedecken Sie die Substratoberfläche mit Laubkompost und Kiefernnadeln und gießen Sie ausgiebig mit Regenwasser an.

5 Sobald die Heidelbeeren erscheinen, decken Sie die Pflanze mit einem Netz oder einem Vlies ab, damit die Vögel die Beeren nicht abpicken.

HIMBEEREN ANBAUEN

Himbeeren mögen Sonne, vertragen aber auch Halbschatten und brauchen einen nährstoffreichen, feuchten, leicht sauren Boden. Ziehen Sie Himbeerpflanzen an Drähten zwischen zwei Pfosten.

Es gibt zwei Formen von Himbeeren: einmaltragende, die im Hochsommer 2–3 Wochen lang üppig fruchten, und herbsttragende, die von Sommer bis zu den ersten Frösten Früchte hervorbringen. Die Erntezeit hängt von der Sorte ab:

Mit der frühen Sorte 'Glen Clova' und der späten 'Malling Admiral' beispielsweise können Sie die Sommerernte verlängern. Weitere gute Sommersorten sind 'Glen Ample' und 'Tulameen'; zu den Herbstsorten gehören 'Autumn Bliss', 'Heritage' und 'Joan J. Bababerry', die die Sommerhitze gut verträgt.

Himbeeren können vom Himbeermosaik, einer Viruskrankheit, befallen werden. Das kann dazu führen, dass nach 7–8 Jahren die Ernte ausfällt. Dann sollten Sie Ihre Himbeeren durch gesunde Pflanzen ersetzen, am besten an einem anderen Platz des Gartens. Informieren Sie sich vor dem Kauf einer Pflanze in der Gärtnerei, welche Sorten weniger anfällig sind.

LINKS Himbeerruten, die an Drähten befestigt werden, sind leicht zu pflegen. Auch das Pflücken geht einfach.

WIE MAN HIMBEEREN PFLANZT

Der beste Zeitpunkt, um Himbeeren zu pflanzen, ist gekommen, wenn die Spätfröste vorüber sind. Auch im Herbst kann gepflanzt werden, es sei denn, Sie leben in einer Region mit strengen Wintern. Himbeeren brauchen einen Boden, der mit Kompost und organischem Material angereichert wurde. Arbeiten Sie im Frühjahr und im Sommer einen ausgewogenen Dünger ein. Allwöchentlich gut wässern.

1 Für die Pflanzung von fünf Sträuchern bereiten Sie eine 2,5 m lange und 50 cm breite Reihe vor, indem Sie die Erde freilegen. Arbeiten Sie organisches Material wie Torfmoos oder verrottetem Stallmist ein.

2 Spannen Sie eine Schnur, damit die Sträucher in einer geraden Reihe stehen. Heben Sie in 50 cm Abstand Pflanzlöcher für die Himbeeren aus, die so tief und breit sind wie die Wurzeln.

3 Setzen Sie jeden Strauch so in das Loch, dass der Wurzelhals etwa 3 cm unter der Erde bleibt. Füllen Sie das Pflanzloch zu Dreivierteln mit der Aushuberde. Die Erde andrücken und ausgiebig wässern.

4 Schlagen Sie an den Enden der Reihe je einen Stab in den Boden, der mindestens 1,5 m hoch aus dem Boden ragen soll. Spannen Sie dazwischen drei Drähte in gleichmäßigen Abständen von etwa 30 cm.

ERDBEEREN ANBAUEN

Erdbeerpflanzen können in Reihen, auf Erdhügeln, in Gefäßen und als Bodendecker kultiviert werden. Es gibt zwei Hauptformen: die sommerfruchtenden, die im Früh- oder Hochsommer eine üppige Ernte hervorbringen, und immertragende oder remontierende, die im Sommer nur kurz und danach über eine lange Zeit im Herbst Früchte bilden.

Die Sommersorten tragen große, saftige und besonders schmackhafte Früchte. Es gibt auch die Walderdbeere, die kleine, aber süße Früchte hat. Eine neue Züchtung sind Erdbeersorten, die sich tagneutral verhalten. Hier spielt die Tageslänge keine Rolle, sodass sie das ganze Jahr jederzeit Früchte bilden, wenn man sie warm genug hält (mindestens 10 °C). Pflanzen Sie diese Sorten nach und nach vom Frühjahr bis zum Herbst, damit Sie das ganze Jahr Erdbeeren genießen können. Allerdings sind hier die Früchte kleiner, weniger saftig und nicht so schmackhaft wie bei anderen Sorten.

Die Erntedauer von sommerfruchtenden Erdbeeren können Sie verlängern, indem Sie frühe (z. B. 'Elvira', 'Earliglow', 'Haneoye'), mittelspäte (z. B. 'Cambridge Favourite', 'Alice') und späte Sorten (z. B. 'Cambridge, 'Late' Pine', 'Domanil') pflanzen. Gute immertragende Sorten sind 'Aromel' und 'Flamenco'. Pflanzen Sie die Erdbeeren in Rei-

hen oder auf Erdhügeln in 45 cm Abstand. Entfernen Sie die Ausläufer, damit die Pflanzen ihre gesamte Kraft in die Fruchtbildung stecken können. Wässern Sie nach dem Pflanzen ausgiebig und verabreichen Sie einen ausgewogenen Dünger, sobald die neuen Triebe erscheinen. Düngen Sie noch einmal im Hochsommer. Regelmäßig wässern.

Sobald sich die Früchte entwickeln, kommt eine Lage Stroh um die Pflanzen, damit die Erdbeeren keinen Bodenkontakt bekommen, da sie sonst schimmeln.

LINKS Um den Ertrag zu erhöhen, können Sie Erdbeerblüten selbst befruchten, indem Sie den Blütenstaub mit einem Pinsel auf die Narbe übertragen.

OBEN Erdbeerpflanzen gedeihen problemlos in Pflanzsäcken auf einer Holzstufenleiter oder in Hängekörben.

UNTEN Erdbeerreihen können Sie auf einer Mulchfolie pflanzen, die die Feuchtigkeit erhält und das Unkraut unterdrückt.

Gestaltung: Ein leicht zugänglicher Obstgarten

Ernten ohne Bücken und ohne ein Beet betreten zu müssen – das ist in Obstgärten wie dem unten dargestellten möglich. Die Illustration veranschaulicht eine Idee für einen pflegeleichten Obstgarten, der außerdem in seiner geometrischen Anlage eine beruhigende Wirkung ausstrahlt. Lassen Sie sich inspirieren, übernehmen Sie nur die Elemente, die zu Ihrem Garten passen, und pflanzen Sie nur die Obstsorten an, die Sie am liebsten essen.

Obstanbau ist nicht schwer. Sie müssen nur wissen, welche Kulturbedingungen für eine erfolgreiche Ernte erforderlich sind. Heidelbeeren z. B. gedeihen nur in sauren Böden, während Himbeeren ausreichend Sonne und Wasser brauchen und an Drähten gezogen werden müssen. Sollte Ihr Gartenboden eher kalkhaltig sein, können Sie dennoch Erdbeeren pflanzen, die leicht saure Böden benötigen –

und zwar im Hochbeet. Die hier vorgeschlagenen Beerensorten wurden so ausgewählt, dass Sie von Sommer bis Herbst ständig etwas ernten können.

Es gibt verschiedene Säulenäpfel, die mit wenig Platz auskommen, pflegeleicht sind und dennoch schmackhafte Früchte hervorbringen. Nashi-Birnbäume bilden saftige Früchte, sind pflegeleicht und nicht anfällig für Krankheiten.

DIE BEPFLANZUNG

1 Heidelbeere
2 Nashi-Birne *(Pyrus pyrifolia)*
3 Schwarze Johannisbeere
4 Säulenapfel
5 Erdbeere
6 Stachelbeere, siehe Abb. oben
7 Himbeere

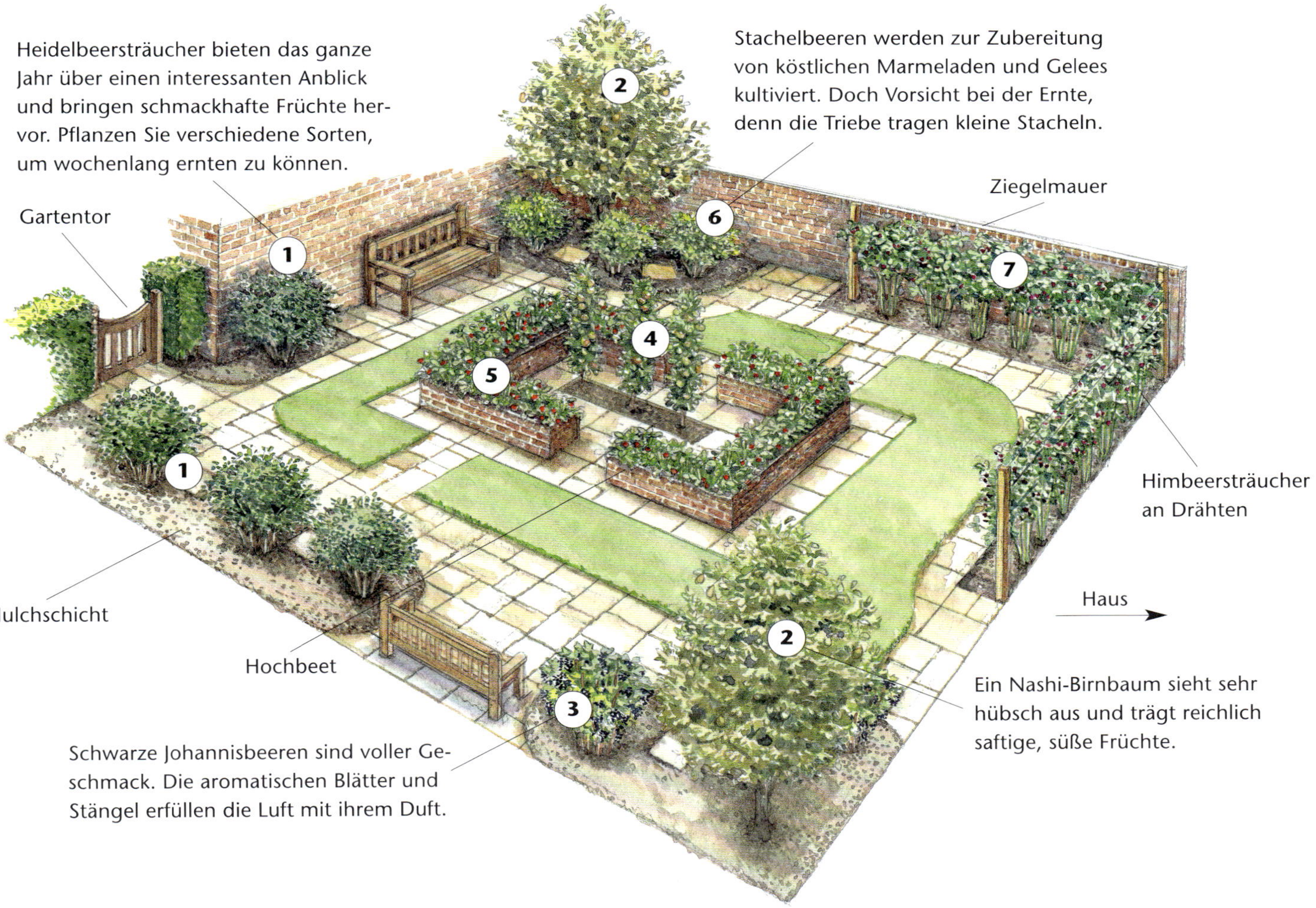

Heidelbeersträucher bieten das ganze Jahr über einen interessanten Anblick und bringen schmackhafte Früchte hervor. Pflanzen Sie verschiedene Sorten, um wochenlang ernten zu können.

Gartentor

Mulchschicht

Hochbeet

Schwarze Johannisbeeren sind voller Geschmack. Die aromatischen Blätter und Stängel erfüllen die Luft mit ihrem Duft.

Stachelbeeren werden zur Zubereitung von köstlichen Marmeladen und Gelees kultiviert. Doch Vorsicht bei der Ernte, denn die Triebe tragen kleine Stacheln.

Ziegelmauer

Himbeersträucher an Drähten

Haus

Ein Nashi-Birnbaum sieht sehr hübsch aus und trägt reichlich saftige, süße Früchte.

Projekt: **Einen Erdbeertopf bepflanzen**

Ein Erdbeertopf hat kleine Wandtaschen oder -öffnungen, in die man Erdbeerpflanzen setzt. Während sich die Wurzeln in reichlich Substrat ausbreiten können, bleiben die Früchte sauber, da sie nicht mit Erde in Berührung kommen. Der Topfboden muss mehrere Abzugslöcher besitzen. Nach der Bepflanzung wird der Erdbeertopf an einem sonnigen Platz aufgestellt.

OBEN Während die Erdbeeren heranreifen, behalten Sie sie im Auge und pflücken die Früchte, sobald sie erntereif sind.

WAS SIE BRAUCHEN
- Erdbeertopf aus Terrakotta oder Kunststoff
- Gutes Pflanzsubstrat
- Grober Kies, kleine Steine oder Tonscherben
- 30 cm langes PVC-Rohr mit Löchern
- Volldünger

DIE BEPFLANZUNG
- Erdbeerpflanzen für jede Tasche und zusätzlich einige für die Öffnung oben. Zahlreiche Sorten, die sich für das Beet eignen (siehe S. 160), fühlen sich im Erdbeertopf wohl. Wählen Sie Sorten, die nicht anfällig für Viruskrankheiten sind.

1 Falls Sie einen Erdbeertopf aus Terrakotta nehmen, stellen Sie ihn für eine Stunde in ein Gefäß mit Wasser oder wässern Sie ihn mit dem Gartenschlauch bzw. der Gießkanne. Andernfalls entzieht der Ton dem Substrat die Feuchtigkeit.

2 Füllen Sie eine etwa 3 cm hohe Schicht Substrat in den Topf und bedecken Sie es mit einer Lage aus Kies, kleinen Steinen oder Tonscherben. Dadurch verbessern Sie die Drainage.

3 Füllen Sie nun weiter Substrat ein, und zwar bis zu den untersten Löchern. Nun setzen Sie in jede der unteren Öffnungen ein Pflänzchen, füllen etwas Erde nach und drücken sie fest. Der Spross der Pflanze muss knapp oberhalb der Erde liegen.

4 Wässern Sie das Substrat im Topf und jede Öffnung. Platzieren Sie das PVC-Rohr senkrecht in der Mitte des Topfes. Füllen Sie Erde nach, bis die nächste Reihe von Löchern erreicht ist, und wiederholen Sie den Pflanzvorgang.

5 Füllen Sie Substrat bis etwa 5 cm unterhalb des Gefäßrandes ein. Setzen Sie oben drei bis vier Pflanzen und verteilen Sie etwas Erde um sie herum. Die Pflanzen werden durch das PVC-Rohr bewässert.

OBSTBÄUME KULTIVIEREN

Wie bei allen Pflanzen sollten Sie sich Zeit nehmen, in einer Baumschule, einer Gärtnerei oder einem landwirtschaftlichen Institut Informationen über Obstbaumsorten einzuholen, die sich in Ihrer Region gut entwickeln. Achten Sie auch darauf, wie anfällig die infrage kommenden Sorten für Schädlinge und Krankheiten sind.

Die Baumhöhen

Obstbäume erfordern nicht unbedingt einen großen Garten, und sogar für einen sehr kleinen Garten finden Sie ein Obstgehölz, das Sie erfolgreich ziehen können. Die meisten Obstbäume werden auf unterschiedlichen Unterlagen veredelt, die deren Wuchshöhen entsprechend begrenzen. Die Gründe: Die Gärten sind heutzutage in der Regel kleiner, und die Obsternte

RECHTS Ein „Obstsalatbaum" entsteht durch Gentechnologie: Verschiedene Sorten einer Familie wachsen auf einer Pflanze.

soll vereinfacht werden, auch für professionelle Obstbauern.

Im Handel sind unterschiedliche Baumformen mit entsprechenden Stammhöhen erhältlich. Eine Baumform mit einer Stammhöhe von 40–60 cm bezeichnet man als Buschbaum. Bei einer Stammhöhe von 80–100 cm spricht man von einem Niederstamm. Erreicht der Stamm eine Höhe von 100–120 cm, handelt es sich um einen Halbstamm, und ein Hochstamm hat eine Stammlänge von mindestens 180–220 cm. Kleine Obstbäume können allerdings anfälliger für Krankheiten sein. Das liegt daran, dass sie flach wurzeln und Trockenheit ihnen stärker zusetzt als tief im Boden wurzelnden Pflanzen. Doch

LINKS Ein Zwergpfirsichbaum (*Prunus persicus*) kann im Kübel auf der Terrasse wachsen. Er bringt im Frühjahr hübsche Blüten und im Sommer köstliche Früchte hervor.

UNTEN Ein Säulenapfel ist ein großer Gewinn für jeden Garten. An den kurzen Ästen entwickeln sich Früchte, die einfach und bequem zu ernten sind.

wenn Sie Ihren kleinen Baum ausreichend wässern und düngen, überwiegen die Vorteile, da er früher fruchtet und sowohl der Schnitt als auch die Ernte einfacher sind.

Neue Formen: Säulenobst

Wie der Name schon sagt, haben Säulenobstbäume eine säulenartige Wuchsform, denn sie wachsen aufrecht und haben nur kurze Äste. Sie werden durchschnittlich bis 2,5 m hoch und 0,5 m breit. Ein ausgewachsener Säulenobstbaum – es gibt u. a. Äpfel, Birnen und Kirschen – kann 20 Jahre lang gesunde Früchte hervorbringen.

Die Nashi-Birne

Die Nashi-Birne, die bei uns noch nicht lange allgemein bekannt ist, trägt Büschel weißer, duftender Blüten, die im Frühjahr erscheinen. Der Baum braucht nur wenig Schnitt, sollte aber in den ersten Jahren etwas in Form gestutzt werden. Die Früchte werden bis auf eine oder zwei pro Fruchttrieb ausgedünnt, da der Baum sonst viele kleine Früchte bilden würde.

Das Fruchtfleisch der nahezu runden Nashis ist knackig, süß und saftig; der Geschmack liegt zwischen dem von Apfel und Birne. Dieses vielseitige Obst können Sie nicht nur direkt vom Baum essen, sondern auch für verschiedene Apfel- und Birnenrezepte verwenden.

Obstsalatbäume

Eine weitere Neuerung im Obstgarten bieten Bäume, die verschiedene Obstsorten tragen. Sie sind noch nicht weit verbreitet, werden aber immer beliebter. Die meisten dieser sogenannten Obstsalatbäume werden auf robusten Unterlagen veredelt. Achten Sie aber darauf, welche Höhe diese Bäume erreichen. Es gibt eine Züchtung mit Steinobst, die Aprikosen, Pfirsiche, Pflaumen und Nektarinen trägt. Ein anderer Obstsalatbaum, den es als Säulenapfel gibt, bringt rote und grüne Apfelsorten hervor, ein weiterer verschiedene Birnensorten. Zitrusbäume mit Orangen, Mandarinen und Zitronen sind in unserem Klima am besten zu kultivieren, wenn man einen Wintergarten hat.

Viele Obstsalatbäume brauchen einen radikalen Rückschnitt, damit sie in Form bleiben.

Obstbäume im Kübel

Die meisten Obstbäume können Sie in einem großen Kübel kultivieren – bis auf Kirschen, die sehr viel

Platz brauchen. Das Material des Gefäßes spielt zwar für das Wachstum keine Rolle, aber denken Sie daran, dass Tontöpfe in sehr kalten Wintern platzen können.

Die wichtigste Anforderung, die Sie an einen Pflanzkübel stellen müssen, ist eine ausreichende Drainage. Im Allgemeinen werden Sie ein Gefäß von 50–60 cm Durchmesser und Tiefe benötigen.

Das Substrat sollte nährstoffreich sein und zu einem Drittel Perlit oder Vermiculit enthalten, damit

LINKS Die Nashi-Birne bringt feste, saftige Früchte hervor, die im Spätsommer und Frühherbst heranreifen. Sie schmecken wie eine Mischung aus Apfel und Birne.

OBEN Zitrusbäume können bei sorgfältiger Pflege und gutem Schutz vor Kälte auch in gemäßigten Breiten überleben.

keine Staunässe entsteht. Verwenden Sie Langzeitdünger in Stäbchenform. Sobald die Früchte erscheinen, wird regelmäßig gewässert. So bleibt der Baum gesund, und die Düngerkonzentration im Substrat steigt nicht an.

Damit Ihre Obstbäume im Kübel lange ertragreich bleiben, sollten Sie sie nach dem Laubfall umtopfen. Bei ausgewachsenen Pflanzen werden die Wurzeln alle zwei Jahre um 2–3 cm eingekürzt, der Baum wieder in den Topf gesetzt und ein Fünftel des Substrats erneuert.

DER KRÄUTERGARTEN

Seit dem Altertum legen Menschen Kräutergärten an. In Apotheker-gärten wurden Heilkräuter angebaut, z. B. Minze und Kamille, aus denen man wohltuende Tees und antibakterielle Spülungen berei-tete. Andere Kräuter dienten auch zum Färben von Stoffen. Heut-zutage nutzen wir diese besonderen Gewächse in erster Linie zum Würzen von Speisen. Kräutergärten sind nach wie vor beliebt, nicht zuletzt deshalb, weil viele der Pflanzen wunderbar duften.

OBEN Zweimal Salbei im Kräuterkübel. Die Farbtöne von Gold- und Purpursalbei harmonieren auf das Schönste.

KÜCHENKRÄUTER

Kräuter aus dem Garten können uns dabei helfen, Salz zu reduzie-ren, ohne auf Geschmack zu ver-zichten. Frische oder getrocknete Kräuter aus dem Garten machen Speisen viel schmackhafter, sodass wir unsere Gerichte auch mit weni-ger Salz genießen können.

Ob Sie noch Ihren alten Garten haben oder nun ausschließlich Töpfe bepflanzen – legen Sie Ihren Kräutergarten so an, dass er leicht zugänglich ist. In Kräuterbeeten ver-legen Sie Trittplatten zwischen den Pflanzen, damit Sie sie sicher und

bequem ernten können. Sind die Kräuter gut zu erreichen, werden Sie sie täglich zum Kochen verwenden.

AUF DIE MISCHUNG KOMMT ES AN

Wenn Sie gern mit Farben und Texturen spielen und nicht auf Kü-chenkräuter fixiert sind, können Sie einen Kräutergarten nach krea-tiven Gesichtspunkten gestalten. Arten wie Salbei, Lavendel, Thy-mian und Wermut *(Artemisia ab-sinthium)*, die Blätter in gedämpf-ten Grau- und Silbertönen tragen, können es einem Gärtner beispiels-

weise ermöglichen, einen Garten in dieser kühlen, beruhigenden Farbfamilie anzulegen.

Beliebt ist auch die Kombina-tion von Küchenkräutern mit Zier-pflanzen und -sträuchern. Wenn man Kräuter auf diese Weise ein-setzt, bringen sie vielfältigen Nut-zen. Petersilie inmitten von Einjäh-rigen beispielsweise sorgt für üppi-ges Grün im Beet, das viele Blumen überdauert. Waldmeister und Ka-mille erfüllen ein Staudenbeet mit ihrem süßlichen Duft, und hohe Pflanzen wie Fenchel und Rosmarin bilden einen dekorativen Hinter-grund für niedrige Staudenkissen. Ein Teppich aus Schnittlauch am Fuße Ihrer Rosen hilft gegen Pilz-krankheiten, von denen unsere Lieblingsblumen oft befallen wer-den. Kurz gesagt, Kräuter sind nütz-liche und hübsche Begleiter für an-dere Gewächse.

Doch auch für sich allein tragen Kräuter mit ihrer Vielfalt an Farben und Texturen zu einem lebhaften Erscheinungsbild des Gartens bei. Darüber hinaus brauchen sie nur wenig Pflege – was kann sich ein Gärtner also mehr wünschen?

LINKS Küchenkräuter können Sie an einer sonnigen Ecke des Gartens oder als Weg-begrenzung dicht an dicht pflanzen.

GEGENÜBER Diese Kräuter fühlen sich in Hochbeeten aus Flechtwerk wohl und strahlen einen altmodischen Charme aus.

WELCHE KRÄUTER WÄHLEN?

Aus der enormen Fülle anspruchs-
loser Kräuter kann ein Neuling
Arten wie z. B. Minze, Dill, Petersilie, Fenchel, Schnittlauch, Thymian, Majoran, Salbei oder Rosmarin in Betracht ziehen. Die Auswahl ist groß, und gerade für den
kleinen Garten bieten sich viele
Kräuterarten an.

FÜR BEET UND TOPF

Es gibt viele Möglichkeiten, wo
man Kräuter pflanzen kann, z. B.
in besonderen Kräuterbeeten oder
als Randbepflanzung im Gemüsegarten. Besonders gut eignen sich
Kräuter für Töpfe, Hängekörbe und
Balkonkästen. Praktisch ist es, wenn
man Kräuter in der Nähe der Küche
anbaut, sodass sie immer schnell
erreichbar sind.

Die Erscheinungsformen von
Kräutern sind höchst unterschiedlich. Manche wachsen krautig und
hoch, wie Fenchel und Rainfarn
(Tanacetum vulgare), andere als bo-

OBEN Wuchernde Pflanzen wie Minze können Sie bändigen, wenn Sie sie in einen
Topf oder Kübel ohne Boden pflanzen.

dennahe Kissenpflanzen, wie Thymian. Die meisten Kräuter sind ursprünglich in trockenen, sonnigen
Regionen heimisch; sie brauchen
die Sonne, um ihre ätherischen Öle
zu bilden. Am besten gedeihen sie
daher an offenen, sonnigen Stellen.

Manche Kräuter neigen zum Wuchern, etwa alle Minzearten. Daher
sollte man sie im Topf kultivieren
oder einen Kübel oder Eimer ohne
Boden im Pflanzbereich versenken
und die Minze dort hineinpflanzen.

OBEN An der Hauswand oder auf Treppen-
stufen kommen Kräuter in Töpfen besonders gut zur Geltung.

DER RICHTIGE BODEN

Für die meisten Kräuter eignen
sich trockene Böden, und je sonniger und wärmer der Standort ist,
desto besser schmecken sie auch.
Das Aroma verdanken Kräuter den
ätherischen Ölen, die in ihren Zel-
len produziert werden. Bei Wärme
ist die Konzentration der ätherischen Öle erhöht. Auf nährstoffreichen Böden wachsen sie zwar
schneller, entwickeln aber weniger
Aroma. Am besten gedeihen Kräuter auf einem lehmhaltigen Boden,
unter den etwas organisches Material gehoben wurde. Der ideale
pH-Wert liegt bei 6,5–7,0.

Kräuter werden ausgesät wie Gemüse, und auch das Saatbett wird
wie bei Gemüse vorbereitet. Es bietet sich an, Kräuter- und Gemüsesorten, die die gleichen Anforderungen an Standort und Boden
stellen, als Mischkultur zu ziehen.

LINKS Dieses dekorative Kräuterbeet wird
von einem Weidengeflechtzaun begrenzt.

Knoblauch

Fenchel

Basilikum

Salbei, Sorte 'Purpurascens'

Oregano

Glatte Petersilie

Rosmarin

Salbei

ITALIENISCHE KRÄUTER

Es macht Spaß, den Kräutergarten thematisch zu gestalten, z. B. mit italienischen Kräutern. Hier finden Sie Beschreibungen und Bilder der wichtigsten Kräuter, die zu italienischen Gerichten gehören.

Basilikum (Ocimum basilicum)

Dieses frostempfindliche einjährige Kraut ist auf durchlässigen Böden in warmer, sonniger und windgeschützter Lage einfach zu ziehen. Man sagt, in der Nähe von Tomaten und Paprika gepflanzt, verbessere Basilikum deren Geschmack und vertreibe Fliegen.

Fenchel (Foeniculum vulgare)

Fenchel ist wegen der aromatischen Blätter und der Samen beliebt. Die Blätter lassen sich zum Würzen von Salaten und Saucen verwenden, die Samen verleihen der Salami ihren köstlichen Geschmack. Ernten Sie das Grün, solange es jung ist, und lassen Sie einige Pflanzen stehen, damit Sie die Samen sammeln können.

Knoblauch (Allium sativum)

Knoblauch entwickelt sich aus einer Zwiebel, in gemäßigten Breiten wird er im Herbst, in kalten Regionen im Frühjahr gepflanzt. Sobald die Blätter braun werden, kann man die Knollen ernten. Die Herbstpflanzung wird im folgenden Frühsommer reif, die Frühlingspflanzung im Spätsommer.

Oregano (Origanum vulgare)

Ausgewachsene Oregano-Pflanzen bringen kleine purpurne, essbare Blüten hervor. Die Blätter verwendet man frisch oder getrocknet. Oregano zählt zu den wenigen Gewürzkräutern, die getrocknet intensiver schmecken als frisch. Man sollte mit der Ernte warten, bis die Blüten erscheinen, denn dann ist Oregano am aromatischsten.

Petersilie, glatte (Petroselinum neapolitanum)

Die glatte Petersilie schmeckt süßlicher und aromatischer als die Art mit krausen Blättern (Petroselinum crispum). Dieses unkompliziert zu kultivierende Küchenkraut lässt sich in vollsonniger bis absonniger Lage kultivieren. Es lockt Bienen, Schmetterlinge und Vögel an. Die Verwendungsmöglichkeiten in der Küche sind nahezu unbegrenzt.

Rosmarin (Rosmarinus officinalis)

Dieses aromatische Kraut kann zu einem kleinen Strauch gezogen werden oder über den Rand eines Topfes herabfallen. Wählen Sie die Form, die zu Ihren anderen italienischen Kräutern passt. Rosmarin braucht volle Sonne. Er wird vor allem für Fleischgerichte und zum Würzen von Brot verwendet.

Salbei (Salvia officinalis)

Die reizvoll gefärbten Blätter des Salbeis – auch Echter Salbei oder Gartensalbei genannt – kann man jederzeit pflücken, doch direkt vor oder nach der Blüte sind sie am aromatischsten. Die Sorte mit den graugrünen Blättern eignet sich am besten für die Küche, sollte aber wegen ihres intensiven Aromas sparsam eingesetzt werden.

LAVENDEL SCHNEIDEN

Lavendel ist einfach zu kultivieren und zu pflegen. Im ersten Jahr braucht die Pflanze nur wenig Schnitt, da sie kaum Blütentriebe bildet. Danach wird sie im Spät-sommer, wenn die Blüten welken, geschnitten, damit sie noch Zeit hat, um etwas auszutreiben und als kom-pakter, kräftiger Busch zu überwintern.

1 Der Schnittzeitpunkt ist mit dem Ende der Blüte gekommen, wenn nur noch einzelne dünne Triebe stehen.

2 Schneiden Sie bis zu der Stelle zurück, wo noch grüne Triebe zu sehen sind – nicht bis ins alte Holz, denn es treibt nicht nach.

3 Durch einen regelmäßigen Rückschnitt behalten Lavendelpflanzen eine schöne Form und verholzen in der Mitte nicht.

BEPFLANZEN SIE IHREN KRÄUTERGARTEN

Kräuter können Sie überall, wo es sonnig ist, pflanzen. Oft bilden sie eine wertvolle Ergänzung für den Ziergarten. Salbei und Currykraut *(Helichrysum italicum)* passen eben-so gut in Rabatten mit Einjährigen und Stauden wie in Küchengärten. Denken Sie daran, dass wuchernde Arten wie Minze in einen Topf ge-hören, wenn sie inmitten anderer Pflanzen stehen sollen. Entfernen Sie die Blütenstände der Minze, be-vor sie Samen bilden und diese sich auf dem Beet ausbreiten können.

Damit Kräuter frische Triebe mit Blättern entwickeln, müssen die Blüten entfernt werden. Denn wenn Pflanzen blühen, produzieren sie Samen und sterben schließlich ab. Entfernen Sie also, so hart es auch sein mag, die oft hübschen Blüten, sobald sie erscheinen. So können Sie lange Zeit saftige und aromati-sche Kräuterblätter ernten.

KRÄUTER IM TOPF UND AUF DEM HOCHBEET

Kräuter eignen sich sehr gut für Töpfe und machen sich ausge-zeichnet auf der Terrasse, wo sie viel Sonne erhalten; achten Sie nur darauf, dass das Substrat nicht aus-trocknet. Auf Hochbeeten mit gu-ter Drainage fühlen sich Kräuter ebenfalls sehr wohl. Verwenden Sie immer ein sehr durchlässiges Sub-strat, das nicht staunass wird.

LINKS Gemischte Kräuter inmitten von Ge-müse oder Blumen bilden einen Pflanzen-teppich und wehren Schädlinge ab.

Gestaltung: Ein Kräuterrondell

Dieser Gartenplan zeigt ein Kräuterrondell, eine traditionelle und sehr dekorative Form des Kräutergartens. Vielleicht haben Sie nicht den Platz oder keine Lust für ein vollständiges großes Rondell, aber Sie können auch ein kleineres Format gestalten oder einfach nur einen Teil nachempfinden. Schon bald erfüllen duftende Kräuter wie Lavendel, Salbei und Thymian die Luft mit zauberhaften Aromen.

Ein solches Rondell braucht einen warmen, sonnigen Standort, da Kräuter nur bei direktem Sonnenlicht gut gedeihen. Viele Kräuter haben zarte Farben und interessante Blätter, die Sie einsetzen können, um Farbtöne und Texturen zu unwiderstehlichen Kombinationen zu arrangieren.

Wenn man den aromatischen Teppichthymian in die Fugen zwischen den Bodenplatten pflanzt, wird er durch Tritte zerdrückt, und seine freigesetzten ätherischen Öle entfalten ihren herrlichen Duft.

Kräuter locken zahlreiche nützliche Insekten an, die sich von Gartenschädlingen ernähren. Ein Wasserbehälter, beispielsweise ein Vogelbad inmitten des Kräuterrondells, wird auch Schmetterlinge mit Wasser versorgen.

DIE BEPFLANZUNG

1 Purpursonnenhut *(Echinacea purpurea)*

2 Teppichthymian *(Thymus praecox* 'Albiflora'), siehe Abb. oben

3 Purpursalbei *(Salvia officinalis* 'Purpurea')

4 Weinroter Zierlauch *(Allium atropurpureum)*

5 Rosmarin *(Rosmarinus officinalis)*

6 Estragon *(Artemisia dracunculus* 'Sativa')

7 Goldsalbei *(Salvia officinalis* 'Aurea')

8 Echtes Mädesüß *(Filipendula ulmaria)*

9 Schafgarbe *(Achillea millefolium)*

10 Römische Kamille *(Chamaemelum nobile)*

11 Zwerg-Silberraute *(Artemisia schmidtiana* 'Nana')

12 Graues Heiligenkraut *(Santolina chamaecyparissus)*

13 Mehliger Salbei *(Salvia farinacea)*

14 Lavendel *(Lavandula angustifolia)*

Bodenplatten ermöglichen den direkten Zugang zu den Kräutern, um ihren Duft zu genießen oder sie zu pflücken.

Der Estragon wird wegen seines süßen, anisähnlichen Geschmacks kultiviert.

Der Weinrote Zierlauch bringt auffallende, dunkelpurpurne Blütenköpfe hervor.

Vogelbad

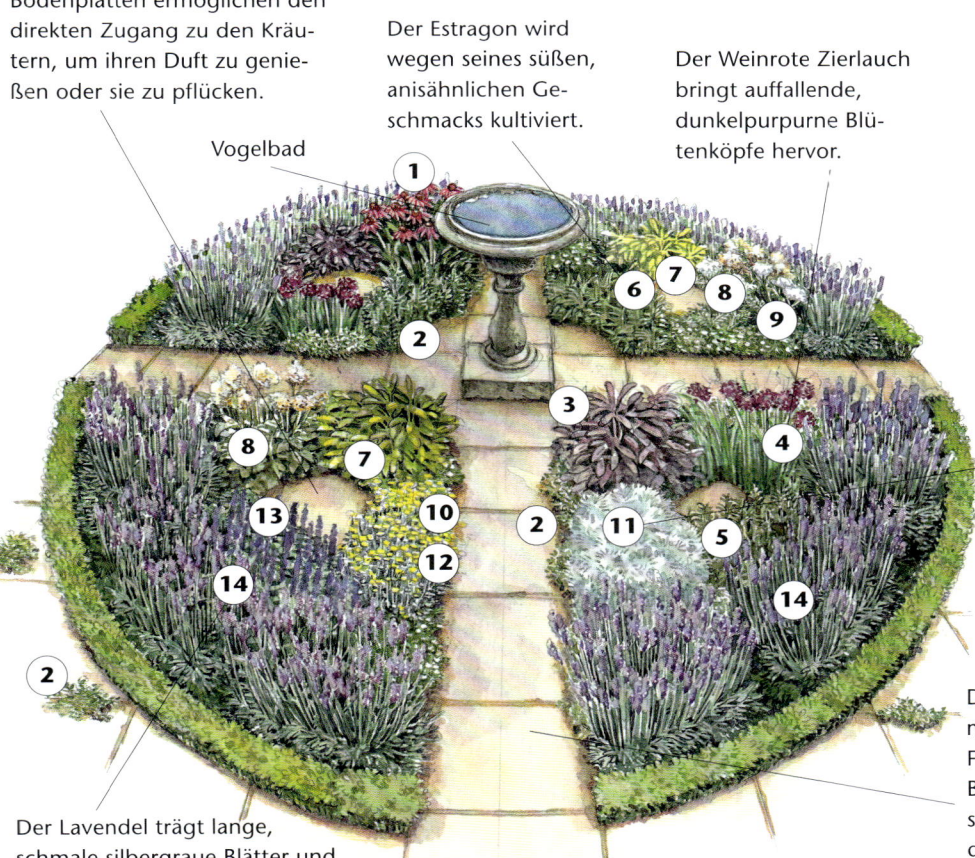

Die Zwerg-Silberraute bildet hügelige Kissen farnartiger, silbergrauer Blätter, die auch als Wegeinfassung entzückend aussehen.

Der gepflasterte Weg ermöglicht den Zugang. Für Rollstuhlfahrer und Benutzer von Gehhilfen sollte der Weg breiter gestaltet werden.

Der Lavendel trägt lange, schmale silbergraue Blätter und blasslavendelblaue Blüten, die von Frühling bis zum Spätsommer erscheinen.

Projekt: Einen Trog mit Kräutern bepflanzen

Kräuter brauchen viel Sonne, deshalb wählen Sie einen Standort, an dem Ihr Kräutergefäß täglich mindestens sechs Stunden volle Sonne erhält. Der nächste Schritt ist die Auswahl der Kräuter – Vorschläge finden Sie unten. Etwas Pflanzenpflege, und Sie können Ihre Gerichte den ganzen Sommer mit frischen Kräutern würzen.

OBEN Wählen Sie gesunde Pflanzen aus und lesen Sie die Etiketten sorgfältig durch, um sich über die Wachstumsbedingungen und die Pflege zu informieren.

WAS SIE BRAUCHEN
- Ein großes Gefäß mit Abzugslöchern
- Grober Kies, kleine Steine oder Tonscherben als Drainagematerial
- Einheitserde, gemischt mit Kompost und Sand oder Kies
- Schaufel, um die Erde einzufüllen

GEEIGNETE PFLANZEN
- Basilikum, Bohnenkraut, Estragon, Korianderkraut, Lavendel, Oregano, Petersilie, Schnittlauch, Thymian

TIPP DES FACHMANNS
Die meisten Kräuter sollten in nährstoffarmem Substrat wachsen. Doch wenn man sie im Gefäß dicht an dicht pflanzt, brauchen sie etwas Dünger.

1 Bedecken Sie den Boden des Pflanzgefäßes mit einer Schicht Drainagematerial und füllen Sie dann die Erde ein.

2 Verteilen Sie die Kräutertöpfe auf dem Gefäß mit Erde, um die Anordnung und die Abstände der Kräuter zu prüfen.

3 Drehen Sie die Kräutertöpfe um und halten Sie die Pflanze zwischen Zeigefinger und Mittelfinger. Klopfen Sie auf den Topfboden oder drücken Sie den Topf, um die Pflanze herauszulösen.

4 Wenn der Wurzelballen verdichtet ist, ziehen Sie einige Wurzelfasern behutsam auseinander, um neues Wurzelwachstum zu fördern. Pflanzen Sie jedes Kraut so tief, wie es vorher in seinem Topf stand.

5 Pflanzen Sie weitere Kräuter in den Trog, bis das gewünschte Arrangement erreicht ist. Wässern Sie die Pflanzen regelmäßig, bis sie gut eingewachsen sind.

HOCHBEETE

Hochbeete sind nichts Neues. In den Hängenden Gärten von Babylon, bei denen es sich um terrassierte Beete handelte, realisierte man ein ähnliches Konzept, und Mönche des Mittelalters nutzten Hochbeete zum Anbau von Kräutern. Doch erst vor wenigen Jahrzehnten wurden sie wiederentdeckt. Sie sind die ideale Lösung für alle mit Rückenproblemen Geplagten und bieten viele weitere Vorteile – von der geringeren Bodenverdichtung bis zu höheren Erträgen.

OBEN Dieses Hochbeet ist aus versetzt gelegten Kanthölzern gebaut, damit es stabil ist und natürlich aussieht.

EIN BEET VOLLER VORTEILE

Es gibt sie in allen Formen, Größen und Materialien. Man kauft sie als Bausatz, oder man setzt sein kreatives und handwerkliches Geschick ein und baut sich eins. Standort und Bodenqualität kann man – in gewissen Grenzen – selbst wählen und Schädlinge leichter bekämpfen. Hochbeete sind zweifellos eine gute Lösung für den Stadtgarten.

Doch der wichtigste Vorteil eines Hochbeets liegt darin, dass beim Pflanzen, Jäten und Ernten der Rücken geschont wird. Meist können Sie die Höhe des Beetes selbst bestimmen, damit es sich möglichst komfortabel bearbeiten lässt.

Wenn Ihr Gartenboden nicht für Ihre Lieblingspflanzen geeignet ist – im Hochbeet wachsen sie, weil Sie den Boden selbst wählen können. Bauen Sie allerdings säureliebende Pflanzen im Hochbeet an, während Ihr Gartenboden sehr kalkhaltig ist, kann es nötig sein, eine Trennschicht in den Beetboden einzubringen, die den sauren vom kalkhaltigen Boden trennt.

Da der Rahmen eines Hochbeets der Sonne ausgesetzt ist, erwärmt sich sein Boden im Frühling schneller als der Gartenboden. Das bedeutet, dass Sie früher mit dem Pflanzen beginnen können. Und da der Boden über die gesamte Wachs-

tumsperiode warm bleibt, haben Blütenpflanzen und Gemüse mehr Zeit, um zu blühen bzw. zu reifen.

Ein wichtiges Kriterium für einen gesunden Garten ist eine gute Entwässerung, und die ist in einem Hochbeet gegeben, da aus ihm das Wasser problemlos ablaufen kann. Und außerdem können Sie nach Regenwetter arbeiten, ohne die nasse Gartenerde mit Ihren Schuhen zusammenzudrücken.

Wenn Sie ein Hochbeet anlegen, werden Sie sehen, wie groß die Vorteile wirklich sind. Auf den folgenden Seiten erfahren Sie, wie Sie ein selbst entworfenes Hochbeet oder eines aus einem Bausatz bauen.

LINKS Hochbeete bieten mit unterschiedlichen Strukturen vielfältige gestalterische Möglichkeiten im Garten. Hier rahmt ein halbrundes, mit Platten belegtes Mäuerchen eine Kiesfläche ein.

RECHTS Bei der Bewirtschaftung eines Hochbeets kann man bequem sitzen und muss sich nicht bücken.

GEGENÜBER Lorbeer-Hochstämmchen, Buchsbaumkugeln, Efeu und Kräutertöpfe verleihen diesem Innenhof-Hochbeet ein südliches Flair.

Gestaltung: Hochbeete

Die Illustrationen unten zeigen einige der vielen Materialien, die sich zum Bau von Hochbeeten eignen. Holz, Heuballen, Natur-, Pflaster- und Ziegelsteine gehören zu den am häufigsten verwendeten Materialien, aber es gibt noch endlos viele andere. Wenn Ihnen Ihr Beet zu „architektonisch" vorkommt, pflanzen Sie an den Fuß Kletterpflanzen oder oben an den Rand Hängepflanzen, die die Kanten dekorativ überwachsen.

Die Größe eines Hochbeets hängt vom Platz ab, den Sie ihm zuweisen wollen. Berücksichtigen Sie, dass Sie das Beet bearbeiten müssen, ohne es zu betreten. Das bedeutet für die Größe: Bei einer frei stehenden Konstruktion müssen Sie vom Rand bis in die Mitte greifen können, das ergibt bei einer Arm-Reichweite von 70 cm eine

Breite von 140 cm. Wenn Sie mehrere Hochbeete planen, kann der Gang zwischen ihnen 60 cm schmal sein. Damit er nicht veralgt oder vermoost, sollten Sie ihn mit Kies bestreuen oder mit Platten belegen.

Für die Rahmen des Hochbeets ist druckimprägniertes Holz wegen seiner Schönheit, Langlebigkeit und Fäulnisresistenz besonders beliebt.

DAS HOCHBEET: DIE MÖGLICHKEITEN

1 Einfaches Hochbeet aus Brettern
2 Bausatz-Hochbeet
3 Pflasterstein-Hochbeet
4 Heuballen-Hochbeet
5 Tisch-Hochbeet
6 Hochbeet aus Natur- oder Ziegelsteinen

ANDERE MATERIALIEN

Kunststoff im Holz-Look
Eisenbahnschwellen (Abb. oben)
Porotonsteine (Lochziegel)
Alte Autoreifen, gestapelt
Stabile, große, mit Erde gefüllte Pflanzsäcke aus Kunststoff
Wasserträge aus galvanisiertem Metall

Dieses einfache Beet kann durch die Verwendung höherer Eckpfosten und zusätzlicher Bretter um zwei oder drei Reihen erhöht werden. Der waagrechte Rand ist zum Sitzen gedacht.

Bausätze aus Holz oder Kunststoff im Holz-Look enthalten Eckverbindungen, die zum Erhöhen des Beets einfach aufeinander gesteckt werden. Hier ergänzt ein beranktes Spalier das Gemüsebeet.

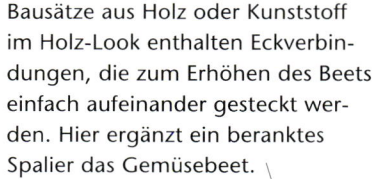

Echte Pflastersteine oder Kunststoff-Repliken werden bis zur gewünschten Höhe aufeinander gesetzt.

Heuballen ermöglichen den Anbau von Pflanzen sowohl in der mit Erde gefüllten Mitte als auch auf der Oberseite der Ballen.

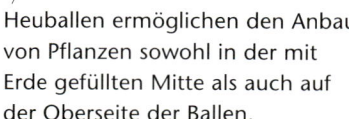

Dieses Hochbeet lässt sich im Stehen bearbeiten. Für gärtnernde Rollstuhlfahrer werden die Beine verkürzt.

Natursteine, aber auch Ziegel eignen sich für den Bau schöner Beete in allen Formen und Größen.

Projekt: Ein Hochbeet aus Ziegeln bauen

Dieses Hochbeet hat eine Winkelform. Auch wenn Sie es nicht eigenhändig bauen wollen, werden Sie es besser planen können, wenn Sie die einzelnen Schritte kennen. Bevor Sie jemanden damit beauftragen, sollten Sie sich darüber klar geworden sein, welchen Platz Ihr Beet bekommen soll, und seine Maße festlegen. Auch die Höhe sollte an Ihre Bedürfnisse angepasst werden.

OBEN Mit Ziegelsteinen eingefasste Hochbeete halten jahrelang und passen im Stil zu vielen Bepflanzungen.

WAS SIE BRAUCHEN

- Zugespitzter Stock
- Spaten
- Betonmischung
- Ziegel und Mörtel
- Wasserwaage
- Maurerkelle
- Bitumen
- Schotter
- Kies
- Mutterboden
- Blumenerde

1 Markieren Sie die Mauer mit dem Stock. Heben Sie entlang der Markierung eine 15 cm tiefe und breite Rinne für das Fundament aus und füllen Sie 5 cm hoch Beton ein. 24 Stunden abbinden lassen.

2 Mauern Sie vier bis fünf Reihen hoch und verbinden Sie dabei die Ziegelsteine mit ausreichend Mörtel. Kontrollieren Sie jede Reihe sorgfältig mit einer Wasserwaage – sie muss perfekt waagrecht sein.

3 Streichen Sie den noch feuchten Mörtel mit einer Maurerkelle ab. Härten lassen. Dann die Mauer innen zum Schutz gegen Feuchtigkeit mit Bitumen anstreichen.

4 Geben Sie eine Schicht Schotter hinein, darüber Kies für die Drainage. Füllen Sie Mutterboden ein und mischen Sie an der Oberfläche eine Schicht Blumenerde unter.

5 Das fertige, mit einem dekorativen Mäuerchen umgebene Hochbeet ist hier unter anderem mit Küchenkräutern und wilden Erdbeeren bepflanzt.

BEET AUS PORENBETONSTEINEN

Hochbeetmauern können auch ohne Mörtel gebaut werden. Bei dieser Technik verlegen Sie Porenbetonsteine (auch: Leichtbeton, Gasbeton) mit den Öffnungen nach oben. Beginnen Sie an den Ecken und achten Sie darauf, dass die Blöcke eng aneinander liegen.

Die Reihen werden versetzt angeordnet, damit die Mauer stabil steht. Je nach gewünschter Höhe legen Sie zwei oder drei Reihen aufeinander. Die Blocklöcher mit Steinplatten abdecken.

RECHTS Die Blocklöcher können auch mit Blumenerde gefüllt und bepflanzt werden.

Projekt: **Ein Hochbeet aus Holz bauen**

Wer gern handwerklich tätig ist, möchte vielleicht keinen Bausatz kaufen (siehe S. 180), sondern sein Hochbeet selbst konstruieren. Geeignetes Holz ist Lärche oder Kiefer. Das Beet wird mit der Unterseite nach oben gebaut und dann umgedreht, sodass die heraus ragenden Eckpfosten in den Boden gesteckt werden können. Für das Umdrehen brauchen Sie Hilfe, am besten drei Personen.

OBEN UND GEGENÜBER Die Wände eines Hochbeets können schmal sein (oben) oder breiter (gegenüber), damit man auf dem Rand sitzen kann.

WAS SIE BRAUCHEN

- Kantholz, 2,6 m lang, 100 mm breit, 50 mm dick, für die Eckpfosten und den unteren Rahmen
- 9 Bretter, 2,5 m lang, 150 mm breit, 5 cm dick, für die Seiten
- 48 Holzschrauben, 90 mm
- Säge (Fuchsschwanz oder Elektro) und Bohrmaschine mit Holzbohrer
- 4 Stangen zum Markieren der Ecken
- Lochspaten

TIPP DES FACHMANNS

Die hier realisierte Beethöhe (45 cm, drei Bretter) eignet sich auch gut für Rollstuhlfahrer.

1 Zersägen Sie das Kantholz zu vier 65 cm langen Eckpfosten. Sägen Sie drei Bretter in der Mitte durch, dann haben Sie sechs Bretter für die Schmalseiten.

2 Markieren Sie die Ecken mit den Stangen. Mit dem Lochspaten graben Sie vier 20 cm tiefe Löcher, in denen der Überstand der Eckpfosten versenkt werden soll.

3 Legen Sie einen der Eckpfosten auf seine Schmalseite und schrauben Sie eines der durchgesägten Bretter auf dem Pfosten fest. Dann das andere Ende des Bretts auf einen zweiten Pfosten schrauben.

4 Stellen Sie die Eckpfosten mit dem Brett so hin, dass die freien Pfostenenden nach oben ragen. Schrauben Sie zwei weitere Bretter über dem ersten fest. Schritt 3 und 4 für die andere Schmalseite wiederholen.

5 Die Bretter für die Längsseiten anschrauben, wie oben gezeigt. Drehen Sie dann – mit tatkräftiger Hilfe – den Holzrahmen um und versenken Sie die Eckpfosten in den dafür vorgesehenen Löchern.

Projekt: **Ein Hochbeet aus einem Bausatz zusammensetzen**

Sie können Ihr Hochbeet auch als Bausatz kaufen. In einem solchen Bausatz ist alles vorgefertigt und relativ einfach zusammenzusetzen, manchmal sogar mithilfe ausgeklügelter Steckverbindungen, sodass man kein Werkzeug braucht. Das Material kann Holz sein, das sich optisch gut in den Garten einfügt. Aber auch Kunststoff hat seine Vorteile: Er ist leicht und verrottet nicht.

OBEN Durch einfaches Anstecken einer weiteren Rahmenplatte, die fest einrastet, entsteht eine stabile Ecke.

TIPP DES FACHMANNS

Bevor Sie einen Bausatz kaufen, messen Sie die für das Hochbeet vorgesehene Fläche aus. Wenn es sich um Rasen handelt, müssen Sie die Soden abtragen und den Boden freilegen.

Glätten Sie die Fläche und legen Sie diese dann mit einer Unkrautsperre aus, am besten einer Spezialfolie (Gartencenter oder Fachhandel). Wenn der Bausatz leicht genug ist, können Sie ihn anderswo zusammenbauen, z. B. auf der Terrasse, und dann zu dem vorgesehenen Platz tragen.

1 Manche Bausätze – wie dieser – arbeiten mit Steckvorrichtungen. Hier rastet eine Eckklammer in ein Brett ein. Fügen Sie die unteren Bretter so zusammen.

2 Das Hochbeet beginnt, Gestalt anzunehmen. Vergewissern Sie sich, dass die Grundkonstruktion stabil ist, bevor Sie sich weiter durch die Bauanleitung arbeiten.

3 Die Beethöhe richtet sich nach den Angaben des Bausatz-Herstellers oder Ihren eigenen Wünschen. Hier wird eine zweite Bretterreihe aufgesetzt.

4 Ein besonders hohes Beet so wie das hier gezeigte können Sie unten mit verrottungsfesten Kunststoffflaschen auffüllen, dann brauchen Sie weniger Erde.

5 Decken Sie die Flaschenschicht nun mit einer Unkrautsperre (Folie) ab. Zum Schluss befüllen Sie Ihr Hochbeet mit Erde. Fertig zum Bepflanzen!

Projekt: Bewässerung eines Hochbeetes aus Holz

Hochbeete trocknen leicht aus und müssen daher mehr bewässert werden als ein ebenerdiges Beet. Ein Außenwasserhahn, der sich in der Nähe des Beetes befindet, macht die Bewässerung einfacher. Eine gute Lösung ist die Verbindung eines Tropfschlauchs mit einem Gartenschlauch. Ein Tropfschlauch ist porös und gibt das Wasser ganz langsam an den Boden ab.

OBEN Ein Tropfschlauch bewässert in diesem Hochbeet Bohnen und Mais. Man kann den Schlauch auch mit Erde bedecken.

WAS SIE BRAUCHEN

- Bleistift
- Bohrmaschine mit Holzbohrer
- Gartenschlauch
- Tropfschlauch
- Zwei- oder Drei-Wege-Schlauchanschluss (bei mehreren Hochbeeten)
- Mindestens 3 Schlauchkupplungen mit Innengewinde
- Metallkrampen

TIPP DES FACHMANNS

Falls Ihr Hochbeet nicht aus Holz ist, können Sie meist trotzdem so vorgehen wie hier gezeigt. Lediglich Kunststoffrahmen lassen sich schlecht anbohren: Das Material bricht leicht.

1 Markieren Sie auf dem Rahmen, wo Sie das Eingangsloch für den Bewässerungsschlauch haben möchten. Das Loch sollte sich 5 cm unter der Oberkante befinden und ausreichend groß sein.

2 Berechnen Sie die Schlauchlänge, die Sie benötigen, um die Entfernung vom Hochbeet zur Schlauchkupplung und von dort zum Wasserhahn zu überbrücken. Kürzen Sie den Schlauch, falls nötig.

3 Nehmen Sie eine Schlauchkupplung oder – bei mehreren Hochbeeten – einen Zwei- oder Drei-Wege-Anschluss und bringen Sie die Schlauchstücke an, um diese mit dem Wasserhahn zu verbinden.

4 Nun verbinden Sie den Tropfschlauch im Innern des Beets mit einem kurzen Schlauch, stecken diesen durch das Loch nach außen und koppeln ihn an einen Schlauch, der zum Wasserhahn führt.

5 Fixieren Sie beide Schläuche im Beet mit Metallkrampen und bedecken Sie den Tropfschlauch mit Erde. Drehen Sie den Wasserhahn nur schwach auf; der Tropfschlauch soll „schwitzen", nicht spritzen.

DIE TERRASSE

Ob weitläufige Hofterrasse in Italien, die den Blick auf Weinberge freigibt, ob romantischer Innenhof in New York City oder kleiner Sitzplatz hinter dem Reihenhaus – dieser Bereich, der den Übergang zwischen Haus und Garten bildet, ist bei allen Menschen beliebt. Wenn wir älter werden und uns mit Platz und Arbeit im Garten einschränken müssen, ist eine Terrasse genau das, was wir brauchen.

OBEN Ein Plätzchen zum Genießen des Gartens. Die Natursteinplatten harmonieren gut mit der informellen Bepflanzung.

DIE TERRASSE GESTALTEN

Eine gut geplante Terrasse braucht nicht viel Platz. Jede gepflasterte Fläche lässt sich mit Kästen, Kübeln und Töpfen für Blumen und Grünpflanzen in eine Gartenoase verwandeln. Auch Hochbeete eignen sich für Terrassen. Dort gedeihen kleine Bäume, Büsche und sogar Beerensträucher und schaffen eine mediterrane Atmosphäre.

Berücksichtigen Sie auch den Blick, den Sie aus Ihrem Haus auf die Terrasse haben, wenn das Wetter einmal ungemütlich ist. Wenn Sie zusehen können, wie sich im Herbst die Blätter eines kleinen Ahornbaums rot färben oder im Vorfrühling Krokusse in einer Schale leuchten, werden Sie gern und viel aus dem Fenster blicken.

SICHERHEIT FÜR SENIOREN

Für jeden, der unsicher auf den Beinen ist, eine Gehhilfe braucht oder im Rollstuhl sitzt, sollte der harte Belag eben, glatt und rutschfest sein. Farbige Betonformsteine, Steinpflaster oder Natursteinplatten sind eine gute Wahl, wenn sie den vorgenannten Anforderungen entsprechen.

Rollstuhl- oder Rollatorfahrer sollten gut durch die Terrassentür nach draußen gelangen können, deshalb muss die Türklinke leicht zu bedienen sein. Achten Sie auch auf die Türschwelle; eine kleine Rampe hilft, den Höhenunterschied zu überwinden. Besser noch, Sie lassen eine Schiebetür einbauen, denn sie hat überhaupt keine Schwelle.

Damit Sie sich gefahrlos auf Ihrer Terrasse aufhalten können, sorgen Sie für eine gute Beleuchtung, und verzichten Sie auf einen Infrarot-Heizstrahler: Er wird heiß.

GEGENÜBER Schachbrettartige Fliesen bilden einen interessanten Kontrast zur vielgestaltigen Bepflanzung rundum.

OBEN Für eine Tasse Kaffee im Freien braucht man keine große Terrasse. Eine kleine tut es auch.

LINKS Ein von üppig wucherndem Grün umgebener Sitzplatz hinter dem Haus schafft eine Oase der Ruhe.

RECHTS Töpfe mit Duftkräutern und unermüdlich blühenden Blütenpflanzen schmücken die Terrasse das ganze Jahr hindurch.

LEICHT ZU PFLEGEN

Wenn wir bei der Gartenarbeit mit
körperlichen Einschränkungen zurechtkommen müssen, gibt es meist
mehr als eine Lösung. Wer seine
Terrassenpflanzen in Kunststoff-
statt in Terrakottatöpfe setzt, kann
sie einfacher umstellen, falls sie
dem Sonnenstand folgen sollen.
Schwere Pflanzgefäße stellt man
auf Kübeluntersetzer mit Rollen
(siehe S. 121).

Denken Sie auch an ein oder
zwei Hängekörbe, denn diese beanspruchen keinen Platz am Boden
und können jede kahle, wenig attraktive Wand mit bunten Blumen-
kaskaden verschönern. Hängen Sie
die Blumenkörbe am besten an einem kleinen Flaschenzug (Gartenfachhandel oder Internet) auf, so
können Sie sie bequem pflegen.

Pflanzen Sie Kräuter in die Nähe
der Terrassentür, damit Sie sich
schnell ein paar Blätter oder Stängel
holen können, wenn Sie beim Kochen sind. Wichtig ist auch ein gut
erreichbarer Außenwasserhahn, damit Sie Ihre Terrassenpflanzen gießen können, ohne Wasser schlep-

pen zu müssen. Ein kurzer, leichter
Schlauch oder eine kleine Gießkanne erleichtern Ihnen das Gießen. Stellen Sie eine wasserdichte
Kiste bereit, in der Sie Geräte, Werkzeug und Handschuhe aufbewahren, damit sie griffbereit sind, aber
nicht herumliegen.

OBEN Hängekörbe sind die ideale Lösung,
wenn auf der Terrasse wenig Platz ist.

LINKS Innen- und Außenbereich in harmo-
nischer Nachbarschaft: Terrassentisch und
Zaun nehmen die nostalgischen Stilele-
mente des Wintergartens auf.

Gestaltung: **Ein Terrassengarten**

Da ein Terrassengarten eine überschaubare Größe hat, erfordert seine Pflege weniger körperliche Anstrengung als ein großer Garten. Die Illustration unten zeigt eine ummauerte Terrasse mit Tisch und Stühlen, wo im Sommer gesessen und gegessen werden kann. Die Anlage lässt sich auch auf andere Gartentypen übertragen, vor allem auf eine Dachterrasse oder einen Innenhof, vorausgesetzt, dieser erhält genügend Licht – sonst muss sich die Pflanzenauswahl auf Schattengewächse konzentrieren.

Die Terrasse bietet Seniorengärtnern den Vorteil, dass sie einen festen Boden hat und deshalb besonders für Menschen mit unsicherem Gang oder Gleichgewichtsproblemen geeignet ist. Das Bild zeigt einen Bodenbelag aus quadratischen Natursteinplatten in Kombination mit einem zentralen Platz aus Ziegeln, auf dem eine Sitzgruppe steht. Auch die Hochbeete und die Brunnenumrandung sind aus Ziegeln gemauert.

Empfohlen werden hier Pflanzen, die einerseits relativ einfach zu pflegen sind und andererseits lange blühen. Die symmetrische Anlage, die mit Platten belegten Freiflächen und der Schlauchwagen sorgen dafür, dass es keine Stolperfallen gibt. Der Wandbrunnen erzeugt das beruhigende Geräusch tröpfelnden Wassers und zieht Vögel und Schmetterlinge an. All dies sind Möglichkeiten für die Gestaltung eines Terrassengartens.

DIE BEPFLANZUNG

1. Muschelzypresse *(Chamaecyparis obtusa 'Gracilis')*
2. Zwergmuschelzypresse *(C. o. 'Nana Gracilis Glauca')*
3. Rotblatt-Rose *(Rosa glauca)*
4. Lavendel *(Lavandula officinalis)*
5. Orangegelbe Zwerg-Taglilie *(Hemerocallis minor 'Stella de Oro')*
6. Ringelblume *(Calendula officinalis)*
7. Kleinblumige Kamelie *(Camellia sasanqua „Setsugekka")*
8. Weinblatt-Ahorn *(Acer circinatum)*
9. Japanische Lavendelheide *(Pieris japonica)*
10. Fleischbeere *(Sarcococca confusa)*
11. Weicher Frauenmantel *(Alchemilla mollis)*
12. Amerikanischer Weihnachtsfarn *(Polystichum acrostichoides)*
13. Herbst-Alpenveilchen *(Cyclamen hederifolium)*
14. Fächerahorn *(Acer palmatum)*
15. Fleißiges Lieschen *(Impatiens walleriana)*
16. Graublatt-Funkie *(Hosta fortunei)*
17. Kletterhortensie *(Hydrangea anomala)* (Abb. oben)
18. Immergrüne Magnolie *(Magnolia grandiflora 'Little Gem')*
19. Kriech-Spindelstrauch *(Euonymus fortunei)*

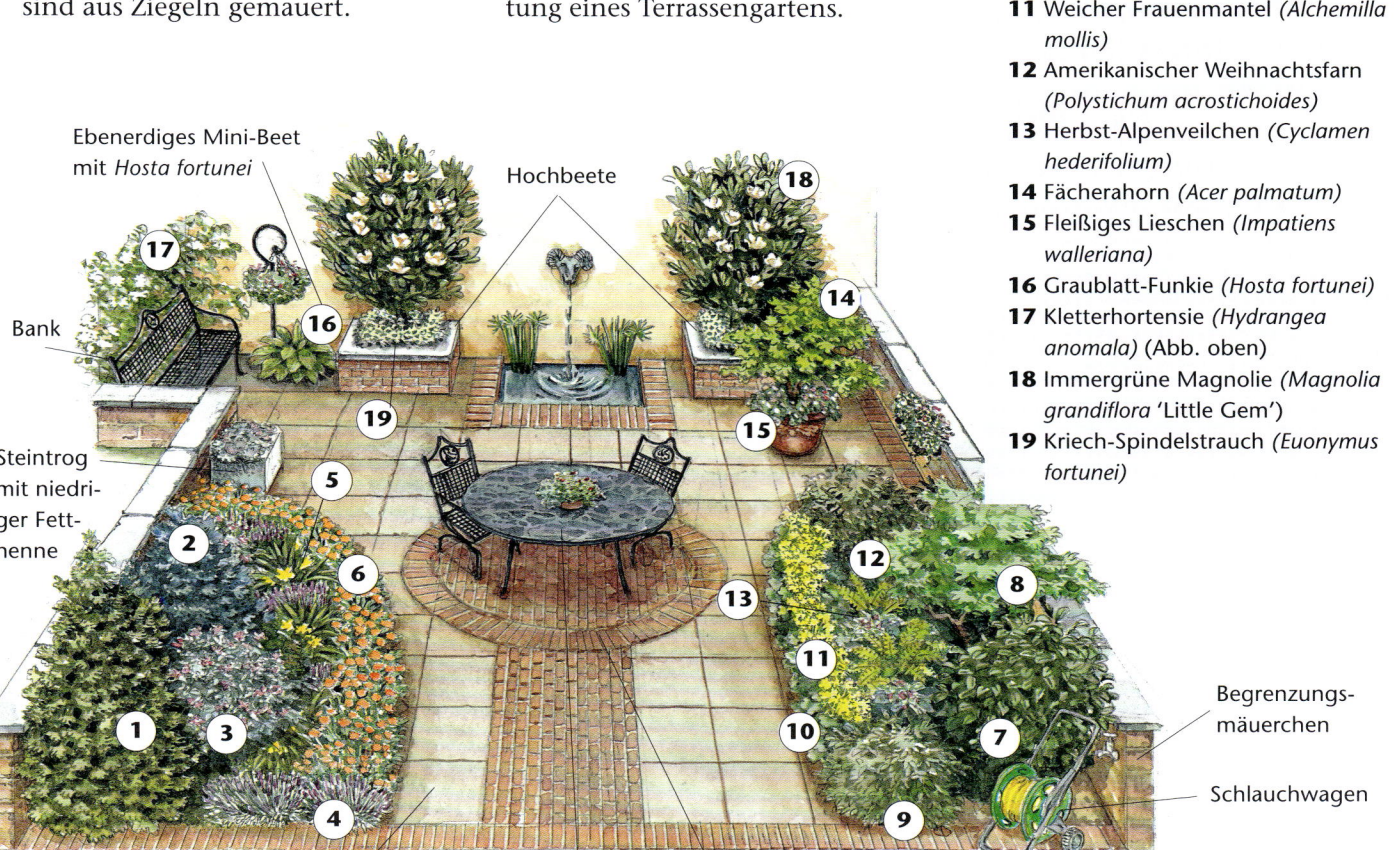

Ebenerdiges Mini-Beet mit *Hosta fortunei*

Hochbeete

Bank

Steintrog mit niedriger Fetthenne

Begrenzungsmäuerchen

Schlauchwagen

Natursteinplatten   Tisch   Ziegelsteinpflaster

Projekt: Einen Hängekorb bepflanzen

Einen Hängekorb bepflanzt man in der Mitte mit aufrecht wachsenden Blumen, am Rand mit Hängegewächsen. Bei einem Drahtkorb, der mit Kokos oder Moos ausgepolstert ist, hat man zudem die Möglichkeit, Hängepflanzen durch die Maschen seitlich herauswachsen zu lassen, was einen besonders üppigen Eindruck erzeugt. Einen solchen Korb bepflanzen wir hier.

OBEN Efeu und Fleißige Lieschen sind ideal für einen Hängekorb, wenn nur ein schattiges Plätzchen zur Verfügung steht.

WAS SIE BRAUCHEN

- Drahtkorb, 35–45 cm Durchmesser, mit Kokos- oder Mooseinlage
- Küchen- oder Gartenschere
- Substrat (Langzeitdünger zugeben)
- Pflanzen aus der Gärtnerei in 5-cm-Töpfen

GEEIGNETE PFLANZEN

- Hängepetunien
- Fleißige Lieschen
- Hängegeranien
- Fuchsien
- Hängelobelien (Männertreu)
- Zitronenverbene
- Wandelröschen
- Strandsilberkraut *(Lobularia maritima)*
- Kleines Fettblatt *(Bacopa monnieri)*

1 Schneiden Sie Schlitze in die Einlage und versetzen Sie dabei die Löcher, damit die Pflanzen nachher alles bedecken. Die Schlitze müssen so groß sein, dass die Pflanzen gerade hindurchpassen.

2 Füllen Sie den Korb bis knapp unter die Schlitze mit Substrat. Nehmen Sie die erste Pflanze aus dem Topf, in dem Sie sie gekauft haben, und schieben Sie den Wurzelballen in Richtung Korbmitte.

3 Stecken Sie weitere Pflanzen so ein, dass sie aus allen Seiten herauswachsen. Bedecken Sie die Wurzelballen im Innern des Korbs mit Erde und drücken Sie diese fest.

4 Geben Sie weiter Erde bis etwa 3 cm unterhalb des Randes hinzu. Oben setzen Sie nun 3 bis 4 weitere Pflanzen ein. Behutsam, aber gründlich gießen.

5 Hängen Sie den Korb auf, oder bitten Sie jemanden, es für Sie zu tun. Zum Gießen benutzen Sie einen Gießstab, den Sie im Gartenfachhandel bekommen.

Projekt: Einen leichten Kübel bepflanzen

Wer keine schweren Pflanzgefäße mehr heben möchte oder kann, platziert die leeren Kübel dort, wo sie endgültig stehen sollen, und beginnt erst dann mit dem Bepflanzen. Wenn Sie die Gefäße doch einmal bewegen müssen – vielleicht prallt die Sommersonne zu sehr, oder Regengüsse machen es erforderlich, die Pflanzen in Schutz zu bringen –, heben Sie sie zu zweit auf einen Rolluntersatz.

OBEN Eine Handschaufel und gesunde Pflanzen sind das Wichtigste, was Sie zum Bepflanzen eines Kübels brauchen.

WAS SIE BRAUCHEN
- Kunststoff-Pflanzgefäße, etwa 45 cm Durchmesser, mit Abzugslöchern
- Leichtes Tuch zum Auslegen des Topfbodens
- Verpackungschips aus Styropor
- Substrat
- Mischung aus hohen, füllenden und hängenden Pflanzen

GEEIGNETE PFLANZEN
- Hohe Pflanzen: Canna, Colocasia, Zwergmuschelzypresse, Keulenlilie
- Füllpflanzen: Basilikum, Buntnessel, Blutblatt *(Iresine herbstii)*, Rote Bete
- Hängepflanzen: Zauberglöckchen (Calibrachoa), Gefiederte Spaltblume *(Schizanthus pinnatus)*, Hängelobelie (Männertreu), Kapuzinerkresse

1 Legen Sie den Topfboden mit Tuch aus, damit die Löcher abgedeckt sind. Füllen Sie den Topf zu einem Drittel mit den Styroporchips und dann bis 2,5 cm unterhalb des Randes mit Substrat.

2 Setzen Sie die höchste Pflanze in die Mitte, wenn das Gefäß von allen Seiten zu betrachten sein soll. Steht es vor einer Wand, setzen Sie die hohe Pflanze an den hinteren Rand des Topfes.

3 Außen pflanzen Sie Hängepflanzen, sodass diese über die Seiten herabhängen und den Rand des Kübels verbergen.

4 Füllen Sie die freie Fläche, indem Sie die anderen Pflanzen um die mittlere herum setzen. Mischen Sie Farben und Formen.

5 Gießen Sie den Topf, bis Sie unten Wasser herausfließen sehen. Bewässern und düngen Sie ihn die ganze Saison hindurch.

Projekt: **Einen Balkonkasten bepflanzen**

Ein Blumenkasten mit bunten Blüten, vielgestaltigen Blättern und üppigen Gräsern ist ein herrlicher Anblick – von außen, wenn Sie ihn ans Balkongeländer hängen, und von innen, wenn Sie ihn auf die Fensterbank stellen. Kombinieren Sie hohe Pflanzen mit buschigen und hängenden. Ob Sie wenige Farben oder eine breite Palette einsetzen, ist Ihrem persönlichen Geschmack überlassen.

OBEN Ein farbenfroher und dicht bepflanzter Blumenkasten ist ein Willkommensgruß an Freunde und Nachbarn.

WAS SIE BRAUCHEN
- Blumenkasten mit Abzugslöchern
- Engmaschiges Kunststoffnetz zum Abdecken der Abzugslöcher
- Substrat

GEEIGNETE PFLANZEN
- Geranien
- Begonien
- Fuchsien
- Petunien
- Lobelien
- Fleißige Lieschen
- Efeu
- Kapuzinerkresse
- Duftwicken
- Ziergräser

1 Arrangieren Sie Ihre Pflanzen in zwei oder drei Reihen. Stellen Sie die größeren nach hinten und staffeln Sie sie nach der Höhe bis zu den Hängepflanzen vorn.

2 Legen Sie ein engmaschiges Kunststoffnetz in den Blumenkasten. So wird verhindert, dass das Substrat durch die Abzugslöcher des Kastens fällt.

3 Befüllen Sie den Blumenkasten erst mit Substrat, wenn er an Ort und Stelle steht, sonst wird es zu schwer, ihn dorthin zu stellen. Füllen Sie ihn zu zwei Dritteln mit Erde, und drücken Sie diese an.

4 Setzen Sie nun entsprechend dem Arrangement auf dem Tisch (siehe Schritt 1) die einzelnen Pflanzen an den vorgesehenen Stellen ein. Falls nötig, füllen Sie Blumenerde nach.

5 Geben Sie weiter Substrat rund um die Wurzeln und drücken Sie es an, damit keine Luftlöcher bleiben. Wenn Sie 3 cm unter dem Kastenrand angelangt sind, hören Sie auf: Sie brauchen einen Gießrand.

DER VERTIKALE GARTEN

Die meisten Pflanzen strecken sich senkrecht der Sonne entgegen. Dieses Aufwärtsstreben sollte man vor allem dann nutzen, wenn kein Platz für breit ausladende Pflanzen vorhanden ist, also in kleinen Gärten, an der Terrasse, auf dem Balkon oder im Innenhof. Eine klassische Lösung ist das Wandspalier, aber es gibt auch andere vertikale Lösungen, beispielsweise hängende oder schmale stehende Elemente.

OBEN Etagen-Pflanzkörbe bieten zahllose Möglichkeiten einer kreativen Bepflanzung.

ALLES IN AUGENHÖHE

Lässt man Pflanzen vertikal wachsen, so bedeutet dies, dass ein großer Teil der Gartenarbeit im Stehen getan werden kann und der Rücken weniger belastet wird. Tatsächlich erleichtern senkrecht hochwachsende Gewächse die Pflege beträchtlich, denn sie lassen sich z. B. leichter nach Schädlingen und Krankheiten absuchen, weil man sie in Augenhöhe hat.

Rankhilfen, an denen Kletterpflanzen empor wachsen, sind geradezu ideal, um weniger attraktive Gartenbereiche, etwa kahle Mauern und triste Ecken, zu gestalten. Gewächse, die an Lauben, Rosenbögen und Spalieren himmelwärts streben, schaffen zudem ein kühles Plätzchen im Schatten. Formschöne Obelisken aus Holz oder Metall können Stil und Eleganz in einen Garten bringen. Wenn Sie es rustikaler mögen, versuchen Sie es mit einem robusten Zeltgerüst aus Weidenruten und frisch abgeschnittenen Obstbaumzweigen.

Bevor Sie eine vertikale Gestaltung planen, schauen Sie, welche geeigneten Elemente bereits vorhanden sind, z. B. Mauern oder Zäune. Dann sehen Sie sich im Gartencenter um, was es an frei stehenden Stützen gibt. Auf den folgenden Seiten finden Sie eine Reihe von Beispielen, die Ihnen als Inspiration dienen können.

GEGENÜBER An einer Pergola lassen sich Haken für Hängekörbe anbringen, deren Blütenkaskaden anmutig herab fallen.

OBEN Die Weinrebe berankt das ganze Vordach und schafft so einen gemütlichen, lauschigen, naturnahen Platz.

LINKS Weidenruten bilden einen luftigen und einladenden Laubenbogen, an dem großblütige Clematis empor klettern.

PFLANZGEFÄSSE

Wenn man die horizontale Perspektive eines Gartens aufbricht und die Vertikale nutzt, entsteht ein dynamischer Effekt. Eine Methode ist die, ein einfaches Spalier in einen Kübel mit einer Kletterpflanze zu stecken, um damit den Doppeleffekt einer der Sonne entgegen wachsenden Kletterpflanze und kaskadenartig herab hängender Blüten zu erzielen.

Eine andere Möglichkeit besteht darin, unterschiedlich hohe Töpfe in Gruppen anzuordnen. Die schönste Wirkung lässt sich erzielen, wenn man dazwischen einen Kübel mit einem kleinen Baum setzt. Zu empfehlen sind dafür z. B. Ilex (Stechpalme) und Weißfichte.

UNTEN Übereinander gestapelte Autoreifen bilden einen witzigen Mini-Garten für Kräuter, Blumen oder Gemüse.

OBEN Pflanzbeutel sind eine praktische Lösung, wenn man eine kahle Mauer mit einer Blütenpracht verschönern will.

HÄNGEKÖRBE

Eine weitere Gestaltungsmöglichkeit sind Hängekörbe, mit denen Sie Veranden, Terrassen und Balkone auf kleinstem Raum schmücken können.

Wenn Sie sowohl Hängekörbe als auch Bodentöpfe verwenden, können Sie die Pflanzenfülle in unterschiedlichen Höhen präsentieren. Die Körbe müssen in erreichbarer Höhe hängen, damit sich die Pflanzen wässern und ausputzen lassen. Wenn nicht, benutzen Sie einen Gießstab, oder schaffen Sie einen speziellen Flaschenzug an, mit dem Sie die Pflanzen zu sich herab ziehen können (Gartenfachhandel). Für die Bepflanzung zu empfehlen sind Kapuzinerkresse, Männertreu (Lobelie), Petunien und Begonien.

PFLANZBEUTEL

Pflanzbeutel aus stabilem Kunststoffgewebe bieten eine praktische und preiswerte Möglichkeit, eine Mauer oder einen Zaun mit Blütenkaskaden zu dekorieren. Diesen robusten Plastikbehältern ist in der Regel eine Anleitung beigegeben,

OBEN Aufrecht wachsende Geranien und Hängefuchsien ergänzen sich aufs Schönste in diesem Hängetopf.

wie Sie farbenprächtige Arrangements schaffen können, die eine attraktive Alternative zu Hängekörben bieten. Die Behälter selbst werden von Hängepflanzen bedeckt und sind dann nicht mehr zu sehen. Der Vorteil besteht darin, dass diese Beutel länglich sind und somit eine weit längere vertikale Fläche abdecken, als es ein Korb tun würde. Man braucht allerdings Hilfe beim Aufhängen, denn ein bepflanzter Beutel ist schwer. Sorgen Sie für eine stabile Aufhängung. Zu den Pflanzen, die sich für Hängebeutel eignen, gehören Männertreu (Lobelien), Eisbegonien und Hängepetunien.

PFLEGE

Was Pflanzen in Gefäßen brauchen, ist Wasser, vor allem im Sommer. Jedes Pflanzgefäß, in dem die Gewächse dicht an dicht sitzen, muss häufig bewässert werden, an heißen Tagen oft mehrmals täglich. Die meisten Pflanzen danken es Ihnen, wenn sie regelmäßig gedüngt und von welken Blüten befreit werden.

Gestaltung: Bepflanzung an Mauer und Zaun

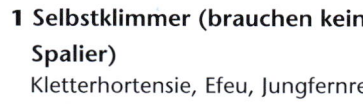

Wer nicht viel Platz, aber eine Mauer oder einen Zaun als Begrenzung seines kleinen Reichs hat, sollte diese senkrechten Flächen nutzen, um sie zu begrünen und mit bunten Blüten attraktiv zu gestalten. Für Mauern und Hauswände ist die ideale Lösung das Spalier. An einem solchen Gitter kann man nicht nur Rank- und Kletterpflanzen in die Höhe wachsen lassen – auch verschiedene Obstsorten eignen sich für das Spalier.

MAUERN

Eine Steinmauer mit kleinen Rissen, die voller Flechten, Moose und Sukkulenten sind, ist schön anzusehen. Hingegen wirken grau verputzte Wände trist, und auch kahle Mauern aus Ziegelsteinen sind nicht wirklich schön. Eine Lösung: Man stellt unterschiedlich hohe Pflanzenregale aus rostfreiem Metall davor.

SPALIERE

Eine andere Möglichkeit stellen Spaliere dar. Sie eignen sich besonders für eine windgeschützte

Fächerspalier mit Clematis. Solche dekorativen Gerüste bieten Kletterpflanzen einen stabilen Halt.

Mauer. Spaliere sind aus Metall oder Holz; viele sind robust genug, um auch schwere Pflanzen zu stützen. Wer keine bunten Rankpflanzen möchte, sondern lieber Obst, lässt sich einen „zweidimensionalen" Obstbaum von einem Fachmann setzen. Wenn Sie den Baum nach Vorschrift pflegen, wird er Ihnen gut erreichbare Früchte liefern – eben „Spalierobst".

ZÄUNE

Ein zwar praktischer, aber wenig dekorativer Maschendrahtzaun oder ein grob gezimmerter Lattenzaun kann mit Pflanzen, die klettern und sich um ihre Rankhilfen schlingen, verschönert oder kaschiert werden.

1 Selbstklimmer (brauchen kein Spalier)
Kletterhortensie, Efeu, Jungfernrebe (Wilder Wein)

2 Zierpflanzen für das Spalier
Sternjasmin, Kamelie (siehe Abb. oben), Prunkwinde (Ipomoea), Clematis, Sternjasmin, Rosen, Geißblatt (Jelängerjelieber)

3 Spalierobst
Äpfel, Birnen

4 Rankendes Gemüse
Gartenbohnen, Stangenbohnen, Erbsen, Gurke, Kürbisse, Weinrebe

5 Zierpflanzen für den Zaun
Wicken, Kletterrosen, Klettertrompete, Clematis, Dreiblättrige Akebie *(Akebia trifoliata)*, Passionsblume

Ein gerades Rankgerüst mit Jasmin

Holzzaun mit Blauregen (Glyzinie)

Gestaltung: Bepflanzung an frei stehenden Gerüsten

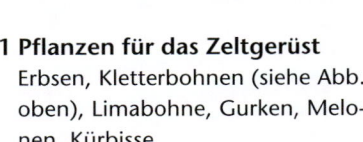

In Obst- und Gemüsegärten gab es schon immer frei stehende Gerüste. Dazu gehören Zeltgerüste, Obelisken und Rankgerüste für Stangenbohnen. Ebenfalls frei stehend sind die Pergola, der Rosenbogen und der Laubengang, der einen Weg beschattet und schützt. Wenn er mit Weinreben berankt ist, schafft er in der schönen Jahreszeit eine mediterrane Stimmung im Garten.

ZELTGERÜST UND OBELISK

Vor allem für Gemüse ist der von einem Zeltgerüst gebotene Halt ideal. Gurken wachsen daran gerade und nicht gebogen, und Bohnen und Erbsen hängen so, dass sie von einer guten Luftzirkulation und Sonnenbestrahlung profitieren. Melonen und Kürbisse brauchen eine Abstützung, damit sie nicht abbrechen; die kleinfruchtigen Arten sind am besten geeignet.

Obelisken sind die „Edelvariante" des Zeltgerüsts. Während das Zeltgerüst aus Holz-, Bambus- oder Weidenstangen besteht, ist ein Obelisk aus Metall und meist dekorativ gestaltet, sodass er allein für sich schon ein Schmuckelement darstellt. Man lässt an ihm gern Rosen und Clematis empor ranken.

PERGOLA

Eine Pergola ist ein frei stehendes Gerüst aus starken Pfosten und Querbalken. Die Konstruktion bietet rankenden und kletternden Pflanzen jegliche Hilfe, und da sie in aller Regel aus Holz ist, kann man die Triebe von Pflanzen, die eine Befestigung benötigen, leicht mit Krampen fixieren.

BÖGEN UND LAUBEN

Ein Rosenbogen kann als besonders schönes Tor eingesetzt werden, während ein Laubengang Schatten über einem Weg spendet. Und die Laube selbst lädt zum Sitzen unter einem Schatten spendenden Blätterdach ein.

1 Pflanzen für das Zeltgerüst
Erbsen, Kletterbohnen (siehe Abb. oben), Limabohne, Gurken, Melonen, Kürbisse

2 Pflanzen für den Obelisken
Prunkwinde (Ipomoea), Duftwicken, Clematis

3 Pergolapflanzen
Rosen, Blauregen (Glyzinie), Geißblatt (Jelängerjelieber), Kiwi, Weinrebe

4 Pflanzen für Lauben und Bögen
Clematis, Geißblatt (Jelängerjelieber), Kletterrosen, Schönranke (*Eccremocarpus scaber)*, Weinrebe, Prunkwinde (Ipomoea)

Rankgerüst für Stangenbohnen

Zeltgerüst für Clematis

LINKS und RECHTS
An einem Zeltgerüst können sich die Pflanzen empor winden.

Holzfass, mit Kapuzinerkresse bepflanzt

Projekt: Eine Clematis pflanzen

Die besten Pflanzzeiten für die Clematis sind das Frühjahr oder der Herbst, wenn es kühler ist. Sie wird möglichst tiefer einge- pflanzt, als sie es im Topf war, damit sie sich besser erholt, sollte sie von der Clematiswelke befallen werden. Die Clematis steht gern mit dem Kopf in der Sonne und mit dem Fuß im Schatten. Unter- pflanzen Sie sie deshalb mit einem kleinen Busch oder einem Bo- dendecker, etwa der weiß blühenden Schleifenblume (Iberis).

OBEN Zu jeder Jahreszeit gibt es Clematis- sorten, die blühen. Violettblau, Rosa und Weiß sind die beliebtesten Farben.

WAS SIE BRAUCHEN

- Kletterhilfe: ein Spalier oder Drähte, die an einer Mauer oder einem Zaun befestigt sind, oder ein frei stehen- der Obelisk
- Spaten
- Harke
- Gut kompostierter organischer Dünger/Stallmist
- 2 Esslöffel Knochenmehl
- Eine Clematispflanze, Sorte 'Etoile Violette', robust und dauerhaft, einfach zu ziehen und zu pflegen. Alternativen wären *Clematis alpina* 'Candy' mit rosa Blüten im Frühjahr und Clematis 'Blue Angel', die herr- liche himmelblaue Blüten trägt.

1 Graben Sie in 30 cm Abstand von der Kletterhilfe ein 30 x 30 cm großes Loch. Dünger und Knochenmehl unterharken.

2 Nehmen Sie die Clematis aus ihrem Topf und ziehen Sie die Wurzeln vorsichtig aus- einander, um den Ballen zu lockern.

3 Pflanzen Sie die Clematis so, dass sie sich an die Kletterhilfe anlehnt. Graben Sie den Wurzelhals 5 cm unter der Oberfläche ein.

4 Neigen Sie die Stützstäbe aus dem Topf gegen die Kletterhilfe, damit die Pflanze ihren Weg zum Spalier finden kann.

5 Gießen Sie die Clematis nach dem Pflan- zen gründlich und dann regelmäßig. Mit stickstoffarmem Dünger versorgen.

Projekt: Einen Etagen-Pflanzkorb bepflanzen

Dieses mehrstufige Pflanzgefäß gibt Ihnen die Möglichkeit, Pflanzen zu kombinieren, die vielfältige Farben, Blüten- und Blattformen bieten. Dank der offenen Anordnung der Körbe ist das Bewässern, Düngen und Pflegen problemlos. Das dekorative Metallgerüst ist ideal geeignet, um als Gestaltungselement im Garten, auf der Terrasse oder in einem Innenhof eingesetzt zu werden.

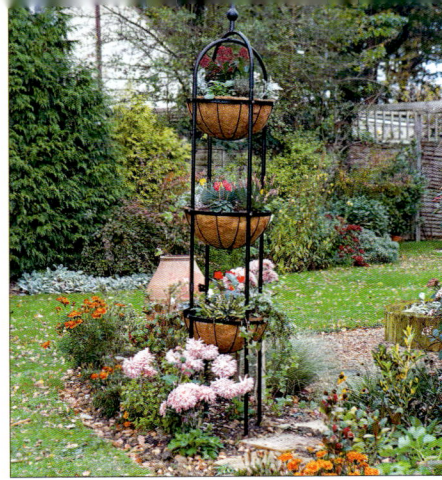

OBEN Wählen Sie Pflanzen mit vergleichbaren Wasser- und Lichtbedürfnissen, das vereinfacht die Pflege.

WAS SIE BRAUCHEN

- Bausatz: Etagen-Pflanzkörbe mit Kokosmatteneinlagen, wie sie für Hängekörbe verwendet werden
- Hammer
- Universal-Topferde

GEEIGNETE PFLANZEN

Vorgezogene Jungpflanzen, die hier verwendet wurden:

- Oberer Korb: Skimmie, Silberraute, Besenheide, Zwergpfeffer und Silberblatt
- Mittlerer Korb: Alpenveilchen, Heide, Blauschwingel und Strohblumen
- Unterer Korb: Alpenveilchen, Heide, Hornkraut, Efeu und Astern

1 Suchen Sie einen passenden Standort und verankern Sie die Beine des Gerüsts mit dem Hammer sicher im Boden. Setzen Sie die übrigen Bestandteile nach der Bauanleitung zusammen.

2 Wählen Sie für jeden Korb mehrere kleine Pflanzen aus, z. B. die in der Liste links vorgeschlagenen, oder nehmen Sie je eine einzelne größere Pflanze.

3 Probieren Sie die Anordnung der Pflanzen aus. Um die Wirkung beurteilen zu können, müssen Sie zu zweit ans Werk gehen.

4 Stellen Sie die ausgewählten Pflanzen in einen leeren Kokosmattenkorb und setzen Sie ihn in einen der Korbhalter aus Metall.

5 Füllen Sie das Substrat um die Pflanzen und drücken Sie es vorsichtig fest. Anschließend gut gießen.

DER ZIMMERGARTEN

Wenn es draußen kalt wird, gibt es im Garten nicht mehr viel zu tun – doch zum Glück können wir Blüten- und Blattpflanzen auch im Haus um uns haben. Sie leisten uns Gesellschaft, bis es uns wieder in den Garten zieht, und die Fürsorge für sie macht uns ebensoviel Freude wie die Pflege des Gartens. Zweifellos steigert ein Zimmergarten unsere Lebensfreude und stärkt unser körperliches und seelisches Wohlbefinden.

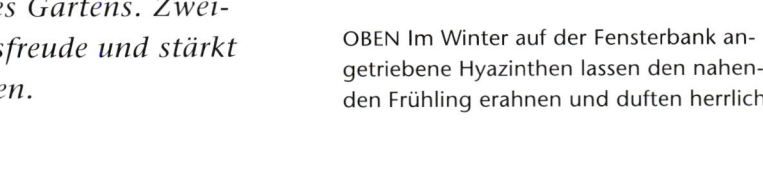

OBEN Im Winter auf der Fensterbank angetriebene Hyazinthen lassen den nahenden Frühling erahnen und duften herrlich.

BLÜTEN ODER BLÄTTER?

Viele Zimmerpflanzen blühen nicht, sind aber wegen der Form und der Farbe ihrer Blätter attraktiv – Beispiele sind die Dieffenbachie, der Pfennigbaum *(Crassula ovata)* und der Wunderstrauch oder Croton *(Codiaeum variegatum)*. Wenn Sie lieber blühende Topfpflanzen haben möchten, kommen Usambaraveilchen, Alpenveilchen und Orchideen infrage. Keine Angst vor Orchideen!

UNTEN Begonien gibt es in zahllosen schönen und pflegeleichten Sorten.

Viele Sorten der Gattung Phalaenopsis sind robust und bleiben bei richtiger, aber einfacher Pflege monatelang in Blüte.

LICHTBEDARF

Bevor Sie eine Pflanze kaufen, sollten Sie wissen, wo ihr Platz sein soll, weil der Lichtbedarf unterschiedlich ist. Die meisten blühenden Zimmerpflanzen brauchen genügend Licht, können es aber auch für einige Wochen an einem weniger sonnigen Standort aushalten, wenn sie hinterher wieder ins Licht gestellt werden. Manchen Zimmerpflanzen bekommt es gut, wenn man sie im Sommer nach draußen bringt, sie müssen aber allmählich ans Freiland gewöhnt werden.

Künstliches Licht kann die Helligkeit im Innenbereich verbessern, kann aber natürliches Tageslicht nicht ersetzen. Die meisten Hauspflanzen mögen helles, gefiltertes, natürliches Licht. Das heißt, dass sie in der prallen Mittagssonne etwas Schatten brauchen. Während Gartenpflanzen von anderen Pflanzen vor der Sonne geschützt werden und ihre Wurzeln tief in die Erde reichen, stehen Hauspflanzen meist allein in einem Topf, sodass sich die Wurzeln leicht überhitzen.

Allerdings fühlen sich Kakteen und Sukkulenten wohl in voller Sonne, ebenso wie einige Geranien, aber Sie müssen aufpassen, dass die Pflanzen nicht verbrennen, denn die Sonnenbestrahlung durch Glas hindurch ist äußerst intensiv.

Im Allgemeinen haben Blütenpflanzen einen höheren Lichtbedarf als Blattpflanzen, während Pflanzen mit großen, dunkelgrünen Blättern weniger Licht brauchen als solche mit kleinen, silbergrauen Blättern (siehe auch S. 203).

GEGENÜBER Rosen, im Haus gehalten, müssen tagsüber ein paar Stunden Sonnenlicht bekommen, und die Erde darf nicht austrocknen.

OBEN Das Elefantenohr *(Alocasia macrorrhiza)* wird 1,2 bis 1,8 m hoch und steht deshalb am besten auf dem Boden.

LUFTFEUCHTIGKEIT UND ZIMMERTEMPERATUR

Zimmerpflanzen kommen aus verschiedenen natürlichen Lebensräumen und haben ganz unterschiedliche Bedürfnisse. Es ist daher wichtig zu wissen, welche Ansprüche die Pflanzen haben. Im Allgemeinen gilt, dass die meisten – mit Ausnahme von Kakteen und Sukkulenten – eine höhere Luftfeuchtigkeit brauchen als in Wohnungen üblich.

Kein Wunder also, dass Hauspflanzen besonders gut in Badezimmern und Küchen gedeihen, denn in diesen Räumen ist die Luftfeuchtigkeit höher. Sie können für mehr Luftfeuchtigkeit sorgen, indem Sie Ihre Pflanzen in Gruppen anordnen und sie regelmäßig besprühen oder auf eine Kieselschicht in einer mit etwas Wasser gefüllten Schale stellen. Ein Zeichen für nicht ausreichende Luftfeuchtigkeit sind Knospen, die abfallen oder sich nicht öffnen, Blätter, die gelb werden, herunterhängen oder an den Spitzen braun werden. An heißen Tagen sollten Sie die Pflanzen zweimal täglich besprühen, aber nicht im direkten Sonnenlicht.

Heizungsluft ist nicht nur trocken, sie ist auch zu warm für viele Gewächse, die im Winter kühlere Temperaturen mögen. Solche Pflanzen sollten im Winter ins Treppenhaus gestellt werden, wo es in der Regel kühl und hell ist.

GIESSEN

Topfpflanzen können mit ihren Wurzeln nicht tief im Erdreich nach Wasser suchen, wie sie es im

OBEN LINKS Besprühen Sie die Blätter täglich (mit Ausnahme von Usambaraveilchen) mit lauwarmem Wasser.

LINKS Eine gute Bewässerungstechnik für Zimmerpflanzen ist das Gießen von unten.

Freien tun würden. Deshalb ist die Versorgung Ihrer Pflanzen mit der richtigen Menge Wasser entscheidend für den Erfolg.

Frühling und Sommer sind für die meisten Pflanzen die Wachstumsperioden, in denen sie regelmäßig Wasser brauchen. Im Herbst und Winter ruhen sie und brauchen dann nur so viel Wasser, dass das Substrat nicht austrocknet. Allzu reichliches Gießen ist der Hauptgrund, wenn Zimmerpflanzen eingehen. Außer bei Sumpfpflanzen sollte nie Wasser im Übertopf oder Untersetzer stehen.

Wenn sich das Substrat an der Oberfläche trocken anfühlt, braucht die Pflanze wahrscheinlich Wasser. In der Ruheperiode bohren Sie am besten mit dem Finger etwas tiefer – dort kann das Substrat noch feucht genug sein. Viele Pflanzen, vor allem Gardenien, mögen kein hartes Leitungswasser. Wer keinen Zugang zu Regenwasser hat, nimmt abgekochtes und abgekühltes oder gefiltertes Wasser. Eine andere Möglichkeit ist, Leitungswasser im Gießgefäß über Nacht bei Raumtemperatur stehen zu lassen.

Es gibt mehrere Gießtechniken. Die erste ist das Gießen von oben direkt auf die Topferde, an den Blättern vorbei. Wässern Sie, bis das Wasser aus dem Abflussloch austritt. Dann gießen Sie das überschüssige Wasser weg. Sie können auch von unten wässern, wozu Sie den Topf in eine Wasserschale oder einen Eimer stellen, bis sich die Oberfläche der Topferde feucht anfühlt. Diese Methode ist auch geeignet, völlig ausgetrocknetes Substrat wieder zu befeuchten.

DÜNGEN

Frisch gekauftes Substrat ist meist vorgedüngt; deshalb darf man beim Eintopfen einer neuen Pflan-

OBEN Flüssigdünger bieten eine ausgewogene Mischung von Nährstoffen, die das Gedeihen einer Pflanze fördern.

ze nicht gleichzeitig mit dem Angießen düngen. Doch mit der Zeit verbraucht sich der Dünger, und man muss ihn ersetzen. Wann, wie und womit gedüngt wird, hängt von der Pflanzenart ab; halten Sie sich an die Pflegehinweise auf dem Begleitkärtchen, oder fragen Sie in der Gärtnerei nach, wo Sie die Pflanze gekauft haben.

Flüssigdünger werden meist als Konzentrat verkauft und müssen verdünnt werden. Man gibt sie ins Gießwasser. Praktisch sind auch kleine Düngestäbchen, die man in das Substrat hineinsteckt.

EINTOPFEN UND UMTOPFEN
Sehen Sie sich eine frisch gekaufte Pflanze genau an. Meist beginnen die Wurzeln schon unten aus dem Topf herauszuwachsen; dann pflanzt man sie in ein Gefäß um, das ein oder zwei Nummern größer ist. Decken Sie das Abzugsloch mit flachen Steinchen oder Scherben ab, geben Sie eine Schicht frische Blumenerde in den Topf und drücken Sie sie an, damit keine Luftlöcher bleiben. Dann setzen Sie die Pflanze bis ungefähr 2 cm unter der Oberkante des Gefäßes ein, damit ein Gießrand bleibt. Mit einem Löf-

fel wird jetzt Substrat eingefüllt, bis der Wurzelballen gut eingebettet ist. Zuletzt die Erde festdrücken.

Meist leiden die Gewächse ein wenig durch das Umsetzen, erholen sich aber schnell wieder, vor allem, wenn man im Frühjahr pflanzt.

SUBSTRAT
Als Substrat bezeichnet man generell die humusreiche Blumenerde, in die Garten- und Zimmerpflanzen hineingesetzt werden. Für die meisten Pflanzen eignet sich eine gute (nicht zu billige), industriell hergestellte Universalerde. Wer einen Garten hat, sollte keinesfalls Gartenerde für seine Zimmerpflanzen verwenden, denn darin können sich Insekteneier und -larven sowie Unkrautsamen befinden – die in der Zimmerwärme gut gedeihen würden.

Neben der Universalerde, die in der Regel mit einem Universaldünger angereichert ist, gibt es für manche Pflanzen spezielle Substrate. So bietet beispielsweise die sogenannte Rhododendronerde Azaleen und Rhododendren einen speziellen pH-Wert im sauren Bereich. Das Substrat für andere Pflanzen, die

einen nährstoffarmen Boden, also weniger Humus, sowie eine gute Wasserdurchlässigkeit brauchen, ist mit Sand vermischt. Das gilt z. B. für Sukkulentenerde.

Epiphyten wie einige Orchideenarten, die auf Bäumen wachsen, kommen ganz ohne Erde aus; man setzt sie in Holzabfälle und ein wenig Torf, damit Luft um die Wurzeln zirkulieren kann.

SCHNEIDEN
Man kann einige Pflanzen dazu anregen, buschiger zu wachsen, indem man die Haupttriebe abknipst, sodass die Pflanze mehr Seitentriebe bildet. Begonien und Efeu reagieren im Frühjahr und Sommer gut auf einen Rückschnitt. Eine zu groß gewordene Birkenfeige *(Ficus benjamini)* nimmt einen Schnitt ebenfalls nicht übel. Der beste Zeitpunkt zum Beschneiden des Ficus ist der späte Winter oder frühe Frühling.

Das Abknipsen von Blüten, die nicht mehr schön sind, regt die Pflanze an, wieder neue Blüten zu produzieren. Zimmerrosen z. B. halten viel länger, wenn das Verwelkte regelmäßig abgeschnitten wird.

OBEN Wischen Sie ab und zu mit einem feuchten Tuch den Staub von den Blättern, der das Gedeihen der Pflanze behindert.

OBEN Knipst man welke Blüten ab, regt das die Pflanze an, wieder neue Blüten zu bilden, sodass sie länger gepflegt aussieht.

WIE MAN BEGONIEN VERMEHRT

Manche Pflanzen vermehren sich durch Samen, andere vegetativ, d. h. ein Blatt oder ein abgebrochenes Stück Stängel treibt Wurzeln und bildet eine neue Pflanze, wenn es an einem günstigen Standort zu liegen kommt. Gärtner nutzen dieses Phänomen und ziehen Ableger. Der beste Zeitpunkt ist der Frühling oder Sommer, wenn es viel Licht und Wärme gibt. Die fleischigen Blätter vieler Sukkulenten, aber auch die Blätter von Begonien können zum Heranziehen neuer Pflanzen benutzt werden. Es gibt verschiedene Methoden – das Beispiel unten zeigt, wie man aus einem einzelnen Begonienblatt eine neue Pflanze zieht.

1 Wählen Sie ein junges, gesundes Blatt. Schneiden Sie es ab und kappen Sie den Stiel kurz unter dem Blatt.

2 Machen Sie mit einem Skalpell oder sehr scharfen Messer 1 cm lange Schnitte quer durch die stärksten Adern.

3 Mit einer Drahtkrampe verankern Sie das Blatt auf einer Unterlage aus Vermehrungssubstrat (Gartenfachhandel).

4 Im Bereich jedes Schnitts werden sich die Blattadern bewurzeln. Wenn sich Pflänzchen bilden, abtrennen und eintopfen.

DAS USAMBARAVEILCHEN RICHTIG PFLEGEN

Von Usambaraveilchen heißt es, sie seien schwer gesund zu halten. Das stimmt aber nur bedingt. Sie brauchen viel Licht und mögen keine Zugluft sowie Temperaturschwankungen. Wenn Sie dies im Auge behalten, gedeihen sie gut. Ein Tipp: Am besten geht es den Pflanzen, wenn ihre Wurzeln fest im Topf sitzen.

1 Suchen Sie für Ihr Usambaraveilchen einen hellen Standort. Keine direkte Sonne! Ideal ist es, wenn Sie den Topf in eine Schale mit Kies stellen.

2 Füllen Sie die Schale mit Steinchen und etwas Wasser. Vor dem jeweils nächsten Gießen lässt man die oberste Substratschicht leicht antrocknen.

3 Kein Wasser an die Pflanze lassen. Bewegen Sie sie jede Woche um eine halbe Drehung, sodass alle Seiten gleich viel Licht erhalten.

4 Düngen Sie ab und zu mit phosphatreichem Dünger, damit die Blätter gesund bleiben und die Pflanze viele Blüten ausbildet. Nicht überdüngen.

Gestaltung: **Zimmerpflanzen und ihr Lichtbedarf**

Pflanzen brauchen das richtige Licht, um zu gedeihen. Einige benötigen so viel Licht, wie sie irgend bekommen können (Südfenster), andere mögen wenig Licht (Nordfenster). Manche Pflanzen ziehen indirektes Licht vor und sind für ein nach Osten oder Westen gerichtetes Fenster geeignet. Hier sehen Sie einige Pflanzen und ihre jeweiligen Ansprüche an die Lichtverhältnisse.

PFLANZEN MIT HOHEM LICHTBEDARF

Ein warmer, sonniger Standort passt zu Sukkulenten, Kakteen, Bromelien und Kräutern. Die Sonneneinstrahlung hängt von der geografischen Breite, der Jahreszeit und der Ausrichtung des Fensters ab.

PFLANZEN MIT HOHEM LICHTBEDARF

1 Kräuter (z. B. Basilikum, Petersilie, Rosmarin)
2 Pfennigbaum
3 Agave
4 Bromelie
5 Aloe
6 Schnittlauch
7 Salbei

PFLANZEN MIT GERINGEM LICHTBEDARF

8 Philodendron
9 Schusterpalme
10 Einblatt
11 Kolbenfaden
12 Sansevieria

PFLANZEN MIT MÄSSIGEM LICHTBEDARF

13 Grünlilie
14 Orchideen
15 und **16** Begonien (siehe auch Abb. oben)
17 Marante
18 Schwedischer Efeu
19 Cissus
20 Usambaraveilchen
21 Zimmeraralie

PFLANZEN MIT GERINGEM LICHTBEDARF

Diese Pflanzen sind nicht nur anspruchslos im Hinblick auf den Lichtbedarf. Sie wollen auch nicht überhitzt, überwässert oder überdüngt werden. Besprühen Sie sie hin und wieder.

PFLANZEN MIT MÄSSIGEM LICHTBEDARF

Bewegen Sie diese Pflanzen alle ein, zwei Wochen um eine halbe Drehung, damit sie nicht in eine Richtung wachsen.

PFLANZENFÜHRER

Bei der Zusammenstellung eines Pflanzenverzeichnisses erhebt sich unweigerlich die Frage: Was wird aufgenommen, was weggelassen? Da der Platz begrenzt ist, können nicht alle herrlichen Blumen, Bäume, Sträucher sowie Gemüse und Früchte berücksichtigt werden, die bei uns gedeihen. Nehmen Sie die Auswahl als Anregung: Wenn Sie Gärtnereien besuchen, Gartenzeitschriften und -bücher lesen, sich Gartenfreunden anschließen oder im Internet surfen, werden Ihnen noch viel mehr Pflanzen begegnen, die für Ihre Bedürfnisse geeignet sind.

Alle Pflanzen, die hier vorgestellt werden, sind pflegeleicht und attraktiv zugleich. Die Auflistung wendet sich an alle Leser, unabhängig von ihren gärtnerischen Kenntnissen. Einerseits sollen erfahrene Gartenliebhaber, die neue Inspirationen wünschen, ermutigt werden – vielleicht weil sie in ein neues Domizil umgezogen sind, dessen Garten ihnen nicht vertraut ist, oder weil sie lernen müssen, mit einer körperlichen Einschränkung zu leben, die ihre Leistungsfähigkeit beeinträchtigt. Die Pflanzenauswahl soll aber auch ältere Gartenanfänger motivieren – denn es ist nie zu spät, mit dieser schönen und befriedigenden Tätigkeit zu beginnen.

GEGENÜBER Füllen Sie Ihren Gartenbereich mit Einjährigen und Stauden, die Sie durch die gesamte Gartensaison hindurch begleiten.

OBEN Schreiben Sie die Namen Ihrer Pflanzen auf Schilder. So können Sie die Pflegeanleitungen bei Bedarf nachlesen.

OBEN Eine Auswahl von Kräutern, darunter Fenchel, Salbei und Oregano, wächst in einem ummauerten Gartenbeet.

OBEN Kleinblütige Dahlien blühen früher und erfreuen mit mehr Blütenpracht, weil sie schneller neue Blüten hervorbringen.

SYSTEMATIK UND BOTANISCHE NAMEN DER PFLANZEN

Im 18. Jahrhundert führte der Naturforscher Carl von Linné die „binäre Nomenklatur" ein, um die verwandtschaftlichen Verhältnisse von Lebewesen zu zeigen. Auch jede Pflanzenart erhielt einen zweiteiligen Namen. An erster Stelle steht der Name der Gattung – einer Gruppe, deren Mitglieder eng miteinander verwandt und einander recht ähnlich sind. An zweiter Stelle folgt ein Zusatz, der spezifisch für die Art ist.

OBEN Die Schwarzäugige Susanne *(Thunbergia alata)* mag es sonnig. In der Regel ist die einjährige Kletterpflanze goldgelb; mit dem Pink-Ton gelang eine seltene Sorte.

WISSENSCHAFTLICHE NAMEN

Der botanische Name einer Pflanze ist meist – aber nicht immer – lateinischen Ursprungs. Es gibt Gattungen, die Pflanzen umfassen, die einander nicht sehr ähnlich sehen, obwohl sie verwandt sind. Zu anderen Gattungen wiederum können Arten gehören, die eindeutige Ähnlichkeiten aufweisen. Zu einer Art zählen Individuen, die einander ähneln und sich natürlicherweise miteinander kreuzen können. Allerdings werden in dem Maße, wie sich die Wissenschaft weiterentwickelt, immer mehr Ungenauigkeiten in der Zuordnung mancher Pflanzen festgestellt, sodass neue Namen nötig sind. Hinter dem neuen Pflanzennamen steht dann in vielen Fällen die ungültige alte Bezeichnung als Synonym (abgekürzt syn.). Es ist daher von Nutzen, wenn man sich ein neues Nachschlagewerk besorgt und zum Pflanzenkauf mitnimmt.

UNTEN Eine abwechslungsreiche Topfgruppe auf einem Gartentisch ist leicht zu pflegen. Kein Bücken erforderlich!

UNTERARTEN, VARIETÄTEN UND FORMEN

In einem Hausgarten hat man manchmal eine Pflanzenart, die durch hübsche Besonderheiten wie panaschierte Blätter oder verschiedenfarbige bzw. gefüllte Blüten auffällt. Für diese Abweichungen gibt es die Fachausdrücke Unterart oder Subspecies (subspec.), Varietät (var.), Form und Sorte. Eine Sorte entsteht durch die Auslese spontaner Mutationen oder durch gezielte Kreuzung und wird durch Züchtung erhalten. Sortennamen stehen in einfachen, hochgesetzten Anführungszeichen wie bei *Prunus mume* 'Beni Chidori', einer Sorte der Japanischen Aprikose.

HYBRIDEN UND GRUPPEN

Bei der Kreuzung zweier Arten bzw. Sorten entsteht eine Hybride. Während Hybriden in der Natur selten vorkommen, ist das Kreuzen bei Pflanzenzüchtern eine übliche Vorgehensweise, um Pflanzen mit erwünschten Eigenschaften hervorzubringen. Eine Hybride wird durch ein Kreuz-Zeichen (×) zwischen den beiden Namensteilen gekennzeichnet.

Als Gruppe bezeichnet man eine Gruppierung von Pflanzen mit Variationen, die sich so ähnlich sind, dass man sie zusammenfasst (z. B. Andersonia-Gruppe).

AUFBAU DES PFLANZENFÜHRERS

Die erste Gruppe hier, Topf- und Kübelpflanzen, eignet sich für Gärtner, deren Kraft nachlässt oder die wenig Platz haben. Die nächsten vier Gruppen nennen krautige Pflanzen sowie Gehölze, die in der Sonne oder im Schatten gedeihen. Dann folgen drei Gruppen mit essbaren Pflanzen – Gemüse, Obst und Kräuter. Den Abschluss bilden Pflanzen für Zimmergartenbesitzer. Das Beispiel unten erklärt den Aufbau der Pflanzenbeschreibungen.

OBEN *Salvia farinacea* 'Victoria Blue' trägt violette Blüten und lässt sich gut mit anderen Stauden kombinieren.

Gattungs- und Artname

Der erste Teil dieses international gültigen botanischen Namens gibt die Gattung an. Diese Ordnungsebene umfasst Gewächse, die miteinander verwandt sind. Der zweite Teil ist ein Zusatz, der die Art festlegt. Ferner kann der Name eine Unterart, Hybride, Varietät oder Sorte beinhalten. Manchmal wird auch ein Synonym (syn.) angegeben.

Familienname

Wenn man die Familie einer Pflanzenart kennt, so kann dies einen Hinweis darauf liefern, welche Gewächse für dieselbe Krankheit anfällig sind.

Kultur

Diese Anmerkungen geben kurze Informationen über die Bedingungen, unter denen die Pflanze optimal gedeiht, wie zum Beispiel Sonnen- oder Schattenlage oder die bevorzugte Bodenart.

Anmerkungen

Dieser Abschnitt gibt Informationen z. B. über die Verwendungsmöglichkeiten oder ob man eine besondere Sorte wählen sollte. Weitere Informationen können Einzelheiten über Hybriden (gekennzeichnet durch ein × im Namen) sowie empfohlene Varietäten und Sorten, die erhältlich sind, beinhalten.

Abbildung

Zu zahlreichen Beschreibungen gehört eine Farbfotografie mit dem Namen der Pflanze.

Foeniculum vulgare
FENCHEL

FAMILIE Doldenblütler (Apiaceae)
Mit seinen hellgrünen, zarten farnähnlichen Blättern und aromatischen gelben Blüten kommt der Fenchel im Hintergrund eines Kräuter- oder Staudengartens am besten zur Geltung, da er 90–120 cm hoch werden kann. Diese anmutige Staude sorgt für Höhe und Struktur.

KULTUR Die Pflanze benötigt einen durchlässigen, tiefgründigen, mäßig humosen Boden in vollsonniger Lage. Am besten kultiviert man sie in einem größeren Garten, der Strukturelemente braucht.

FROSTHÄRTE Voll frosthart

ANMERKUNGEN Fenchel lockt Bienen, Schmetterlinge und Vögel an. Alle Pflanzenteile – Blätter, Stängel, Samen und Knolle – sind essbar. Die Pflanze setzt einen chemischen Stoff frei, der das Wachstum mancher Pflanzen hemmt. Setzen Sie Fenchel daher nicht in die Nähe von Bohnen, Tomaten oder Kohlverwandten.

PFLEGE Einfach. Fenchel bildet unzählige Samen aus. Daher müssen neue Sämlinge entfernt werden, damit die Pflanze sich nicht zu stark ausbreitet.

Deutscher Name

Das ist der volkstümliche oder Trivialname. Manchmal gibt es mehrere deutsche Namen für eine Pflanze.

Beschreibung der Pflanze

Hier wird z. B. beschrieben, wie eine Pflanze zu verschiedenen Jahreszeiten aussieht – die Blätter, die Blüten oder Früchte. Oft werden Angaben über die Endhöhe und -breite einer Gattung oder einer Pflanze gemacht, obwohl diese je nach Standort und Region variieren.

Frosthärte

Bei jeder Pflanze, außer bei Einjährigen, Gemüse und Zimmerpflanzen, ist die Frosthärte angegeben, d. h. die Temperatur unter dem Gefrierpunkt, die die Pflanze unbeschadet überstehen kann. Die Kategorien sind „Voll frosthart" (–15 °C), „Frosthart" (–5 °C), „Bedingt frosthart" (0 °C). Eine weitere Kategorie ist „Frostempfindlich", d. h. die Pflanze kann überhaupt keinen Frost vertragen. Zusätzlich angegeben sind Besonderheiten, z. B. dass eine Pflanze für kurze Zeit Minustemperaturen aushält, aber keinen Dauerfrost, oder dass eine frostempfindliche Pflanze in geschützter Lage im Freien durchaus überleben kann (siehe auch S. 255).

Pflege

Man erfährt, ob wenig oder mäßige Pflege erforderlich ist (pflegeintensive Pflanzen wurden nicht ausgewählt). Oft werden Tipps und zusätzliche Informationen zur Pflanzenpflege gegeben.

TOPF- UND KÜBELPFLANZEN

Viele ältere Menschen, die ein Haus mit ausgedehntem Garten aufgeben, tun dies, um sich zu verkleinern. Sie beziehen ein Reihenhaus mit Mini-Garten oder eine Wohnung mit Terrasse oder Balkon. Doch damit ist die Zeit des Gärtnerns keineswegs vorbei! Topf- und Kübelpflanzen bieten nämlich Möglichkeiten auf ganz anderer Ebene. Ob charmante Kräutertöpfe auf dem Fensterbrett, rustikale Holztröge mit Heidelbeersträuchern oder farbenfrohe Arrangements aus Beetpflanzen in Balkonkästen oder Hängekörben: Entdecken Sie, wie vielseitig und attraktiv ein Topfgarten sein kann.

OBEN Ein Arrangement unterschiedlicher Einjähriger im Terrakottakübel. In der Mitte die Keulenlilie *Cordyline australis.*

Calibrachoa × hybrida
MINIPETUNIE, SERIE 'MILLION BELLS'
FAMILIE Nachtschattengewächse (Solanaceae)

Frostempfindliche Staude mit Blüten, die wie kleine Petunien aussehen. Kompakt und hügelig wachsend; eignet sich hervorragend für Gefäße. Wird 7,5–23 cm hoch und bildet meist hängende Triebe. Vom Frühling bis zum ersten Frost erscheinen Hunderte von Blüten von etwa 2,5 cm Durchmesser. Farbpalette: Violett, Blau, Rosa, Rot, Magentarot, Gelb, Bronze, Weiß.

UNTEN Die Minipetunie *Calibrachoa* 'Sunbelfire' aus der 'Million-Bells'-Serie

KULTUR Gedeiht in durchlässiger Erde in vollsonniger Lage, verträgt sehr lichten Schatten, bildet aber weniger Blüten, je mehr Schatten sie bekommt. Zu nasses Substrat mag die Minipetunie überhaupt nicht, hält aber Trockenheit aus. Die Erde zwischen den Gießvorgängen austrocknen lassen, um Pilzkrankheiten vorzubeugen.
FROSTHÄRTE Bedingt frosthart
ANMERKUNGEN Für Gefäße und Hängekörbe sollte man eine Palette an Regenbogenfarben auswählen.
PFLEGE Einfach. Da die Pflanze selbstputzend ist, muss Verblühtes nicht entfernt werden. Sie ist anfällig für Blattläuse, die Sie aber mit einem Wasserstrahl entfernen können.

Chamaecyparis obtusa 'Pygmaea'
ZWERG-HINOKI-SCHEINZYPRESSE
FAMILIE Zypressengewächse (Cupressaceae)

Diese beliebte Konifere, ein anmutiger schlanker, aufrechter Baum mit dekorativem orangebraunem Stamm und nickenden Astspitzen, erreicht eine Höhe von 1,5 m. Die abgeflachten tiefgrünen Zweige mit dicken, fest anliegenden Schuppennadeln breiten sich fächerartig aus.
KULTUR Gedeiht in durchlässigem, humosem Substrat in halbschattiger Lage. An sonnigem Standort muss diese Scheinzypresse im Sommer gegossen werden, im Halbschatten nicht.

FROSTHÄRTE Voll frosthart
ANMERKUNGEN Es gibt noch viele andere Zwergsorten, die meisten sind aber zu groß für die Gefäßkultur.
PFLEGE Einfach. Vor Wind schützen. Das Gehölz kann geschnitten werden, sodass es auf engstem Raum Platz hat.

Cordyline australis 'Charlie Boy'
KEULENLILIE
FAMILIE Agavengewächse (Agavaceae)

Wird oft als Zimmerpflanze kultiviert, kommt aber in einem saisonalen Topfgarten genauso gut zur Geltung. Spitze, aufrechte Blätter sorgen für Höhe, Farbe und Struktur und schaffen einen Kontrast zu dem buschigen und kaskadenartigen Wuchs der Einjährigen, denen die Keulenlilie Gesellschaft leistet. 'Charlie Boy' trägt panaschierte Blätter mit weinrotem Mittelstreifen auf rosafarbenem Grund. Wird bis 2 m hoch.
KULTUR Die Pflanze gedeiht an einem sonnigen Platz in einem Kübel mit durchlässigem Substrat. Sie braucht etwas Sonnenschutz, bis sie gut eingewachsen ist.
FROSTHÄRTE Bedingt frosthart
ANMERKUNGEN Als Zimmerpflanze geeignet
PFLEGE Einfach. Die Keulenlilie mag keine Staunässe und Temperaturen unter 8 °C. Bei sinkenden Temperaturen kommt der Kübel in ein Winterquartier oder wird sorgfältig mit Vlies oder Jute umwickelt.

Imperata cylindrica rubra 'Red Baron'
JAPANISCHES BLUTGRAS

FAMILIE Süßgräser (Poaceae)

Mehrjähriges Gras, das sich langsam ausbreitet. Kommt mit seinen grünen Blättern, deren Spitzen leuchtend rot sind, im Gefäß gut zur Geltung. Bildet einen aufrechten Horst von 50 cm Höhe und Breite. Im Herbst wird das Rot der Blätter intensiver, bis hin zu einem dunklen Kastanienrot. Das Blutgras harmoniert mit blauen und purpurfarbenen Blüten, sieht aber allein in einem Kübel ebenfalls prächtig aus.

UNTEN *Ipomoea batatas* 'Margarita'

KULTUR Liebt durchlässiges Substrat und braucht einen sonnigen Standort. In wärmeren Regionen bevorzugt das Blutgras lichten Schatten. Verträgt Trockenheit zwar recht gut, darf aber nicht ganz austrocknen, sonst werden die Blattspitzen braun.

FROSTHÄRTE Bedingt frosthart

ANMERKUNGEN Das Gefäß sollte an einem Platz stehen, an dem die Pflanze der Morgen- oder Abendsonne ausgesetzt ist. Die Blätter erglühen dann in einem dramatischen Rot.

PFLEGE Einfach. Im Winter vergilben die Blätter und werden im Frühjahr über dem Boden abgeschnitten.

OBEN *Imperata cylindrica rubra* 'Red Baron'

Ipomoea batatas 'Margarita'
ZIERSÜSSKARTOFFEL

FAMILIE Windengewächse (Convolvulaceae)

Wird vor allem wegen der fächerförmigen hellgrünen Blätter kultiviert. Die Pflanze fällt dekorativ über den Gefäßrand herab. Die Sorte 'Margarita' hebt besonders dunkel belaubte Pflanzen hervor. Höhe: 10–30 cm.

KULTUR Gedeiht am besten an einem warmen, sonnigen Platz in gutem, durchlässigem Substrat. Wenn die Pflanze einmal eingewachsen ist, braucht sie nicht viel Wasser, da die Knollen genug Flüssigkeit speichern.

FROSTHÄRTE Bedingt frosthart bis frostempfindlich

ANMERKUNGEN 'Blackie' ist eine Varietät mit dunkelpurpurnen, fast schwarzen Blättern; 'Tricolour' trägt blassgrüne, weiß und rosa umsäumte Blätter. Besonders dekorativ ist die Kombination aus beiden Sorten.

PFLEGE Einfach. Öfter zurückschneiden, um das Wachstum in Grenzen zu halten und für ein besseres Verzweigen zu sorgen. Kann in einem frostfreien Raum problemlos überwintert werden.

Lobelia erinus
MÄNNERTREU, LOBELIE
FAMILIE Glockenblumengewächse (Campanulaceae)

Eine ausdauernde Pflanze, die bei uns einjährig für Töpfe und Beete kultiviert wird. Es gibt hängende Sorten, die Blütenkaskaden bilden, sowie aufrecht wachsende Pflanzen, die 15 cm hoch werden. Die 1–2 cm großen Blüten sind blau, lila, rosa oder weiß.

KULTUR In kühleren Regionen gedeiht die Pflanze in vollsonniger Lage in feuchtem, humosem Substrat; in wärmeren Klimaten fühlt sie sich im Halbschatten wohler und braucht ausreichend Wasser. In 10–15 cm Abstand pflanzen und das Gefäß erst nach den Spätfrösten ins Freie stellen.

ANMERKUNGEN Ideal für Balkonkästen, Hängekörbe, Blumenkübel sowie als Bodendecker und Beetumrandung. Besonders hübsch sind der blaue Schlund der Sorte 'Cambridge Blue' und die Lavendeltöne von 'Riviera'. In Kombination mit gelben und orangefarbenen Blüten entsteht eine überwältigende Farbenpracht.

PFLEGE Einfach. Widersteht Krankheiten und Schädlingen. Verblühtes abschneiden, damit sich neue Blütentriebe entwickeln können.

Lobularia maritima **(syn.** *Alyssum maritimum***)**
DUFTSTEINRICH
FAMILIE Kreuzblütler (Brassicaceae; auch: Crucifera)

Einjährige Staude, die vom Spätfrühling bis zum ersten Frost Massen weißer Blüten hervorbringt. Wird 10 cm hoch und fällt anmutig über den Gefäßrand herab. Auch als Bodendecker ist die Pflanze gut geeignet, da sie sich stark ausbreitet und den ganzen Sommer über blüht.

KULTUR Gedeiht am besten in lockerem, durchlässigem Substrat in sonniger bis halbschattiger Lage.

ANMERKUNGEN Robust; eignet sich für Gärten in Küstennähe, da Wind und Salzspritzer vertragen werden. Lockt Schmetterlinge und Bienen an. Sorten aus den Serien 'Alice' und 'Easter Bon-

UNTEN *Lobelia erinus*

OBEN *Lobularia maritima*

net' wachsen kompakt und blühen weiß, rosa und purpurrosa.

PFLEGE Einfach. Nach der ersten Blüte zurückschneiden, damit die Pflanze erneut blüht.

Laurus nobilis
LORBEERBAUM
FAMILIE Lorbeergewächse (Lauraceae)

Langsamwüchsiger, immergrüner Baum, der in der Regel bis 2 m hoch wird. Die dunkelgrünen, ledrigen Blätter sind 7–8 cm lang und duften. Die grünlich-gelben Blüten erscheinen in kurzen Rispen von April bis Mai.

KULTUR Mag nährstoff- und humusreiche, gut durchlässige, frische Erde an einem vollsonnigen Platz. Ausreichende Drainage im Kübel nötig. Das Substrat zwischen den Gießvorgängen etwas antrocknen lassen.

FROSTHÄRTE Bedingt frosthart

ANMERKUNGEN Die getrockneten Blätter als Gewürz verwenden.

PFLEGE Einfach. Der Kübel muss bei weniger als 2 °C ins Winterquartier.

Lysimachia nummularia 'Aurea'
PFENNIGKRAUT
FAMILIE Primelgewächse (Primulaceae)

Robuste niederliegende Pflanze mit gelbgrünen Blättern. Breitet sich über

OBEN *Lysimachia nummularia* 'Aurea'

Ausläufer aus und neigt zum Wuchern. Eignet sich gut für Gefäße. Ab dem Frühsommer erscheinen unzählige kleine gelbe Schalenblüten, die in einem Arrangement für Farbkontraste und Strukturen sorgen.
KULTUR Braucht gutes Substrat und gedeiht in kühleren Regionen in vollsonniger, in wärmeren Gegenden in schattiger Lage am besten. Das Laub ist im Schatten leuchtend grün, in der Sonne eher gelblich. Pfennigkraut bevorzugt feuchte Erde und verträgt Trockenheit nicht gut.
FROSTHÄRTE Voll frosthart
ANMERKUNGEN Wird vor allem wegen des anmutig herabhängenden Laubs in Töpfe und Hängekörbe gesetzt.
PFLEGE Einfach

Pelargonium × hortorum 'Mrs. Pollock'
GERANIE
FAMILIE Storchschnabelgewächse (Geraniaceae)
Diese Sorte bringt Blütendolden in Weiß, Rosa, Lachs, Orange, Rot und Lila hervor, die vor mittel- bis dunkelgrünen Blättern mit bronzefarbener Ringzone leuchten. Die zuverlässige Pflanze hat eine lange Blühdauer.

RECHTS *Petunia × hybrida*, 'Surfinia'-Serie

KULTUR Gedeiht in einem feuchten, durchlässigen Substrat in vollsonniger bis halbschattiger Lage am besten, vor allem in Regionen mit warmen, trockenen Tagen und kühlen Abenden. Eine dünne Mulchschicht schützt den Wurzelbereich vor Überhitzung.
FROSTHÄRTE Frostempfindlich
ANMERKUNGEN Eine andere Sorte, 'Martha Washington', hat herzförmige, am Rand gekräuselte Blätter und auffallende Blüten. Bekannt als ausgezeichnete Topfpflanze.
PFLEGE Einfach. Verblühtes entfernen, um weitere Blütenbildung anzuregen. Im Haus überwintern.

Petunia × hybrida
PETUNIE
FAMILIE Nachtschattengewächse (Solanaceae)
Diese Einjährige bringt in jede Gefäßpflanzung einfach und schnell Farbe. Die trichterförmigen oder stark gekräuselten Blüten verdecken die breiten, grünen, klebrigen Blätter fast gänzlich. Die Farbpalette reicht von Purpur und Rot über Rosa und Gelb bis Weiß. Viele Sorten aus der 'Surfinia'-Serie eignen sich besonders gut als Ampelpflanzung, da ihre bis zu 90 cm langen Triebe mit den attraktiven Blüten anmutig herabfallen.
KULTUR Petunien gedeihen in lockerer, durchlässiger Erde an einem vollsonni-

OBEN *Pelargonium × hortorum* 'Mrs Pollock'

gen Platz. Regelmäßig gießen und monatlich einen Volldünger verabreichen. Die Blüten sind regenempfindlich, daher sollten die Gefäße an einem geschützten Ort stehen.
ANMERKUNGEN Ziemlich regenverträglich, besonders wachstumsfreudig und üppig blühend sind die Sorten der 'Surfinia'-Serie.
PFLEGE Einfach. Die Triebspitzen sollten abgeknipst werden, damit sich die Pflanze verzweigt und buschig und kompakt bleibt. Verblühtes zweimal in der Woche entfernen, sodass die Pflanze gepflegt aussieht und weitere Blüten hervorbringt.

Salvia farinacea 'Victoria Blue'
MEHLIGER SALBEI
FAMILIE Lippenblütler (Lamiaceae)
Weltweit gibt es über 900 Arten des Ziersalbeis. Die Sorte 'Victoria Blue' wird 45–60 cm hoch, trägt graugrünes Laub und tiefblaue Blüten, die dicht an dicht sitzen. Blüht den ganzen Sommer über.
KULTUR Mag lockeres, durchlässiges Substrat und gedeiht am besten in vollsonniger Lage. Allerdings sollte man den Topf an heißen Tagen in den lichten Schatten stellen. Junge Pflanzen mäßig gießen, doch sobald dieser Salbei eingewachsen ist, kommt er mit wenig Feuchtigkeit aus.
FROSTHÄRTE Bedingt frosthart
ANMERKUNGEN Lockt Bienen, Schmetterlinge und andere nützliche Insekten an und vertreibt Schädlinge. Eignet sich gut als Schnittblume oder getrocknet für Gestecke.
PFLEGE Einfach. Verblühtes entfernen, damit die Pflanze immer wieder blüht.

Tagetes erecta
TAGETES, STUDENTENBLUME
FAMILIE Korbblütler (Asteraceae; auch: Compositae)
Tagetes-Erecta-Hybriden haben meist Blüten in Orange- und Gelbtönen, aber auch in Rotbraun sowie in Rot- und Cremetönen. Höhe je nach Sorte 15–90 cm. Die Blüten variieren von 1 cm großen, einfachen Winzlingen bis zu 10–13 cm großen, dicht gefüllten Riesen. Die dunkelgrünen Blätter sind fein gefiedert und farnähnlich.
KULTUR Einjährig und aus Samen einfach zu ziehen. Die Pflanzen bevorzugen Vollsonne und nährstoffreiches, gut durchlässiges Substrat, gedeihen aber auch in normaler bis magerer Erde. Obwohl sie sich bei regelmäßigen Wassergaben besser entwickeln, überleben sie sogar Trockenperioden.
FROSTHÄRTE Bedingt frosthart
ANMERKUNGEN Die meist kompakteren *Tagetes-Patula*-Hybriden werden

oft in Nachbarschaft anfälliger Gewächse gepflanzt, weil ihr strenger Duft viele Schädlinge vertreibt. Sie gedeihen unter ähnlichen Bedingungen wie die *Tagetes-Erecta*-Hybriden, doch ihre Blüten sind weniger regenanfällig. Die Farbpalette der *Tagetes-Patula*-Hybriden umfasst zusätzlich satte Rottöne sowie Mahagoni; es gibt auch Sorten mit zwei- und mehrfarbigen Blüten. Sät man Samen aus dem Vorjahr, wird man nicht dieselben Exemplare erhalten wie die ursprünglichen Pflanzen, da die meisten Sorten Hybriden sind.
PFLEGE Einfach. Monatlich einmal einen Universaldünger verabreichen. Schnecken lieben Tagetes, deshalb Schneckenfallen einsetzen.

Tropaeolum majus
KAPUZINERKRESSE
FAMILIE Kapuzinerkressengewächse (Tropaeolaceae)
Zuverlässige Einjährige mit hellgrünen, fast runden Blättern und cremegelben, gelben, orangefarbenen und roten Trichterblüten, die sich hervorragend für Gefäße eignet.
KULTUR Die Kapuzinerkresse bevorzugt vollsonnige Plätze und gedeiht in einem nährstoffarmen, durchlässigen Substrat. Bei einer Überdüngung wer-

OBEN *Tagetes erecta* aus der 'Jubilee'-Serie

den mehr Blätter, aber dafür weniger Blüten produziert.
ANMERKUNGEN Kapuzinerkresse eignet sich auch als Schnittblume. Die jungen Blätter und Blüten lassen sich für Salate verwenden. Eine gute Sorte für Töpfe ist 'Peach Melba'.
PFLEGE Einfach. Verblühtes entfernen, um weitere Blütenbildung anzuregen. Die Pflanze wird von Blattläusen befallen, die sich aber mit einem Wasserstrahl leicht abspülen lassen.

UNTEN *Tropaeolum majus*

BLUMEN UND BLATTPFLANZEN FÜR VOLLSONNIGE BEREICHE

In Gärten, die der prallen Sonne ausgesetzt sind, braucht man Pflanzen, die an einem solchen Ort gedeihen, deren Wasserbedarf aber trotzdem nicht zu hoch ist. Hier stellen wir Ihnen Arten vor, die in vollsonnigen Lagen wachsen, und zudem einige, die den Wechsel zwischen Sonne und Halbschatten mögen. In beiden Gruppen gibt es sowohl schöne Blütenpflanzen als auch solche, die mit besonders anmutigem Blattwerk beeindrucken. Auf der sicheren Seite sind Sie immer, wenn Sie einheimische Pflanzen wählen.

OBEN *Coreopsis verticillata*, das Nadelblättrige Mädchenauge, trägt lockere, offene Dolden zierlicher gelber Sternblüten.

LINKS Zierlauch *Allium × hollandicum*

len, um die Luftzirkulation zu fördern. Wird sie von Echtem Mehltau befallen, schneidet man sie zurück.

FROSTHÄRTE Voll frosthart

ANMERKUNGEN Eignet sich gut als Schnittblume, aber auch getrocknet für Gestecke. Kann von Blattläusen befallen werden, lockt aber auch Marienkäfer und Schlupfwespen an, die Blattläuse vernichten.

PFLEGE Mäßig. Die Pflanzen benötigen Stützhilfe, da sie bei starkem Wind umknicken können. Ein Rückschnitt nach dem Verblühen regt neue Blütenbildung an.

Allium spec.
ZIERLAUCH
FAMILIE Liliengewächse (Liliaceae)
Die runden Zierlauchdolden sind eine gute Nektarquelle für Bienen und andere Insekten. Die Pflanzenhöhe variiert je nach Sorte. Die Samenstände schneidet man nicht ab, denn sie sorgen für Struktur im Beet.

KULTUR Mag durchlässige Böden in sonnigen Lagen. Die Zwiebeln etwa 15 cm tief einpflanzen.

FROSTHÄRTE Voll frosthart

ANMERKUNGEN 'Firmament' und 'Purple Sensation' sind dankbare Sorten. Riesenlauch (*Allium giganteum*) kommt in der Beetmitte am besten zur Geltung.

PFLEGE Einfach

Achillea millefolium
SCHAFGARBE
FAMILIE Korbblütler (Asteraceae, auch: Compositeae)
Trägt flache schirmartige rote, rosafarbene oder weiße Blütenstände an den schlanken Stängeln mit gefiederten grünen Blättern. Höhe etwa 60 cm.

KULTUR Bevorzugt durchlässige Böden in vollsonniger Lage. Einmal eingewachsen, hält die Schafgarbe Trockenheit gut aus. Die Pflanze jedes Jahr teilheit gut aus. Die Pflanze jedes Jahr tei-

Aquilegia spec.
AKELEI
FAMILIE Hahnenfußgewächse (Ranunculaceae)

Zierliche Stauden, die 38–50 cm hoch werden können. Sie bringen auffällige ein- oder zweifarbige Blüten hervor, die an aufrechten Stängeln über blaugrünlichen Blättern schweben. Die Blüten in Weiß-, Gelb-, Rosa-, Blau- und Purpurtönen sowie deren Kombinationen erscheinen vom späten Frühling bis zum frühen Sommer. Robust und blühfreudig.

KULTUR Akeleien gedeihen in gewöhnlichem Gartenboden im Halbschatten und vertragen trockene Böden. Sie blühen bis zum Frost.

FROSTHÄRTE Voll frosthart bis frosthart

ANMERKUNGEN Akeleien enthalten reichlich Nektar für Bienen und Hummeln. Die vielseitigen Pflanzen machen sich gut in Beeten, Töpfen, als Randbepflanzung und in Steingärten.

PFLEGE Einfach. Die Akelei sät sich selbst aus, wuchert aber nicht. Sie benötigt weder Mulchschicht noch Winterschutz. Wenn die Pflanzen im Hochsommer unansehnlich werden, schneidet man sie bis zum Boden zurück, und möglicherweise danken sie dies mit einem späten Herbstflor.

UNTEN *Aster novi-belgii*

OBEN *Aquilegia canadensis*

Aster novi-belgii
GLATTBLATTASTER
FAMILIE Korbblütler (Asteraceae; auch: Compositae)

Diese Astern bringen ihre grazilen weißen, rosafarbenen, roten und violetten Blüten hervor, wenn andere Sommerblumen gerade verblühen, also von Spätsommer bis Spätherbst. Manche Sorten werden kaum 30 cm hoch, andere 50 cm oder mehr.

KULTUR Astern gedeihen auf den meisten Bodenarten, am besten jedoch auf frischen, durchlässigen Böden. Sie mögen sonnige Lagen, vertragen aber lichten Schatten.

FROSTHÄRTE Voll frosthart

ANMERKUNGEN Astern bilden eine der größten Gruppen blühender Pflanzen, sodass es leicht ist, die beste Sorte für den eigenen Garten zu finden. Da Glattastern ihre Blüten immer geöffnet halten, sind sie besonders beliebt, jedoch etwas empfindlich.

PFLEGE Mäßig. Die Triebspitzen im Hochsommer auf 15– 20 cm zurückschneiden, damit die Pflanze buschiger wächst und bis zum Spätherbst weitere Blüten hervorbringt. Die Astern alle 2–3 Jahre halbieren.

Briza maxima
GROSSES ZITTERGRAS
FAMILIE Süßgräser (Poaceae)

Ein einjähriges Gras. Die anmutigen und zierlichen Halme verleihen einem Gartenbeet oder Trockenblumenstrauß Charme und Eleganz. Das Gras wird in der Regel 30–60 cm hoch. Ähren strohfarbener nickender Samenstände, die der Rassel einer Klapperschlange ähneln, hängen von den Stielen herab.

KULTUR Das Zittergras bevorzugt einen sonnigen Platz und fühlt sich auf jedem gut durchlässigen Boden wohl. Wenig Wasserbedarf.

ANMERKUNGEN Sobald sich die Blütenstände verfärben, doch vor dem Auseinanderfallen, können die Rispen abgeschnitten und in Büscheln mit dem Kopf nach unten in einem kühlen Raum zum Trocknen aufgehängt werden. Mit Silber- oder Goldspray besprüht lassen sie vor allem Winterarrangements glitzern.

PFLEGE Einfach. Man sät das einjährige Gras jedes Jahr neu aus oder lässt es sich selbst aussäen.

Clematis 'Niobe'
CLEMATIS (WALDREBE)
FAMILIE Hahnenfußgewächse (Ranunculaceae)

Das ideale Klettergehölz für wenig Platz und leicht zugängliche Spaliere. Wird 2–3 m hoch. Die samtigen, dunkelviolettroten, einfachen Blüten mit gelben Staubgefäßen haben einen Durchmesser von 10–15 cm. Die Blüten schmücken den Garten den ganzen Sommer über, und die flauschigen, spiraligen Samenstände verbleiben noch monatelang an der Pflanze.

KULTUR Lässt sich auf nährstoffreichen, mäßig feuchten, durchlässigen Böden problemlos kultivieren und gedeiht in vollsonniger bis halbschattiger Lage. Die Pflanze 5–7,5 cm tiefer in den Boden setzen als im ursprünglichen Topf. So kann sie sich im Falle einer Erkrankung an der Clematiswelke besser erholen. Da der Wurzelbereich beschattet und kühl, die Pflanze selbst aber von der Sonne beschienen sein sollte, den Fußbereich mit einem niedrigen immergrünen Strauch oder einem dichtwüchsigen Bodendecker bepflan-

UNTEN *Clematis* 'Niobe'

zen. Eine dicke Mulchschicht aus organischem Material (z. B. Kompost), im Winter ausgebracht, ergänzt die Nährstoffvorräte im Boden und sorgt für einen kräftigen Wachstumsschub im Frühjahr.

FROSTHÄRTE Voll frosthart

ANMERKUNGEN Es gibt unterschiedliche Clematis-Gruppen. Wer verschiedene Arten und Sorten pflanzt, kann sich von Vorfrühling bis Spätherbst an den Blüten erfreuen. Clematis sind auch reizvoll, wenn sie an einem Baum oder an Ramblerrosen emporwachsen. Allerdings muss die stützende Pflanze groß und kräftig sein.

PFLEGE Mäßig. Da die Blüten meist an diesjährigem Holz erscheinen, werden die Triebe im Spätwinter oder zeitigen Frühjahr zurückgeschnitten, bevor der Neuaustrieb beginnt. Wichtig: Die verschiedenen Clematis-Gruppen unterliegen unterschiedlichen Schnittregeln.

Coreopsis verticillata 'Moonbeam'
NADELBLÄTTRIGES MÄDCHENAUGE
FAMILIE Korbblütler (Asteraceae; auch: Compositae)

Staude mit aufrecht wachsenden Stängeln, die 30–60 cm hoch und etwa 45 cm breit werden und sich bei jedem Windhauch wiegen. Das luftige Laub bildet Wirbel fein zerteilter Blätter, die von blassgelben, margeritenähnlichen Blüten überragt werden.

KULTUR Braucht einen trockenen bis mäßig feuchten Boden in sonniger Lage. Die robuste Pflanze gedeiht besonders gut in durchlässigen Böden, z. B. sandigen oder steinigen. Sie verträgt Hitze, hohe Luftfeuchtigkeit und Trockenheit.

FROSTHÄRTE Voll frosthart

ANMERKUNGEN Die Blüten locken Bienen und Schmetterlinge an. Wer die Samenstände stehen lässt, zieht auch Vögel an.

PFLEGE Einfach. Um einen Nachflor anzuregen, wird die Pflanze nach der ersten Blüte zurückgeschnitten.

OBEN *Crocosmia* 'Lucifer'

Crocosmia 'Lucifer'
MONTBRETIE
FAMILIE Schwertliliengewächse (Iridaceae)

Mehrjährige Pflanze mit scharlachroten Trichterblüten, die am Ende steif bogenförmiger Stiele sitzen. Schwertförmige Blätter erheben sich aus der Basis. Die Sorte wird 80–100 cm hoch.

KULTUR Montbretien werden aus Zwiebelknollen gezogen. Sie mögen mäßig feuchte, durchlässige Böden in vollsonniger bis halbschattiger Lage. Bei Vollsonne bevorzugen sie einen feuchten Boden. Sie vertragen Sommerhitze und hohe Luftfeuchtigkeit.

FROSTHÄRTE Bedingt frosthart

ANMERKUNGEN Eine gute Schnittblume. Da sich manche Sorten (nicht aber 'Lucifer') stark ausbreiten können, werden die Knollen in einen im Boden versenkten Eimer ohne Boden gepflanzt. So wird das Wuchern wirksam unterbunden.

PFLEGE Einfach. Auf Spinnmilben und Thripse muss geachtet werden. In kühleren Regionen nimmt man die Zwiebelknollen im Herbst aus dem Boden und überwintert sie frostfrei in Töpfen oder Kisten. Ein Winterschutz, bestehend aus einer dicken Mulchschicht, ist ebenfalls möglich.

Dahlia
DAHLIE

FAMILIE Korbblütler (Asteraceae; auch: Compositae)

Dahlien blühen von Hochsommer bis zum Frost, wenn viele andere Stauden ihre beste Zeit hinter sich haben. Die Blüten – von margeritenähnlichen Formen bis zu gefüllten Pompons – haben 5–30 cm Durchmesser. Es gibt alle Farben außer Blau. Je nach Sorte werden 30–150 cm Höhe erreicht.

KULTUR Dahlien brauchen eine Bodenwärme von 14,5–15,5 °C. In nassen Böden können die Knollen faulen. Man wartet deshalb mit dem Einsetzen, bis der Boden nur noch leicht feucht ist. Die Knollen so tief in das Pflanzloch einsetzen, dass ihr Austriebbereich etwa 5 cm hoch mit Erde bedeckt ist. Dem Boden einen Spaten Kompost, eine Handvoll Knochenmehl und etwas Kalk beimengen. Hohe Sorten bekommen bereits bei der Pflanzung eine Stützhilfe, denn später würde man die Knollen beschädigen.

FROSTHÄRTE Bedingt frosthart

ANMERKUNGEN Die Sorte 'Alva's Doris', eine Semikaktusdahlie, trägt ge-

UNTEN *Echinacea purpurea* gibt es nicht nur in Purpurrosa, sondern auch in Weiß.

füllte kleine Blüten in leuchtendem Rot, 'Fascination' hat blassrosa-purpurne Blüten und dunkel bronzefarbenes Laub, während die zitronengelben Blütenblätter der gefüllten 'Hillcrest Ultra' außen dunkelrosa leuchten.

PFLEGE Mäßig. Verblühtes regelmäßig entfernen, um weitere Blütenbildung anzuregen. Nach dem ersten Frost werden die Pflanzen zurückgeschnitten und die Knollen aus dem Boden geholt. Man lagert sie in trockenem Sand oder Torf – kühl, aber frostfrei.

Echinacea purpurea
PURPURSONNENHUT

FAMILIE Korbblütler (Asteraceae; auch: Compositae)

Die Staude bildet glatte, 60–100 cm hohe, straffe Stiele. Die großen Körbchenblüten bestehen aus einer braunroten, stacheligen, aufgewölbten Mitte und einem Kranz herabhängender purpurfarbener Blütenblätter. Bei

OBEN Dahlie 'Kay Helen'

manchen Sorten, etwa 'White Swan', sind die Blütenblätter weiß. Die Blätter sind rau behaart. Blütezeit: von Spätfrühling bis Spätsommer. Die welken Blüten im Herbst nicht abschneiden, denn Finken schätzen die stacheligen Samenstände sehr.

KULTUR Die Pflanze bevorzugt einen vollsonnigen Platz auf tiefgründigen Lehmböden. Sie gedeiht sowohl auf trockenem als auch feuchtem Boden und verträgt sogar Trockenheit, wenn sie einmal eingewachsen ist.

FROSTHÄRTE Voll frosthart

ANMERKUNGEN Manche *Echinacea*-Arten werden für medizinische Zwecke verwendet, um das Immunsystem zu stärken, doch *Echinacea purpurea* gehört nicht dazu und wird ausschließlich als Zierstaude gepflanzt.

PFLEGE Einfach. Die robuste Pflanze braucht selten Stützhilfe.

Eupatorium purpureum
ROTER WASSERDOST, PURPURDOST
FAMILIE Korbblütler (Asteraceae; auch: Compositae)

Blüht ab dem Spätsommer. Wie eine Fontäne erheben sich aus einem verzweigtem Horst kräftige, bis 2 m hohe Stiele mit Doldentrauben rosaroter bis hell purpurfarbener Blüten.

KULTUR Gedeiht in sonniger bis halbschattiger Lage auf feuchten, nährstoffreichen Böden. An sonnigen Plätzen wird regelmäßig gegossen. Da die Triebe im Frühjahr spät erscheinen, sollte man die Wurzelstöcke markieren, um nicht an den vermeintlich kahlen Stellen etwas anderes zu pflanzen.

FROSTHÄRTE Voll frosthart

ANMERKUNGEN Die Blüten sind eine gute Bienenweide und verströmen zudem einen zarten Vanilleduft. Besonders schön: 'Atropurpureum' mit dunkelweinroten Stielen und die weiß blühende 'Album'.

PFLEGE Mäßig. Um die Wuchshöhe zu begrenzen und die Blütenbildung zu fördern, wird die Pflanze im Frühsommer bis zur Hälfte zurückgeschnitten.

Hemerocallis 'Stella de Oro'
TAGLILIE
FAMILIE Liliengewächse (Liliaceae)

Die Sorte zählt zu den besten Zwergtaglilien und bringt im Frühsommer unablässig leuchtend goldgelbe, duftende Blüten hervor. Die Pflanze wird 30 cm hoch und breit. Ideal: mehrere Tagliliensorten im Garten kombinieren.

KULTUR Die Pflanze bevorzugt feuchte, nährstoffreiche, durchlässige Böden in vollsonniger Lage.

FROSTHÄRTE Voll frosthart

ANMERKUNGEN Die preisgekrönte Sorte eignet sich als Bodendecker, für Steingärten oder als Beetumrandung. Ebenfalls schön: *Hemerocallis* 'Chorus Line' mit üppigen rosa Blüten.

PFLEGE Einfach. Alle 3–4 Jahre werden die Pflanzen geteilt, da sie sich zu großen Horsten entwickeln.

OBEN Passionsblumen (Passiflora) weisen zehn äußere Deckblätter auf.

Passiflora caerulea 'Constance Elliot'
BLAUE PASSIONSBLUME
FAMILIE Passionsblumengewächse (Passifloraceae)

Rankende Kletterpflanze. Zehn äußere Deckblätter umhüllen ringförmig angeordnete fadenförmige Blütenblätter, in deren Mitte die Staubgefäße und Narben stehen. Die Deckblätter sind weiß, die fadenförmigen Blütenblätter blau, weiß und violett gebändert. Blüht von Hochsommer bis Spätsommer. Die Blaue Passionsblume ist frosthart bis –8 °C, wenn sie geschützt steht. Sie zieht bei Frost ein, doch im Frühjahr treibt sie wieder aus. Die Pflanze kann mehrere Meter Höhe und Breite erreichen.

KULTUR Die Passionsblume gedeiht in jedem durchlässigen Boden an einem sonnigen und geschützten Platz. In kalten Gegenden ist ein Winterschutz erforderlich.

FROSTHÄRTE Frosthart

ANMERKUNGEN Den cremeweißen Blüten mit den roten Narben folgen orangefarbene essbare Früchte.

PFLEGE Einfach

Penstemon × *gloxinioides*
BARTFADEN, PENSTEMON
FAMILIE Braunwurzgewächse (Scrophulariaceae)

Eine vielseitige Pflanze für Steingarten und Staudenrabatte. Sie trägt zarte trichterförmige Blüten in den Farben Violettblau, Pflaume, Rot, Rosa, Weiß und (selten) Gelb. Die Blüten erscheinen von Frühling bis Hochsommer. Die kompakte und buschige Pflanze hat schmal lanzettliche, grüne Blätter. Höhe: je nach Sorte bis 1 m.

KULTUR Der Bartfaden braucht einen offenen, sonnigen Platz und einen durchlässigen Boden. Schwerer Gartenboden sollte mit reichlich Sand und Kies verbessert werden. Die Wurzeln mögen keine Störung und auch nicht zu viel Feuchtigkeit. Daher wird der Wurzelbereich nicht gemulcht.

FROSTHÄRTE Je nach Sorte voll frosthart bis bedingt frosthart

ANMERKUNGEN Die Blüten locken Bienen an. Die Pflanze gedeiht auch in Gefäßen mit guter Einheitserde, der man Kies beimischt.

PFLEGE Einfach. Nach der Blüte zurückschneiden, um neuen Flor anzuregen.

UNTEN *Penstemon* × *gloxinioides*

Phlox paniculata
HOHER STAUDENPHLOX
FAMILIE Sperrkrautgewächse (Polemoniaceae)

Die Blüten erscheinen ab dem Sommer und bringen bis in den Spätsommer Farbe in den Garten. Die Stiele, bis 120 cm hoch, tragen kegelförmige Blütenstände tellerförmiger, duftender Blüten in Weiß, Rosa oder Violett, die Schmetterlingen eine reiche Nektarquelle bieten. Lanzettliche, gezähnte Blätter zieren die aufrechten Stängel.

KULTUR Gedeiht auf nahezu jedem Boden, bevorzugt aber nährstoffreiche, feuchte, jedoch durchlässige Böden in vollsonniger oder halbschattiger Lage. Die Vermehrung erfolgt durch Teilung im zeitigen Frühjahr oder durch Wurzelstecklinge im Frühjahr.

FROSTHÄRTE Voll frosthart

ANMERKUNGEN Passt in Staudenbeete und Rabatten, vorzugsweise kombiniert mit anderen Lieblingsblüten von Schmetterlingen. Es gibt zahlreiche schöne Sorten, u. a. 'Blue Ice' (blassblau), 'Bright Eyes' (blassrosa mit rosaroter Mitte), 'Eventide' (blassblau), 'Fujiyama' (reinweiß), 'Hampton Court' (fliederblau) sowie 'Le Mahdi' (violett).

PFLEGE Einfach

UNTEN *Phlox paniculata*

OBEN *Rudbeckia fulgida* var. *sullivantii* 'Goldsturm'

Rudbeckia fulgida var. *sullivantii* 'Goldsturm'
GELBER SONNENHUT
FAMILIE Korbblütler (Asteraceae; auch: Compositae)

Ein Favorit jedes Bauerngartens. Blüht den ganzen Sommer über bis in den Herbst. Die Pflanze wird bis 60 cm hoch und trägt dunkelgrüne, behaarte Blätter. Die 7,5 cm großen gelben Blüten mit einer aufgewölbten dunkelbraunen Mitte leuchten intensiv.

KULTUR Der Sonnenhut gedeiht auch in tonreichen Böden und verträgt leichte Trockenheit, bevorzugt aber durchlässige, feuchte Böden. Braucht einen vollsonnigen, warmen Platz. Gepflanzt wird während der Wachstumsphase im Abstand von 45 cm. Eine Mulchschicht hält die Feuchtigkeit.

FROSTHÄRTE Voll frosthart

ANMERKUNGEN Diese Sorte liefert gute Schnittblumen. Wird Verblühtes laufend abgeschnitten, verlängert sich die Blütezeit. Die Samenstände im Herbst für die Vögel stehen lassen.

PFLEGE Einfach. Man teilt die Pflanze alle paar Jahre. 'Goldsturm' ist wenig anfällig für Schädlinge und Krankheiten.

Sedum 'Herbstfreude'
FETTHENNE, SEDUM
FAMILIE Dickblattgewächse (Crassulaceae)

Diese 30–60 cm hohe und breite Staude ist eine Sukkulente mit fleischigen Blättern, die 7–8 cm lang werden. Im Spätsommer erscheinen auf langen, kräftigen Stielen rosa bis rote Blütenschirme, die sich später rostbraun verfärben. Sie zählen zu den Lieblingsblüten von Bienen und Schmetterlingen. Die oberirdischen Teile dieser Sorte sterben im Winter ab.

KULTUR 'Herbstfreude' bevorzugt trockene bis frische, durchlässige Böden in sonniger Lage. Die Pflanze lässt sich am einfachsten durch Teilung vermehren. Sie verträgt Trockenheit.

FROSTHÄRTE Voll frosthart

ANMERKUNGEN Die Fetthenne kommt in allen Formen und Farben vor. Manche sind kälteverträglich, andere frostempfindlich. Der Mauerpfeffer *(Sedum acre)* ist ebenfalls frosthart und bildet einen niedrigen, dichten, mit gelben Blüten übersäten Teppich.

PFLEGE Einfach. Die Staude sollte alle 2–3 Jahre geteilt werden.

Stachys byzantina
WOLLZIEST (HASENOHREN)

FAMILIE Lippenblütler (Lamiaceae)
Das samtig behaarte silbergraue Laub macht diese Staude zum idealen Bodendecker – die 30–45 cm hohen rosa Blütenähren sind eher unscheinbar.
KULTUR Gedeiht in nährstoffarmen, durchlässigen Böden und in vollsonniger Lage. Da die Pflanze auch längere Trockenheit gut verträgt, eignet sie sich gut für Steingärten und pflegeleichte Beete.
FROSTHÄRTE Voll frosthart
ANMERKUNGEN Wegen der Behaarung ist die Pflanze vor Tierfraß geschützt. Honigbienen und andere nützliche Insekten hingegen lieben sie.
PFLEGE Einfach. Die verblühten Stängel sollten zurückgeschnitten werden, denn sie fallen leicht um. Die Pflanze breitet sich stark aus, lässt sich aber durch Teilung eindämmen.

Thunbergia alata
SCHWARZÄUGIGE SUSANNE

FAMILIE Akanthusgewächse (Acanthaceae)
Die Kletterpflanze wird bei uns meist einjährig kultiviert. Von Frühling bis in den Herbst erscheinen gelbe oder orangefarbene, 3–4 cm große Blüten mit einem schwarzen Auge. Die Pflanze kann 1,5–2 m hoch werden. Eine Überwinterung an einem sehr hellen und kühlen Ort ist möglich.
KULTUR Die Pflanzen bekommen nach den letzten Spätfrösten, wenn es bereits wärmer geworden ist, einen sonnigen Platz. Dieses Klettergewächs braucht einen nährstoffreichen, durchlässigen Boden und muss regelmäßig gegossen werden.
ANMERKUNGEN Die Schwarzäugige Susanne gedeiht im Topf, doch im Boden sind die Wachstumsbedingungen noch besser. In diesem Fall braucht sie Schnüre zum Hochklettern. Im Kübel genügt ein niedriges Spalier.
PFLEGE Einfach

Viola × wittrockiana Hybriden
GARTEN-STIEFMÜTTERCHEN

FAMILIE Veilchengewächse (Violaceae)
Die Pflanzen sind zweijährig, werden aber meist einjährig gezogen, wobei manche Sorten in milden Wintern weiterblühen. Sie haben einfache Blüten mit fünf rundlichen Kronblättern. Die grob gekerbten mittelgrünen Blätter sind oval oder herzförmig. Die Pflanzen werden 15–25 cm hoch.
KULTUR Garten-Stiefmütterchen brauchen humosen, nährstoffreichen Boden; deshalb Kompost untermischen und die Erde mehrmals wenden. Morgens mögen die Pflanzen Sonne, an heißen Nachmittagen lichten Schatten. Regelmäßig gießen.
FROSTHÄRTE Voll frosthart
ANMERKUNGEN Eine Art, die Sie ausprobieren sollten, ist das herrlich duftende Duftveilchen *(Viola odorata)*. Es wird nur 20 cm hoch. Sehr hübsch ist auch das Parmaveilchen *(Viola alba)*, das frostempfindlich ist, aber intensiv duftet und in Gefäßen gut gedeiht. Stiefmütterchenblüten lassen sich gut pressen, um daraus Grußkarten oder Lesezeichen zu basteln.
PFLEGE Sehr einfach. Allerdings sollte Verblühtes entfernt werden.

UNTEN *Viola × wittrockiana*

OBEN *Zinnia elegans*

Zinnia elegans
ZINNIE

FAMILIE Korbblütler (Asteraceae; auch: Compositae)
Die Blütenform dieser einjährig kultivierten Pflanzen reicht von winzigen Blütenköpfchen bis hin zu großen gefüllten Korbblüten in nahezu allen Farben außer Blau. Die rauen Blätter sind herzförmig bis oval. Je nach Sorte variiert die Höhe zwischen 20 und 100 cm.
KULTUR Zinnien brauchen einen sonnigen Platz, schätzen aber leichten Schatten am Nachmittag. Der Boden sollte nährstoffreich und durchlässig sein und durch eine Mulchschicht leicht feucht gehalten werden. Gedeiht auch auf Böden, die leicht austrocknen, geht aber ein, wenn es zu trocken wird.
ANMERKUNGEN Wer Zinnien nacheinander aussät, kann sich im Sommer lange an den Blüten erfreuen.
PFLEGE Einfach. Um einen buschigen Wuchs zu erhalten, werden die Triebspitzen von Jungpflanzen abgeknipst, wenn diese 10–15 cm hoch sind. Verblühtes regelmäßig entfernen; dann verlängert sich die Blüte um Wochen.

BLUMEN UND BLATTPFLANZEN FÜR SCHATTENLAGEN

Schatten ist nicht gleich Schatten. Wir sprechen von „lichtem Schatten", wenn sich Sonneneinstrahlung und kurze Schattenzeiten ständig abwechseln, und von „Halbschatten", wenn Bereiche vier bis sechs Stunden täglich Sonnenlicht erhalten, in der übrigen Zeit aber von höheren Gehölzen oder Gebäuden beschattet werden. „Vollschatten" herrscht in Gartenecken, die weniger als vier Stunden täglich Sonnenlicht bekommen und in der übrigen Zeit im dichten Schatten von Bäumen, Sträuchern oder Gebäuden liegen.

OBEN *Asarum caudatum,* ein Bodendecker. Die dunkelgrünen, herzförmigen Blätter verbreiten einen würzigen Ingwerduft.

Alchemilla mollis
SCHLEIERFRAUENMANTEL
FAMILIE Rosengewächse (Rosaceae)
Eine Staude, die sich an sonnigen bis halbschattigen Plätzen wohlfühlt. Süßlich duftende gelbgrüne Blütenwolken erheben sich über graugrünen, regelmäßig gekerbten Blättern. Endhöhe 60 cm.
KULTUR Der Frauenmantel bevorzugt feuchte, humose Böden, verträgt aber Trockenheit gut. Eine Mulchauflage hält den Boden kühl und feucht. Wächst

die Pflanze zu stark, kann sie geteilt oder ausgedünnt werden.
FROSTHÄRTE Voll frosthart
ANMERKUNGEN Auf den samtigen, schalenförmigen Blättern sieht man morgens tauähnliche Tropfen („Guttationstropfen"), die wie Diamanten glitzern. Die schleierartigen Blütenbüschel werten jeden Blumenstrauß auf.
PFLEGE Einfach. Verbreitet sich durch Selbstaussaat. Das kann verhindert werden, wenn man Verblühtes regelmäßig entfernt.

Asarum spec.
HASELWURZ
FAMILIE Osterluzeigewächse (Aristolochiaceae)
Schnellwüchsiger Bodendecker, der grüne Teppiche herzförmiger, lediger Blätter bildet. Im Frühjahr erscheinen rötlich-braune Glöckchenblüten, die meist im Laub verborgen bleiben. In naturnaher Umgebung, etwa einem schattigen Waldgarten, ist diese Pflanze eine ausgezeichnete Begleitung für Immergrüne und Wildblumen.
KULTUR Da diese Pflanze in Laubwäldern heimisch ist, braucht sie einen vollschattigen Platz. Sie bevorzugt einen lockeren, humosen und leicht sauren Boden, kann aber auch in schweren, nassen Böden wachsen.
FROSTHÄRTE Voll frosthart
ANMERKUNGEN Die Wurzeln und die Blätter verströmen einen ingwerähnlichen Geruch, sollten aber nicht zum Würzen verwendet werden, da die in ihnen enthaltenen ätherischen Öle giftig sind. Die Art *Asarum shuttleworthii,* deren Blätter silbrig gezeichnet sind, eignet sich besonders für den Gartenrand. *Asarum caudatum* verträgt mehr Trockenheit.
PFLEGE Einfach. Die Haselwurz braucht Schutz vor Schnecken und austrocknendem Wind. Im Frühjahr oder im Herbst kann sie geteilt werden.

LINKS *Alchemilla mollis*

OBEN *Aspidistra elatior*

Aspidistra eliator
SCHUSTERPALME
FAMILIE Liliengewächse (Liliaceae)

Die Schusterpalme, eigentlich eine Zimmerpflanze, kann man den ganzen Sommer über in einen schattigen Bereich des Gartens stellen. Direkt hinauspflanzen sollte man sie bei unserem Klima eher nicht. Die Blätter der 30–60 cm hohen Pflanze sind lanzettlich, ledrig und immergrün.

KULTUR Die Pflanze braucht ein feuchtes, aber durchlässiges, nährstoffreiches, sandiges Substrat. Sie gedeiht auch in festem, mageren Substrat. Verträgt keine Staunässe. In der Sonne verbrennen die Blätter, deshalb muss ein Schattenplatz gewählt werden. Im Winter wird die Pflanze ins Haus geholt und kühl gestellt.

FROSTHÄRTE Frostempfindlich

ANMERKUNGEN Die dekorativen Blätter der Schusterpalme halten in Blumensträußen besonders lang.

PFLEGE Einfach. Die Schusterpalme gedeiht am besten, wenn während der Wachstumsperiode Dünger verabreicht wird. Spinnmilben können auftreten und müssen gegebenenfalls bekämpft werden.

Astilbe spec.
PRACHTSPIERE, ASTILBE
FAMILIE Steinbrechgewächse (Saxifragaceae)

Diese luftige Pflanze ist ideal für Schattenlagen. Trägt auf drahtigen Stielen federartige Blütenrispen in Weiß, Rosa oder Rot. Die regelmäßig gefiederten und gezähnten Blätter sind dunkelgrün. Die Pflanzen können 15–90 cm hoch werden.

KULTUR Astilben mögen feuchte, humose Böden. Auf ständig nassen oder sogar sumpfigen Böden brauchen sie volle Sonne, während sie an trockeneren Standorten im Halbschatten besser gedeihen. Zwar wird auch Vollschatten vertragen, aber die Blüte ist dann nicht so üppig.

FROSTHÄRTE Voll frosthart

ANMERKUNGEN Die Art *Astilbe chinensis* veträgt Trockenheit gut und wird 60 cm hoch und breit. Sie hat dichte, blassrosa-weiße Blüten, die im Spätsommer erscheinen. Die Sorte *Astilbe japonica* 'Deutschland' wird 50 cm hoch und bringt im späten Frühjahr weiße Blüten hervor.

PFLEGE Einfach. Düngergaben während des Sommers sind erforderlich. Verblühte Blütenstände entfernen. Im

UNTEN Verschiedene Prachtspierensorten

OBEN *Begonia* × *tuberhybrida* 'Non-Stop'

Winter die noch vorhandenen oberirdischen Teile mit Reisig abdecken. Die Pflanze alle 4–5 Jahre teilen.

Begonia × *tuberhybrida*
KNOLLENBEGONIE
FAMILIE Schiefblattgewächse (Begoniaceae)

Ideale Pflanze für den lichten Schatten. Die Blüten gibt es in allen Farben außer Blau und Violett. Sie können einfach oder gefüllt sein, gekräuselte oder glatte Blütenblätter haben. Manche Sorten wachsen aufrecht mit zerbrechlichen, bis 50 cm hohen Stielen. Hängebegonien sind ideal für Ampeln.

KULTUR Knollenbegonien brauchen nährstoffreichen, durchlässigen Boden mit organischem Material. Zwischen den Gießvorgängen die Erde durchtrocknen lassen.

FROSTHÄRTE Frostempfindlich

ANMERKUNGEN Begonien werden in Gruppen eingeteilt, von denen einige auch im Winter blühen. Die Sorte 'Can-Can' wächst aufrecht und hat gelbe, rosarot gesäumte Blüten.

PFLEGE Mäßig. Um die Blühdauer zu verlängern, sollte man Verblühtes entfernen. Lange, schwache Triebe schneidet man ab. Im Herbst werden die Knollen aus dem Boden geholt und kühl und trocken gelagert.

OBEN *Campanula persicifolia*

Campanula persicifolia
PFIRSICHBLÄTTRIGE GLOCKEN-BLUME
FAMILIE **Glockenblumengewächse (Campanulaceae)**

Glockenblumen sind eine Pflanzenfamilie, die mit ihren leuchtend blauen Blüten auf langen, schlanken Stielen Farbe in jeden Garten bringen. Sie können – je nach Art – eine Höhe von 60–150 cm erreichen. Die Blüten erscheinen im Frühsommer. Die Art *Campanula persicifolia* trägt Blätter, die denen des Pfirsichbaums ähneln.

KULTUR Der Standort sollte im Halbschatten liegen, aber auch lichter bis voller Schatten ist möglich. Diese Pflanze mag kühle Sommer und braucht regelmäßige Wassergaben. Da sie in lichten Wäldern zu Hause ist, bevorzugt sie einen durchlässigen Boden mit viel organischem Material.

FROSTHÄRTE Voll frosthart

ANMERKUNGEN Die Karpaten-Glockenblume *(Campanula carpatica)* ist eine niedrige Art, die nur 15–30 cm hoch wird und lange blüht. Sie eignet sich sehr gut für Steingärten oder als Beetumrandung.

PFLEGE Einfach. Achtung, die Pflanze ist bei Schnecken beliebt.

Cyclamen coum
ALPENVEILCHEN
FAMILIE **Primelgewächse (Primulaceae)**

Die Pflanze hat Blüten mit nach hinten gerichteten Blütenblättern und meist hübsch gezeichnete Blätter. Die frostharten Arten gedeihen in trockenen, schattigen Lagen und entwickeln sich unter Bäumen zu großen Kolonien.

KULTUR Alpenveilchen bevorzugen einen feuchten, gut durchlässigen, humosen Boden im Halbschatten, vertragen aber auch trockenere Böden.

FROSTHÄRTE Frosthart

ANMERKUNGEN Das Vorfrühlings-Alpenveilchen *(Cyclamen coum)* blüht von Spätwinter bis Mitte Frühling in Purpurviolett, Rosa und Weiß. *Cyclamen persicum* hat duftende Blüten, die im Winter und Frühling erscheinen.

PFLEGE Einfach. Alljährlich mulchen.

UNTEN *Cyclamen coum*

Dicentra spectabilis
TRÄNENDES HERZ
FAMILIE **Mohngewächse (Papaveraceae)**

Eine der beliebtesten Arten für halbschattige Gärten. Das Tränende Herz hat blaugrüne, grob gefiederte Blätter und rote, herzförmige Blüten, die aufgereiht an den gebogenen Blütentrieben hängen. Wird bis 75 cm hoch.

KULTUR Gedeiht auf einem nährstoffreichen, feuchten – aber nicht zu nassen – und leicht sauren Boden in halbschattiger Lage. Die Blüten erscheinen von Frühjahr bis Frühsommer. Die Blätter sterben auch in milden Regionen im Winter ab.

FROSTHÄRTE Voll frosthart

ANMERKUNGEN Die Blüten eignen sich hervorragend zum Pressen.

PFLEGE Einfach. Nach der Blüte vergilbt das Laub, und die gesamte Pflanze kann bis zum Boden zurückgeschnitten werden.

OBEN *Dicentra spectabilis*

Epimedium grandiflorum
ELFENBLUME

FAMILIE Berberitzengewächse
(Berberidaceae)

Ein hervorragender Bodendecker für
schattige Bereiche. Die herzförmigen
Blätter sind beim Austrieb rötlich, werden dann hellgrün und im Herbst
bronzefarben. An einem geschützten
Platz behält die Pflanze ihr Laub auch
im Winter. Im Spätfrühling erscheinen

Blüten in lockeren Rispen. Sie erinnern
an kleine Orchideen und sind je nach
Sorte weiß, creme, rosa, lila oder gelb.
KULTUR Am besten gedeihen Elfenblu-
men im lichten bis Halbschatten auf
einem nährstoffreichen, feuchten,
durchlässigen Boden, den man mit
Kompost verbessert. Die Pflanzen im
Frühjahr oder Herbst teilen.
FROSTHÄRTE Voll frosthart
ANMERKUNGEN Die Staude fühlt sich
besonders unter Bäumen wohl.
PFLEGE Einfach

Galium odoratum
WALDMEISTER

FAMILIE Rötegewächse (Rubiaceae)
Der mehrjährige Bodendecker passt
am besten in naturnahe Gärten. Ab
Mitte Frühling erscheinen weiße,
sternförmige duftende Blüten auf
Stängeln mit glänzenden quirlartigen
Blättern. Die Pflanze wird bis 15 cm
hoch und breitet sich 30 cm oder
mehr aus.
KULTUR Waldmeister gedeiht am besten auf feuchten, durchlässigen Böden
in halbschattiger bis schattiger Lage.
Zu viel Sonne hemmt das Wachstum,
und die Pflanze kann absterben.
FROSTHÄRTE Voll frosthart
ANMERKUNGEN Die Pflanze verströmt
einen würzigen, frischen Duft, wenn
man über die Blätter streicht. Zum
1. Mai bereitet man aus angewelktem
Waldmeister und Sekt eine Maibowle
zu. Früher, als Matratzen noch aus
Stroh bestanden, legte man Wöchne-
rinnen und ihrem Baby eine mit Waldmeister gefüllte Matratzenauflage zur
Beruhigung ins Bett – daher auch der
Name „Mariä Bettstroh".
PFLEGE Einfach. Man schneidet Waldmeister im Frühjahr zurück, damit die
Pflanze nicht dünntriebig wächst. In
kalten Klimaregionen ist ein Winterschutz erforderlich.

UNTEN *Epimedium grandiflorum*

UNTEN *Galium odoratum*

Gaultheria procumbens
SCHEINBEERE
FAMILIE **Heidekrautgewächse (Ericaceae)**
Immergrüner Bodendecker mit aufrechten, 5–15 cm hohen Stängeln mit glänzend dunkelgrünen, ovalen Blättern. Die Blätter riechen beim Zerreiben aromatisch. Blassrosa-weiße, glockige Blüten erscheinen im Sommer. Darauf folgen leuchtend rote Beeren.
KULTUR Auf einem nährstoffreichen, feuchten, sauren Boden bei lichtem bis vollem Schatten gedeiht die Pflanze gut. Sie verträgt zwar etwas Trockenheit, wächst aber bei regelmäßigem Gießen besser.
FROSTHÄRTE Voll frosthart
ANMERKUNGEN Früher wurde die Scheinbeere als Arzneipflanze u. a. gegen rheumatische Erkrankungen eingesetzt. Das Öl diente als Würzmittel für Kräuterlimonaden und Zahnpasta. Heute wird sie bei der Parfümherstellung eingesetzt. Die Pflanze breitet sich über Rhizome aus und bildet über 1 m große Matten.
PFLEGE Einfach. Mulchen mit Koniferennadeln macht den Boden saurer.

UNTEN *Geranium macrorrhizum*

OBEN *Gaultheria procumbens*

Geranium macrorrhizum
BALKON-STORCHSCHNABEL
FAMILIE **Storchschnabelgewächse (Geraniaceae)**
Diese in ländlichen Gärten beliebte, Horste bildende Staude ist ein attraktiver Bodendecker für Sommer und Herbst. Sie breitet sich über Rhizome bis zu 60 cm aus und wird 20–30 cm hoch. Die rosa Blüten mit dunkelroten Kelchblättern haben einen Durchmesser von 2–3 cm und erscheinen von Mitte bis Spätfrühling. Später können sie erneut blühen. Die handförmigen, tief gelappten Blätter (5–7-lappig) sind mittelgrün, behaart, klebrig und duften aromatisch. Die Grundblätter werden 10–20 cm groß.

KULTUR Der Storchschnabel wächst auf jedem normalen, trockenen bis mäßig feuchten, durchlässigen Boden im Halbschatten. Dank der dicken Rhizome verträgt die Pflanze Trockenheit genauso gut wie heiße, feuchte Sommer. Verwelkte Blütenstiele sollten abgeschnitten werden, damit die Pflanze ordentlich aussieht und es nicht zur Selbstaussaat kommt. Gegen Ende des Sommers können die vergilbten Blätter entfernt werden.
FROSTHÄRTE Voll frosthart
ANMERKUNGEN Im Herbst verfärben sich die Blätter und zeigen intensive Rot- und Bronzetöne. Den Blüten folgen schnabelartig verlängerte Früchte, die der Gattung ihren Namen gaben.
PFLEGE Einfach. Weil der Bodendecker dicht wächst, unterdrückt er die meisten Unkräuter.

Helleborus orientalis
FRÜHLINGSSCHNEEROSE
FAMILIE **Hahnenfußgewächse (Ranunculaceae)**
Immergrüne Staude mit glänzenden dunkelgrünen, fein gesägten Blättern für den schattigen Garten. Sie kann als Blickfang allein stehen oder in einzelne Pflanzengruppen in einem Waldgarten integriert werden. Die Frühlingsschneerose heißt so, weil sie im zeitigen Frühjahr blüht. Sie bringt 5–10 cm große, einfache weiße oder rosa Blüten hervor, die sich direkt aus dem Boden zu erheben scheinen. Die Blüten halten mehrere Wochen, manche werden später grünlich rosa oder purpurn. Da die Blüten herabhängen und sich oft unter den Blättern verstecken, ziehen manche Gärtner Schneerosen in Hochbeeten oder in Töpfen – oder sie entfernen einige Blätter, was jedoch die Pflanzen schwächt.
KULTUR Schneerosen mögen lichten Schatten und bevorzugen einen nährstoffreichen, feuchten und durchlässigen Boden. Zur Versorgung sollte organisches Material untergemischt

OBEN *Hosta fortunei aureomarginata*

werden, da stickstoffhaltige Düngemittel die Wurzeln beschädigen können. Die Pflanze breitet sich langsam über Rhizome aus und wuchert nicht.
FROSTHÄRTE Voll frosthart bis bedingt frosthart
ANMERKUNGEN Achtung: Die ebenfalls hübsche und beliebte Christrose oder Schneerose *(Helleborus niger)* ist sehr giftig für Mensch und Tier.
PFLEGE Mäßig. Ein- oder zweimal im Jahr wird gedüngt. Die Pflanze nicht umsetzen, denn es dauert mehrere Jahre, bis sie wieder richtig eingewachsen ist. Im zeitigen Frühjahr werden alte Blätter möglichst dicht über dem Boden abgeschnitten.

Heuchera sanguinea
PURPURGLÖCKCHEN
FAMILIE Steinbrechgewächse (Saxifragaceae)
Eine Pflanze für den Steingarten, eine schattige Rabatte oder einen Trog. Sie bildet Horste aus rundlichen, gelappten Blättern. Zarte Dolden roter, trichterförmiger Blüten sitzen auf hohen, drahtigen Stielen und hellen lichtarme Bereiche auf. Das Purpurglöckchen ist die ideale Wahl für den Rand einer Rabatte im lichten Schatten.
KULTUR Die Pflanze gedeiht auf nährstoffreichen Böden in sonnigen bis halbschattigen Lagen. Bei Vollsonne verbrennen die Blätter leicht. Wenn die Pflanze eingewachsen ist, toleriert sie etwas Trockenheit, während im Winter gute Drainage wichtig ist.
FROSTHÄRTE Voll frosthart bis frosthart
ANMERKUNGEN *Helleborus* 'Santa Anna Cardinal' trägt rosarote Blüten, die im Sommer lange Zeit halten. Diese Sorte lockt Bienen und Schmetterlinge an; zudem passt sie gut in Blumensträuße.
PFLEGE Mäßig. Jährliches Anhäufeln mit Kompost ist zu empfehlen, da sich der Wurzelstock mit der Zeit aus dem Boden schiebt. Am besten hebt man die Pflanze heraus und setzt sie tiefer wieder ein. Bei mildem Klima kontrolliert man die Pflanzenbasis gründlich auf Wollläuse.

Hosta spec.
FUNKIE
FAMILIE Liliengewächse (Liliaceae)
Funkien werden wegen ihrer üppigen Blätter kultiviert, die herzförmig, lanzettlich, oval oder sogar rund sein können und eine Farbvielfalt von Dunkelgrün über Gelbgrün bis zu Blau oder Grau mit vielen panaschierten Variationen aufweisen. Die zarten Blütenrispen erheben sich im Sommer aus der Mitte der Horste und können in Pastelltönen von Rosa und Purpur sowie in Creme oder Weiß erscheinen.
KULTUR Funkien brauchen einen nährstoffreichen, ständig feuchten, aber durchlässigen Boden an einem schattigen, geschützten Platz.
FROSTHÄRTE Voll frosthart
ANMERKUNGEN Funkien eignen sich auch für die Gefäßkultur. Sorten mit strukturierten oder wachsartig überzogenen Blättern sind weniger anfällig für Schädlinge und Krankheiten. Die Graublattfunkie *(Hosta fortunei)* ist immer eine gute Wahl.
PFLEGE Einfach. Vor Schneckenfraß schützen. Zu Winterbeginn das alte Laub entfernen. Im Spätfrühling treibt die Pflanze wieder neu aus.

UNTEN *Heuchera sanguinea* 'Monet'

OBEN Eine Randbegrenzung mit *Impatiens walleriana*

Impatiens walleriana
FLEISSIGES LIESCHEN
FAMILIE **Balsaminengewächse (Balsaminaceae)**

Besonderer Beliebtheit erfreut sich das einjährige Fleißige Lieschen, das wegen seiner unermüdlich erscheinenden Blüten kultiviert wird (daher der Name). Alle Farben außer Gelb und Blau sind vertreten – Weiß, Rosa, Orange, Rot, Purpur und Violett. Die glänzend grünen Blätter sitzen an fleischigen Stängeln.

KULTUR Braucht einen nährstoffreichen, humosen, durchlässigen Boden an einem halbschattigen, kühlen Platz. Die Triebspitzen abknipsen, damit das Fleißige Lieschen buschiger wächst, oder die Pflanzen dicht an dicht setzen. Sie brauchen gleichmäßige Feuchtigkeit, mögen aber keine Staunässe.

ANMERKUNGEN Die vielen Sorten der 'Super-Elfin'- und 'Tempo'-Serie mit gefüllten Blüten oder panaschierten Blättern sind besonders zu empfehlen.

PFLEGE Einfach

Lamium maculatum
GEFLECKTE TAUBNESSEL
FAMILIE **Lippenblütler (Lamiaceae)**

Ein beliebter Bodendecker mit silbrigen Blattflecken, die schattige Bereiche aufhellen. Mit nur 15 cm Höhe ist die Taubnessel eine niederwüchsige Pflanze, die bis zu 20 cm breit wird und 2–3 cm große, panaschierte, gekräuselte, gezähnte Blätter trägt. Die purpurfarbenen Lippenblüten erscheinen von Frühling bis zum Spätsommer. Diese Pflanze verträgt Schattenbereiche mit trockenem Boden.

KULTUR Die Staude gedeiht auf gleichmäßig feuchten, durchlässigen, mäßig nährstoffreichen Böden im Halbschatten. Sie liebt kühle Temperaturen.

FROSTHÄRTE Voll frosthart

ANMERKUNGEN Der metallische Glanz der Blätter passt sehr gut zu farbigen Arrangements. Die Sorte 'White Nancy' wird nur 15 cm hoch, breitet sich aber bis zu 1 m oder mehr aus. Die Sorte 'Anne Greenway' mit gelbgrün und silbern geflecktem Laub ist

ein außerordentlich schöner Bodendecker, sogar wenn sie nicht blüht.

PFLEGE Mäßig. Nach der ersten Blüte wird die Pflanze zurückgeschnitten, um den kompakten Wuchs zu fördern.

Pachysandra procumbens
YSANDER, PACHYSANDRA
FAMILIE **Buchsbaumgewächse (Buxaceae)**

Dieser Bodendecker mit graugrünen, herzförmigen Blättern wächst kompakt. Das zweifarbige Laub ist reich gezeichnet und überdauert den Winter. Die duftenden weißen Blüten erscheinen kurz im Frühling. Da der Ysander keine Konkurrenz für Baumwurzeln bedeutet, ist er die ideale Pflanze für schattige Wurzelbereiche. Die Pflanze kann immergrün sein oder die Blätter abwerfen.

KULTUR Die Pflanze gedeiht am besten auf neutralen Böden in schattiger Lage. Breitet sich über Ausläufer aus.

FROSTHÄRTE Voll frosthart

ANMERKUNGEN Der Bodendecker verträgt vollschattige bis absonnige Lagen, wobei zu viel Sonne das Wachstum hemmt und die Blätter vergilben lässt. Jedes Jahr sollte eine Lage organischer Mulch ausgebracht werden.

PFLEGE Einfach

UNTEN *Lamium maculatum*

Polygonatum biflorum
GROSSES SALOMONSSIEGEL
FAMILIE Liliengewächse (Liliaceae)

An den bogig herabhängenden Trieben der im Wald heimischen Staude sitzen bis zu 15 cm lange und 10 cm breite Blätter dicht an dicht. In Blattachseln erscheinen von Spätfrühling bis Hochsommer paarweise glockenförmige weiße Blüten, denen bläulich schwarze Beeren folgen. Die Pflanze wird 80–150 cm hoch.

KULTUR Wächst auf nährstoffreichen Lehmböden im Halb- bis Vollschatten. Die recht robuste Pflanze wächst auch unter weniger idealen Bedingungen gut, gedeiht aber noch besser, wenn man sie regelmäßig gießt. Das Laub überdauert den Sommer.

FROSTHÄRTE Voll frosthart

ANMERKUNGEN Die Blüten sind eine gute Nektar- und Pollenquelle für Bienen und Hummeln.

PFLEGE Einfach. Oberirdisch stirbt die Pflanze nach dem ersten Frost ab, treibt aber im Frühling wieder aus. Sie wächst aus dicken, fleischigen Rhizomen, die man teilen und wieder einpflanzen kann. Die Blätter werden von Schnecken und den Larven der Pflanzenwespen gern gefressen, doch wenn die Pflanze gut eingewachsen ist, erholt sie sich normalerweise wieder.

Polystichum acrostichoides
WEIHNACHTSFARN
FAMILIE Wurmfarngewächse (Aspidiaceae)

Dunkelgrüne, aufrecht wachsende Wedel von 30–45 cm Länge bilden symmetrische Horste von über 90 cm Breite. Im Frühjahr bieten hellgrüne, noch eingerollte Farnwedel einen zauberhaften Anblick.

KULTUR Dieser Farn gedeiht auf nährstoffreichen, durchlässigen Böden in schattigen Bereichen.

FROSTHÄRTE Voll frosthart

ANMERKUNGEN Es gibt viele verschiedene Arten mit interessanten Wedel-

OBEN *Polygonatum biflorum*

formen, -farben und -strukturen. Floristen verwenden die Wedel gern für Sträuße und Trockenarrangements.

PFLEGE Einfach. Alte Wedel werden im zeitigen Frühjahr abgeschnitten.

Primula
PRIMEL
FAMILIE Primulaceae

Primeln gehören in jeden schattigen Garten, sowohl wegen ihrer farbenfroher Blüten als auch wegen der strukturierten, grünen, runden oder länglichen Blätter, die in Rosetten stehen.

KULTUR Primeln fühlen sich auf organisch angereicherten, leicht sauren, durchlässigen Böden in halbschattiger Lage am wohlsten. Ein kühles, feuchtes Klima ist für sie ideal.

FROSTHÄRTE Voll frosthart bis frostempfindlich

ANMERKUNGEN Interessante Arten sind *Primula helodoxa* mit kleinen Dolden gelber Blüten, *Primula japonica* (Etagenprimel) mit dunkelroten Röhrenblüten, *Primula vulgaris* (Karnevalsprimel) mit tellerförmigen hellgelben Blüten sowie vor allem *Primula veris* (Echte Schlüsselblume) mit nickenden Dolden zart duftender gelber Blüten.

PFLEGE Einfach. Verblühtes regelmäßig entfernen, um die Blühdauer zu verlängern. Im Herbst werden beengt wachsende Pflanzen geteilt.

Solenostemon
BUNTNESSEL
FAMILIE Lippenblütler (Lamiaceae)

Die tropische Pflanze mit lebhaft gefärbten und vielfältig gezeichneten Blättern gibt es in Zwergformen, aber auch in Höhen bis 60 cm. Liebhaber des dekorativen Laubs, das sich besonders im Schatten gut entwickelt, schneiden die Rispen blauer Blüten ab, damit die Pflanze ihre gesamte Kraft in die Laubbildung stecken kann.

KULTUR Ausgepflanzt wird nur bei warmem Wetter. Geeignet ist ein neutraler, feuchter, durchlässiger Boden. Die Vermehrung erfolgt durch Triebstecklinge oder aus Samen.

FROSTHÄRTE Frostempfindlich

ANMERKUNGEN Diese Pflanzen eignen sich für Rabatten und Töpfe im Innen- und Außenbereich. Die Hybriden der 'Kong'-Serie zeigen lebhaftes Rot oder Rosa sowie Musterungen.

PFLEGE Einfach. Die Pflanzen sind vollkommen resistent gegen Schädlinge und Krankheiten. Man sollte regelmäßig einen stickstoffhaltigen Dünger verabreichen.

UNTEN *Primula japonica*

BÄUME UND STRÄUCHER FÜR VOLLSONNIGE STANDORTE

Liegt Ihr Garten den ganzen Tag über in der vollen Sonne? Oder wechseln sich sonnige und schattige Bereiche ab? Dann brauchen Sie Bäume und Sträucher, die in der Sonne gedeihen, aber auch solche, die mit gelegentlichem Schatten zurechtkommen. Hier finden Sie eine Auswahl an Gehölzen, die für beide Standorte geeignet sind. Die Anforderungen, die diese Pflanzen an Boden und Klima stellen, sind unterschiedlich, sodass Sie die Richtigen für Ihre Bedürfnisse auswählen können.

OBEN *Amelanchier arborea* bringt im Frühjahr eine Fülle an Blüten hervor. Das Gehölz eignet sich gut für kleine Gärten.

Abelia × grandiflora 'Little Richard'
ABELIE, TAUSENDBLÜTENSTRAUCH
FAMILIE Geißblattgewächse (Caprifoliaceae)

Dieser kompakte Strauch, der je nach Klima halbimmergrün sein kann, trägt Büschel weißer kelchförmiger Blüten, die von Sommer bis Herbst blühen. Im Herbst verfärbt sich das Laub kupferfarben und schmückt den winterlichen Garten. Höhe und Breite bis 3 m.
KULTUR Der Strauch gedeiht auf ton- bis lehmhaltigen Böden, im Garten aber nur in Regionen ohne allzu strenge Winter (Rhein, Bodensee); braucht Winterschutz. In anderen Regionen

UNTEN *Abelia × grandiflora* 'Little Richard'

kultiviert man ihn im Kübel, der im Winter eingeräumt wird. Standort: am besten vollsonnig. Toleriert Trockenheit und Salz.
FROSTHÄRTE Frosthart
ANMERKUNGEN Die Abelie zieht Schmetterlinge an.
PFLEGE Einfach. Den Strauch nicht einkürzen, sondern ausgewählte Triebe über dem Boden abschneiden. So wird die Mitte der Pflanze offener.

Amelanchier arborea
FELSENBIRNE
FAMILIE Rosengewächse (Rosaceae)

Das Gehölz mit auffallenden weißen, duftenden Blüten in langen, hängenden Trauben, die im Frühling erscheinen, ist in jeder Jahreszeit schön. Ab dem Früh- bis Hochsommer reifen beerenartige, purpurne Apfelfrüchte, die essbar sind und scharenweise Vögel anlocken. Im Herbst leuchten die Blätter in Gelb-, Pfirsich-, Orange- und Rottönen. Zwischen immergrüne Gehölze gepflanzt entsteht eine reizvolle Naturlandschaft. Die Felsenbirne kann 10 m hoch werden.
KULTUR Das robuste Gehölz wächst auf jedem normalen, durchlässigen Gartenboden in sonniger bis halbschattiger Lage. Es gedeiht auf unterschiedlichen Böden und muss nicht regelmäßig gewässert werden.
FROSTHÄRTE Voll frosthart
ANMERKUNGEN Die Früchte können für Kuchen verwendet werden.
PFLEGE Einfach

Ceanothus thyrsiflorus
SÄCKELBLUME
FAMILIE Kreuzdorngewächse (Rhamnaceae)

Ein niedriger, üppig belaubter Strauch, der kleine, glänzende dunkelgrüne Blätter trägt. Rispen dunkelviolettblauer Blüten erscheinen im zeitigen Frühjahr. Die Höhe kann 60–90 cm, die Breite 2,5–3 m erreichen. Weitere empfehlenswerte Sorten sind der Bodendecker *Ceanothus gloriosus exultatus* 'Emily Brown' sowie *Ceanothus* 'Gloire de Versailles' und *Ceanothus* 'Concha'.

KULTUR Säckelblumen sind mit einem lockeren, durchlässigen Boden zufrieden, vertragen aber auch schwere Böden. Im Sommer sollte man die Pflanze gelegentlich wässern.
FROSTHÄRTE Voll frosthart, aber Winterabdeckung bei sehr starkem Frost
ANMERKUNGEN Der Strauch bietet Lebensraum für Vögel wie Nachtigallen, Wachteln oder Finken, die auch die Samen verspeisen. Bienen und Hummeln werden ebenfalls angelockt.
PFLEGE Einfach. Die Triebspitzen während der Wachstumsperiode abschneiden, um den Wuchs zu regulieren.

Cornus kousa
JAPANISCHER BLUMENHARTRIEGEL
FAMILIE Hartriegelgewächse (Cornaceae)
Ein großer laubabwerfender Strauch mit locker verzweigten Ästen, die sich waagerecht ausbreiten. Von Spätfrühling bis Frühsommer erscheinen unscheinbare Blüten, die von weißen, sternförmigen Hochblättern umhüllt sind. Rote Beeren, die wie große Himbeeren aussehen, halten sich den ganzen Sommer. Im Herbst verfärbt sich das Laub rot bis kastanienbraun. Die Rinde ist anfangs glatt und hellbraun, doch im Alter blättert sie fleckig ab, wobei ein hell- und dunkelbraunes Muster entsteht. Wuchshöhe bis 7 m.

UNTEN *Cornus kousa*

OBEN *Euonymus alatus* 'Fireball'

KULTUR Der Hartriegel mag vollsonnige bis halbschattige Plätze. Der langsamwüchsige Strauch braucht wenig Wasser und verträgt keinen Kalk.
FROSTHÄRTE Voll frosthart
ANMERKUNGEN *Cornus kousa* var. *chinensis* hat größere Blütenstände und schmale, spitze Hochblätter.
PFLEGE Einfach. Die Art ist resistent gegen die Anthracnose (Blattbräune) und Glasflüglerlarven.

Euonymus alatus
KORKFLÜGELSTRAUCH
FAMILIE Spindelbaumgewächse (Calastraceae)
Dieser sommergrüne Strauch mit sparrig abstehenden Ästen wird bis 3 m hoch und 90–150 cm breit. Das Sommerlaub ist dunkelgrün. Bei Vollsonne ist der Strauch am schönsten. Nach dem ersten Jahr nach der Pflanzung ist er resistent gegen Trockenheit, jedoch nicht im Kübel. Im Herbst verfärben sich die Blätter flammend rot.
KULTUR Der Strauch braucht einen vollsonnigen Platz, damit sich das Laub im Herbst leuchtend verfärben kann. Er gedeiht auf nahezu jedem Boden.
FROSTHÄRTE Voll frosthart
PFLEGE Einfach. Wer den Strauch zu-

rückschneidet, um die Wuchsform zu erhalten, tut dies nach dem Laubfall im Herbst oder Frühwinter. Über dem Boden ganze Äste herausnehmen.

Hamamelis mollis
CHINESISCHE ZAUBERNUSS
FAMILIE Zaubernussgewächse (Hamamelidaceae)
Dieser langsamwüchsige, laubabwerfende Strauch kann bis 4 m hoch werden. Auf kahlen, trichterförmig auseinander strebenden Ästen erscheinen von Spätwinter bis zum zeitigen Frühjahr gelbe Blüten, die zart duften und an Spinnen erinnern.
KULTUR Die Zaubernuss gedeiht am besten auf nährstoffreichen, humosen, durchlässigen Böden in vollsonnigen Lagen. Sie wächst aber auch im lichten Schatten von Bäumen oder im Halbschatten. In trockenen Sommern sollte regelmäßig gegossen werden.
FROSTHÄRTE Voll frosthart
ANMERKUNGEN Dieser prächtige Großstrauch blüht, wenn der Garten noch im Winterschlaf liegt. Knospen tragende Zweige können in der Vase zur Treiberei verwendet werden.
PFLEGE Einfach. Ein Rückschnitt ist nicht erforderlich. Lediglich Wildtriebe müssen entfernt werden.

UNTEN *Hamamelis mollis* 'Pallida'

OBEN *Lagerstroemia indica*

Lagerstroemia indica
KREPPMYRTE
FAMILIE Weiderichgewächse (Lythraceae)

Dieser laubabwerfende Baum kann 1–3 m hoch werden, hat auffallende Blüten, eine herrliche Herbstfärbung sowie Winterfrüchte. Im Sommer erscheinen große Blütenbüschel in Weiß und Rosa-, Purpur-, Lavendel- sowie Rottönen. Die schwarzen oder braunen Früchte vertrocknen, wenn sie reif sind, springen dann auf und geben scheibenförmige Samen frei.

KULTUR Die Kreppmyrte gilt bei uns als nicht winterhart, doch ältere Exemplare mit ausgereiftem Holz halten Temperaturen bis um −10 °C oder kälter aus. Jüngere Pflanzen sollten unbedingt einen Winterschutz (z. B. Vlies) bekommen. Die Pflanze braucht einen warmen, vollsonnigen, wind- und regengeschützten Platz, am besten an einer hellen Hauswand. In Gegenden mit rauen Wintern kann dieses Gehölz nur im Kübel kultiviert und frostfrei bei etwa 5 °C überwintert werden.

FROSTHÄRTE Frosthart

ANMERKUNGEN Inzwischen gibt es auch Hybriden (z. B. *Lagerstroemia indica × fauriei),* die Temperaturen bis −18 °C oder sogar tiefer aushalten.

PFLEGE Mäßig. Regelmäßig vorsichtig auslichten, entweder im Frühjahr vor dem Austrieb oder im Herbst.

Oxydendrum arboreum
SAUERBAUM
FAMILIE Heidekrautgewächse (Ericaceae)

Der laubabwerfende Sauerbaum trägt im Früh- bis Hochsommer lange, hängende Rispen duftender Blüten, im Herbst färben sich die Blätter rot, kastanienbraun und gelb. Der Neuaustrieb im Frühjahr ist rötlich, und die jungen Blätter glänzen.

KULTUR Wird im Sommer aus weichen Triebstecklingen oder im Herbst aus Samen gezogen und gedeiht in sauren, mit reichlich organischem Material angereicherten Böden. Der Flachwurzler eignet sich nicht für Unterpflanzungen.

FROSTHÄRTE Voll frosthart

ANMERKUNGEN Der Sauerbaum wird über 15 m hoch und bis 7,5 m breit.

PFLEGE Einfach

Picea pungens 'Baby Blue Eyes'
STECHFICHTE
FAMILIE Kieferngewächse (Pinaceae)

Die kegelförmige Fichte trägt blaue, steife Nadeln. Kann 15 m hoch und 5 m breit werden.

KULTUR Diese Sorte gedeiht am besten an einem vollsonnigen bis halbschattigen Platz auf einem nährstoffreichen, durchlässigen Boden.

FROSTHÄRTE Voll frosthart

ANMERKUNGEN In Fichten suchen viele Vögel Schutz und Nahrung.

PFLEGE Einfach. Gegen Spinnmilben resistent. Kein Schnitt nötig, da pro Jahr nur 5–7,5 cm zugelegt werden.

Stewartia pseudocamellia
JAPANISCHE SCHEINKAMELIE
FAMILIE Teegewächse (Theaceae)

Das laubabwerfende Gehölz wird bis 20 m hoch und 6–9 m breit. Es ist kegelförmig und oft mehrstämmig. Die Rinde blättert im Alter unregelmäßig ab und bildet ein Muster in Braunorange, Grün und Grau.

KULTUR Die Scheinkamelie gedeiht am besten auf humosen, sauren, durchlässigen Böden mit gleichmäßiger Feuchtigkeit. In Trockenperioden mulchen.

FROSTHÄRTE Voll frosthart

ANMERKUNGEN Ideal für den Waldgarten. Den ganzen Sommer über trägt der Strauch kamelienähnliche Blüten mit orangefarbenen Staubgefäßen. Herbstfärbung in Orange, Rot und Purpur. Die braunen, eiförmigen Früchte bleiben im Winter hängen.

PFLEGE Einfach. Gelegentlich schwache und überalterte Triebe entfernen.

UNTEN *Stewartia pseudocamellia*

BÄUME UND STRÄUCHER FÜR SCHATTIGE PLÄTZE

Da es Gärten in allen Lagen gibt, unterscheiden sich die Bereiche, die Schatten haben, von Garten zu Garten stark. In einem Punkt jedoch gleichen sich die meisten: Ältere Gärten weisen mehr Schatten auf als frisch angelegte. Denn Bäume und Sträucher wachsen und werden höher, und vielleicht wurden sogar in nächster Nachbarschaft Häuser gebaut, die Schatten werfen. Im Folgenden finden Sie einige Pflanzen, die unter solchen Bedingungen gedeihen. Das Positive: Ein Schattengarten macht nicht viel Arbeit, und er bietet kühle Plätzchen zum Entspannen.

OBEN *Calycanthus occidentalis* ist ein vielseitiger Strauch für alle Jahreszeiten – genießen Sie das würzige Zimtaroma der weinroten Blüten und der Rinde.

Acer circinatum
WEINBLATT-AHORN

FAMILIE Ahorngewächse (Aceraceae)
Wenn dieses Gehölz Platz hat, wächst es zu einem symmetrischen Baum mit aufrechter Wuchsform heran. Die grünen Blätter färben sich im Herbst orange und scharlachrot. Wuchshöhe 5 m oder höher.
KULTUR Braucht einen feuchten, durchlässigen Boden und mäßig Wasser.
FROSTHÄRTE Voll frosthart
ANMERKUNGEN Kommt am schönsten in einem Waldgarten und unterpflanzt mit Farnen zur Geltung.
PFLEGE Einfach

Acer palmatum
FÄCHERAHORN

FAMILIE Ahorngewächse (Aceraceae)
Ein kleiner laubabwerfender Baum. Im zeitigen Frühjahr leuchtet der rote Neuaustrieb, und den grünen Blättern folgt eine flammende Herbstfärbung. Höhe und Breite bis 6 m.
KULTUR Gedeiht am besten auf feuchten, durchlässigen, mit organischem Material angereicherten Böden. Ohne direktes Sonnenlicht fühlt sich der Baum am wohlsten. Ein Schutz vor austrocknenden Winden ist erforderlich. Da der Baum ein Flachwurzler ist, sollte der Wurzelbereich nicht bepflanzt werden. Nicht neben alte flach wurzelnde Bäume setzen.

FROSTHÄRTE Voll frosthart
ANMERKUNGEN Es gibt viele geeignete und interessante Sorten.
PFLEGE Mäßig. Bei übermäßigem Wuchs erfolgt ein leichter Rückschnitt.

Calycanthus occidentalis
KALIFORNISCHER GEWÜRZSTRAUCH

FAMILIE Gewürzstrauchgewächse (Calycanthaceae)
Der laubabwerfende Strauch, der Horste bildet, eignet sich gut als Hintergrundpflanzung. Er kann bis zu 3 m hoch und breit werden. Anfangs sind die Blätter limettengrün, dunkeln aber während des Sommers nach und färben sich im Herbst gelb. Im Spätfrühling oder Frühsommer erscheinen braunrote Blüten, die kleinen Seerosen ähneln. Blüten und Blätter duften.
KULTUR Diesen Strauch können Sie zu einem mehrstämmigen Baum erziehen. Er mag Schatten, aber auch Sonne, sowie einen tonhaltigen, wenig durchlässigen Boden.
FROSTHÄRTE Voll frosthart
ANMERKUNGEN Die Kultur aus Saatgut ist einfach, doch die Samen sind giftig.
PFLEGE Einfach. Dünne Zweige werden alljährlich entfernt, damit die Pflanze adrett aussieht. Ein starker Rückschnitt ist zu vermeiden.

UNTEN *Acer palmatum* 'Nicholsonii'

Camellia sasanqua
HERBSTKAMELIE
FAMILIE Teegewächse (Theaceae)

Ein immergrüner Strauch, dessen duftende Blüten im Spätherbst und Frühwinter an Trieben mit glänzenden dunkelgrünen Blättern erscheinen (Hauptblütezeit: November). Es gibt Formen mit einfachen, halb gefüllten oder gefüllten Blüten in Rosa und Weiß, einige auch in Dunkelrosa und Hellrot. Der Strauch kann 0,5–3,5 m hoch und 2–3,5 m breit werden.

KULTUR Mag durchlässige, saure, mit organischem Material angereicherte Böden. Ältere Pflanzen sind recht trockenheitverträglich, junge müssen regelmäßig gegossen werden.

FROSTHÄRTE Frosthart

ANMERKUNGEN Verträgt Sonne. Als Spaliergehölz und für Kübel geeignet.

PFLEGE Einfach. Nach der Blüte zurückschneiden. Im Frühjahr eine 5 cm dicke Mulchschicht ausbringen, welche die Stammbasis nicht berühren darf. So bleiben die Wurzeln kühl.

Cornus stolonifera 'Flaviramea'
WEISSER HARTRIEGEL
FAMILIE Hartriegelgewächse (Cornaceae)

Ein laubabwerfender Großstrauch mit auffallendem roten Laub und leuchtend gelbgrünen Wintertrieben. Er

OBEN *Cornus stolonifera*

wird 2–3 m hoch und über 3 m breit, aber durch Rückschnitt lässt sich die Wuchsform regulieren. Im Sommer erscheinen cremeweiße Blüten in 5 cm großen Büscheln, denen später weiße oder bläuliche Früchte folgen.

KULTUR Der Strauch gedeiht bei kalten und warmen Temperaturen. Er verträgt trockenere Böden, wächst aber besser bei mäßiger Feuchte. Im Winter während der Vegetationsruhe wird stark zurückgeschnitten.

FROSTHÄRTE Voll frosthart

ANMERKUNGEN Vor einer hellen Mauer leuchtet die rote Rinde im Winter besonders eindrucksvoll.

PFLEGE Einfach. Da sich der Hartriegel über Ausläufer ausbreitet, sticht man die Wurzeln mit einem Spaten ab.

Hydrangea quercifolia
EICHENBLÄTTRIGE HORTENSIE
FAMILIE Hortensiengewächse (Hydrangeaceae)

Diese Hortensie wird 2 m hoch und breit. Sie trägt tief gelappte Blätter, die eine herrliche Herbstfärbung zeigen. Rispen weißer Blüten erscheinen im Spätfrühling bis Frühsommer. Beim Verblühen werden die Blüten rosa.

LINKS *Camellia sasanqua*

KULTUR Ideal: morgens Sonne und nachmittags Schatten. Der Strauch braucht einen sehr durchlässigen, leicht sauren Boden und verträgt hohe Temperaturen recht gut.

FROSTHÄRTE Frosthart; in strengen Wintern mit Reisig abdecken.

ANMERKUNGEN Die Sorten 'Sikes Dwarf' und 'Pee Wee' eignen sich gut für kleinere Gärten.

PFLEGE Einfach. Bei Trockenheit sollte alle zwei Wochen gewässert werden.

Kalmia latifolia
BERGLORBEER
FAMILIE Heidekrautgewächse (Ericaceae)

Der immergrüne Strauch wächst langsam und wird 2–3 m hoch und breit. Die ledrigen ovalen Blätter sind oberseits glänzend dunkelgrün, unterseits gelbgrün. Im Spätfrühling erscheinen zartrosa oder weiße, glockige Blüten mit sternähnlichen Staubgefäßen.

KULTUR Der Berglorbeer wächst auf frischen, humosen, sauren Böden. Braucht Windschutz.

FROSTHÄRTE Voll frosthart

ANMERKUNGEN Einige Sorten, etwa 'Carousel' oder 'Kaleidoscope', haben zweifarbige Blüten.

PFLEGE Einfach. Wächst langsam und braucht nur wenig Rückschnitt.

Pieris japonica 'Temple Bells'
SCHATTENGLÖCKCHEN
FAMILIE Heidekrautgewächse (Ericaceae)

Der langsamwüchsige Strauch ist von unregelmäßiger Gestalt. Die Blätter treiben bronzefarben aus und werden später glänzend dunkelgrün. Große, cremeweiße Blüten sitzen in dichten, überhängenden Rispen, die im Spätwinter oder zeitigen Frühjahr erscheinen. Höhe und Breite bis 6 m.

KULTUR Bevorzugt einen frischen, durchlässigen, sauren Boden. Durch jährliches Mulchen mit Kiefernnadeln bleibt der Boden feucht und sauer.

OBEN *Sarcococca confusa*

Die Pflanze mag kühle Sommer und keine hohen Temperaturen.
FROSTHÄRTE Voll frosthart
ANMERKUNGEN Dieser Strauch eignet sich auch gut als Kübelpflanze.
PFLEGE Einfach. Kein Rückschnitt, nur Verblühtes entfernen.

Sarcococca confusa
FLEISCHBEERE
FAMILIE Buchsbaumgewächse (Buxaceae)
Der langsam und gleichmäßig wachsende Schattenstrauch ist ideal für kleine Bereiche oder als Heckenpflanzung. Er gibt nur wenige Sorten, von denen einige niederwüchsig sind, während die größten 2 m hoch werden. Die Blätter sind dunkel und wachsüberzogen; die winzigen weißen, nach Honig und Vanille duftenden Blüten erscheinen im Spätwinter.
KULTUR Der schattenliebende Strauch gedeiht auf mit organischem Material angereicherten Böden. Rückschnitt selten erforderlich. Nur mäßig wässern.

FROSTHÄRTE Voll frosthart
ANMERKUNGEN *Sarcococca humilis* kann als Bodendecker eingesetzt werden. Vögel mögen die Beeren.
PFLEGE Einfach. Man sollte die Sämlinge herausziehen, damit sich die Pflanze nicht übermäßig vermehrt.

Styrax japonicus
SCHNEEGLÖCKCHENSTRAUCH
FAMILIE Storaxbaumgewächse (Styracaceae)
Dieser laubabwerfende Baum mit dem grazilen Stamm kann bis 10 m hoch werden. Im Sommer bilden weiße, glockige, duftende Blüten eine Fülle hängender Büschel. Später folgen Früchte, die bis zum Herbst am Baum hängen bleiben.
KULTUR Gedeiht auf jedem durchlässigen Gartenboden. Die tief reichenden Wurzeln breiten sich nur mäßig aus.
FROSTHÄRTE Voll frosthart; braucht aber in den ersten 3 Jahren nach der Pflanzung etwas Winterschutz.
ANMERKUNGEN Die Sorte 'Pink Chimes' hat rosa Blüten und eine aufrechte Wuchsform.

PFLEGE Einfach. Rückschnitt nur, um die Wuchsform zu erhalten. Die niedrigeren Äste werden eingekürzt, damit der Strauch nicht zu buschig wird.

Taxus cuspidata 'Nana Pyramidalis'
JAPANISCHE EIBE
FAMILIE Eibengewächse (Taxaceae)
Diese immergrüne Konifere wächst langsamer als die meisten anderen Eibenarten und entwickelt eine breit kegelförmige Gestalt. Dicke, dunkelgrüne Nadeln sitzen in Büscheln an den Trieben. Im Frühherbst reifen leuchtend rote Früchte heran. Wenn die Eibe, ein Flachwurzler, einmal eingewachsen ist, toleriert sie Schatten, Küstenklima und Trockenheit. Sie kann bis 5 m hoch werden.
KULTUR Diese Konifere gedeiht auf verschiedenen Böden, doch sollten sie weder zu sauer noch zu basisch sein.
FROSTHÄRTE Voll frosthart
ANMERKUNGEN Diese Sorte ist ein idealer Sicht- und Windschutz. Sie ist auch für Hecken geeignet, da sie sich gut schneiden lässt.
PFLEGE Einfach. Um das äußere Erscheinungsbild zu erhalten, ist nur wenig Rückschnitt erforderlich.

UNTEN *Taxus cuspidata*

GEMÜSE

Wenn wir älter werden und Kraft und Beweglichkeit ein wenig nachlassen, sollten wir in Bezug auf den Gemüseanbau umdenken. Das bedeutet aber keineswegs Verzicht auf diese schöne und befriedigende Tätigkeit – nur ein wenig Anpassung: Sie beschließen einfach, weniger Reihen anzulegen, die Zahl der Gemüsesorten zu reduzieren und sich für solche zu entscheiden, die unkompliziert zu ziehen und zu ernten sind. Wie die folgende Auswahl zeigt, entsprechen viele beliebte Gemüsesorten diesen Anforderungen.

OBEN *Capsicum annuum* 'Santa Fe Grande', eine der besten Paprikasorten zum Einlegen, bringt Farbe in die Küche.

OBEN *Allium cepa* (Speisezwiebel)

Allium cepa
SPEISEZWIEBEL
FAMILIE Amaryllisgewächse (Amaryllidaceae)
Es gibt zahlreiche unterschiedliche Zwiebelsorten. Gelbe lassen sich gut lagern, rote und weiße haben einen süßeren, milderen Geschmack. Steckzwiebeln werden vom mittleren bis in den späten Frühling gepflanzt.
KULTUR Der Anbau erfolgt an einem sonnigen Platz auf einem nährstoffreichen, durchlässigen Boden, der im Herbst zuvor mit Stallmist angereichert wurde. Da Zwiebeln Flachwurzler sind, hält man die Erdoberfläche feucht.
ANMERKUNGEN In der Gärtnerei nach der geeignetsten Sorte fragen.
PFLEGE Mäßig

RECHTS *Beta vulgaris* 'Boltardy' (Rote Bete)

Beta vulgaris 'Boltardy'
ROTE BETE
FAMILIE Gänsefußgewächse (Chenopodiaceae)
Die Rote Bete wird wegen der Wurzelknollen angebaut, aber auch die Blätter lassen sich als Gemüse verwenden.
KULTUR Dieses Gemüse gedeiht in sonniger bis halbschattiger Lage. Es braucht einen lockeren, durchlässigen Boden, der reich an organischem Material und nicht sauer ist. Der Boden muss feucht gehalten werden. Geerntet wird im Herbst, Spätwinter und zeitigen Frühjahr.
ANMERKUNGEN Alle Sorten sind problemlos zu kultivieren, aber 'Boltardy' ist die einfachste. Zu den alten, stets beliebten Sorten zählen beispielsweise 'Mr Crosby's Egyptian' und 'Detroit Dark Red' mit dunkel kastanienbraunen Knollen. Zu den neueren Sorten gehört 'Chioggia', die rot-weiß geringelt ist. Auch die schmackhaften gelben Sorten werden immer beliebter.
PFLEGE Mäßig. Rote Bete lässt sich nicht gut umpflanzen. Die Sämlinge werden auf 6–8 cm vereinzelt und die herausgenommen Pflänzchen ähnlich wie Spinat verzehrt.

OBEN *Beta vulgaris* subsp. *cicla* var. *flavescens* (Mangold)

Beta vulgaris subsp. *cicla* var. *flavescens*
MANGOLD
FAMILIE **Gänsefußgewächse (Chenopodiaceae)**

Zur selben Familie wie die Rote Bete gehört der Mangold, ein wieder neu entdecktes Gemüse.
KULTUR Mangold wächst auf nährstoffarmen Böden und toleriert Kälte, Frost und sogar Vernachlässigung. Ausgesät wird, sobald der Boden bearbeitet werden kann, denn Mangold ist ein Frühstarter.
ANMERKUNGEN Die Sorte 'Bright Lights' ist ebenso schmackhaft wie dekorativ. Wenn es kühler wird und alles andere bereits abgeerntet ist, wächst Mangold weiter.
PFLEGE Einfach. Schneckenfest.

Capsicum spec.
PAPRIKA
FAMILIE **Nachtschattengewächse (Solanaceae)**

Die Pflanzen werden 30–120 cm hoch. Es gibt Sorten mit milden und scharfen Früchten.
KULTUR Da Paprika tropischen Ursprungs ist, pflanzt man ihn erst aus, wenn die Temperaturen tagsüber bei 21–26 °C und nachts bei mindestens

15 °C liegen. Einige Wochen vor der Pflanzung wird der Boden 20–25 cm tief umgegraben. Organisches Material einarbeiten, besonders wenn der Boden schwer ist. Mulchen ist sehr wichtig für alle Paprikapflanzen, insbesondere für milde Sorten, da sie flach wurzeln. Mulchmaterial verwenden, das nur langsam abgebaut wird und die gesamte Saison vorhält.
ANMERKUNGEN In gemäßigten Klimaten gedeihen Paprika am besten unter Glas, da sie eine lange Wärmeperiode brauchen, um zu reifen.
PFLEGE Mäßig

Cucumis sativus
GURKE
FAMILIE **Kürbisgewächse (Cucurbitaceae)**

Man unterscheidet zwischen Gewächshausgurken und den robusten Freilandgurken. Die rankenden Triebe tragen typische kleine, gelbe Blüten, die sich zu Gurken entwickeln. Die Gewächshaussorten sind Kletterpflanzen, die lange, schlanke, schmackhafte Früchte hervorbringen. Die Freilandsorten wachsen buschiger, bilden kürzere Früchte und kommen mit wenig Platz aus. Die Form kann von lang (Salatgurken) über kurz und dick (Einlegegurken) bis hin zu rund (die neuen asiatischen Sorten) variieren.

UNTEN *Cucumis sativus* (Gurke)

OBEN *Cucurbita pepo* 'Black Forest' (Kürbis)

KULTUR Mit der Aussaat wartet man, bis es wärmer wird (15–21 °C). Gurken entwickeln sich am besten auf nährstoffreichen, durchlässigen Böden in vollsonniger Lage.
ANMERKUNGEN 'Sweet Success', 'Fanfare' und 'Lemon' sind gute buschige Sorten für kleine Gärten.
PFLEGE Einfach. Bei trockenem Wetter wöchentlich einmal gießen.

Cucurbita spec.
KÜRBIS
FAMILIE **Kürbisgewächse (Cucurbitaceae)**

Es gibt Sommer- und Winterkürbisse. Während man Sommerkürbisse am besten frisch verwendet, können Letztere gelagert werden. Sommerkürbis gibt es in Busch- und Kletterformen.
KULTUR Der Boden wird bearbeitet, bis er feinkrümelig ist; reichlich organisches Material dazugeben.
ANMERKUNGEN Nicht abends gießen. Die Früchte ernten, solange sie klein sind. Eine kletternde Sorte ist z. B. der Sommertyp 'Custard Squash'; buschige Sorten sind der Sommertyp 'Tender and True' und der Wintertyp 'Turks Turban'.
PFLEGE Einfach. Regelmäßige Feuchtigkeit ist wichtig, doch Triebe und Blätter sollten trocken bleiben.

OBEN *Daucus carota* 'Early Nantes' (Möhre)

Daucus carota sativus
MÖHRE

FAMILIE **Doldenblütler (Apiaceae)**
Zarte, farnartige grüne Blätter sitzen
auf unterirdischen, süßlichen Rüben.
KULTUR Möhren bevorzugen leichte,
sandige Böden in vollsonniger Lage.
Die Aussaat erfolgt, sobald der Boden
bearbeitet werden kann. Den Sommer
über alle paar Wochen aussäen. Da die
Samen winzig sind, kann man Saatbänder oder eine Präzisions-Saathilfe
(siehe S. 88–89) verwenden. Pikieren
nicht erforderlich.
ANMERKUNGEN Gute Sorten: 'Nantes',
'Chantenay', 'Touchon' und 'Short 'n
Sweet'. Heute sind verschiedene Formen, z. B. rund, und Farben, etwa violett und weiß, erhältlich.
PFLEGE Mäßig. Gleichmäßig gießen,
sonst spalten sich die Möhren.

Phaseolus vulgaris
GARTENBOHNEN

FAMILIE **Hülsenfrüchtler (Fabaceae)**
Essbare, zarte und fleischige Hülsen
hängen an buschig wachsenden oder
kletternden Pflanzen. Bohnenpflanzen
haben weiße oder rote Blüten.
KULTUR Die Aussaat erfolgt, wenn keine Frostgefahr mehr besteht und der
Boden sich gut erwärmt hat. Bohnen
mögen nährstoffreiche, durchlässige

Böden, auf denen in letzter Zeit keine
Bohnen, Kartoffeln, Tomaten, Salat
oder Kohl angebaut wurden.
ANMERKUNGEN Buschbohnen sind
leicht zu ziehen, rankende Stangenbohnen benötigen wenig Platz. Von
beiden gibt es zahlreiche Sorten wie
'Blue Lake', 'Contender' und 'Ken-
tucky Wonder'.
PFLEGE Einfach. Gleichmäßig gießen.
Ernten, wenn die Blätter vertrocknen,
um Krankheiten vorzubeugen. Auf
jährlichen Fruchtwechsel achten.

Lactuca sativa
SALAT

FAMILIE **Korbblütler (Astraceae)**
Salat ist ein Gemüse, bei dem es so
viele Varietäten gibt, die ineinander
übergehen, dass eine Sorteneinteilung
oft schwierig ist. So teilt man Salate
meist in Kopfsalate (Buttersalat),
Pflück- und Schnittsalate (Blattsalate),
Eissalate und Römische Salate (Ro-
mana) ein. Während Kopfsalate, Eissalate und Römische Salate einen Kopf
bilden, entwickeln Pflück- und Schnittsalate Blattrosetten. Die Blattfarbe variiert je nach Art und Sorte von Grün
bis Rotbraun, die Blätter sind ganzran-
dig, gewellt, geschlitzt oder gekräuselt.
KULTUR Die verschiedenen Salate haben zwar teilweise unterschiedlichen
Nährstoffbedarf, doch gedeihen die
meisten auf einem humosen, lockeren,
durchlässigen Boden gut. Der Standort sollte sonnig bis halbschattig sein.
Je nach Sorte können Salate ab dem
Spätwinter auf der Fensterbank vorgezogen und ab dem Frühjahr ausgepflanzt werden. Durch Folgesaaten
alle zwei Wochen wird die Erntedauer
deutlich verlängert.
ANMERKUNGEN Während bei Kopf-
salaten der ganze Kopf abgeschnitten
wird, erntet man beim Pflücksalat die
Blätter einzeln von außen nach innen.
PFLEGE Einfach. Schneckenschutz ist
erforderlich. Mulchen hält den Boden
feucht und unkrautfrei.

Lycopersicon esculentum
TOMATE

FAMILIE **Nachtschattengewächse
(Solanaceae)**
Es gibt buschige Sorten, die mit wenig
Stützhilfe auskommen, und langtrie-
bige, die aufgebunden oder an speziel-
len Tomatenstützen befestigt werden.
KULTUR Tomaten brauchen viel Sonne.
Die Sämlinge erst auspflanzen, wenn
sich Boden und Luft richtig erwärmt
haben. Nachdem man Kompost in die
Erde eingearbeitet hat, werden die
Pflänzchen tiefer eingesetzt, als sie in
ihren Töpfen standen.
ANMERKUNGEN Zu den besten Sorten
zählen 'Gardener's Delight', 'Sungold',
'Big Rainbow' und 'Brandywine'.
PFLEGE Mäßig. Wenn die Pflanzen
knapp 1 m hoch sind, sollten die unteren Blätter bis 3 cm über dem Boden
entfernt werden, damit keine Pilzkrankheiten auftreten. Bei hoch wachsenden Tomaten werden die Seitentriebe aus den Blattachseln entfernt –
man nennt dies: ausgegeizt –, damit
der Haupttrieb kräftiger wächst.

UNTEN *Lactuca sativa* (Salat)

OBEN *Lycopersicon esculentum* (Tomate)

Pisum sativum
ERBSEN

FAMILIE Hülsenfrüchtler (Fabaceae)

Man unterscheidet Markerbsen, Schal- oder Palerbsen sowie Zuckererbsen.

KULTUR Ausgesät wird zeitig im Frühjahr, sobald sich der Boden bearbeiten lässt. Erbsen mögen kühleres Klima: Bei über 21 °C stellen die meisten Sorten die Hülsenproduktion ein. Erbsen gedeihen auf den meisten Böden, bevorzugen aber lockeren, gleichmäßig feuchten Boden mit viel organischem Material. Nicht mit Stickstoff düngen.

ANMERKUNGEN Buschig wachsende Sorten sind einfach zu kultivieren, benötigen aber viel Platz, und die Ernte ist ein wenig mühsam; kletternde Sorten brauchen Rankhilfen, aber weniger Platz und sind leichter zu ernten.

PFLEGE Einfach

Raphanus sativus
RADIESCHEN

FAMILIE Kreuzblütler (Brassicaceae)

Ein Gemüse, das man bald nach der Aussaat genießen kann, sind Radieschen, denn das Saatgut keimt rasch, und man kann bereits nach 2–3 Wochen ernten. Obwohl Radieschen wegen ihrer Knollen angebaut werden,

sind die grünen Blätter ebenfalls schmackhaft und nahrhaft. Die häufigsten Sorten sind die mit den runden, roten oder rot-weißen Knollen. Sie können auch aus der Fülle der weißen ('White Icicle') oder rosafarbenen ('French Dressing') sowie runden und schmalen Sorten wählen.

KULTUR Ausgesät wird während der kurzen und kühlen Tage im Frühjahr und Herbst. In dieser Zeit sind Radieschen wahrscheinlich das am einfachsten und schnellsten zu kultivierende Gemüse überhaupt. Man sät die Samen direkt ins Freiland. Wenn eine Reihe abgeerntet ist, sät man gleich die nächste aus, damit man den ganzen Frühling und Sommer über Radieschen ernten kann.

ANMERKUNGEN Weitere gute Sorten sind 'Cherry Belle' und 'Scarlet Globe'.

PFLEGE Einfach

Solanum tuberosum
KARTOFFEL

FAMILIE Nachtschattengewächse (Solanaceae)

Zweifellos ist die Kartoffel eine der beliebtesten Gemüsearten. Auf der Erde bildet die Kartoffel eine hübsche kleine

UNTEN *Raphanus sativus* (Radieschen)

OBEN *Solanum tuberosum* (Kartoffeln)

Pflanze mit dunkelgrünen geteilten Blättern. Im Sommer trägt sie weiße oder blassviolette Blüten.

KULTUR Die Saatknollen in einem hellen, kühlen, frostfreien Raum mit den Augen nach oben in Holzkisten setzen, die mit etwas Erde gefüllt sind. Nach 4–6 Wochen, wenn sich 2 cm lange Lichtkeime gebildet haben, können die Knollen ausgepflanzt werden. Vor dem Pflanzen wird der Boden 20–30 cm tief gelockert und etwas Gartenkompost oder Laubkompost eingearbeitet. Am besten eignet sich ein feuchter, aber nicht nasser Boden. Die Knollen erst zwei Wochen nach den letzten Frösten hineinlegen, wenn die Bodentemperatur über 7 °C liegt. Man kann die Saatknollen auch in eigroße Stücke schneiden, wobei jedes von ihnen ein bis mehrere Augen haben sollte.

ANMERKUNGEN Wer kein Gemüsebeet hat oder das Pflanzen zu beschwerlich findet, baut seine Kartoffeln in großen 75-Liter-Kübeln oder in Säcken an.

PFLEGE Einfach. Man sollte aber unbedingt darauf achten, dass die sich entwickelnden Knollen immer mit Erde bedeckt sind, damit sie nicht grün werden, denn grün verfärbte Knollen können giftig sein!

FRÜCHTE UND BEEREN

Obst aus dem eigenen Garten hat einen Vorteil: Es schmeckt so, wie Obst schmecken sollte – aromatisch und frisch. Die hier vorgeschlagenen Sorten erfordern relativ wenig Aufmerksamkeit und Pflege. Und sogar winzige Gärten bieten Platz für einen Obstbaum, seitdem es kompakte und säulenförmige Züchtungen gibt. Manche gedeihen auch im Kübel. Um Ihre Beerenernte zu verlängern, wählen Sie früh, mittelfrüh und spät reifende Sorten. Entscheiden Sie sich nicht für die Obstsorte, die am wenigsten Arbeit macht, sondern für die, die Sie am liebsten essen.

OBEN Köstlich: Erdbeeren, Himbeeren, Brombeeren, Stachelbeeren sowie Rote und Schwarze Johannisbeeren

OBEN *Cucumis melo* 'Iroquois' (Cantaloupe-Melone)

Cucumis melo
CANTALOUPE-MELONE
FAMILIE **Kürbisgewächse (Cucurbitaceae)**
Einjährige Pflanze mit rankenden, behaarten Trieben. Die Frucht hat einen Durchmesser von etwa 10 cm und Fruchtfleisch, das von hellgrün bis rötlich-orange variieren kann.
KULTUR Melonen bevorzugen nährstoffreiche, humose, durchlässige, sandige Böden. Das wärmeliebende Gewächs sollte erst gepflanzt werden, wenn keine Frostgefahr mehr besteht. Ideal ist ein Standort mit viel Sonnenlicht und Wärme sowie Schutz vor Wind. Gepflanzt wird im Frühling, wenn es warm geworden ist. Die Cantaloupe-Melone lässt sich auch an Zäunen und Spalieren kultivieren.
ANMERKUNGEN In Regionen mit kürzeren Wachstumsperioden sollte man vorgezogene Pflanzen verwenden. Wer ein Frühbeet oder ein Gewächshaus hat, zieht die Cantaloupe-Melone dort, dann ist man auf jeden Fall auf der sicheren Seite.
PFLEGE Mäßig. Wählen Sie Sorten, die resistent gegen Mehltau und andere Krankheiten sind.

Ficus carica
FEIGENBAUM
FAMILIE **Maulbeergewächse (Moraceae)**
Der Feigenbaum ist im Mittelmeerraum heimisch, doch Sorten wie die Bayernfeige 'Violetta' gedeihen auch in unseren Breitengraden. Ein ausgewachsener Baum dieser Sorte hält Temperaturen bis etwa –15 °C aus. Er wird bis 3 m hoch.
KULTUR Die Bayernfeige sollte einen geschützten, vollsonnigen und warmen Platz ohne Beengung bekommen, am besten vor einer Südfassade. Die günstigste Pflanzzeit ist Frühjahr oder Frühsommer. Sie ist mit nahezu jedem Boden zufrieden, schätzt aber regelmäßiges Wässern und gute Drainage. Für die Bestäubung sind Feigen nicht auf andere Sorten angewiesen.
ANMERKUNGEN Da Feigenbäume sehr groß werden, sollte man den Wurzelraum begrenzen: Man setzt den Baum

UNTEN *Ficus carica* (Feigenbaum)

in ein 60 cm tiefes und breites Pflanzloch, dessen Wände und Boden mit Steinen oder Platten ausgelegt sind.
PFLEGE Einfach. Feigen brauchen nur sehr wenig Rückschnitt. Ein Netz bietet den Früchten Schutz vor Vögeln.

Fortunella margarita
OVALE KUMQUAT
FAMILIE Rautengewächse (Rutaceae)
In milden Regionen wachsen diese Zitrusfrüchte bis zur Baumgröße heran. Bei uns wird hauptsächlich die Ovale Kumquat kultiviert, und zwar als Kübelpflanze, die maximal 1,5 m hoch wird. Die Triebe sind bedornt und mit ledrigen Blättern besetzt. Den süßlich duftenden weißen Blüten folgen kleine, ovale Früchte mit goldorangefarbener Schale.
KULTUR Die Ovale Kumquat ist ziemlich robust und verträgt für kurze Zeit sogar leichten Frost. Sie bevorzugt einen vollsonnigen, wind- und regengeschützten Platz. Das Substrat sollte durchlässig und leicht sauer sein.

OBEN *Fortunella japonica* (Kumquat)

ANMERKUNGEN Kumquats sind leicht säuerlich. Sie werden mit der dünnen, süßen Schale verzehrt, ähnlich wie Weintrauben, und schmecken am besten, wenn man sie vorher zwischen Fingern etwas hin und her rollt, denn dabei werden ätherische Öle freigesetzt. Eine ebenfalls schmackhafte Art ist *Fortunella japonica*.
PFLEGE Einfach. Die Pflanze braucht nur einen kleinen Rückschnitt, um die Form zu erhalten. Alle 2–3 Wochen einen stickstoffbetonten, phosphorarmen Dünger verabreichen. Vor dem ersten Frost kommt die Pflanze in ein kühles, helles, luftiges Winterquartier mit Temperaturen von 4–8 °C.

Fragaria × ananassa
ERDBEERE
FAMILIE Rosengewächse (Rosaceae)
Die Pflanze, die 30–40 cm hoch wird, hat gezähnte Blätter und weiße Blüten. Sie breitet sich über Ausläufer aus.

KULTUR Erdbeeren mögen durchlässige, leicht saure Böden in Vollsonne bis hellem Halbschatten. Vor der Pflanzung wird der Boden des Pflanzlochs in der Mitte etwas aufgehäufelt, sodass sich das Herz des Setzlings in der Höhe der Erdoberfläche befindet. Das Pflanzloch selbst muss so tief sein, dass die Wurzeln ohne Stauchung darin Platz finden. Während der Kultur brauchen Erdbeerpflanzen gleichmäßige Feuchtigkeit. Im Winter wird mit einer Lage Stroh oder einem anderen leichten organischen Material, das frei von Unkraut ist, gemulcht. Erdbeeren mögen als Nachbarn Buschbohnen, Spinat, Borretsch und Salat.
ANMERKUNGEN Man kauft am besten in einer nahegelegenen Gärtnerei Sorten, die in der Gegend und bei den herrschenden klimatischen Bedingungen gut gedeihen. Erdbeeren wachsen auch in Töpfen mit einem gut durchlässigen Substrat.
PFLEGE Einfach. Wer die Ausläuferpflanzen rechtzeitig entfernt, kann den Ertrag erhöhen. Im Frühjahr bringt man zwischen den Reihen Stroh oder Kiefernnadeln aus, damit der Boden feucht bleibt und die Früchte nicht schmutzig werden.

UNTEN *Fragaria × ananassa* 'Calypso' (Erdbeere)

Malus var. *domestica*
SÄULENAPFEL
FAMILIE **Rosengewächse (Rosaceae)**
In vielen Gärten gibt es keinen Platz
für einen großen Apfelbaum. Deshalb
hat man neue Formen gezüchtet, z. B.
den Säulenapfel. Ausgereift werden
diese Bäume 2–3 m hoch und nur
etwa 60 cm breit. Sie bringen 20 Jahre
lang gesunde Früchte hervor.
KULTUR Der Baum gedeiht auf einem
durchlässigen Boden an vollsonniger
Stelle. Er entwickelt sich auch gut im
Kübel, braucht aber dann in rauen
Regionen einen Winterschutz.
ANMERKUNGEN Frühe Sorten können
bereits im ersten Jahr Früchte tragen.
'Northpole' und 'Golden Sentinel'
schmecken wie 'Golden Delicious'.
PFLEGE Einfach

Prunus cerasus
SAUERKIRSCHE
FAMILIE **Rosengewächse (Rosaceae)**
Dieser Kirschbaum wird 4–7 m hoch.
Pflegeleicht und einfach abzuernten.
Die saftigen Früchte reifen im Hochsommer heran. Die Sauerkirsche ist
winterhart und sehr ertragreich, sodass die Früchte auch noch zum Ein-
kochen reichen. Der Baum ist selbst-
bestäubend, deshalb sind keine weiteren Bäume für eine erfolgreiche
Befruchtung nötig.
KULTUR Liebt Vollsonne und bevorzugt
nährstoffreiche, durchlässige, feuchte
Böden. Mag aber keine schweren und
nassen Tonböden. Vor der Pflanzung
nicht länger als 24 Stunden wässern.
ANMERKUNGEN Die Sorte 'North Star'
bringt hellrote Früchte von voller
Größe hervor, obwohl der Baum nur
2–2,5 m hoch wird.
PFLEGE Einfach. Um Krankheiten vorzubeugen, erfolgt der Rückschnitt im
Sommer, nicht während der Vegetationsruhe. Da Sauerkirschen mehr Stickstoff und Wasser brauchen als Süßkir-
schen, setzt man einen Langzeitdünger mit hohem Stickstoffgehalt ein.

Pyrus serotina
NASHI-BIRNE
FAMILIE **Rosengewächse (Rosaceae)**
Im Frühling ist dieser aus Asien stam-
mende Birnbaum mit weißen Blüten
übersät. Die Blätter sind im Sommer
und bis in den Herbst purpurn über-
haucht. Der Baum kann 7–9 m hoch
und etwa 4–5 m breit werden.

UNTEN Die Zwerg-Zierkirsche *Prunus incisa*
'Oshidori' wird nur 1 m hoch. Die früh-
blühende Art ist ein Zierde für den kleinen
Garten, bildet aber keine Früchte aus.

OBEN *Rubus idaeus* (Himbeere)

KULTUR Ideal ist ein tiefgründiger,
durchlässiger Boden in vollsonniger
Lage, wobei der Baum schwere, nasse
Böden auch verträgt. Die Früchte reifen von Spätsommer bis Herbst.
ANMERKUNGEN Nashi-Birnen und ihre
anderen asiatischen Verwandten werden auch „Apfelbirnen" genannt, weil
sie in Geschmack und Textur Äpfeln
ähneln. Allerdings sind sie saftiger.
PFLEGE Mäßig. Durch vorsichtigen
Rückschnitt kann die Baumgröße um
die Hälfte reduziert werden. Den
Fruchtbehang auf eine einzige Birne
pro Fruchtbüschel ausdünnen, dann
werden die Früchte größer.

Rubus idaeus
HIMBEERE
FAMILIE **Rosengewächse (Rosaceae)**
Sommerhimbeeren tragen einmal im
Hochsommer Früchte, Herbsthimbeeren (remontierende Sorten) tragen
mehrmals: Sie bringen vom Spätsommer bis zum ersten Frost fortlaufend
Früchte hervor.
KULTUR Himbeeren gedeihen am besten bei Vollsonne, tolerieren jedoch
auch lichten Schatten.

ANMERKUNGEN Im Spätwinter verabreicht man einen Universaldünger mit geringem Stickstoffgehalt, da eine zu hohe Stickstoffkonzentration buschige Pflanzen und wenig Beeren zur Folge haben kann.

PFLEGE Mäßig. Die Fruchtruten schneidet man direkt nach der Ernte bodennah ab. Herbsthimbeeren werden im Frühjahr erneut geschnitten. Am häufigsten treten Pilzkrankheiten auf, sodass die Pflanzen regelmäßig ausgedünnt werden sollten, damit die Luft gut zirkulieren kann. Die Sträucher sind auch anfällig für Himbeermosaik, eine Viruserkrankung; ist eine Pflanze befallen, entfernt man sie am besten.

Ribes nigrum und *Ribes rubrum*
JOHANNISBEERE
FAMILIE Stachelbeergewächse (Grossulariaceae)

Schwarze und Rote Johannisbeeren sind laubabwerfende, mehrstämmige Sträucher, die 1,5 m hoch und breit werden; man kann sie aber in Form schneiden. Die Blätter der Schwarzen Johannisbeere sind hellgrün, die der Roten Johannisbeere tief blaugrün.

KULTUR Johannisbeeren mögen morgens Sonne, am Nachmittag Halb-

UNTEN *Ribes nigrum* 'Ben Sarek' (Schwarze Johannisbeere)

OBEN *Ribes uvacrispa* (Stachelbeere)

schatten mit ausreichender Luftzirkulation; durch zu intensive Sonneneinstrahlung kann das Laub verbrennen. Häufige Bodenbearbeitung führt leicht zur Beschädigung des flachen Wurzelwerks; deshalb sollte man lieber sorgfältig mulchen.

ANMERKUNGEN Die meisten Arten sind stachellos, bei einigen duften die Blätter aromatisch.

PFLEGE Mäßig. Johannisbeeren brauchen Schutz vor Schädlingen.

Ribes uvacrispa
STACHELBEERE
FAMILIE Stachelbeergewächse (Grossulariaceae)

Dieser mehrstämmige Strauch wird 90–150 cm hoch und breit. Er bringt durchscheinende, grüne oder rötliche Früchte hervor und trägt Blätter, die denen von Ahorn ähneln und im Herbst eine hübsche Färbung zeigen.

KULTUR Diese Pflanze bevorzugt kühle, frische, durchlässige Böden, die mittelschwer, aber nicht trocken sind. Während der Reifung braucht der Strauch Feuchtigkeit. In sehr nährstoffreichen Böden bildet die Pflanze viel Laub, aber weniger Früchte.

ANMERKUNGEN Die meisten Sorten sind süßsauer, manche aber so süß,

dass man sie roh verzehren kann. Die Sorte 'Captivator' ist fast stachellos.

PFLEGE Einfach. Um Pilzkrankheiten vorzubeugen, einen Pflanzplatz mit guter Luftzirkulation auswählen.

Rubus fructicosus
BROMBEERE
FAMILIE Rosengewächse (Rosaceae)

Da sich die Ernte wegen der Stacheln schwierig gestaltet, hat man – wie bei der Stachelbeere – dornenlose Sorten gezüchtet. Manche Sorten sind selbsttragend, andere brauchen Spaliere.

KULTUR Brombeeren gedeihen am besten in nährstoffreichen, durchlässigen Böden, die während der Wachstumsphase regelmäßig Feuchtigkeit erhalten sollen.

ANMERKUNGEN Beliebte Sorten sind die stachellose 'Loch Ness' und die aromatische 'Theodor Reimers', die allerdings sandigeren Boden braucht und reich mit Stacheln bewehrt ist.

PFLEGE Mäßig. Zur Blütezeit einen stickstoffreichen Dünger verabreichen.

Vaccinium corymbosum
GARTEN-HEIDELBEERE
FAMILIE Heidekrautgewächse (Ericaceae)

Diese Heidelbeere schmeckt nicht nur gut, sie bildet auch hübsche kleine Hecken. Im Frühjahr erscheinen weiße und rosafarbene Glöckchenblüten, im Herbst färbt sich das Laub rot.

KULTUR Heidelbeeren bevorzugen vollsonnige Lagen und saure Böden. Je nach Sorte wird von Frühsommer bis Spätherbst geerntet.

ANMERKUNGEN Ist der Gartenboden neutral oder alkalisch, zieht man Heidelbeeren in Kübeln; dann muss aber ständig gewässert werden.

PFLEGE Mäßig. Im Frühjahr und Sommer regelmäßig gießen. Nach dem Austrieb und nach der Ernte Azaleendünger verabreichen. Alte Triebe werden entfernt, um die Bildung neuer Äste anzuregen.

KRÄUTER

Kräuter haben einen festen Platz in der Geschichte des Gartenbaus und werden wegen ihrer Aromen in der Küche, aber auch wegen ihrer Heilwirkungen verwendet. Die meisten Kräuter sind kleine Blütenpflanzen. Bei zahlreichen Arten werden die Blätter genutzt, doch gelegentlich verwendet man auch Blüten, Stängel oder Wurzeln – manche lieber frisch, andere eher getrocknet. Die folgende Auswahl wird eine Fülle an Farben, Strukturen, Formen und Düften in Ihren Garten bringen. Alle sind einfach zu kultivieren und brauchen nur wenig Pflege, und viele sind eine wichtige Nahrungsquelle für Vögel, Bienen und Schmetterlinge.

OBEN *Lavandula angustifolia,* der Lavendel, bietet alles, was eine Pflanze haben sollte – Duft, Schönheit, rasches Wachstum und Nahrung für Bienen.

Allium schoenoprasum
SCHNITTLAUCH
FAMILIE Lauchgewächse (Alliaceae)
Diese Horst bildende Pflanze ist mit Zwiebeln, Knoblauch und vielen Zierlaucharten verwandt. Die röhrenförmigen, grasartigen Blätter eignen sich zum Würzen von Salaten und Quark. Im Spätfrühling erscheinen violett-purpurne Blüten auf 30 cm hohen Stielen.
KULTUR Schnittlauch braucht einen lockeren, feuchten, aber durchlässigen Boden an einem offenen, sonnigen Platz. Wenn man ihn mehrere Jahre nicht umpflanzt, gedeiht er gut und bildet große Horste. Die Vermehrung erfolgt durch Aussaat in Herbst oder durch Teilung im Frühjahr.
FROSTHÄRTE Voll frosthart
ANMERKUNGEN Unterpflanzt man Rosen mit Schnittlauch, so hilft dies, Sternrußtau zu verhindern.
PFLEGE Einfach

Foeniculum vulgare
FENCHEL
FAMILIE Doldenblütler (Apiaceae)
Eine ausdauernde Pflanze mit hellgrünen, farnartigen Blättern und aromatischen gelben Blüten, die man in den

UNTEN *Foeniculum vulgare* (Fenchel)

Hintergrund eines Kräuter- oder Staudenbeets setzen sollte, da sie bis 2 m hoch werden kann.
KULTUR Braucht einen durchlässigen, tiefgründigen, mäßig nährstoffreichen Boden in vollsonniger Lage.
FROSTHÄRTE Voll frosthart
ANMERKUNGEN Alle Pflanzenteile – Blätter, Stängel, Samen und Wurzelknollen – sind essbar. Die Pflanze setzt eine chemische Substanz frei, die das Wachstum mancher Pflanzen hemmt. Bauen Sie sie daher nicht zu nah an Bohnen, Tomaten und Kohlgemüse an. Bienen, Schmetterlinge und Vögel besuchen den Fenchel gern.
PFLEGE Einfach. Fenchel sät sich selbst aus; Sämlinge sollten entfernt werden, damit sie sich nicht ausbreiten.

Lavandula angustifolia
LAVENDEL
FAMILIE Doldenblütler (Apiaceae)
Der Lavendel kann zu einem knapp 1 m hohen duftenden Strauch heranwachsen. Die Blätter sind silbrig graugrün, die Blütenähren weisen die charakteristische blau-violette Lavendelfarbe auf.
KULTUR Mag durchlässige Böden und viel Sonne. Die Vermehrung gelingt am besten durch Stecklinge. In strengen Wintern benötigen manche Sorten einen Winterschutz.
FROSTHÄRTE Voll frosthart

ANMERKUNGEN Die Sorte 'Hidecote' kommt am Rand von Wegen gut zur Geltung. Die Sorte 'Munstead' eignet sich gut für die Gefäßkultur, 'Grosso' ist blühfreudig und hat intensiv duftende Blüten. Alle Sorten eignen sich für Blütensträuße und Duftsäckchen.
PFLEGE Einfach. Nach der Blüte erfolgt ein Rückschnitt.

Mentha spicata
GRÜNE MINZE
FAMILIE Lippenblütler (Lamiaceae)
Die herrlich duftende und schmeckende Pflanze hat spitze, faltige Blätter und im Sommer violette Blüten.
KULTUR Wie die meisten Minzearten mag die Grüne Minze nährstoffreiche, feuchte Böden in vollsonniger Lage. Da Minze stark wuchert, pflanzt man sie in ein Gefäß ohne Boden, das man vorher in die Erde eingelassen hat.
FROSTHÄRTE Voll frosthart bis frosthart
ANMERKUNGEN Grüne Minze sollte – auch im Topf – in der Nähe des Eingangs- oder Terrassenbereichs stehen, damit das erfrischende Aroma an heißen Sommertagen die Luft erfüllt. Die Blüten locken Bienen, Schmetterlinge

UNTEN *Mentha spicata* (Grüne Minze)

OBEN *Monarda didyma* (Indianernessel)

und andere nützliche Insekten an. Da Vögel gern die Samen naschen, sollte man einige Fruchtstände im Herbst stehen lassen. Wer Blätter für späteren Gebrauch – z. B. für Tee – trocknen möchte, sollte dies vor der Blüte tun.
PFLEGE Einfach

Monarda didyma
INDIANERNESSEL
FAMILIE Lippenblütler (Lamiaceae)
Die bis zu 1,2 m hohen Stängel dieser Staude wachsen aus kräftigen Horsten und tragen scharlachrote Blüten, die für Farbe und Textur im Beet sorgen. Die nach Zitrone duftenden Blätter ähneln denen der Minze.
KULTUR Braucht Vollsonne und einen durchlässigen Boden. Mulchen ist hilfreich, da die Pflanze keine Trockenheit verträgt. Vermehrung durch Teilung.
FROSTHÄRTE Voll frosthart
ANMERKUNGEN Dieser Klassiker lockt Bienen, Schmetterlinge und andere nützliche Insekten in den Garten.
PFLEGE Einige Sorten sind resistent gegen Mehltau. Durch Entfernen von Verblühtem lässt sich die Blüte um acht Wochen oder mehr verlängern.

Nepeta × faassenii
KATZENMINZE
FAMILIE Lippenblütler (Lamiaceae)
Eine nicht wuchernde Verwandte der Minze mit silbrig graugrünen, herzförmigen Blättern. Sie wird 50 cm hoch und breit. Von Spätfrühling bis zum Sommer erscheinen Ähren lavendelfarbener Blüten.
KULTUR Die Katzenminze fühlt sich auf durchlässigen Böden in vollsonniger Lage am wohlsten, mag aber an heißen Tagen nachmittags etwas Schatten. Sie toleriert Trockenheit. Der Wasserbedarf ist mäßig. Die Pflanze eignet sich am besten für den Steingarten, aber auch für den vorderen Bereich einer Rabatte, für den Kräutergarten oder für eine natürliche Anpflanzung.
FROSTHÄRTE Voll frosthart
ANMERKUNGEN Die duftenden Blätter dieser Hybride sind für Katzen weniger attraktiv als manche anderen Arten, während Schmetterlinge vom Blütennektar angelockt werden.
PFLEGE Einfach. Die Pflanze ist für Schädlinge und Krankheiten kaum anfällig. Verblühtes schneidet man ab, um weitere Blüte anzuregen.

UNTEN *Nepeta × faassenii* (Katzenminze)

Ocimum basilicum
BASILIKUM

FAMILIE **Lippenblütler (Lamiaceae)**
Das Basilikum, ein Küchenkraut mit zarten grünen, gestielten Blättern, ist bei uns einjährig und gedeiht bei warmen Temperaturen.

KULTUR Die Pflanze lässt sich aus Samen problemlos ziehen. Wenn die Pflänzchen 10–15 cm hoch sind, werden die Triebspitzen abgeknipst, um neuen Austrieb anzuregen.

ANMERKUNGEN Die Sorte 'Dark Opal' trägt große, bronze-purpurne Blätter und macht sich gut auf Rabatten zwischen anderen Zierpflanzen.

PFLEGE Einfach. Die Blüten, die von Juni bis September erscheinen, entfernt man regelmäßig, damit laufend neue Blätter gebildet werden.

Origanum vulgare
OREGANO, WILDER MAJORAN

FAMILIE **Lippenblütler (Lamiaceae)**
Das Gewürzkraut hat vierkantige Stängel und ovale Blätter. Im Sommer erscheinen weiße Blüten in Scheinrispen. Kann bis 45 cm hoch werden.

KULTUR Mag magere bis mäßig nährstoffreiche, durchlässige Böden in vollsonniger Lage. Vermehrung: durch Aussaat oder über Triebstecklinge.

FROSTHÄRTE Voll frosthart

ANMERKUNGEN Um den würzigen Geschmack zu erhalten, sollten die meisten Blüten entfernt werden; einige lässt man aber stehen, um Bienen und Schmetterlinge anzulocken.

PFLEGE Einfach

UNTEN *Origanum vulgare* (Oregano)

OBEN *Petroselinum crispum* (Petersilie)

Petroselinum crispum
PETERSILIE

FAMILIE **Doldenblütler (Apiaceae)**
Die Petersilie, deren Blätter balsamartig duften, ist nicht nur das beliebteste Würzkraut – sie wertet mit ihrem üppigen Grün auch Pflanzgefäße auf.

KULTUR Zweijährige Pflanze. Im ersten Jahr entwickelt sich die dicke Wurzel, im zweiten Jahr kommen die Blätter, dann geht die Pflanze ein. Petersilie braucht viel Licht und gedeiht am besten, wenn sie etwa 6 Stunden Sonnenlicht bekommt, verträgt aber auch Halbschatten. Die Pflanze mag durchlässige, nährstoffreiche, humose Böden, die Feuchtigkeit halten können. Pflanzen aus der Gärtnerei kommen nach den letzten Frösten ins Freie.

FROSTHÄRTE Frosthart

ANMERKUNGEN Kann während der gesamten Saison geerntet werden. Die Blätter lassen sich trocknen, verlieren dann aber an Aroma. Besser: Petersilie gehackt portionsweise einfrieren. Das Kraut lockt nützliche Insekten wie Marienkäfer, Florfliegen, Schwebfliegen und Spinnen. Sie benutzen die Pflanze als Landeplatz, um dort Nahrung zu suchen, und für die Eiablage.

PFLEGE Einfach. Petersilie sollte in strengen Wintern etwas gemulcht werden. Blütenstiele entfernen, sobald sie erscheinen, damit die Pflanze laufend Blätter bildet.

Rosmarinus officinalis
ROSMARIN
FAMILIE Doldenblütler (Apiaceae)
Die Pflanze blüht von Mitte Frühling bis Frühsommer und oft erneut im Herbst. Aufrechte Sorten werden 90–180 cm hoch; niedrige, hängende Formen gedeihen am besten in Gefäßen. Rosmarin trägt schmale, intensiv duftende Blätter und blaue Blüten.
KULTUR Mag durchlässige Böden in sonniger und geschützter Lage. Durch Stecklinge lässt er sich einfach vermehren. Gut geeignet für Gefäßkultur.
FROSTHÄRTE Bedingt frosthart; kann an geschützten Standorten überleben, aber Abdeckung mit Reisig ist nötig.
ANMERKUNGEN Obwohl er nicht voll frosthart ist, überlebt Rosmarin in gut durchlässigen Böden Temperaturen bis –10 °C. Frische Blätter können laufend geerntet werden. Zum Trocknen die Triebe kurz vor der Blüte abschneiden.
PFLEGE Einfach

Salvia elegans
ANANASSALBEI
FAMILIE Lippenblütler (Lamiaceae)
Diese eindrucksvolle ausdauernde Pflanze wächst aufrecht und wird 90–120 cm hoch. Ihre weichen, flau-

UNTEN *Rosmarinus officinalis* (Rosmarin)

OBEN *Salvia elegans* (Ananassalbei)

migen Blätter verströmen einen intensiven Ananasduft. In milden Gegenden erscheinen leuchtend rote Röhrenblüten von Herbst bis Frühling.
KULTUR Vollsonne und gute Luftzirkulation wehren Mehltau ab. Die Pflanze gedeiht auf feuchten, aber durchlässigen, humosen und mäßig nährstoffreichen Böden. Gute Bodendurchlässigkeit verhindert Staunässe und die Bildung frostempfindlicher Wurzeln. Vermehrung über Stecklinge, durch Aussaat oder durch Teilung.
FROSTHÄRTE Bedingt frosthart (manche Sorten) bis frostempfindlich; mit Reisig abdecken. In rauen Gegenden besser im Topf kultivieren.
ANMERKUNGEN Die Sorte 'Scarlet Pimpernel' wird 90–120 cm hoch.
PFLEGE Einfach

Salvia officinalis
ECHTER SALBEI
FAMILIE Lippenblütler (Lamiaceae)
Dieser Halbstrauch hat ovale, graugrüne, filzig behaarte, aromatische Blätter, die als Küchenkraut verwendet werden. Im Spätfrühling und Sommer entfalten sich Ähren lavendelblauer Blüten. Es gibt bunte Sorten mit panaschierten bis rotviolett überhauchten

Blättern. Die Pflanze wird 30–90 cm hoch und 30–60 cm breit.
KULTUR Siehe *Salvia elegans*
FROSTHÄRTE Frosthart bis bedingt frosthart; Winterschutz nötig.
ANMERKUNGEN Salbei lockt Bienen, Schmetterlinge und Vögel an.
PFLEGE Mäßig. Der Rückschnitt erfolgt im Winter oder zeitigen Frühjahr bei niedriger Temperatur, vor dem Neuaustrieb. Nach der Blüte die Triebspitzen entfernen, um die Form zu erhalten.

Thymus vulgaris
THYMIAN
FAMILIE Lippenblütler (Lamiaceae)
Ein Halbstrauch, der stark aromatische Blätter und hellviolette Blüten trägt, die in kleinen Ähren stehen. Die Pflanze wird etwa 30 cm hoch.
KULTUR Gedeiht am besten auf lockeren, durchlässigen Böden in sonniger Lage und eignet sich gut für Umrandungen oder den Steingarten.
FROSTHÄRTE Frosthart
ANMERKUNGEN *Thymus serpyllum*, der Wilde oder auch Sand-Thymian, wird maximal 25 cm hoch. Die Hybride *Thymus × citriodorus*, der Zitronenthymian, duftet nach Zitrone.
PFLEGE Einfach

UNTEN *Thymus serpyllum* (Wilder Thymian)

ZIMMERPFLANZEN

Für jene Pflanzen- und Blumenfreunde, die ihr Haus mit Garten aufgegeben haben und in eine Wohnung gezogen sind, bieten Zimmerpflanzen eine ausgezeichnete Möglichkeit, innerhalb der eigenen vier Wände weiter zu gärtnern. Diese Pflanzen sind auf regelmäßige Pflege angewiesen, und sich um etwas kümmern zu müssen fördert das schöne Gefühl der Verantwortung. Es ist bekannt, dass Zimmerpflanzen das psychische und körperliche Wohlbefinden verbessern. Die folgenden Vorschläge sollen Ihnen bei der Auswahl helfen. Es ist für jeden Geschmack etwas dabei.

OBEN Viele Begoniensorten haben nicht nur besonders schöne Blüten zu bieten, sondern auch mehrfarbige Blätter.

Aechmea fasciata
LANZENROSETTE
FAMILIE **Ananasgewächse
(Bromeliaceae)**
Diese Pflanze wächst in ihrer Heimat Brasilien als Aufsitzer auf Bäumen und Sträuchern, wobei sie Wasser und Nährstoffe über ihre Blätter aufnimmt. Als Zimmerpflanze ist sie einfach zu ziehen und erfreut durch ihre attraktiven Blätter und die exotischen Blütenstände, die 40 cm hoch werden und 3 Monate lang halten können. Die Pflanze bildet kelchartige Rosetten kräftiger Blätter, die als kleiner „Wasserspeicher" fungieren.

KULTUR Man setzt die Pflanze in ein flaches Gefäß mit Orchideensubstrat oder einer guten, durchlässigen Erde. In dem „Wasserspeicher" sollte stets etwas Wasser stehen, und das Substrat hält man immer feucht. Die Lanzenrosette mag helles Licht. Häufiges Besprühen hält die Blätter gesund.
ANMERKUNGEN 'Silver Urn' hat dunkelgrüne, silbergrau gebänderte Blätter und einen rosa Blütenstand. Für Anfänger gut geeignet. Eine der bekanntesten Bromelien ist die Ananas.
PFLEGE Einfach. Für Schädlinge und Krankheiten kaum anfällig.

Aglaonema modestum
KOLBENFADEN
FAMILIE **Aronstabgewächse (Araceae)**
Aufrechte Pflanzen mit fein gemusterten gräulich-grünen, lanzettlichen Blättern, die sich aus einem zentralen Spross entwickeln. Das bis 90 cm hohe Gewächs ist wegen der hübschen Blätter und des interessanten Blütenstands mit einem Hochblatt und einem Kolben sehr beliebt.
KULTUR Der Kolbenfaden braucht wenig Licht. Mag weder Trockenheit noch Kälte; normale Raumtemperatur ist ideal. Um die Luftfeuchtigkeit zu erhöhen, stellt man den Topf in Schalen mit nassen Kieselsteinen. Die Erde sollte stets feucht sein, allerdings lässt

LINKS *Aglaonema modestum* (Kolbenfaden)

man die oberen 2 cm zwischen den Gießvorgängen trocken werden.
ANMERKUNGEN *Aglaonema modestum* 'Silver Queen' trägt silbrig-grüne Blätter mit etwas Dunkelgrün oder dunkelgrüne Blätter mit etwas Hellgrün.
PFLEGE Einfach. Die Temperatur muss über 12 °C gehalten werden. Die Blätter sind giftig für Kinder und Tiere.

Begonia boweri
WIMPERNBEGONIE
FAMILIE **Begoniengewächse
(Begoniaceae)**
Diese Begonie verdankt ihren Namen den abstehenden Haaren an den Blatträndern. Sie wird 15–30 cm hoch.
KULTUR Mag helles Licht, aber keine direkte Sonne; verträgt auch Halbschatten. Die Nachttemperaturen dürfen nicht unter 15–18 °C liegen. Verwenden Sie als Substrat eine spezielle Begonienerde. Sie muss stets mäßig feucht gehalten werden.
ANMERKUNGEN Vermehrung durch Teilung des Wurzelstocks oder über Blattstecklinge.
PFLEGE Einfach

Begonia rex
BLATTBEGONIE, KÖNIGSBEGONIE
FAMILIE **Begoniengewächse
(Begoniaceae)**
Diese Begonienart hat besonders auffallende, bunt gezeichnete Blätter. Die winzigen Blüten an langen Stielen ver-

OBEN *Chlorophytum comosum* (Grünlilie)

schwinden unter dem üppigen Laub. Die Pflanze wird 30–45 cm hoch.

KULTUR Mag es warm und feucht, aber kein direktes Sonnenlicht. Sollte im Winter trocken gehalten werden.

ANMERKUNGEN Als Substrat verwendet man am besten Begonienerde.

PFLEGE Mäßig. Täglich besprühen.

Chlorophytum comosum
GRÜNLILIE
FAMILIE Liliengewächse (Liliaceae)

Bei der Grünlilie kann man kaum etwas falsch machen. Sie bildet eine Rosette weich herabhängender grüner oder grün-weiß gestreifter, grasartiger Blätter, die bis 40 cm lang werden. Das Besondere: Sowohl an abgeblühten Blütensprossen als auch an Ausläufern bilden sich Jungpflanzen, sogenannte Kindel. Wer noch mehr Kindel haben möchte, hält die Mutterpflanze in einem dunklen Raum.

KULTUR Gedeiht am besten mit viel Licht, überlebt aber auch bei schlechteren Lichtverhältnissen; vor der Mittagssonne muss sie geschützt werden. Toleriert verschiedene Temperaturen. Wenn die baumelnden Kindel begin-

nen, Wurzeln auszubilden, kann man sie abschneiden und einpflanzen.

ANMERKUNGEN Man nimmt an, dass Grünlilien Gifte aus der Luft entfernen.

PFLEGE Einfach. Alle paar Jahre umtopfen. Braune Blattspitzen zeigen an, dass das Substrat zu trocken ist und die Pflanze gedüngt werden muss.

Davallia fejeensis
HASENFUSSFARN
FAMILIE Tüpfelfarngewächse (Polypodiaceae)

Die zarten Wedel dieser Farnpflanze entwickeln sich aus behaarten Rhizomen. Diese Pflanze ist ideal für einen Drahthängekorb, da man darin sowohl die haarigen „Füße" als auch die zarten, spitzenartigen Wedel sehen kann. Sie wird bis 90 cm hoch.

KULTUR Die Pflanze gedeiht am besten an einem hellen Fenster. Verträgt kühle Temperaturen. Das Substrat sollte stets feucht gehalten werden, doch Staunässe ist zu vermeiden. Zur Vermehrung ein Stück Rhizom mit mindestens drei Wedeln abtrennen und in ein Torf-Sand-Gemisch pflanzen. Da die Pflanze Luftfeuchtigkeit liebt, wird sie täglich besprüht.

ANMERKUNGEN Beim Umtopfen die Rhizome flach einpflanzen und nicht vollständig mit Erde bedecken.

PFLEGE Mäßig

Epipremnum aureum
EFEUTUTE
FAMILIE Aronstabgewächse (Araceae)

Die Efeutute kann über 3 m hoch klettern. Die ledrigen Blätter sind 5–10 cm lang. Die Pflanze wird regelmäßig zurückgeschnitten, damit sie an der Basis nicht verkahlt.

KULTUR Steht am liebsten im Licht, toleriert aber Schatten und mag nährstoffreiches, lockeres, durchlässiges Substrat, das man zwischen den Gießvorgängen trocken werden lässt. Die

RECHTS *Epipremnum aureum* (Efeutute)

Triebe können herabhängen oder an einem Stab oder Spalier hochklettern. Zur Vermehrung Stecklinge ins Wasser stellen, wo sie sich alsbald bewurzeln.

ANMERKUNGEN Es gibt viele hübsch panaschierte Sorten.

PFLEGE Sehr einfach

Fatsia japonica
ZIMMERARALIE
FAMILIE Araliengewächse (Araliaceae)

Ein Strauch mit großen glänzenden, bis 40 cm breiten Blättern, die tief gelappt und leicht gezähnt sind. Die weißen Blüten sitzen in kleinen endständigen Dolden. Die Wuchshöhe variiert zwischen 90 und 180 cm. Während der Wachstumsphase monatlich einen Universaldünger verabreichen.

KULTUR Gedeiht am besten in feuchter, saurer, humoser Erde und verträgt etwas Sonne, aber auch Schatten. Gießen, wenn sich die Substratoberfläche trocken anfühlt.

ANMERKUNGEN Kann im Sommer auf Balkon oder Terrasse stehen.

PFLEGE Einfach. Schädlingsbefall und Krankheiten kommen selten vor. Wenn die Blätter gelb werden, etwas Eisen verabreichen.

OBEN *Phalaenopsis spec.* (Phalaenopsis)

OBEN *Streptocarpus × hybridus* (Drehfrucht)

OBEN *Saintpaulia ionantha* (Usambaraveilchen)

Peperomia spec.
ZWERGPFEFFER, PEPEROMIE
FAMILIE Pfeffergewächse (Piperaceae)
Niederwüchsige Zimmerpflanzen, die in Größen bis 25 cm sowie verschiedenen Formen vorkommen. Sie haben dickfleischige, herzförmige, oft silbrig gezeichnete Blätter und bringen weiße oder grüne, ährige Blütenstände hervor, die langen, rundlichen oder spitzen Stäben ähneln.
KULTUR Die Pflanze mag helles, indirektes Licht; vor Vollsonne braucht sie Schutz. Die Raumtemperatur darf nicht unter 12 °C liegen, optimal sind 15 °C. Die Pflanzen gedeihen am besten in kleinen oder flachen Töpfen.
ANMERKUNGEN Durch gelegentliches Abknipsen der Triebspitzen entwickeln die Pflanzen mehr Seitentriebe und wachsen insgesamt buschiger. Die beliebtesten Sorten: 'Amigo Greensplit', deren Blätter wie Bohnenhülsen aussehen, und die panaschierte Sukkulente *Peperomia obtusifolia.*
PFLEGE Mäßig. Sparsam gießen und das Substrat vor dem Gießvorgang stets trocknen lassen, besonders in den Wintermonaten.

Phalaenopsis spec.
PHALAENOPSIS
FAMILIE Orchideen (Orchidaceae)
Diese Orchideen tragen fleischige Blätter, die oft silbrig gezeichnet sind. In der Natur wachsen die Pflanzen auf den Ästen von Bäumen und haben Luftwurzeln; sie sind jedoch keine Schmarotzer. An einer bis 60 cm langen, bogigen Blütenrispe sitzen bis zu 30 große Blüten in Weiß oder Purpurtönen. Die Blüten halten einen Monat oder länger.
KULTUR Phalaenopsis benötigt helles, indirektes Licht und viel Luftfeuchtigkeit. Man verwendet Orchideensubstrat in einem speziellen Orchideenkorb oder einem Glasgefäß. Beim Gießen das Substrat durchtränken und es ganz trocknen lassen. Man setzt die Pflanzen in Schalen mit Kies, die teilweise mit Wasser gefüllt sind. Während der warmen Monate die Pflanzen täglich besprühen. Sobald sich die Blütenstände entwickelt haben, hält man die Temperatur möglichst gleichbleibend bei 20–21 °C.
ANMERKUNGEN Wenn die letzte Blüte verblüht ist, sucht man auf dem Blü-

tenstiel nach fleischigen Knoten und zählt von unten drei ab (die vertrockneten nicht mitzählen) und schneidet den Blütenstiel etwa 2 cm oberhalb des dritten Knotens ab. Dann sprießt aus dem alten Blütenstiel ein neuer Trieb, der wieder Knospen bildet.
PFLEGE Mäßig

Pilea cadierei
KANONIERBLUME
FAMILIE Brennnesselgewächse (Urticaceae)
Eine schnellwüchsige, bis 30 cm hohe Pflanze mit sukkulenten Stängeln. Ihr Name rührt daher, dass sie bei Berührung ihre Blütenknospen öffnet und den Blütenstaub explosionsartig wegschleudert. Die spitz zulaufenden Blätter sind silbrig gezeichnet.
KULTUR Mag es sehr hell, aber nicht vollsonnig. Das Substrat sollte nicht ganz feucht sein.
PFLEGE Einfach. Da die Pflanze sehr schnell langtriebig wird, kann man zahlreiche neue Pflanzen aus Stecklingen, durch Teilung oder aus einzelnen Rosetten erhalten.

Plectranthus parviflorus (syn. *australis*)
SCHWEDISCHER EFEU
FAMILIE Lippenblütler (Lamiaceae)
Diese Pflanze ist kein Efeu, sondern mit den Minzen verwandt. Sie hat hängende Triebe, ledrige Blätter und weiße Blüten. Schnellwüchsig.
KULTUR Die Pflanze mag helles, indirektes Licht. Zwischen den Gießvorgängen trocknen lassen. Die Triebe auskneifen, um den Wuchs zu fördern.
ANMERKUNGEN Bei Berührung verströmen viele Arten einen markanten Duft.
PFLEGE Einfach

Saintpaulia ionantha
USAMBARAVEILCHEN
FAMILIE Gesneriengewächse (Gesneriaceae)
Die fleischigen, behaarten Blätter bilden Rosetten, aus denen sich kleine Blüten in vielen Farben entwickeln.
KULTUR Wächst in halbschattigem bis hellem Licht ohne pralle Sonne; ideal ist ein helles Ostfenster. Geeignet ist ein durchlässiges Substrat. Mit lauwarmem Wasser gießen, aber die Blätter nicht benetzen, da sonst Flecken entstehen. Das Substrat zwischen den Gießvorgängen antrocknen lassen.
ANMERKUNGEN Usambaraveilchen mögen keine Temperaturschwankungen.

UNTEN *Schlumbergera × buckleyi* (Weihnachtskaktus)

PFLEGE Einfach. Vermehrung über Blattstecklinge oder durch Teilung.

Schlumbergera × buckleyi
WEIHNACHTSKAKTUS
FAMILIE Kakteen (Cactaceae)
Dieser Kaktus mit den herabhängenden Blättern bringt in Frühwinter leuchtend rosa oder rote Blüten hervor; er kann bis 60 cm hoch werden.
KULTUR Das Substrat ist während der Wachstumsphase feucht, sonst trocken zu halten. Die Pflanze überlebt bei geringem Licht, bringt bei hellem Licht jedoch mehr Blüten hervor.
ANMERKUNGEN Sehr apart ist 'Salvador Brazil' mit schneeweißen Blüten.
PFLEGE Mäßig. Bis die Blüten abfallen, alle 2 Wochen einen ausgewogenen Flüssigdünger verabreichen.

Spathyphyllum wallisii
EINBLATT
FAMILIE Aronstabgewächse (Araceae)
Die wegen ihrer weichen, glänzenden, lanzettlichen Blätter beliebte Pflanze braucht wenig Licht. Es ist interessant zu beobachten, wie sich ein neues Blatt aus einem umwickelten Stängel entfaltet. Im Frühjahr erscheinen kolbenartige, cremefarbene Blüten mit einem weißen Hochblatt („Spatha").
KULTUR Wächst im Halbschatten oder Schatten. Kein direktes Sonnenlicht. Um die Luftfeuchtigkeit zu erhöhen, die Pflanze regelmäßig besprühen. Die meisten Sorten werden nicht höher als 65 cm, 'Mauna Lola' allerdings ist höherwüchsig.
ANMERKUNGEN Er sollte kein Wasser an die Blüten kommen.
PFLEGE Sehr einfach

Streptocarpus-Hybriden
DREHFRUCHT, STREPTOCARPUS
FAMILIE Gesneriengewächse (Gesneriaceae)
Die Pflanze hat dunkelgrüne, derbe, knittrige Blätter von 15–35 cm Länge, die Rosetten bilden. Aus deren Basis

OBEN *Tolmiea menziesii* (Henne und Küken)

entwickeln sich dünne, lange Blütenstiele. Jede Pflanze trägt zwei bis sechs blassrosa bis dunkelblaue Trichterblüten. Oft erscheinen die Blüten das ganze Jahr über.
KULTUR Der Standort sollte hell sein, aber ohne direkte Sonne. Bei höheren Zimmertemperaturen braucht die Pflanze mehr Luftfeuchtigkeit. Mäßig feucht halten, im Winter trockener.
ANMERKUNGEN Beliebt sind die Sorten 'Constant Nymph' und 'John Innes'.
PFLEGE Einfach

Tolmiea menziesii
HENNE UND KÜKEN
FAMILIE Steinbrechgewächse (Saxifragaceae)
Diese Staude hat mittel- bis dunkelgrüne, behaarte, geäderte Blätter, die am Rand tief gelappt sind. Auf dem Blattgrund bilden sich Brutknospen, aus denen neue Pflänzchen entstehen; daher auch der deutsche Name. Die Staude wird etwa 30 cm hoch.
KULTUR Die Pflanze mag es hell, aber direkte Sonne verträgt sie schlecht. Sie fühlt sich bei bei 18–22 °C wohl, braucht jedoch mehr Luftfeuchtigkeit, wenn es im Raum sehr warm ist. Dann hilft regelmäßiges Besprühen. Das Substrat mäßig feucht halten.
PFLEGE Einfach

ADRESSEN

GARTENGERÄTE

Robert Bosch GmbH
Deutschland:
www.bosch-diy.com/de/de/Garten
Österreich:
www.bosch-pt.com/at/garten-geraete
Schweiz:
www.bosch-pt.com/ch/garten-geraete

Felco
Schweiz:
www.felco.com/ch_de
Deutschland:
www.felco.com/de_de
Österreich:
www.felco.com/at_de

Fiskars
Deutschland:
www.fiskars.com/de-de
Österreich:
www.fiskars.com/at-de
Schweiz:
www.fiskars.com/ch-de

Gardena GmbH
Deutschland:
www.gardena.com
Österreich:
www.gardena.com/at
Schweiz:
www.gardena.com/ch/de

Husqvarna
Deutschland:
www.husqvarna.com/de
Österreich:
www.husqvarna.com/at
Schweiz:
www.husqvarna-schweiz.ch

Wolf Garten AG
Deutschland:
www.wolf-garten.com

Österreich:
www.wolf-garten.com
Schweiz:
www.wolf-garten.com

SENIORENGERECHTE GARTENGERÄTE

Ergobase
www.ergobase.com

Gartenallerlei
www.gartenallerlei.de/Hochbeet

GartenRaumMensch
www.stadtgarten-spaeth.de

KUNSTSTOFF- UND GLASFASERGEFÄSSE

Elho
www.elho.com

Emsa
www.emsa.com

PFLANZENSCHUTZ

W. Neudorff GmbH KG
www.neudorff.de

Deutschland:
Beratungsstellen des **Bundesamts für Verbraucherschutz und Lebensmittelsicherheit**
www.bvl.bund.de/DE/Arbeits-bereiche/04_Pflanzenschutzmittel

ROLLSTUHLRAMPEN

Der Rampenspezialist
www.rampenspezialist.de

TOPFTRAGEGURTE

Erhältlich in Bau- und Gartenmärkten.

HILFREICHE ORGANISATIONEN

Deutsche Alzheimer Gesellschaft
www.deutsche-alzheimer.de

Österreichische Alzheimer Gesellschaft
www.alzheimer-gesellschaft.at

Schweizerische Alzheimer-vereinigung
www.alzheimer-schweiz.ch

Deutsches Arthrose-Forum
(Selbsthilfegruppe)
www.deutsches-arthrose-forum.de

Suchportal:
Altenheime, Betreutes Wohnen, Seniorenresidenzen
(auch für Österreich)
www.wohnen-im-alter.de

Seniorenberatung Schweiz
www.prosenectute.ch

Gesellschaft für Gartenbau und Therapie (GGuT)
www.ggut.org

Internet-Plattform:
Garten und Therapie
(Deutschland, Österreich, Schweiz)
www.gartenundtherapie.de

REGISTER

A

Abelie 33, 34, 228
Abhärten, von Setzlingen 92
Ahorn
    Fächer- 37, 185, 231
    Weinblatt- 185, 231
Akelei 214
Akkubetriebene Garten-geräte 72, 108, 109
Alpenveilchen 222
Alzheimer-Krankheit 18, 19
Amboss-Astschere 105
Amboss-Gartenscheren 104
Äpfel 29, 164, 240
Armstützen 70, 71
Arthrose 26
Ärztlicher Rat 45, 62
Aster, Glattblatt- 214
Astilbe *siehe* Prachtspiere
Astsäge
    Akku- 108
    klappbar 105
Astscheren 104, 105
Aufräumen 132
Aufwärmübungen 50–53
Auspflanzen 92
    Stecklinge 93, 94
    Tomaten 95
    Zeitpunkt 92
Außenwasserhahn 125, 127
Autospade (automatischer Spaten) 81

B

Balkon 14
Balkonkasten 15
    bepflanzen 188
Bartfaden 217
Basilikum 244
Bäume 29, 33, 143
    für Schattenlagen 231–233

Forts. Bäume
    für vollsonnige Lagen 228–230
    Obstbäume 164–165
Begonie 221
Behinderungen 26–27
Berglorbeer 232
Beschneiden 101, 102
Beschützendes Umfeld 18
Betreutes Wohnen 16, 17
Birnen 164, 165, 240
Blatt-Texturen 42, 43
Blattwerk 37
Blumen und Blüten 28, 137, 138–140
    Blumengarten planen 138
    bunter Blumengarten 138
    essbare Blüten 45
    für Schattenlagen 220–227
    für vollsonnige Lagen 213–219
    Verblühtes entfernen 220–227
Blumenhartriegel, Japani-scher 33, 229
Bluthochdruck 26
Boden 21, 22
    Arten 23
    Bearbeitung 84–85
    Beschaffenheit 73
    Kräuter 168
    mineralische Dünger 73, 98
    organische Dünger 73, 98
    pH-Wert bestimmen 24
    Verbesserung 73
Bodenbearbeitung 84–85
Bodendecker 33
Bohnen 15, 28, 236
    am Klettergerüst ziehen 149

Brechstange 82
Brombeere 241
Buntnessel 227
Bypass-Gartenscheren 103

C

Clematis 15, 215
    pflanzen 195

D

Dahlien 216
    pflanzen und stützen 144
D-Griffe 70
Drehfrucht 249
Düfte 40–41
Duftsteinrich 143, 210
Duftwicken 41, 111
Dünger 98–99

E

Efeu, Schwedischer 249
Efeutute 247
Eibe, Japanische 233
Einblatt 249
Einjährige 90, 138
Elfenblume 223
Erbsen 15, 237
Erdbeeren 29, 239
    anbauen 160
    Erdbeertopf bepflanzen 162
Ernten 130
    Behälter 130–131
    Samen sammeln 131

F

Farn
    Hasenfuß- 247
    Weihnachts- 33, 185, 227
Felsenbirne 33, 228
Fenchel 242

Fetthenne (Sedum) 33, 42, 218
Fleischbeere 33, 40, 185, 233
Fleißiges Lieschen 185, 226
Flüssigdünger 99
Fugenkratzer 116, 117
Funkie (Hosta) 185, 225

G

Gärten
    für die Sinne 35
    zum Ertasten 42–43
    zum Hören 38–39
    zum Riechen 40–41
    zum Schmecken 44–45
    zum Sehen 36–37
Gartengeräte 63, 65
    Abfallbeseitigung 132
    aufbewahren 134–135
    auswechselbare Griffe 72
    beim Einkauf beachten 71
    Boden bearbeiten 84–85
    ergonomische 66, 67
    für die Bewässerung 124–127
    gepolsterte Griffe 68

DIE FROSTHÄRTE

Die Frosthärte einer Pflanze ist in unseren Breiten, also in Mitteleuropa, von besonderer Bedeutung, da wir gern Gewächse aus wärmeren Regionen in unseren Gärten anpflanzen. Oft blühen solche Pflanzen schöner und vor allem üppiger als unsere heimischen Arten. Die Frosthärte der Gartenpflanzen wird deshalb in vier Kategorien eingeteilt, die sich auch im Pflanzenführer (S. 204–249) bei jeder Pflanze finden: „Frostempfindlich", „Bedingt frosthart", „Frosthart" und „Voll frosthart".

Auch auf die empfindlicheren Pflanzen brauchen Sie nicht zu verzichten. Manche werden von vornherein als „einjährig" angeboten, das heißt, wir erwarten gar nicht, dass sie bei uns den Winter überstehen. Andere benötigen lediglich einen Winterschutz – ob Mulchschicht für den Wurzelbereich oder Frosthaube für das Laubwerk –, damit Sie sich viele Jahre an ihnen erfreuen können.

Frostempfindlich

Als frostempfindlich gelten Pflanzen, die während des gesamten Winters den Schutz eines geheizten Gewächshauses benötigen, um in gemäßigten Breiten die kalte Jahreszeit zu überstehen. Bei Temperaturen unter 5 °C können sie beschädigt werden oder absterben.

Bedingt frosthart

Als bedingt frosthart gelten Pflanzen, die die kältesten Monate des Jahres in gemäßigten Breiten nur im Schutz eines Gewächshauses überstehen können. Sie halten Temperaturen bis 0 °C aus.

Frosthart

Als frosthart gelten Pflanzen, die in milden Wintern in gemäßigten Breiten mit einem zusätzlichem Winterschutz überleben können. Sie widerstehen Temperaturen bis –5 °C.

Voll frosthart

Als voll frosthart gelten Pflanzen, die den Winter in unseren gemäßigten Breiten ohne Winterschutz problemlos überstehen können. Temperaturen bis –15 °C machen ihnen wenig aus.

DANKSAGUNG UND BILDNACHWEIS

Die Herausgeber danken folgenden Garten-besitzern und Einrichtungen für die Erlaub-nis, in ihren Gärten zu fotografieren:

In Großbritannien
Tony und Gillian Adams, Coxheath, Kent; Ann Adey, Normandy Community Therapy Gardens, bei Guildford; Capel Manor College, Middlesex; Thrive Trunkwell Garden, bei Reading, Berkshire; Elizabeth Morris und Mary Clegg, Dorset; Connie und Joy Coote, Foster House (Beach Studios), Kent; Pat und Maureen Sidders, Wittisham; Sue Martin, Brickwall Cottage Nursery, Frittenden
In den USA
A. Frazier, A. Turowski in Portland, Oregon

Dank gilt auch folgenden Herstellern, die uns ihre Produkte zum Fotografieren bzw. Bildmaterial zur Verfügung gestellt haben:

58 ul Veseys; 58 uM Picnictime; 59 ol, oM, or Parasene; 59 M CK Tools; 60 or EZ Access; 60 ur Spinalist; 64 Black & Decker; 65 Hozelock; 67 ol Draper; 67 or Spear & Jackson; 67 (Kasten) Ames/Truetemper; 68 ol & or Peta; 68 u (alle) Radius Tools; 69 ol & or Lee Valley Tools; 70 ol Veseys; 70 oM & or Motus; 70 rM (2) Peta; 70 ur Veseys; 71 (alle) Peta; 72 (alle) Wolf Garten; 77 ol Veseys; 77 oM Rittenhouse; 77 or Ames/Truetemper; 81 o & ur Veseys; 81 ul Bellota; 81 u, 2. v. l Ames/Truetemper; 81 u, 3. v. l CK Tools; 81 u, 4. v. l Spear & Jackson; 81 u, 5. v. l Eazitools; 82 o & 2. v. o Ames/Truetemper; 82 3. v. o Spear & Jackson; 82 u, 2. v. l CK Tools; 82 u, 3. v. l Eazitools; 82 u, 4. v. l Draper; 82 ur Ames/Truetemper; 84 Ml & MM Ames/Truetemper; 84 Mr Spear & Jackson; 85 ol, or, ur Wolf Garten; 85 ul (2) Ames/Truetemper; 85 ur, 2. v. r Flexrake; 85 ur, 3. v. r Ames/Truetemper; 86 ul & darüber Sherwood; 89 lo Mike Cripps; 89 lM Magic Seeder Company Ltd; 89 lu Tenax; 96 ul Radius Tools; 96 u, 2. v. l Ames/Truetemper; 96 u, 3. v. l DeWit; 102 ul Lee Valley Tools; 102 u, 2. v. l Darlac; 102 u 3. v. l Ames; 102 u, 4. v. l Ames/Truetemper; 103 oM Ames/Truetemper; 103 M, 2. v. o Lee Valley Tools; 103 M, 3. v. o Spear & Jackson; 103 or Spear & Jackson; 103 u Neill Tools; 104 ol CK Tools; 104 oM Ames/Truetemper; 104 or CK Tools; 104 u Spear & Jackson; 105 oM CK Tools; 105 M, 2. v. o Lee Valley Tools; 105 lM Darlac; 105 ul Fiskars; 105 u, 2. v. l Ames/Truetemper; 105 u, 3. v. l Spear & Jackson; 106 ol Spear & Jackson; 106 oM CK Tools; 106 or Ames/Truetemper; 106 u, 2. v. l Spear & Jackson; 106 u, 2. & 3. v. l CK Tools; 107 o (2) Spear & Jackson; 107 ul Spear & Jackson; 107 u (Geräte): 1. v. l Ames/Truetemper, 2. & 3. v. l Spear & Jack-

son; 107 ur (Scheren): o Fiskars, u Ames/Truetemper; 108 o Black & Decker; 108 ul Spear & Jackson; 108 uM & ur Bosch; 109 or Husqvarna; 109 u Bosch; 114 o Wolf Garten; 115 ol Wolf Garten; 115 oM CK Tools; 115 or Radius Tools; 115 u (Geräte): 3. v. l Bellota, 4. v. l Peta; 5. v. l Radius Tools; 6. v. l Ames/Truetemper; 116 ul (Geräte): 1. v. l Flexrake; 2. v. l Oswego Enterprises; 3. v. l Ames/Truetemper; 116 MM (Geräte): 1. v. l Red Pig Tools, 2. v. l Burgon & Ball; 3. v. l Harmony Farm; 116 uM (Geräte): l Cobrahead, r Circlehoe; 116 or Burgon & Ball; 117 ul DeWit; 118 (2) A. Wright and Son; 120 ur Potlifter; 121 ol Rittenhouse; 121 oM Ames/Truetemper; 121 oM, 2. v. o Rittenhouse; 121 or Ames/Truetemper; 121 Ml Picnictime; 121 Mr Rittenhouse; 121 u Picnictime; 122 o (3) Ames/Truetemper; 122 u (4) Draper; 123 ol Black & Decker; 123 oM Bigslider; 123 or Spear & Jackson; 123 u Ames/Truetemper; 124 M Dramm; 124 u Nucan; 125 o (3) Hozelock; 125 uM Draper; 126 ur Dramm; 127 ol www.crocus.co.uk; 127 oM Hozelock; 127 u (2) Ames/Truetemper; 130 u (Geräte): 1. v. l Burgon & Ball, 2. v. l Darlac, 3. v. l Ames/Truetemper; 4. v. l Ames/Truetemper; 131 ul Seeds and Such; 131 ur Darlac; 132 Ml (Geräte): 1. v. o Yeoman, 2. v. o Radius Tools; 132 ur Handy Distribution; 134 ol Neill Tools; 134 ul Lee Valley Tools; 134 rM (3) Darlac; 134 ru Burgon & Ball; 135 oM Veseys; 164 o The Fruit Salad Tree Company

Besonders danken wir den Damen und Herren, die sich freundlicherweise von uns fotografieren ließen:

Tony und Gillian Adams; Jean Braban; Sue und Geoff Bylett; Bob Cooke; Connie und John Coote; Marie Cornish; David Dedrick; Heather Earl; Harry und Greta Freeman; Edward und Judith Grigg; Dorothy Hope; Brian Jenna; Keith Jenner; Sandy Marshall; Alan Martin; Leila und Peter Mellor; Fred Paine; Allen und Daphne Pincott; Hilda und Stuart Pratt; Mr und Mrs Rose; Pat und Maureen Sidders; Jim Smith; Neil und Mona Warwick; Frank Wenham; Sylvia Winwood; Michael Wood; Peter und Barbara, die das Himbeerspalier (S. 159) aufbauten; Sylvia,

Erica, Alan und Daphne vom Canterbury Oast Trust, Woodchurch, Kent; Ann, Marilyn, Bernard und Leslie von der Wednesday Group in Capel Manor, Middlesex; Keith, Michael und Jean vom St Michael's Hospice, St Leonards-on-Sea, East Sussex; ein Extra-Dank gilt Sue Martin für die Assistenz bei den Fotosessions.

Folgende Agenturen und Privatpersonen stellten uns Fotos zur Verfügung:

Alamy: 8 o A Room with Views, 19 or Blickwinkel, 44 u John Glover, 60 ol Allan Bergmann Jensen, 217 u & 221 or CuboImages srl; **Adrian Burke:** 6 u; **Patty Cassidy:** 96 M, 176 o; **Felicity Forster:** 154 u & 155; **Gap Photos:** 13 uM Ron Evans, 19 u Matt Anker, 31 o Graham Strong, 34 o Lynn Keddie, 34 ur Gerald Majumdar, 38 ur S & O, 39 ur Friedrich Strauss, 41 ul Jonathan Buckley, 55 ur Leigh Clapp, 56 oM Linda Burgess, 58 o Gap Photos, 102 o Dave Bevan, 127 or Gap Photos, 135 or Elke Borkowski, 164 ul Friedrich Strauss, 165 u Lynn Keddie, 168 o Jonathan Buckley, 208 u Victoria Firmston, 211 M BBC Magazines Ltd, 215 u Jonathan Buckley, 218 o Pernilla Bergdahl, 219 u Dave Zubraski, 220 o Howard Rice, 223 u Jenny Lilly, 224 u Dave Bevan, 225 u J. S. Sira, 227 o John Glover, 228 o J. S. Sira, 228 u Carole Drake, 229 o John Glover, 230 ol Martin Hughes-Jones, 232 o Howard Rice, 232 u Geoff Kidd, 235 or Maxine Adcock, 237 u Pernilla Bergdahl, 238 M Jonathan Buckley, 240 u FhF Greenmedia, 241 u Paul Debois, 243 o John Glover, 246 o Fiona McLeod, 248 l Friedrich Strauss, 248 M Maddie Thornhill, 249 u John Glover; **Garden Picture Library:** 16 ul Jason Ingram, 40 ul Anne Green, 135 u Friedrich Strauss, 159 Georgia Glynn Smith, 247 o Andrew Lord; **Garden World Images:** 135 ol Jacque Dracup, 209 u Gilles Delacroix, 221 ol Jenny Lilly, 231 Gilles Delacroix; **Robert Highton:** 126 or; **iStockphoto:** 15, 32, 39 Ml, 39 M, 2 v. r, 39 ul, 55 o, 112 ul, 112 ur, 142 ol, 157 o & ur, 210 o; **Lynn Morton:** 27 o; **Claire Rae:** 138 ur

Umschlagabb. siehe Seite 4